Zu diesem Buch

Klaus Mann entwirft in diesem großen Künstlerroman ein anschau-
liches Porträt Tschaikowskys, des Komponisten von «Eugen Onegin»
und unsterblicher Symphonien, dessen Leben zwischen tiefer Vereinsamung und euphorischen Erlebnissen, Heimlichkeiten, einem oft
ins Komische gesteigerten Egoismus und einer rührenden Naivität
schwankte.

Klaus Mann wurde am 18. November 1906 in München als ältester
Sohn von Thomas und Katja Mann geboren. Schon als Schüler schrieb
er Gedichte und Novellen. 1925 ging er als Theaterkritiker nach Berlin
und erregte dort mit spielerisch-provokanten Dramen-Experimenten
einiges Aufsehen. Mit seiner Schwester Erika, Pamela Wedekind und
Gustaf Gründgens gründete er ein Theaterensemble und versuchte sich
im literarischen Kabarett. 1929 unternahm er zusammen mit Erika eine
Weltreise, die von improvisierten Vorträgen und Auftritten der Ge-
schwister finanziert wurde. Darüber schrieb Klaus Mann das Reisebuch
«Rundherum». 1932 veröffentlichte er die Autobiographie seiner bewegten Jugend, «Kind dieser Zeit». Im Frühjahr 1933 emigrierte er, zunächst nach Paris. 1936 veröffentlichte er den Roman «Mephisto», der
sich mit den Zuständen im Dritten Reich auseinandersetzte und in dessen Zentralfigur, dem Komödianten Höfgen, Klaus Mann das Symbol
«eines durchaus komödiantischen, zutiefst unwahren, unwirklichen
Regimes» sah. (Seit seinem Erscheinen heftig umstritten und 1968 in der
Bundesrepublik verboten, erschien der Roman 1981 als rororo Nr.
4821.) 1936 verließ Klaus Mann Europa und ließ sich in New York nieder. Er nahm als US-Soldat am Feldzug in Nordafrika und Italien teil
und besuchte 1945 im Auftrag der Armee-Zeitung «Stars and Stripes»
Österreich und Deutschland. 1948 unternahm er eine Vortragsreise
durch Europa und appellierte an alle, die im Krieg gegen den Faschismus
verbündet waren, nun gemeinsam eine neue Friedensordnung in Staat
und Gesellschaft aufzubauen. Am 22. Mai 1949 schied Klaus Mann in
Cannes freiwillig aus dem Leben.

Andere wichtige Bücher von Klaus Mann (die heute alle in einer
Werkausgabe der edition spangenberg im Ellermann Verlag erscheinen)
sind neben Novellen-, Essay- und Briefsammlungen: «Flucht in den
Norden» (Roman, 1934) und «Der Vulkan» (Roman, 1939; rororo Nr.
4842). Zuerst in englischer Sprache erschien 1942 sein Lebensbericht
«The Turning-Point. Thirty-five Years in this Century» (deutsch: «Der
Wendepunkt»).

Klaus Mann

Symphonie Pathétique

Ein Tschaikowsky-Roman

Mit einem Nachwort von
Martin Gregor-Dellin

Rowohlt

Veröffentlicht im Rowohlt
Taschenbuch Verlag GmbH,
Reinbek bei Hamburg, Mai 1981
Copyright © 1979 by Verlag Heinrich
Ellermann (edition spangenberg)
Umschlagentwurf Manfred Waller
Satz Garamond (Linotron 404)
Gesamtherstellung Clausen & Bosse, Leck
Printed in Germany
780-ISBN 3 499 14844 7

Für
Erika Mann-Auden

Erster Teil

Erstes Kapitel

Es war dunkel im Zimmer, nur von der Türe her kam ein schmaler Lichtschein. Der Lichtschein verging, da der Kellner die Türe leise hinter sich schloß.

«Wohin darf ich das Tablett stellen?» fragte der Kellner. Einige Sekunden verstrichen, aus der Dunkelheit kam kein Laut. Der Kellner war, in wartender Haltung, ein paar Schritte von der Türe entfernt, stehengeblieben. Da er sich nun, diskret, aber mit einer gewissen Schärfe, räusperte, antwortete schließlich der Herr, der, bis zum Kinn zugedeckt, regungslos im Bett lag: «Bitte – hier neben das Bett – hier auf das Tischchen, mein Lieber . . .»

Die Stimme war weich und sprach das Deutsch mit einem gedehnten, singenden Akzent. Der Kellner lächelte. Es machte ihm Spaß, Ausländer zu bedienen. Daß sie sich mit der Sprache abquälen mußten, die ihm geläufig war, gab ihm ein angenehmes Gefühl der Überlegenheit. «Bitte, mein Herr», sagte er, und seine Stimme klang schon ein wenig väterlich. Er machte die paar Schritte von der Türe zum Bett und stellte das Tablett auf ein rundes Tischchen, das er heranschob.

«Darf ich die Vorhänge aufziehen, mein Herr?» fragte er und sprach jedes Wort deutlich aus: es war ja nur ein Ausländer, an den er sich wandte, ein älterer Herr mit einer weichen Stimme, man behandelte ihn am besten nachsichtig und zugleich respektvoll, dann gab es ein Trinkgeld.

«Danke», sagte der Herr, der sich unter seiner Steppdecke immer noch nicht rührte. «Wenn Sie so gut sind, sie nur halb zurückzuziehen. – Ich vertrage das grelle Licht nicht», fügte der Herr mit einer gewissen Wehleidigkeit hinzu und bewegte endlich den Kopf, um den Kellner anzusehen. Der machte sich mit den sanften Bewegungen, die man in Krankenzimmern hat, an den schweren Samtportieren zu schaffen, die das Fenster verhüllten. Licht fiel ins Zimmer, der Herr im Bett mußte blinzeln. Blinzelnd prüfte sein Blick die Unordnung in dieser fremden Hotelstube: halb ausgepackte Koffer,

Kleidungsstücke und Bücher in chaotischem Durcheinander auf den plüschbezogenen Sesseln und der falschen Renaissance-Kommode. ‹Ich muß ja in einem schönen Zustand gewesen sein, als ich gestern abend angekommen bin›, dachte der Herr. ‹Ach ja, der Kognak während der Reise . . .› Er schloß angewidert die Augen.

«Es ist ein schöner Tag heute», sagte der Kellner, zugleich stramm und devot, vom Fenster her. «Ein ausgesprochen schöner Wintertag», fügte er aufmunternd hinzu, denn der Ausländer schwieg.

Sein Schweigen war nicht streng und abweisend, wie der Kellner es wohl von anderen Gästen kannte; vielmehr traurig, hilflos, fast etwas blöde. Daraufhin beschloß der Kellner, diesen Gast zu behandeln wie ein Kind. Energisch belehrte er ihn: «Das da, neben der Teekanne, ist die Morgenzeitung.» Nach einer ganz kurzen Pause fügte er, nicht ohne Strenge, hinzu: «Wollen der Herr gleich Richtigkeit machen?»

Der Angeredete verstand ihn nicht sofort. Etwas ratlos sah er den Kellner an, der groß und schlank, wie ein preußischer Gardeoffizier, in seinem speckigen Frack vor ihm stand. Der merkwürdig eindringliche, tiefblaue, wehmütig grübelnde Blick des Fremden stimmte den strammen jungen Mann wieder sanfter. «Ob der Herr gleich zu bezahlen wünschen?» fragte er und verneigte sich leicht.

Der Fremde richtete sich halb auf, hastig öffnete er die Schublade des Nachttischchens, drinnen lag Silbergeld zwischen Papieren. «O bitte –» sagte er, «bitte – natürlich – wieviel –?» Von den ungeschickt eiligen Bewegungen, mit denen der Graubärtige die Münzen zwischen den Briefkuverts, Notizbüchern und Notenblättern hervorkramte, fühlte sich der Kellner fast gerührt. Gleichzeitig aber sagte ihm sein frischer Verstand, daß er sich, wie er nun einmal sozial gestellt war, solche Rührung nicht leisten könne, am wenigsten einem etwas komischen Ausländer gegenüber. «Das Frühstück aufs Zimmer: macht drei Mark», sagte er knapp, dabei flackerte es frech in seinen hellen Augen: er verlangte das Dreifache von dem, was er abzuliefern hatte – wenn es Unannehmlichkeiten geben sollte, konnte man sich immer noch auf ein Mißverständnis herausreden. «O bitte – natürlich», machte der Herr und kramte eifrig in seiner Schublade. Nun betrachtete ihn sich der Kellner mit offenem Wohlwollen und mit etwas Mitleid.

Das wenige und federnhaft lockere Haar auf dem Schädel des Fremden war beinahe weiß; weißgraue Färbung hatten auch der rund und ziemlich kurz gehaltene Vollbart und der hängende

Schnurrbart, unter dem die Lippen dick, weich und sehr rot sichtbar wurden. Da er sich wieder aufrichtete von seiner Schublade, war sein Gesicht dunkel gerötet; er keuchte ein wenig.

Es waren zwei Münzen, die er dem Kellner reichte: ein Taler und ein Markstück – das machte eine Mark Trinkgeld auf den unverschämten Preis.

«Es ist ziemlich teuer», sagte der Herr und lächelte mit einer müden Schalkhaftigkeit.

«Gewiß, mein Herr», sagte der Kellner und spürte, zu seinem eigenen Erstaunen, wie er etwas rot dabei wurde. Er stand unschlüssig da, das Geld in der Hand. Merkwürdigerweise überlegte er sich ein paar Sekunden lang allen Ernstes, ob er dem Herrn etwas zurückgeben sollte.

«Sind Sie Berliner?» fragte der Herr. Der Kellner fühlte wieder auf sich den eindringlichen, blauen und traurigen Blick.

«Nein, ich bin Hamburger, Herr», sagte er, und nahm plötzlich respektvoll die Hacken zusammen.

«Aha, Hamburger», machte der Herr; er lag wieder still auf dem Rücken, aber den Kopf so gewendet, daß er den jungen Mann ansehen konnte: «Nach Hamburg muß ich auch nächstens fahren; es ist eine schöne Stadt.»

«Von welcher Nationalität sind der Herr selber, wenn ich fragen darf?» sagte der Kellner, und war stolz, daß er den Satz so fein herausgebracht hatte.

«Ich bin Russe», sagte der Herr und wandte sein ruhendes Haupt. Ohne den Kellner noch einmal anzusehen, bedeutete er ihm durch eine Handbewegung, er könne nun gehen. Der Kellner zog sich zurück, schloß leise die Tür.

Der Mann im Bett blieb bewegungslos, die Augen geschlossen. ‹Um Gottes willen, warum bin ich hier?› dachte er. ‹Warum bin ich hier, was habe ich hier zu suchen? Warum bin ich nicht, wohin ich gehöre – du unbegreiflicher Gott, warum bin ich nicht daheim? Hier kenne ich niemanden, und fast niemand kennt mich. Man will sich über mich lustig machen, es ist ein Komplott geschmiedet gegen meine arme Person. Ach, diese ganze Tournee ist ein Wahnsinn ...› Der Gedanke kam ihm mit einer lähmenden Heftigkeit. ‹Ich kann mich nicht mehr bewegen›, dachte der Mann. ‹Es ist alles so abscheulich und so sinnlos und derartig schlimm, daß ich mich überhaupt nicht mehr bewegen kann.›

Er bewegte sich trotzdem. Er richtete sich auf, goß sich Tee ein.

Ehe er aber die Tasse zum Munde führte, entfaltete er die Morgenzeitung – die Vossische Zeitung vom 29. Dezember 1887. Er blätterte und fand auf der dritten Seite die Notiz:

«Heute, am 29. Dezember, trifft der bekannte russische Komponist Tschaikowsky in Berlin ein. Zahlreiche Freunde und Verehrer beabsichtigen, ihn im Restaurant Lutter u. Wegner um halb elf Uhr durch einen Frühschoppen zu ehren.»

Peter Iljitsch ballte die Zeitung und warf sie zur Erde. Er saß aufgerichtet im Bett und stöhnte vor Zorn. Sein Gesicht war dunkelrot angelaufen, auf der hochgekuppelten Stirn traten dicke Adern bedrohlich hervor. Er murmelte Flüche, wie die Kutscher und die Soldaten sie gebrauchen, daheim in Rußland. Mit seinen Fäusten schlug er die Bettdecke, um seinem Zorn ein wenig Luft zu machen. Schließlich wurde aus den unartikulierten Flüchen eine zusammenhängend ergrimmte Rede.

«Das ist ungeheuerlich!» rief er ins Zimmer. «Das ist beispiellos! Ein Halunkenstreich! Man will sich über mich lustig machen! Man will mich blamieren – darauf hat man's abgesehen! Oh, dieses Agentenpack! Oh, dieser Neugebauer! Dieser verfluchte Herr Siegfried Neugebauer!»

Der Name des Agenten steigerte seinen Zorn derartig, daß der Tobende es liegend nicht mehr aushalten konnte. Auf dem Rand des Bettes sitzend, fischte er mit den Zehen nach den Pantoffeln, die er unter dem Bett vermutete; fand sie nicht; ekelte sich eine Sekunde lang vor der Berührung seiner nackten Fußsohlen mit dem staubigen Bettvorleger – einem imitierten Eisbärenfell –; vergaß den Ekel in seinem Zorn und eilte barfuß durchs Zimmer. Sein langes seidenes Nachthemd wehte, gestikulierend und jammernd rannte er zwischen Fenster und Tür hin und her, sein stürmender Gang war zugleich schwerfällig stapfend und beflügelt – nacktfüßig, bärtig, im wallenden weißen Gewand machte er den Eindruck eines Eremiten, den heiliger Zorn erfaßt hat, und der, durch seine Zelle wie durch einen Käfig rennend, die schnöde Schlechtigkeit der Welt beklagt.

«Zahlreiche Freunde und Verehrer!» schrie der Ergrimmte höhnisch und blieb mitten im Zimmer stehen, die Arme mit geballten Fäusten gereckt. «Zahlreiche Freunde und Verehrer – das ist Hohn! Das hat man in diese verdammte Zeitung gesetzt, eigens um mich zu verhöhnen! Dabei kennt mich keine Katze hier, keine Katze, ich bin vollständig unbekannt. Woher weiß überhaupt jemand, daß ich heute in Berlin bin? Ich bin doch nur auf der Durchreise, es sollte ein

Ruhetag sein, ich wollte mich doch verstecken. Dieser Neugebauer muß seine Spione in Moskau und in Petersburg haben. Er hat herausbekommen, an welchem Tag ich hier eintreffe. – Dieser Neugebauer! Oh!» Er brüllte aufs neue. Da er Neugebauers nicht habhaft werden konnte, trampelte er auf der zerknüllten Morgenzeitung herum.

Während er trampelte, traf sein Blick das eigene Bild im Spiegel. Er sah den zornigen Graukopf im weißen Gewand – den rasenden Eremiten mit der dunkel geröteten Stirn –, er sah einen springenden, stampfenden, lächerlichen alten Gesellen, und er schämte sich. «Ich muß mich beruhigen», murmelte er. «Es hat keinen Zweck, sich so aufzuregen. Ich will Baldrian nehmen.»

Er setzte sich aufs Bett, kramte auf dem Nachttisch nach dem Medikament; inzwischen fanden unten seine Füße die Pantoffeln. Während er die Tropfen ins Gläschen laufen ließ, murrte er noch – mit einem Ärger, der sich allmählich besänftigte –: «Freunde und Verehrer! Es ist beispiellos!»

Während er den kleinen Heiltrank schluckte, trat ein schlaues und vergügtes Schmunzeln auf sein Gesicht. ‹Aber ich werde denen einen Streich spielen!› dachte er – und dieser Einfall verbesserte mit einem Zauberschlag seine Laune –. ‹Ich werde ihm einen Streich spielen, diesem Herrn Neugebauer! Der soll sich wundern. Ich werde für ihn einfach nicht aufzufinden sein. Seinen Frühschoppen mag er allein trinken. Ich bin weg, ich bin eben leider nicht da. Er weiß doch wohl nicht, in welchem Hotel ich abgestiegen bin – alles kann er schließlich nicht ausspioniert haben. Morgen früh fahre ich dann nach Leipzig, und bei den Herren von der Berliner Philharmonie melde ich mich erst, wenn ich zum Konzert hierher zurückkommen muß. Für heute drücke ich mich, ich bin nirgends zu finden. Mögen sie sich doch amüsieren, im Restaurant Lutter u. Wegner, die Herren Freunde mit den Herren Verehrern. Ich mache meinen Morgenspaziergang. Wieviel Uhr ist es denn jetzt?›

Auf dem Nachttisch lag, zwischen Natronschachtel, Baldriantropfen und zwei Familienphotographien, seine schöne Uhr – eine kostbare Platinarbeit, auf beiden Seiten hübsch verziert, mit eingelegten Figuren aus Gold. Peter Iljitsch nahm sie niemals zur Hand, ohne sie zärtlich zu betrachten: sie war sein Talisman und sein schönstes Ding, das Geschenk einer geheimnisvollen, gütigen und mächtigen Freundin. Er ließ den Deckel aufspringen. Es war zehn Minuten vor zehn Uhr. ‹Nun will ich mich allmählich anziehen›, beschloß er. ‹Wenn die festliche kleine Gesellschaft sich im Restaurant Lutter u. Wegner zusammenfindet, will ich schon auf meinem Morgenspaziergang sein.›

Er wusch sich Gesicht und Oberkörper mit kaltem Wasser. Während er begann, sich seine Kleidungsstücke zusammenzusuchen, die über Tisch und Stühle verstreut lagen, summte er eine süße, kurze Melodie vor sich hin – eigentlich nur den Bruchteil, das Fragment eines größeren melodischen Einfalls. ‹Mozart –› dachte er, während er sich nach den Strümpfen bückte. ‹Wie reizend das ist! Wie das wohltut – das ist ja, als würde plötzlich alles besänftigt und verzaubert und lieblich in Ordnung gebracht. Wie dankbar hat man zu sein, daß es das gibt … Vielleicht führen sie heute abend etwas von Mozart in der Oper auf – den Figaro möchte ich so gerne hören; aber wahrscheinlich steht doch nur Lohengrin auf dem Programm.›

Er sah nun: draußen war ein schöner Wintertag. Am Fenster gab es hübsche Eisfiguren. ‹Das sieht reizend aus!› dachte Peter Iljitsch. Er zündete sich eine Zigarette an; in seiner Aufregung hatte er sogar das Rauchen vergessen, sonst waren die Zigaretten das erste, wonach er, gleich beim Aufwachen, griff.

Der Spiegel, der ihm vorhin den tanzenden Eremiten gezeigt hatte, zeigte ihm jetzt einen stattlich zivilen Herrn im schwarzen, mit seidenen Litzen verzierten Rock. Während er sich die Krawatte band – wobei er weiter die zauberhaften, tröstlich lieblichen paar Takte summte –, klopfte es an der Türe. Peter Iljitsch dachte: ‹Das wird der Kellner sein, der sein Frühstückstablett abholen will. Übrigens habe ich gar nichts von dem Zeug gegessen, so sehr hat diese abscheuliche Zeitung mich aufgeregt. Einen phantastischen Preis hat der junge Halunke für seinen Tee gefordert – sonst ein ganz netter Bursche, sonst ein ausgesprochen ganz netter Bursche.› – «Entrez!» sagte Peter Iljitsch, ohne sich vom Spiegel wegzudrehen.

Die Türe ging auf. Peter Iljitsch, am Spiegel, wartete darauf, das Klappern des Geschirrs und die schneidig-devote Stimme des jungen Kellners zu hören; ja, er mußte sich eingestehen, daß er sich auf den Klang dieser Stimme freute – es war eine *junge* Stimme –, und daß er vielleicht nur deshalb abgewendet stehenblieb, um sich diese kleine Vorfreude listig zu verlängern. Schließlich aber sagte jemand, der zögernd an der Türe stehengeblieben war und der durchaus keine junge Stimme hatte, auf eine näselnde, zugleich überdiskret zurückhaltende und aufdringliche Art: «Herr Tschaikowsky, wenn ich nicht irre.»

Peter Iljitsch fuhr herum. Er wurde erst bleich vor Schrecken, dann rot vor Zorn. «Mit wem habe ich das Vergnügen?» fragte er drohend. Auf seiner Stirne traten wieder die Adern hervor.

«Ich bin Siegfried Neugebauer, Ihr Agent, Herr Tschaikowsky», sagte mit sanfter Stimme der Mann an der Türe und lächelte süßlich.

Peter Iljitsch stand mehrere Sekunden lang sprachlos, wie gelähmt. Schließlich sagte er leise: «Das ist stark», wobei er Herrn Siegfried Neugebauer anstarrte wie eine böse Erscheinung.

«Ich bin sehr glücklich, Meister, Ihre Bekanntschaft zu machen», sagte der Agent, und machte ein paar Schritte auf Tschaikowsky zu.

Siegfried Neugebauer war merkwürdig anzusehen. Sein rötliches Haupthaar war schütter und bedeckte nur mit wenigen, sorgfältig frisierten Strähnen seinen länglichen Schädel. Schütter war auch sein Bart, der – intensiver rot gefärbt als das Kopfhaar – wie ein durchsichtiger, dünner Vorhang erst am Rande des Kinns begann, das rosige glatte Gesicht aber – ein langnäsiges, neugieriges, dabei betrübtes Gesicht mit hellen wimpernlosen Augen – merkwürdig nackt ließ. Selbst die Oberlippe war glatt rasiert, was der Mode der Zeit nicht entsprach und zu dem dünnen roten Bartgewebe überraschend wirkte. Der Mund hatte ein süßliches, dabei ständig gekränktes Lächeln. Unter der Oberlippe wurden häßlich gefärbte Nagezähne sichtbar; mit der neugierig schnuppernden, langen, stolz gebuckelten, rosigen Nase gaben sie dem Gesicht einen sonderbar tierischen Ausdruck; es erinnerte zugleich an einen Hasen und an eine Ziege.

‹Das ist ja ein teuflischer Mann›, dachte Peter Iljitsch, der sich seinen Gast angewidert, aber mit starkem Interesse betrachtete. Siegfried Neugebauer hielt den Blick seines Gegenübers mild lächelnd aus – ja: auf eine zerstreute und sonderbar unempfindliche Art schien er überhaupt nicht zu bemerken, daß er gemustert wurde. Über seinen rund geöffneten, wimpernlosen, hellen Augen hing ein Nebel. Ebendieser Nebel machte den ganzen Mann unangreifbar. Man konnte ihn anschreien, er würde nur süßlich, fast geschmeichelt lächeln, neugierig mit der langen Nase schnuppern, in seine verhangenen Augen würde kaum Erstaunen treten, gewiß nicht Entrüstung. Peter Iljitsch begriff – noch ehe er ihn angebrüllt hatte –: Es ist sinnlos. Er könnte mich gar nicht verstehen. Er ist der würdeloseste Mensch, den ich jemals getroffen habe. Dabei hat sein Auftreten eine gewisse Grandezza – das ist wunderlich. Es liegt nicht nur am hohen Stehkragen und dem langen, gehrockartigen

Jackett aus dunkelbraunem großkariertem Stoff. Es liegt auch an den hochgezogenen, breiten, fettgepolsterten Schultern und der überraschend schlanken Taille –ja, der sonderbare Mensch mit dem Haupt eines schnuppernden Zwergenkönigs hat eigentlich eine feine Figur! –: es liegt am vornehm zerstreuten Blick der zugedeckten Augen – schreckliche Augen, demütige und zugleich grausame Augen hat mein Agent.

«Woher wissen Sie, in welchem Hotel ich wohne?» fragte Tschaikowsky mit gedämpfter, etwas heiserer Stimme: er hatte sich fest vorgenommen, nicht zu schreien, jeden lauten Ton zu vermeiden. «Woher wissen Sie überhaupt, daß ich hier bin?» – «Ich mußte es doch wissen, um Sie abholen zu können, Meister», antwortete der Agent und lächelte rätselhaft.

«Abholen – wozu?» Peter Iljitschs Gesicht lief wieder beunruhigend rot an.

«Zum Frühschoppen», sagte Siegfried Neugebauer sanft, zeigte seine Nagezähne, blickte verschleiert und schien, genüßlich schnuppernd, die Nase ein wenig kraus gezogen – unangreifbar auf alles gefaßt – abzuwarten, was nun erfolgen würde.

Peter Iljitsch ballte die Fäuste, tat zwei Schritte auf den Agenten zu: die Lust, diesen Menschen zu schlagen, war stark in ihm, aber er spürte, daß Neugebauer auch noch den Faustschlag mit einem süßlich schmollenden Lächeln unter krausgezogener Nase quittiert haben würde. So bezwang er sich und sagte nur, etwas keuchend: «Das ist ungeheuerlich. Sie wagen es, mir von diesem grotesken Frühschoppen zu sprechen.»

«Aber Meister!» Neugebauer hatte eine mit sanftem Vorwurf geölte Stimme. «Habe ich Ihnen nicht schon vor Wochen geschrieben, daß ich einen Frühschoppen veranstalten will?»

«Und ich habe Ihnen schon vor Wochen geantwortet, daß ich an einer solchen Veranstaltung nicht teilnehmen würde!» fuhr Tschaikowsky auf. «Ich habe Ihnen geantwortet, daß ich fremde Leute hasse, daß ich menschenscheu und schüchtern bin – ja, ich habe Ihnen *verboten*, einen Frühschoppen oder irgendeinen anderen Unfug solcher Art im Zusammenhang mit meiner Person zu arrangieren. Habe ich Ihnen das ausdrücklich verboten oder nicht?!» fragte Peter Iljitsch drohend.

Was tat Siegfried? Siegfried schnupperte und lächelte geschmeichelt. «Oh, das habe ich doch nicht so ernst genommen», sagte er mit einer schaurigen Koketterie.

Peter Iljitsch erkannte: Ich muß dieses Gespräch möglichst schnell zu Ende bringen. Diese Begegnung gehört genau zu jenen, denen ich nicht gewachsen bin. Ach, ich sollte eben nicht auf Reisen gehen. Es ist ein Wahnsinn von mir, daß ich auf Reisen gehe, noch dazu allein –: natürlich setzt man sich da solchen Begegnungen aus, solchen Zusammenstößen mit der abscheulichen Welt. – «Ob Sie es ernst genommen haben, mein Herr, oder nicht», sagte er unheimlich leise, «– ich werde nicht zu Ihrem Frühschoppen kommen».

Neugebauer strich sich den dünnen Bart, der leise knisterte, wie elektrisch geladen. «Es ist bald halb elf Uhr», sagte er mit Sanftheit. «Die Herren erwarten uns bei Lutter u. Wegner.»

Daraufhin wandte ihm Peter Iljitsch den Rücken.

«Sie haben mehr Freunde in unserer Stadt, als Sie glauben», sagte Neugebauer, nachsichtig zuredend.

«Freunde und Verehrer!» zischte Tschaikowsky. «Freunde und Verehrer – ich weiß!»

«Gewiß», erwiderte Siegfried sanft – sein Tonfall hatte etwas Vernünftiges, ja, sogar Überzeugendes. «Und zu Ihren Freunden und Verehrern gehöre auch ich.»

Peter Iljitsch wandte sich nach ihm um. Der Agent stand in einer merkwürdig frömmelnden Haltung, den Kopf etwas schief, die Hände über dem Magen gefaltet. Auf Peter Iljitschs erstaunten, ja, ratlosen Blick hin, sagte er besonders näselnd und langsam, mit einer gewissen raunenden Feierlichkeit: «Gewiß, Meister. Ich liebe alle Ihre Kompositionen.»

Mit Bestürztheit fühlte Peter Iljitsch, daß er ihm glauben müsse. Dieser zähe und unheimliche Mensch liebte vielleicht wirklich alle seine Werke, er kannte sie vielleicht alle, er spielte sie sich abends auf dem Flügel vor, und dann bewegte sich etwas in seinem Herzen – wie schauerlich und wie rührend das war! Tschaikowsky fühlte Mitleid mit diesem Menschen – ja, er fühlte Mitleid beinah ebenso stark und heftig, wie er eben noch Zorn und Ekel gespürt hatte; es geschah ihm zuweilen, daß in seiner Seele das Mitleid den Zorn schnell und überraschend ablöste.

«Vielleicht verstehen Sie wirklich etwas von meiner Musik», sagte er hastig. «Aber Sie dürfen nicht von sich auf andere schließen. Ich bin völlig unbekannt hier.»

«Wie häßlich!» machte Neugebauer bekümmert, die Hände immer noch auf dem Magen gefaltet. «Wie sehr, sehr häßlich von Ihnen, so zu reden! Man kennt Sie. Kapellmeister Bilse hat so häufig das beliebte Andante aus Ihrem Quartett im Programm seiner populären Konzerte gehabt.»

«Das beliebte Andante, ich weiß.» Tschaikowsky hatte einen angeekelten Zug um den Mund. «Ich werde wahrscheinlich überhaupt die ganze Tournee absagen», erklärte er plötzlich: es verschaffte ihm eine starke Erleichterung, diese Worte auszusprechen. «Es war ein Fehler, daß ich mich jemals auf dergleichen eingelassen habe. Ich bin dem gar nicht gewachsen. Übrigens bin ich kein Dirigent.» Er hatte ein Schluchzen in der Kehle. ‹Ich möchte allein sein und weinen›, empfand er.

«Sie sind nervös, Meister», sagte vorwurfsvoll Neugebauer.

«Ich bin nicht nervös!» fuhr Peter Iljitsch ihn an. «Ich weiß sehr genau, was ich sage. Mir fehlen zum Dirigenten alle physischen und moralischen Voraussetzungen. Wenn ich vors Publikum trete, schäme ich mich derart, daß ich in die Erde sinken möchte. Ich kann die Arme kaum heben, und wenn ich sie hebe, so bewege ich sie lahm und ungeschickt. Ich schade meinen eigenen Sachen, wenn ich sie selbst dirigiere – und ich wollte ihnen doch ein bißchen nützen, deshalb habe ich mich dieser Marter ausgesetzt; aber es erweist sich, daß ich ihnen im Gegenteil schade, daß ich sie ganz ruiniere, so grauenhaft ungeschickt stelle ich mich an. Wissen Sie überhaupt, durch welchen idiotischen Zufall ich zum Dirigieren gekommen bin?»

Neugebauer schwieg, aber in seinem Schweigen lag eine Neugier, die die Erzählung, ja, das Geständnis des anderen zäh und stark herauszulocken schien.

«Es ist die Schuld meiner Moskauer Freunde», stellte Peter Iljitsch erbittert fest. «Meine Moskauer Freunde haben mich hineingeredet. Es fing damit an, daß der Kapellmeister Altani krank wurde, während der Proben zu meiner Oper ‹Der Frauenschuh›. Kennen Sie meine Oper ‹Der Frauenschuh›?» fragte Tschaikowsky und blickte grimmig zur Seite. «Ein abscheuliches Machwerk –»

Neugebauer liebkoste das knisternde Gewebe seines roten Bartes. «Ich habe mir den Klavierauszug durchgespielt», erklärte er und blickte träumerisch. Tschaikowsky machte eine ungeduldige Handbewegung.

«Man wollte mir einen Ersatz für Altani stellen», fuhr er hastig fort – es war, als entschuldigte er sich für die Situation, in die er geraten war, indem er ihre Vorgeschichte erzählte, mehr für sich selbst als für den Agenten –, «aber es war ein mittelmäßiger Dirigent

– ich muß Wert auf eine gute Aufführung meiner Werke legen –
ja, auch wenn es sich um ein schwaches Werk handelt, oder gerade dann – man ist ja beständig in Gefahr, sich zu blamieren. Kurz
und gut: ich lehnte ihn ab, und da kamen einige Herren von der
Direktion auf die absurde Idee, ich selber sollte meine Oper dirigieren. Natürlich sagte ich nein – kein Mensch kann ungeeigneter
sein als ich für ein Auftreten vor dem Publikum. Die Uraufführung wurde also verschoben. Zu Beginn der nächsten Spielzeit
war mein Freund Altani wieder kerngesund, es fehlte ihm einfach
gar nichts mehr. Nun kommt aber das Schönste: inzwischen hatte
sich die Operndirektion in den Kopf gesetzt, ich selber müßte die
Aufführung leiten – ich weiß nicht, was man sich davon versprach, vielleicht einen Heiterkeitserfolg, eine komische Sensation. Man drang in mich, man ließ nicht locker, Altani selber redete mir am herzlichsten zu, was sollte ich machen, schließlich
gab ich nach. Ich weiß nicht mehr, wie der Abend der Premiere
vorübergegangen ist, das Publikum hat sein Gelächter wohl aus
Höflichkeit unterdrückt, ja, unser Publikum ist besser erzogen,
als man im Westen glaubt.»

«Wie können Sie nur Ihr eigenes Genie so herabsetzten?» sagte
Neugebauer bekümmert. «Das ist sehr, sehr häßlich. Jeder weiß,
wie glänzend Sie sich als Dirigent bewährt haben, nicht nur bei der
Opernpremiere, sondern auch im Konzertsaal. Ihr großes Konzert
am 4. März dieses Jahres in der Petersburger Philharmonischen Gesellschaft ist ein Triumph für Sie gewesen, Meister.»

«Sie haben die Daten im Kopf», brummte Tschaikowsky – und er
dachte, mit einem mitleidigen Erstaunen: Aber der Mensch ist ja
wirklich ein Verehrer von mir! – «Übrigens war es keineswegs ein
Triumph; ich sagte Ihnen ja schon: unser Publikum ist gut erzogen.
Es wollte mir, als ich in all meiner Ungeschicklichkeit und Armut
auf dem Podium erschien, wahrscheinlich danken für Verdienste,
die ich mir vielleicht früher erworben habe – obwohl auch diese
Verdienste fragwürdig sind –»

«Sie sind der größte lebende Komponist», sprach sanft Siegfried
Neugebauer und schaute den Meister aus seinen verhangenen Augen mit einer schamlosen Ergebenheit an. Tschaikowsky schien es
zu überhören.

«Natürlich», sagte er nachdenklich, «als dann die großen Ange-
bote aus dem Ausland kamen –: ich war doch wohl geschmeichelt.
Was wollen sie denn von mir? war natürlich mein erster Gedanke.

Was will die Welt denn von mir? Man möchte sich wohl über mich lustig machen. – Aber mein zweiter Gedanke war: Hier ist eine Chance, deinen Ruhm gewaltig zu fördern, und damit den Ruhm deines Landes – ja, ich mehre doch Rußlands Ruhm, wenn ich was für meinen eigenen tue. So wenige russische Musiker hatten bis jetzt die Gelegenheit, vor einem ausländischen Publikum zu erscheinen, nur Glinka hat einmal in Paris konzertiert, und Rubinstein – natürlich, Anton Rubinstein –» ‹Aber warum erzähle ich das diesem fremden und fatalen Menschen?› dachte er plötzlich. ‹Er macht mich geschwätzig – ich komme mir wie ein geschwätziger alter Onkel vor –›

Er schwieg, auf dem Bett sitzend, den Kopf gesenkt. Als er langsam weiterredete, schien er die Anwesenheit des Agenten vergessen zu haben. «Was man nur für sich macht, ausschließlich für sich, – das muß wohl immer mißglücken», sagte er nachdenklich und schaute vor sich hin, auf den staubigen Bettvorleger, den falschen Eisbären. «Das heißt», verbesserte er sich, wobei er plötzlich den Kopf hob und böse lächelte: «Vielleicht macht man im Grunde doch alles immer nur für sich selber, weil die anderen ja so weit weg sind, daß man sie mit keinem Ruf und mit keiner Bewegung erreicht. – Ganz egal, ganz egal», er stand auf und tat ein paar stapfende Schritte durchs Zimmer – «auf das große russische Konzert, das ich in Paris geben will – mit eigenem Risiko, verstehen Sie mich, Herr Neugebauer? –, auf das kommt es mir an. In diesem Konzert will ich gar nichts von mir aufführen, nicht das kleinste Stück. Ich will den Europäern unsere Klassiker zeigen, den großen Glinka und Dargomyschsky – man weiß ja gar nichts von ihnen –, und ich will sie mit ein paar von unseren besten Lebenden bekannt machen. Verdient haben es die Herren ja nicht um mich, das kann man wohl sagen. Aber ich tue es auch nicht für die Herren, sondern für Rußland. Wahrscheinlich werden die Moskauer und die Petersburger Zeitungen auch dieses Konzert wieder totschweigen, denn sie gönnen mir nicht, daß man sich im Ausland um mich kümmert, und sie wollen nicht zugeben, daß ich etwas leisten kann für Rußland – ich bin ja nur ein ‹Westler› und kein legitimer Vertreter russischer Kunst. Aber ich will es trotzdem den Franzosen vorführen, wie Rußland zu singen vermag. Auf *dieses* Konzert kommt es mir an. Ich will den Leuten beweisen, daß ich nicht nur auf Reisen gehe aus Eitelkeit, um meine eigenen Sachen bekanntzumachen!»

«Nun», sagte der Agent und hatte ein sanftes, unverschämt zerstreutes Lächeln, «gerade dieses Konzert wird nicht zustande kommen.»

Peter Iljitsch war völlig verdutzt. «Wieso?» fragte er nur und betrachtete aus seinen weiten und erstaunten Augen Neugebauer.

Der hob skeptisch die vornehm gepolsterte Schulter. «Weil es scheitern wird», sprach er freundlich. «Die Unkosten sind viel zu hoch. Sie können es ja nicht schaffen. Außerdem interessiert sich in Paris kein Mensch für Dargomyschsky, dessen Namen niemand aussprechen kann.» In seiner Stimme war ein aufreizender Ton von Mitleid.

«Schweigen Sie!» herrschte Peter Iljitsch ihn an. «Gott sei Dank haben Sie in meinen Pariser Angelegenheiten nichts zu tun. Schlimm genug, daß ich Ihnen einen so großen Teil meiner Tournee anvertraut habe – ich werde Ihnen auch den wieder wegnehmen. Woher wollen Sie wissen, was ich in Paris auszurichten vermag? Ich habe dort einen großen Namen und sehr mächtige Freunde», stellte er erhobenen Hauptes fest. «Woher wollen Sie wissen, was ich in Paris ausrichten kann? Ich werde das große russische Konzert ganz bestimmt geben.»

«Es wird nicht zustande kommen», wiederholte hartnäckig-zerstreut der Agent. «Das ist doch eine Frage des Geldes», fügte er mit demselben lyrisch-raunenden Ton hinzu, den er vorhin gehabt hatte, als er von Tschaikowskys Werken sprach.

«Freilich nicht, wenn ich es Ihnen anvertrauen wollte», bemerkte hochmütig Peter Iljitsch. «Ich wäre besser daran, wenn ich mich Ihnen gar nicht anvertraut hätte. Sie sind nämlich ein miserabler Agent.»

Neugebauer hatte ein Lächeln unter krausgezogener Nase, als genieße er diese Beleidigung. «Das ist natürlich unendlich ungerecht», sagte er, jede Silbe näselnd dehnend und singend – schmollend in einem Ton, als weise er eine gar zu gewaltige, unfein übertriebene Schmeichelei von sich.

«Sie haben mir alles verdorben», konstatierte Peter Iljitsch. «Sie machen nichts als Intrigen und Konfusionen. Sie haben mich überall gleichzeitig angeboten, wie saures Bier. Sie haben alle Leute verärgert und hereingelegt. Für das Wiener Konzert haben Sie in Ihrer geistreichen Art denselben Abend bestimmt wie für das Pariser: also muß ich auf Wien verzichten, und gerade das Wiener Publikum hätte ich mir erobern wollen. Dresden haben Sie mir verdorben, Kopenhagen haben Sie mir verdorben – alles durch Ihre Konfusionen, und weil Sie überschlau sein wollten. Sie machen mich ja kaputt!» schrie Peter Iljitsch ihn an und rannte durchs Zimmer.

«Jedem kann einmal ein kleiner Irrtum passieren», gab der Agent mit einer verschwommenen Feierlichkeit zu bedenken.

«Ich *will* auch hier nicht die ‹Ouvertüre 1812› aufführen», redete sich Peter Iljitsch weiter in Zorn. «Ich habe Ihnen zehnmal geschrieben, daß ich ‹Francesca da Rimini› machen will. ‹1812› ist ein miserables Stück, ich kann es nicht ausstehen. Es ist auf Bestellung geschrieben, zu einem patriotisch-religiösen Anlaß, es taugt ganz und gar nichts, ich will keinesfalls in Berlin damit debütieren.»

«Aber das Publikum möchte es hören!» warf vornehm und zerstreut, mit einem überlegenen Achselzucken, Neugebauer ein.

«Ich pfeife aufs Publikum!» schrie Peter Iljitsch. «Ich will mich nicht mit meinem ordinärsten Werk im Ausland präsentieren. Bei der Einweihung der Erlöserkirche in Moskau war das ganz wirkungsvoll, wenn zum Schluß die Russenhymne über die Marseillaise triumphiert, mit Kanonenschüssen und Glockengeläut. Wie, man könnte ja wohl auch im Konzertsaal Kanonen schießen und Glocken läuten lassen? Das würde das Publikum vielleicht auch gerne hören? – Zehnmal habe ich Ihnen geschrieben, daß ich nichts mehr zu tun haben möchte mit ‹1812›, und nun steht es doch auf dem Programm!»

«Alle sind für ‹1812› gewesen», bemerkte Neugebauer mit einer etwas gelangweilten Nachlässigkeit, als lohnte es sich kaum, über das Thema zu sprechen. «Herr Schneider, Vorstand der Philharmonischen Gesellschaft, war für ‹1812›, und sogar Herr von Bülow.»

«Ich verehre Hans von Bülow als einen großen Musiker und bin ihm viel Dank schuldig. –» Peter Iljitsch sprach hastig und mit scharfer Betonung, denn er fürchtete, der fatale Neugebauer könnte Unfrieden zwischen ihm und Bülow säen –, «aber von meinen eigenen Werken verstehe ich doch wohl mehr als er.»

«Gewiß», meinte Siegfried, dessen Augen besonders verhangen schienen. «Sie sollten aber auch auf unsere patriotischen Gefühle Rücksicht nehmen. *Natürlich* hören wir es gerne, wenn die Marseillaise von *irgend*einer anderen Nationalhymne besiegt wird, ganz gleich von welcher.»

«Ich hätte wohl das Deutschlandlied gegen die Marseillaise ausspielen sollen!» Peter Iljitsch war sehr gereizt. «Dann hätte ich vielleicht sogar die Ehre gehabt, den Fürsten Bismarck in meinem Konzert zu begrüßen. – Ich bestehe auf ‹Francesca da Rimini›.»

«Wir sind uns doch alle darüber einig, Meister», sagte Neugebauer, die Nase sehr kraus gezogen, mit einer plötzlichen höchst unverschämten Vertraulichkeit, «daß ‹Francesca da Rimini› ziemlich langweilig ist.»

Tschaikowskys Gesicht lief rot an. «Ich habe es satt», sagte er leise und verbissen.

«Sehr richtig: wir haben keine Zeit mehr, uns zu unterhalten!» Neugebauer wurde frisch und unternehmungslustig. «Es wird höchste Zeit. Wir müssen zu Lutter u. Wegner.»

Über diese Frechheit war Peter Iljitsch so fassungslos, daß er, statt zu antworten, den Agenten nur anstarrte. «Ich habe doch zu einem Frühschoppen für den Meister eingeladen», bemerkte Neugebauer, nachlässig näselnd. «Es ist auch sonst heute noch viel zu erledigen», sprach er zutraulich weiter. «Ich habe verschiedene Verabredungen für Sie angenommen: mit Herren von der Philharmonischen Gesellschaft, mit ein paar Journalisten ...»

«Sie werden mich mit allen Leuten auseinanderbringen, mit denen Sie Verabredungen für mich getroffen haben – gegen meinen Willen.» Tschaikowsky sprach, ohne den Agenten anzusehen. «Ich werde niemanden aufsuchen und niemanden empfangen. Ich bin erschöpft von der Reise. Es ist mein Ruhetag. Ich will keine Menschen.»

«Haben Sie nicht Lust, jetzt mit mir zum Frühschoppen zu kommen?» Neugebauer tat, als machte er einen ganz neuen Vorschlag. Sein schläfriges, langnäsiges rosa Gesicht blieb unbewegt.

«Gehen wir!» sagte Tschaikowsky rauh.

Er ließ sich von Neugebauer in den Pelz helfen. Der Agent reichte ihm auch die große runde Mütze. So vermummt, sah Peter Iljitsch plötzlich halb nach russischem Fürsten, halb nach Großbauer aus.

Neugebauer ließ ihm höflich den Vortritt. Sie gingen schweigend durch den teppichbelegten Korridor, ihre Schritte machten kein Geräusch, sie gingen lautlos und schnell, Siegfried Neugebauer ein halbes Meter hinter Peter Iljitsch.

Auch auf der breiten Treppe lag ein dicker roter Teppich. Auf jedem Treppenabsatz stand eine verstaubte Palme in einem Emaillekübel.

Mit vielen Palmen war die Halle geschmückt, wo in falschen Renaissance-Sesseln Herren mit großen Schnurrbärten und hohen Stehkragen saßen und die Zeitung studierten. Den größten Schnurrbart hatte der Portier, der, stramm und aufrecht, wie auf Wache, in seiner Loge unter dem Bild des alten Kaisers stand. Der Portier hatte ein Gesicht wie ein zorniger Kater. Mit einem barschen militärischen Nicken begrüßte er den russischen Komponisten und seinen Agenten.

An einem Pianoforte, das mit vielen gedrehten Säulchen verziert war, saß ein junger Mann mit schwarzer Mähne und einer lose gebundenen schwarzen Seidenschleife als Krawatte. Er schlug auf die Tasten ein, das Klavier war verstimmt. ‹Natürlich – Wagner›, dachte Peter Iljitsch angewidert. ‹Der Pilgerchor – und er spielt ihn wie einen Militärmarsch.›

Er ging an dem martialischen Concierge vorüber und trat ins Freie. Ihm folgte Neugebauer.

Draußen war es sonnig und kalt. Peter Iljitsch atmete in tiefen Zügen die frische Luft. Es fuhr eine Droschke vorüber, er winkte dem Kutscher, und die Droschke hielt. Der Kutscher, mit einem freundlichen grauen Bart, sah beinah aus wie die Kutscher zu Hause.

Siegfried Neugebauer wollte mit einsteigen, Peter Iljitsch aber warf ihm den Wagenschlag vor der Nase zu. Von innen öffnete er um einen Spalt das Fenster. «Amüsieren Sie sich gut auf Ihrem Frühschoppen!» rief er und lachte plötzlich – es war ein spitzbübisches, vergnügtes Lachen, das sein Gesicht verjüngte –: «Ich fahre spazieren!»

Neugebauer lief einige Schritte neben der Droschke her: Peter Iljitsch hatte dem Kutscher ein Zeichen gemacht, geschwind loszufahren. Der verzweifelte Agent hatte große, rudernde Armbewegungen – er schwang die langen Arme wie Flügel, als wollte er gen Himmel flattern, vor Kummer und vor Enttäuschung. Dann blieb er stehen. Tschaikowsky sah noch, wie auf dem Gesicht Neugebauers langsam das süßliche, zähe Lächeln aufging, mit dem er – ein unangreifbarer Mensch – diese neue Beleidigung zu genießen schien.

‹So ist die Welt›, dachte Peter Iljitsch, während er sich das Plaid über die Knie legte, denn es war kalt –, ‹man sollte sich nicht mit ihr einlassen, jede Begegnung mit ihr ist sowohl anstrengend als auch beschämend. Sie ist aufdringlich, diese Welt, liebedienerisch, dabei frech; sie ist brutal und dabei masochistisch; boshaft, sentimental und nicht einmal tüchtig, denn sie kann nichts als Konfusionen machen, die Leistungen aber – die sind unser Teil. Sie fordert alle unsere schlechten Instinkte heraus, sie reizt uns, verwirrt uns, beschämt uns, sie macht uns arrogant, grob und hilflos. Ich bin ihr ganz und gar nicht gewachsen. Bei allem tut dieser Neugebauer mir leid. Er ist vielleicht im Grunde ein ziemlich anständiger Mensch, er hat einen rührenden Blick, wenn ich's mir recht überlege, und er wäre wahrscheinlich dankbar, wenn man sich etwas netter gegen ihn benehmen wollte.›

«Fahren Sie mich in den Tiergarten!» rief er dem Kutscher zu. Seine Stimme hatte den weichen, beinah werbenden Ton, wie immer, wenn er sich an kleine Leute wandte.

Die erste Ausfahrt Peter Iljitschs, bei jedem seiner Aufenthalte in Berlin, galt dem Tiergarten. Es war der Flecken der Hauptstadt, den er am liebsten mochte oder am wenigsten haßte. Es war die einzige Stelle in dieser gewaltigen Kapitale, wo er sich ein wenig zu Hause fühlte; das übrige Berlin blieb ihm fremd, sooft er auch schon hier gewesen war.

Der Wagen bog von der Friedrichstraße in die breite Prunkavenue Unter den Linden ein. Es lag ein leichter gefrorener Schnee, auf dem die Tritte der Passanten und die Wagenräder lustig knirschten. Auf dem Schnee blitzte die Sonne, es war ein herrlicher Tag. Die breite Galastraße zeigte wie im Triumph ihre repräsentative Schönheit. Dem Brandenburger Tor, das den wuchtigen Abschluß der glanzvollen Perspektive bildete, sah man an: es war eigens dafür gebaut, siegreiche Truppen durch seine Bogen marschieren zu lassen, unter Trompetengeschmetter und Trommelgedröhn. Was für eine Paradestraße! Es war deutlich: sie selbst und alle, die auf ihr gingen – rüstige Herren und Damen, aber auch die Armen und ein wenig Gebückten, die weniger auffielen –, genossen ihren Glanz, der noch verschönt wurde durch Sonnenlicht und blitzenden Schnee. Was für eine Stadt! Die wahre Hauptstadt für dieses triumphierende Land – das gefürchtetste Land des Erdteils, dem niemand ganz traute, das keiner ganz liebte, aber mit dem alle rechnen mußten.

Der fremde Herr in der Droschke – Peter Iljitsch Tschaikowsky aus Moskau – war beunruhigt durch diese harte, aggressive Schönheit; sie hatte – fand er – viel Bedrohliches. ‹Ach diese Deutschen!› dachte er noch einmal. ‹Es ist ja sehr nett von ihnen, daß sie mich eingeladen haben, bei ihnen zu dirigieren, und es ist sehr anerkennenswert, daß sie sich so stark für Musik interessieren. Aber wie sie aussehen! Nein, wie sie alle aussehen!›

Er schaute mit einem Blick, der wehmütig und etwas ängstlich war, durchs Wagenfenster. ‹Jeder von ihnen ist ein kleiner Bismarck!> dachte Peter Iljitsch aus Moskau. Mehr eingeschüchtert als höhnisch musterte er die martialischen Mienen der Männer: gesträubter Schnurrbart, buschige Augenbrauen und eine drohende Entschlossenheit des Ausdrucks verliehen ihnen entschieden viel Angsteinflößendes. Ein erheblicher Teil von ihnen trug Uniformen, man meinte, sie wollten jeden Augenblick den Säbel ziehen. Den Damen warfen sie unternehmungslustige und flotte Blicke zu; die ihrerseits gingen erhobenen Hauptes, jede eine Germania, im Vollbewußtsein ihrer unantastbaren Würde, den großen Pelzmuff trugen sie wie eine Trophäe vor sich her. In blitzenden Equipagen, vor denen die Pferde stramm, wohlgenährt und schön gezäumt waren, fuhren erfolgreiche Kommerzienräte vorüber, an ihren fetten Fingern sah man die Brillantringe blitzen. Die Kommerzienräte und die Offiziere schienen die breite Galastraße ganz zu beherrschen; zwischen ihnen bewegte sich zuweilen, hastig, zerstreut, aber nicht ohne ein gewisses gefährliches Selbstbewußtsein, ein Professor mit Schlapphut, zottigem Vollbart und weiter, asketisch rauher Lodenpelerine, der unter seiner störrisch gesenkten Stirne Böses auszusinnen schien.

Der fremde Herr in der Droschke sah dies alles: überdeutlich, vereinfacht, wie die gespenstischen Figuren aus einem Witzblatt. Er schämte sich seines bösen Blicks. Aber er mußte denken: <Ach diese Deutschen! Hätte es nicht dieses Jahr fast schon wieder Krieg zwischen ihnen und Frankreich gegeben? Ich verstehe ja nicht viel von den Dingen, aber ich spüre doch, wie beunruhigend dies alles ist. Haben sie nicht auch schon wieder ihre Armee vergrößert? Es ist doch irgendeine neue Wehrvorlage durchgegangen →

Die Droschke fuhr über die blitzende Weite des Pariser Platzes. Das triumphal geöffnete Brandenburger Tor nahm sie auf. Drüben rollte der Wagen auf der trockenen Schneeschicht in gleichmäßigem Tempo weiter. Das war der Tiergarten.

<In dieser Stadt ist mein lieber Kotek gestorben>, dachte Peter Iljitsch und spürte plötzlich wieder Tränen im Hals. <In dieser Stadt hat er die letzten Jahre seines Lebens verbracht. Ach, er hätte niemals von Davos fortgehen dürfen, und nun gar in diese entsetzlich anstrengende Kapitale! Ich habe ihm dringend abgeraten, man sah es ihm ja an, daß er es nicht überleben würde. Warum mußte er sterben? Er war jung, talentvoll und kraftbegabt. Ich hatte ihn gern, eine Zeitlang hat er viel für mich bedeutet, und er hätte noch mehr für mich bedeuten können, wenn er gewollt hätte und wenn wir Zeit

gehabt hätten. Warum konnte nicht ich sterben und er am Leben bleiben? Dann säße ich jetzt nicht hier, in dieser verfluchten Droschke, er aber würde irgendwo in einem Zimmer stehen, das nachdenklich junge Gesicht schief gehalten, und wunderschön Geige spielen. Ja, er war ein vorzüglicher Violinist, deshalb habe ich ihm auch eine Valse Scherzo gewidmet, für Violine und Klavier, ein ganz hübsches Stück. Er redete ein bißchen viel, das ist wahr, manchmal ist es mir etwas auf die Nerven gegangen. Er redete, was ihm gerade einfiel, zuweilen völlig unzusammenhängendes Zeug, so wie manche Figuren bei Dostojewsky schwatzen – aber mit einer angenehmen, lieben Stimme, und auch sein nachdenklicher, immer etwas geistesabwesender Gesichtsausdruck war nett dabei. Ich mochte ihn gerne. Gott, was haben wir miteinander geschwätzt, als ich ihn zum letztenmal in Davos besuchte! Ich blieb eine ganze Woche, wir hatten so unendlich viel zu besprechen, und wir mußten viel lachen – es war reizend, obwohl der arme Kotek so krank war. Mein lieber Kotek, wo steckst du denn jetzt? Mein Lieber, darfst du denn auch Musik machen, wo du jetzt bist? Mein Lieber ...›

Peter Iljitsch wurde aus seinen zärtlich-trauervollen Gedanken gerissen durch einen Lärm, der ihm schrecklich vorkam; es war aber nur ein großer Hund, der die Droschke anbellte. Doch hatte sogar dieses Bellen einen bedrohlichen Ton. Bedrohlich war auch der Blick, den ein Schutzmann unter buschigen Augenbrauen auf den Wagen, den Kutscher und den fremdländischen Fahrgast warf: der strenge Hüter der Ordnung schien schon beinah entschlossen, diesen melancholisch blickenden Ausländer aus irgendeinem Grunde auf der Stelle zu arretieren. – Eine Schar von Kindern zog singend vorüber, militärisch geordnet in Reih und Glied, und was sie sangen, handelte von der deutschen Ehre und daß man Frankreich bald mal wieder schlagen wollte. Über bellenden Hund, singende Kinder und gefährlichen Schutzmann reckte ein hochgerüsteter Herr mit siegreicher Geste seinen langen Degen. Der Herr war aus weißem Stein – eine Statue, die in herausfordernder Haltung einen zugefrorenen Brunnen zierte. All dies sah Peter Iljitsch, und er fürchtete sich. Er empfand Furcht und Haß. Alles um ihn herum war ihm feindlich. Er fühlte sich vereinsamt, ausgeliefert, angegriffen von allen Seiten. Noch der blitzende Himmel bedrohte ihn.

Er haßte die Steinfigur, er haßte die Straße, den verschneiten Tiergarten, die ganze kaiserliche und pompöse Stadt. Mit einer ungeheuren Dringlichkeit wünschte er sich, ganz woanders zu sein, nur nicht hier – nur nicht hier.

Er kannte diese Anfälle, diesen würgenden, unsagbar heftigen Wunsch nach einer sofortigen, eiligen und gründlichen Ortsveränderung. Dieses zugleich lähmende und aufpeitschende Weh, das peinigender war als ein physischer Schmerz, konnte ihn überall packen, auch zu Hause – wenn es ein «Zuhause» für ihn gab. Aber immer wieder bezog Peter Iljitsch seinen Haß und seinen Ekel in vollstem Ernst auf den Ort, wo er sich eben befand. ‹Ich *will* nicht hier spazierenfahren›, dachte er leidvoll, ‹ich will gar nicht in dieser fremden und abscheulichen Stadt spazierenfahren, in der mein Kotek gelitten hat. Wäre ich doch nicht hier! Dieses Glitzern der Sonne auf dem Schnee macht mich krank und rasend. Ich ertrage das nicht. Wäre ich doch woanders. Am besten nirgendwo – aber doch bitte nicht hier.

Wäre es doch zum Beispiel Herbst, und ich säße in Maidanowo, meinem lieben, stillen Maidanowo! Nein, ich säße nicht, ich würde über das offene Feld laufen und einen Drachen steigen lassen – es ist wundervoll, Drachen steigen zu lassen. Oder ich würde im Walde spazieren und Pilze suchen – es ist so beruhigend, sich nach Pilzen zu bücken, ich kenne sie alle. Der Wald von Maidanowo ist schön, er wird zwar ziemlich unbarmherzig abgeholzt, aber er ist doch immer noch stattlich. Vielleicht wäre mein lieber Bruder Modest bei mir oder der junge Sohn meiner Schwester Sascha oder der alte Laroche, dieses faule Tier. Ich muß einen Menschen bei mir haben, den ich gut und seit langer Zeit kenne, mit dem mich gemeinsame Erinnerungen verbinden und den ich liebe. Es ist nicht gut, daß ich alleine bin. Keinesfalls will ich hier noch länger spazierenfahren.›

«Kehren Sie um!» schrie er dem Fahrer zu. «Fahren Sie mich ins Hotel zurück!» Der Kutscher wandte mit einem väterlichen Erstaunen sein altes, bärtiges Gesicht nach dem Fahrgast. Der Herr, der vorhin eine so sanfte Stimme gehabt hatte, ließ nun eine rauhe hören.

Die Hotelhalle durchquerte Peter Iljitsch mit zornig stapfendem Schritt: für die Herren und Damen in den falschen Renaissance-Sesseln mochte er, im langen Pelzmantel, mit runder Pudelmütze über dem merkwürdig dunkel geröteten Gesicht, etwas Erschreckendes haben. – Auch die Treppe nahm er mit langen, grimmigen Sätzen.

Während er durch den Korridor rannte, ärgerte er sich über die Lautlosigkeit seiner eigenen Schritte: er hätte sich gewünscht, daß sie dröhnten. Mit einer Hand, die etwas zitterte, machte er sich daran, seine Zimmertür aufzuschließen. Ehe er eintrat, sah er sich noch einmal um: er spürte einen verschleierten, aber zudringlichen Blick im Rücken.

Hinter der Ecke, die an dieser Stelle der Korridor machte, ragte etwas Langes, Rosiges, neugierig Schnupperndes hervor. Das war die Nase Siegfried Neugebauers, und da stand er auch schon, die vornehm gepolsterten Schultern hochgezogen, das klebrig zähe Lächeln auf den Lippen, die die Nagezähne frei ließen. Er hatte gelauert. Sein rötliches Haupt war ganz verklärt vor Freude an der peinlichen, unwürdigen Situation. – «Sie haben mich ja schön im Stich gelassen!» sagte er, genußvoll näselnd, und trat zwei Schritte näher.

«Fichez-moi la paix!» schrie Peter Iljitsch ihn an, und er sprach französisch weiter, sei es, um Neugebauer zu kränken, oder nur, weil er in seiner Erregung in die Sprache fiel, die ihm geläufiger war. «Mit Ihnen will ich nichts mehr zu tun haben. Ich löse unseren Vertrag. Sie werden noch von mir hören.»

«Wie unendlich ungerecht!» rief der Agent klagend, dabei aber genießend.

Peter Iljitsch schmiß die Türe hinter sich zu und verschloß sie von innen. Er hörte Neugebauer noch ein wenig an der Türklinke spielen, sie drücken und pressen, und seine sanft raunenden Klagetöne von draußen, wie die eines ausgesperrten, zudringlichen, aber nicht gefährlichen Tiers.

Tschaikowsky war mitten im Zimmer stehengeblieben. Er stand einige Sekunden regungslos, die Augen geschlossen. ‹Ich werde das Zimmer verdunkeln›, dachte er. ‹Ja, ich mache die Vorhänge zu. Ich werde mich in diesen Lehnstuhl setzen und mich ganz still verhalten. Ich schließe die Augen. Ich denke an die paar Menschen, die mir noch geblieben sind. Dieser Tag muß vorübergehen. Morgen fahre ich nach Leipzig, das ist immerhin ein anderer Ort, man hat mich zwar hingelockt, um mich dort zu verhöhnen, aber so schlimm wie hier kann es dort nicht sein. O Gott, wie furchtbar, wie furchtbar! O du großer, strenger, weit entfernter Gott, an den ich glaube, wie furchtbar hast du alles eingerichtet! Wozu muß ich alles dies aushalten? Nur um es in eine Melodie zu verwandeln? Und dann wird es nicht einmal eine gute Melodie ... Ich will mich ganz still verhalten: es geht vorüber.›

Zweites Kapitel

«Er scheint nicht mitgekommen zu sein!» sagte einer von den vier Herren, die auf dem Bahnsteig standen. Aus dem Berliner Schnellzug stiegen die letzten Passagiere. Tschaikowsky, den man abzuholen gekommen war, zeigte sich nicht unter ihnen.

«Das ist doch unmöglich», sagte der jüngste von den Herren, er hieß Alexander Siloti. Während die anderen drei in ihren Pelzmänteln unförmig wirkten, erschien er, in einem dunklen engen Paletot, ephebenhaft schlank. Mit einer Stimme, die einen merkwürdig metallischen, kühnen und lockenden Ton hatte, rief er plötzlich – das Gesicht etwas zurückgeneigt, die beiden Hände wie einen Trichter an seinen Mund gelegt –: «Peter Iljitsch, Peter Iljitsch! Wo sind Sie?»

Es war, als habe Peter Iljitsch nur auf diesen Anruf gewartet: eine Sekunde später erschien an der Türe eines Erster-Klasse-Wagens seine große, breite, etwas gebeugte Gestalt, den Pelzkragen hochgeschlagen, die runde Mütze tief in der geröteten Stirne, zwischen den Lippen die Zigarette. In der einen Hand hielt er ein geöffnetes Buch, in der anderen eine Handtasche. Unruhig und gequält schaute er um sich. «Ja, – hallo! – hallo! – Was ist denn?» rief er mehrfach und etwas sinnlos; seine Augen fanden die Freunde auf dem Bahnsteig nicht.

«Peter Iljitsch! Steigen Sie doch aus!» rief der junge Siloti mit der schönen metallischen Stimme. Endlich entdeckte ihn Tschaikowsky, der völlig verstört, wie blind, um sich starrte. «Oh, Sie sind es, Siloti!» winkte er, und auf seine Züge kam langsam ein Lächeln. «Ja – ich finde mich nämlich mit meinen Koffern nicht ganz zurecht – ich habe so fürchterlich viele Handkoffer –»

Siloti lief zu ihm hin: sein Gang war so energiegeladen und beschwingt wie seine Stimme. – «Mein lieber Siloti!» empfing ihn Tschaikowsky, der ein Schluchzen in der Kehle spürte. «Wie schön, daß Sie da sind!» Sie schüttelten sich die Hände. «Ich stelle mich so abscheulich ungeschickt an!» Peter Iljitsch lachte, um Entschuldigung bittend. «Ja, ich bin es gar nicht mehr gewohnt, ohne fremde Hilfe zu reisen. – Ich hatte doch immer meinen guten Alexei bei mir –» Er nahm Silotis Arm. Nebeneinander verschwanden sie ins Innere des Wagens. Inzwischen winkte einer von den drei anderen dem Gepäckträger.

Es gab eine große Begrüßung. Peter Iljitsch umarmte seinen alten Freund, den Violinisten Brodsky, und schüttelte dem Pianisten Arthur Friedheim ausführlich beide Hände. Der vierte – ein kleiner, agiler Mann mit schwarzem Ziegenbärtchen und einem Zwicker, der ihm beständig nach vorne, auf die derbe Nasenspitze, rutschte – stellte sich selber vor. «Mein Name ist Krause», sagte er eifrig. «Martin Krause, Musikreferent des Leipziger Tageblatts, ein Verehrer Ihrer Musik. Willkommen in Leipzig!» rief er mit plötzlicher Feierlichkeit, in einer Haltung, als stände er an der Spitze einer offiziellen Abordnung mit Blechkapelle und Fahnen. Mit einer triumphierenden kleinen Verbeugung, so wie der Zauberkünstler sie hat, wenn er sich zur allgemeinen Überraschung eine Taube oder eine Rotweinflasche aus den Ohren zieht, präsentierte er einen mächtigen Rosenstrauß, den er bis dahin wohl auf dem Rücken listig-sorgfältig versteckt gehalten. «Oh, Rosen – wie schön», sagte Peter Iljitsch gerührt. «Und mitten im Winter!» Er wollte die Blumengabe in Empfang nehmen, hatte aber keine Hand frei, mußte erst das Handköfferchen niedersetzen, dann störte ihn noch die Zigarette, er ließ sie einfach aus dem Mund fallen, Siloti trat sie artig für ihn aus.

«Willkommen in Leipzig!» sagte nun auch, etwas verspätet, Brodsky mit seiner tiefen brummenden Stimme. Arthur Friedheim hatte ein meckerndes, aber herzliches Lachen.

«Wie gut, daß ihr da seid!» Peter Iljitsch legte den einen Arm um Silotis, den anderen um Brodskys Schultern. «Ich habe mich nämlich überhaupt nicht aus dem Zug getraut. Ja, ich war schon fest dazu entschlossen, weiterzufahren – dann ein Telegramm aus irgendeiner fremden kleinen Stadt zu schicken, daß ich verhindert sei, nach Leipzig zu kommen.»

Brodsky lachte, daß es durch die Halle dröhnte. «Was für Ideen du hast!» Er bekam fast keinen Atem mehr vor Lachen. «Du bist doch immer noch derselbe närrische alte Kerl!» Sie lachten alle, nur Siloti hatte ein ernstes und strahlendes Lächeln auf seinem schönen, reinen und jungen Gesicht. «Ich bin doch froh, daß ich nach Ihnen gerufen habe!» sagte er leise, während Brodsky sich die Augen wischte, die das Gelächter feucht gemacht hatte.

«Es ist eine richtige Zwangsvorstellung gewesen», berichtete Peter Iljitsch, und sah Siloti an. «Ich dachte: du *kannst* gar nicht aussteigen. Entweder es ist kein Mensch an der Bahn, das wäre grauenhaft, und du fändest dich überhaupt nicht zurecht. Oder es sind fremde abscheuliche Leute da – das wäre natürlich noch unerträglicher gewesen. – Aber nun bin ich ja gerettet!»

Er legte seine Arme noch fester um die Schultern der beiden Freunde. Die Leute schauten den dreien nach, wie sie sich durch die Bahnhofshalle dem Ausgang zubewegten; Friedheim, Musikreferent Krause und die Gepäckträger folgten. Tschaikowsky stützte sich so fest auf Brodsky und Siloti, daß es aussah, als würde er von ihnen geschleppt: leicht taumelnd, ein von seiner Umgebung verehrter, aber stark mitgenommener Alter, hing er in ihrer Mitte.

«Ich kann diese Eisenbahnfahrten nicht mehr vertragen», redete er. «Sie machen mich krank, sie zerstören mich, und um überhaupt über die Sache hinwegzukommen, nehme ich mir leider meistens eine volle Kognakflasche mit, am Ende der Reise aber ist sie plötzlich leer. Dabei ist Berlin-Leipzig ja wirklich keine sehr lange Strecke. Aber ich halte rein gar nichts mehr aus, ich bin fertig, ich bin ein Wrack, ihr seht es –, und komponieren kann ich auch nicht mehr.»

«Hohoho!» lachte Brodsky, aber Siloti schüttelte ernst und verweisend lächelnd den Kopf.

«Was ist das?» rief Tschaikowsky. «Ich schwätze und schwätze – euch lasse ich überhaupt nicht zu Worte kommen! Nun, wie geht es denn euch, meine Lieben? Aber ich weiß ja: der alte Brodsky ist ein wohlbestallter Professor am Konservatorium zu Leipzig –»

«Ein wohlbestallter Violinprofessor», bestätigte, lustig brummend, Freund Brodsky.

«Und mein kleiner Siloti?» Tschaikowsky wandte ihm sein Gesicht zu und sah ihn voll an. «Mein kleiner Siloti reist von Triumph zu Triumph. Die ganze Welt spricht von ihm, das ist wunderbar. – Mein Gott, wie ich mich noch erinnere!» sagte Peter Iljitsch, und blieb mitten in der Bahnhofshalle stehen. «Als ich dir den Kompositionskursus gegeben habe, am Moskauer Konservatorium! Das ist nun schon ziemlich viele Jahre her. Dann kam die Zeit der großen Schule für dich – Rubinstein, Liszt. Aber damals, in Moskau, warst du ein ganz kleiner Junge. Du bist ein wundervoller Junge gewesen. – Und du bist es geblieben», fügte Peter Iljitsch hinzu.

Über das elfenbeinfarbene Gesicht des jungen Siloti ging eine flüchtige Röte, von der einige Flecken hektisch auf den Wangen-knochen zurückblieben.

«Wie schnell du berühmt geworden bist!» sagte Peter Iljitsch und sah ihn immer noch an.

«Haben Sie Anton Rubinstein kürzlich gesehen?» fragte Siloti.

«Ich treffe ihn selten.» Peter Iljitsch wandte endlich seinen Blick von Siloti ab, während er weiterging. «Er ist mir gegenüber ziemlich streng und zurückhaltend geblieben. Ich fürchte ihn fast ebenso-sehr, wie ich ihn verehre.» Brodsky lachte, aber der junge Siloti blieb ernst.

«Nichts kann mir den Verlust seines Bruders ersetzen», sagte Tschaikowsky und schaute mit einem geistesabwesenden Blick ge-radeaus. «Der gute Nikolai fehlt mir entsetzlich. – Ja, Brodsky», sagte er und wandte sich plötzlich nur noch an den älteren Freund, «es sind so viele dahin.» Brodsky nickte mit einer etwas genierten Feierlichkeit. Sie standen auf dem freien Platz vor dem Bahnhof.

Der Schnee hatte im bleichen Licht des späten Nachmittags einen fahlen Schimmer. Es war ziemlich kalt. Über den verschneiten Häu-sern stand der Himmel in glasiger Reinheit.

Musikreferent Krause, der die drei vorangehenden Russen einge-holt hatte, sagte mit einer drolligen Verneigung, die den Gebäuden, Droschken, Schlitten, Fußgängern und dem ganzen Platze galt: «Darf ich Ihnen unser Leipzig vorstellen, Meister, das musikalische Zentrum des Deutschen Reiches!» Er sprach, ein guter Sachse, das p in ‹Leipzig› ganz weich aus und dehnte den Namen der heimatlichen Stadt auf eine unnachahmlich breite und gemütliche Weise. Alle lachten. «Die musikalische Hauptstadt des Reiches, seitdem Men-delssohn-Bartholdy hier gewirkt hat», fügte der kleine Mann, dem der Zwicker auf die derbe Nasenspitze rutschte, feierlich hinzu.

Man winkte einem Schlitten. «Was für eine komische Form er hat», meinte Peter Iljitsch, während sie einstiegen. – «Er hat gar keine komische Form», erklärte Brodsky. «Nur eine etwas andere, als unsere Schlitten – zu Hause.»

Das Gefährt war offen; man verpackte sich in die Decken. Peter Iljitsch saß mit Brodsky und Siloti im Fond, Friedheim und Krause nahmen ihm gegenüber Platz. Musikreferent Krause schlug vor: «Am besten wird sein, wir geben die Gepäckstücke des Meisters im Hotel ab und fahren dann gleich weiter, zu Freund Brodsky – damit wir alle etwas Warmes in den Magen kriegen.» Peter Iljitsch be-trachtete ihn sich belustigt und anerkennend. «Diese Deutschen sind Organisatoren!» stellte er fest. «Etwas Warmes in den Magen – das ist eine glänzende Idee.»

Sie bekamen alle rote Backen und rote Nasen vom scharfen Luftzug; nur Silotis Gesicht blieb von elfenbeinerner Blässe: im fahlen Licht des sinkenden Nachmittages schien es zu leuchten, als sei es aus anderem Stoff denn aus Fleisch und Blut. – Peter Iljitsch war sehr angeregt und redete viel. «Ihr wißt ja gar nicht, was für ein Glück ihr habt, daß ich so allein aus dem Zug gestiegen bin», schwatzte er lachend. «Mein Freund Siegfried Neugebauer hatte nämlich die Absicht, mich nach Leipzig zu begleiten – nur mittels der raffiniertesten Listen gelang es mir, das von uns abzuwenden.»

Siegfried Neugebauers Name hatte eine stark animierende Wirkung auf die Gesellschaft: sie kannten ihn alle, sie lachten und schimpften im Durcheinander. «O dieser Neugebauer!» schrien sie. «Dieser Unhold, dieser Hanswurst!» Peter Iljitsch amüsierte sich, er lachte am lautesten von ihnen allen. «Gewiß, gewiß – ein Unhold!» Er wiederholte mit Genuß jede einzelne Beleidigung, mit der man Siegfried charakterisierte. «Aber, ich versichere euch: der Mann hat eine Art von dämonischer Kraft. Es ist ihm einfach nichts anzuhaben, er ist zäh wie das Leben selbst. Glaubt ihr, ich wäre ihn losgeworden? Aber keineswegs! Vormittags hatte ich ihn in aller Form hinausgeschmissen. Abends begleitete mich Herr Neugebauer ins Konzert, obwohl ich nicht die mindeste Lust hatte, auszugehen, und schon gar nicht mit ihm. Mit Herrn Neugebauer zusammen mußte ich mir das Requiem von Berlioz anhören, unter der Leitung des Herrn Scharwenka – entre nous: es wäre auch ohne Neugebauers Beisein recht qualvoll gewesen. Scharwenka benahm sich mir gegenüber ziemlich pikiert, weil Herr Neugebauer sowohl für den Morgen als auch für den Nachmittag Verabredungen für mich mit ihm getroffen hatte, obwohl er wußte, daß ich sie nicht halten würde. Ich mußte mich also nicht nur langweilen, sondern wurde auch noch schlecht behandelt. Ach dieser Siegfried! So habe ich mir Richard Wagners Waldknaben immer vorgestellt! Ich wage es gar nicht mehr, mich beim Hotelportier nach meiner Post zu erkundigen: sicher sind mindestens zwei Telegramme von ihm dabei, und was für welche! Das eine nimmt zurück, was das erste umständlich formuliert, jedes hat fünfzig Wörter, kostet einen Sack Gold, und beide zusammen ergeben eine heillose Konfusion!»

Während der ganzen Schlittenfahrt sprachen sie vom Agenten Neugebauer: jeder hatte etwas Schreckliches mit ihm erlebt, jeder wußte eine groteske Anekdote von ihm. Arthur Friedheim behauptete, er habe ihm einmal eine Ohrfeige auf offnem Podium, angesichts des ganzen Publikums, gegeben, weil Neugebauer ihn zum Schluß des Konzerts hatte küssen und umarmen wollen. –

Professor Brodsky wohnte an der Peripherie der Stadt, in einer stillen und soignierten Villenstraße. Die Häuser hatten hier das Aussehen von gemütlichen kleinen Ritterburgen, mit vielen Erkern, Zinnen, Türmchen, Balkonen, runden Fenstern mit Butzenscheiben. «Wie eine Meistersinger-Dekoration im Provinztheater», lachte Peter Iljitsch. «Dabei ist es sicher sehr angenehm, hier zu logieren. Es sieht bürgerlich und wohlgepflegt und behaglich aus.»

Brodskys Wohnung lag im zweiten Stockwerk einer der traulichsächsischen kleinen Ritterburgen. Während die Herren die Treppe hinaufgingen, erschienen oben zwei Damen, die winkten und riefen. Das waren Brodskys Frau und seine Schwägerin – beide von üppiger Gestalt, und sie sahen einander ähnlich. Unter den hohen Frisuren waren ihre Gwsichter breit und freundlich, beide hatten sie die lange Zigarette zwischen den weichen Lippen. Madame Brodsky trug einen japanischen Kimono – schwarze Seide, mit großen gelben Blumen bestickt; die Schwägerin eine hochgeschlossene Russenbluse aus weißem Leinen, der Kragen, rot bestickt, steif wie der an einer Uniform. Brodsky umarmte seine Frau, die ihm sofort Vorwürfe machte, daß er im offenen Schlitten gefahren sei.

«Aber, meine Damen! Es ist ein so schöner Abend!» rief Peter Iljitsch. Er kannte Madame Brodsky aus Moskau und ließ sich der Schwägerin vorstellen. Vor beiden machte er tiefe Verbeugungen, mit einer etwas drollig-altfränkisch übertriebenen Galanterie. Madame Brodsky überreichte er die roten Rosen, die Herr Krause ihm vorhin geschenkt hatte.

In der Wohnung roch es nach Tannenbaum, Lebkuchen und Samowar; auf dem runden Tisch in der Mitte des Zimmers stand der Christbaum – ein ausladendes, strammes, wohlproportioniertes Prachtstück von einem Christbäumchen, mit bunten Kugeln, Äpfeln, versilberten Tannenzapfen, allerlei Kringeln, Wachsengeln und Allegorien üppig behängt. Die Kerzen brannten, sie gaben dem Zimmer ihren Duft und ihr mild flackerndes Licht. «Ja, Peter Iljitsch, Ihnen zu Ehren habe ich unser Bäumchen mit neuen Kerzen versehen», berichtete Madame Brodsky.

Peter Iljitsch zeigte sich begeistert. «Oh, ein Christbaum – ein richtiger Christbaum!» rief er ein über das andere Mal. «Das ist herrlich. Nun merke ich doch endlich, daß ich wirklich in Deutschland bin! Ja, Brodsky, mein alter Brodsky, du bist ja ein richtiger deutscher Professor und Familienvater geworden! Aber nein, du bist dabei auch ein guter Russe geblieben. Denn hier sehe ich doch: den Samowar und die Teegläser und die eingemachten Kirschen und die Zigaretten mit dem langen Mundstück und die Wodkaflasche und das liebe Konfekt!» Er nahm sich eines von den weichen, bräunlichen Fondantsüßigkeiten. Außer sich vor Vergnügen lief er durchs Zimmer. «Ach, und da, im Bücherschrank, was gibt es denn da alles: den Puschkin und den Gogol und ‹Krieg und Frieden›. Ich bin ja so froh, daß ich hier bin! Ich bin ja mitten in Rußland! Das ist gut! – Das ist gut», sagte er leise und hatte das Schluchzen in der Kehle. «Und dabei bin ich doch mitten in Deutschland», fügte er hinzu, «und habe den Christbaum und die Beethoven-Maske. Bei euch gibt es wirklich von beiden Ländern das Beste.»

«Aber Sie müssen Tee trinken, Peter Iljitsch», rief Madame Brodsky. «Nicht nur schwatzen dürfen Sie – Sie müssen vor allem Tee trinken, und ich habe echte Piroggen für Sie gebacken.»

«Ist es nicht schön hier?» sagte Peter Iljitsch zu Siloti, der beim Christbaum stehengeblieben war. Siloti hielt sein vollkommenes Gesicht dem Kerzenlicht zugewandt. «Wunderschön», sagte er ernst.

«Nein, nein, ich bin nicht ins ‹feindliche Lager›, nicht in die ‹Falle› gelockt worden», rief Tschaikowsky und wandte sich, vom jungen Siloti weg, an die anderen. «Das hatte ich mir nämlich eingebildet – ich hatte furchtbare Angst. Aber jetzt bin ich glücklich.»

«Sie müssen Tee trinken!» wiederholte Madame Brodsky mit einer fröhlichen Hartnäckigkeit, und die Schwägerin in der Russenbluse rief als ein munteres Echo: «Nun müssen Sie unbedingt Tee trinken, Peter Iljitsch!»

Peter Iljitsch bekam seinen Tee. Während er von den guten Moskauer und Leipziger Sachen aß, sagte er zu Brodsky: «Du nimmst mich auf, wie einen Fürsten! Es ist herrlich bei euch! Ohne eure Gastfreundschaft wäre ich ganz bestimmt heute abend hier umgekommen. Nun hast du schon mein Geigenkonzert gerettet, und jetzt rettest du mir das Leben – ich weiß nicht, was verdienstvoller ist. – Ich bin unserem alten Brodsky zu ewigem Dank verpflichtet», wandte er sich an Musikreferent Krause, der eifrig lauschte, wobei er sich am spitzen Bärtchen zupfte. «Unser wundervoller alter Brodsky hat sich meines Violinkonzertes angenommen, als kein Mensch etwas von ihm wissen wollte. Ich hatte es meinem Freunde

Auer gewidmet, und mein Freund Auer behauptete, enorm geschmeichelt und entzückt zu sein. Seine große Freude an der Widmung äußerte sich dann darin, daß er das Ding niemals spielen wollte: es sei unspielbar – meinte Freund Auer –, es sei einfach zu
schwer. Sie können sich denken, daß dieses Urteil einer Kapazität
meinem armen Konzert nicht eben genützt hat, es blieb liegen, niemand wagte sich dran – bis unser Brodsky kam, der Beherzte. Er
ließ sich keine Mühe verdrießen und brachte mein armes altes Konzert – ja, inzwischen war es schon ziemlich alt geworden – in Wien
heraus. Was hatte er nun davon? Der einflußreichste Kritiker an der
Donau, Herr Hanslick, war es, der schrieb» – Peter Iljitsch lehnte
sich mit einer grimmigen Behaglichkeit in seinem Sessel zurück, um
die Rezension des Herrn Hanslick, ausführlich, jedes Wort mit Genuß betonend, zu zitieren –: « ‹Wir wissen, daß in der zeitgenössischen Literatur immer häufiger Werke erscheinen, deren Autoren
die widerlichsten physiologischen Erscheinungen, darunter auch
garstige Gerüche, wiederzugeben lieben›.» Peter Iljitsch sprach sehr
ernsthaft, mit erhobenem Zeigefinger. « ‹Solche Literatur kann man
als stinkend bezeichnen. Das Konzert des Herrn Tschaikowsky hat
uns gezeigt, daß es auch stinkende Musik gibt›.»

«Unerhört, unerhört!» machte Herr Krause, dem vor Empörung
der Zwicker von der Nase fiel – er war an einem schwarzen Bande
befestigt. Auch Arthur Friedheim war sehr aufgebracht. «Durch
diese Kritik dürfte Herr Hanslick sich selbst gerichtet haben!» sagte
er scharf und rückte zornig die Achseln. Brodsky aber brummte
vorwurfsvoll: «Du hast den Unsinn auswendig gelernt! Hat er dich
denn gekränkt?»

«Er hat mich für dich gekränkt, alter Brodsky!» Peter Iljitsch hatte eine fast zärtliche Sanftheit in der Stimme. «Was mich betrifft –
ich bin ja dergleichen gewöhnt. Ich habe in Rußland viel Ähnliches
über mich zu lesen bekommen. Aber du hattest dir so viel Mühe
gemacht . . .»

«Nun», sagte Brodsky, «inzwischen hat sich ja dein Geigenkonzert in ganz Europa durchgesetzt, und ich bin nicht der einzige geblieben, der es spielt.»

«Aber du warst der erste.» Tschaikowsky lächelte ihm befreundet
zu.

«Es ist ein wunderschönes Konzert», sagte Siloti mit seiner metallischen Stimme in ein kurzes Schweigen hinein. Tschaikowsky sah
ihn eine Sekunde lang an, wandte den Blick wieder von ihm und

sagte lachend, wobei er sich wieder an den Musikreferenten Krause wandte: «Nun bin ich ja neugierig, ob die Leipziger Herren Kritiker meine Orchester-Suite auch als ‹stinkend› bezeichnen werden.»

Darüber geriet Martin Krause in Erregung. «Aber Meister!» rief er empört. «Das ist fast eine Beleidigung! Bei uns können Sie doch wohl ein etwas ernsteres Kunstverständnis voraussetzen als bei den Kollegen in Wien. Und überhaupt», sagte er eifrig, «da das Gewandhaus Sie herausstellt, sind Sie von vornherein der allgemeinsten Achtung sicher.»

«Ich weiß, es ist eine große Ehre», sagte Peter Iljitsch höflich. «Ich werde mich als ihrer ganz unwürdig erweisen, ich werde völlig versagen ...»

«Lassen wir dahingestellt, ob es eine große Ehre ist.» In Herrn Krauses Ton war eine deutliche Nuance von Strenge. «Jedenfalls hat es den Wert einer großen Seltenheit. Man ist im allgemeinen sehr konservativ im Gewandhaus, man bevorzugt das klassische Programm: Haydn, Mozart, Beethoven, Schumann, Mendelssohn. Selten einmal wagt man sich vor zu Wagner, Berlioz oder Liszt – das sind dann schon die schüchternen Zugeständnisse an die Moderne. Sonst überläßt man dieses Gebiet ganz dem Liszt-Verein, von dem ich wohl behaupten kann, daß er immer ein interessantes Programm aufzuweisen hat. – Und nun Sie, im Gewandhaus! Es ist eine Sensation! Sie gelten doch hier für einen Vertreter der ultraradikalen Richtung.»

«Ja, Peter», bestätigte Brodsky, «hier wirst du für einen der Wildesten angesehen.»

Darüber mußte Tschaikowsky recht herzlich lachen. «Das sollten gewisse Leute in St. Petersburg wissen!» Er schmunzelte und rieb sich die Hände. «Gewisse Leute, die mich zu einer längst erledigten Generation rechnen, die einen erzkonservativen Großpapa aus mir machen wollen.»

«Eine Schablone ist natürlich so falsch wie die andere», bemerkte Friedheim. «In Wahrheit halten Sie die Mitte zwischen den beiden Extremen, Peter Iljitsch.»

Tschaikowsky stand auf. «Aber wie kommt denn das?» fragte er und machte ein paar Schritte durchs Zimmer. «Wir sprechen ja die ganze Zeit von mir und meinen winzig kleinen Angelegenheiten. Das ist mir nicht nur peinlich vor den leiblich Anwesenden, sondern auch vor diesen da, vor den Meistern.» Er war am Kaminsims stehengeblieben, der geschmückt war mit den Bildern großer Musiker.

Da standen in einer Reihe: Glinka und Wagner, Schumann und Berlioz, Liszt und Brahms. «Wie schön Liszts Kopf ist», sagte andächtig Peter Iljitsch. «Der Adler in der Soutane . . .»

Sie sprachen plötzlich alle von Liszt. Sowohl Friedheim als Siloti waren seine Schüler gewesen. «Keiner hat herrlicher dieses Instrument beherrscht», erklärte Friedheim und pochte mit seinen mageren, trainierten Fingern auf den schwarzen glänzenden Deckel des geschlossenen Flügels. «Auch Rubinstein nicht», sagte er streitbar. – «Nein, auch Anton Rubinstein nicht», bestätigte die metallische Stimme des jungen Siloti. – «Und dabei ist ihm das Klavier und die ganze Musik vielleicht nur ein Mittel zur Verführung gewesen», sagte Friedheim nachdenklich. – «Liszt oder die Schule der Geläufigkeit – nach Weibern», warf Martin Krause kichernd ein. «Das hat ein deutscher Dichter-Philosoph geprägt.»

«Merkwürdig», sagte Tschaikowsky, «er ist kaum länger tot als ein Jahr und ist schon eine Legende. Er hat bei seinen Lebzeiten die Legende aus sich gemacht. Der große Verführer im Kleid des Abbés, der unbesiegbare Virtuose des Klaviers und der Liebe . . . Ich habe ihn niemals besucht», fuhr er langsamer fort. «Er war ja so überlaufen, und er wollte wohl nur Verehrer um sich haben. Aus meinen Arbeiten machte er sich nicht viel, hat man mir berichtet . . .»

Sie sprachen weiter von Liszt, von seinen berühmten Liebesaffären, seinen Reisen, seinem breit und fürstlich geführten Leben zwischen Rom, Paris, Weimar und Budapest; der erregenden Mischung aus Mondänität und Frömmigkeit, die ihn charakterisierte; von seiner unermüdlich helfenden, entdeckenden, fördernden, anregenden pädagogischen Tätigkeit. «Ja, er ist ein großer Arrangeur gewesen», sagte Peter Iljitsch abschließend. «Und ein großer Hexenmeister. Er war noch vom Format Paganinis. Ob einer da ist, dem er seine Geheimnisse vererbt hat? – Und dieser hier, das ist Brahms.» Dabei beugte er sich über ein anderes Porträt.

«Ja, dieser hier ist Johannes Brahms», wiederholte feierlich Brodsky. Es entstand eine kleine Stille. Tschaikowsky war, der Gesellschaft den Rücken zuwendend, am Kaminsims stehengeblieben. «Du gehörst auch zu seinen Verehrern?» fragte er schließlich und wandte sich nach Brodsky um. – «Wir verehren ihn alle», antwortete Brodsky, der den feierlichen Ton beibehielt.

Peter Iljitsch biß sich die Lippen. «Ich weiß, ich weiß», machte er. «Man treibt ja hier eine Art von religiösem Kult mit ihm. Es hat sein Peinliches, in die Nähe eines Kultes zu geraten, an dem man selber nicht teilnehmen kann.»

«Was haben Sie denn gegen unseren Meister Brahms?» Martin Krause nahte sich geschäftig, in einer Haltung, als wollte er gleich ein Notizbüchlein zücken, um die Worte des russischen Gastes mitzuschreiben.

«Was ich gegen ihn habe?» fragte Peter Iljitsch, der nervös von einem Fuß auf den anderen trat. «Daß er mir total unverständlich ist – ich muß es zugeben. Ja, ich weiß seine Qualitäten zu schätzen, natürlich: er ist ernst und tief und sogar erhaben. Er ist gediegen und vornehm; niemals wird er zu groben äußerlichen Effekten greifen, wie andere Zeitgenossen dies tun, etwa ich. Aber ich kann ihn nicht lieben – lieben kann ich ihn nicht, und wenn ich mich noch so bemühte. – Es ist mir peinlich, über den gefeiertsten Meister Ihres Landes so sprechen zu müssen», fügte er mit einer kleinen Verbeugung vor Musikreferent Krause hinzu. – «Oh, bitte recht sehr, sprechen Sie weiter!» bat der Mitarbeiter des Leipziger Tageblatts animiert. «Das ist ja äußerst interessant.»

«Nun denn, wenn Sie es hören wollen», sagte Tschaikowsky, «ich finde in der Musik Ihres Meisters etwas Trockenes, Kaltes, Nebelhaftes und Abstoßendes. Es ist in allem, was er macht, eine Neigung zum Bodenlosen, die mich abstößt – Sie entschuldigen das grobe Wort. Mir wird in meinem Herzen nicht warm, wenn ich diese Musik höre, im Gegenteil, ich fühle mich recht frostig angeweht, ja: es friert mich. Es friert mich – verstehen Sie das? Mir fehlt etwas – die Schönheit fehlt mir, die Melodie. Bei ihm wird ein musikalischer Gedanke niemals ganz ausgesprochen. Kaum ist eine melodische Phrase angedeutet, so wuchern schon die harmonischen Modulationen, üppig und geheimnisvoll, über sie weg. Das ist ja, als habe der Komponist es sich eigens zur Aufgabe gemacht, unverständlich und tief zu sein, tief um jeden Preis, selbst um den der Langweiligkeit. Ich habe mich oft gefragt: Ist dieser deutsche Meister wirklich so tief – tief in jedem Augenblick und in jeder Phrase? Oder kokettiert er nur mit der Tiefe, um die erschreckende Armut und Trockenheit seiner Phantasie zu verbergen? Das ist natürlich eine Frage, die sich nicht entscheiden läßt. Aber ob seine Tiefe und seine Erhabenheit nun echt sind oder gespielt: jedenfalls, sie rühren mich nicht – nein, sie rühren mich nicht, nichts vermögen sie in meinem Herzen zu bewegen.»

«Du wirst anders sprechen, wenn du dich erst mit größerer Andacht in diese Musik versenkt hast, die so reich an Wundern ist», sprach Brodsky, sanft tadelnd. «Du wirst gewiß noch hinter seine Größe kommen.»

«Das hat mir Hans von Bülow schon vor Jahren prophezeit.» Peter Iljitsch machte seine stapfenden Schritte durchs Zimmer. «‹Brahms wird Ihnen aufgehen wie eine Offenbarung›, hat er mir in Moskau versichert. Nun, die Offenbarung ist ausgeblieben. Und übrigens bin ich froh, daß sie ausgeblieben ist!» Dabei blieb er mitten im Zimmer stehen. «Der Einfluß dieses deutschen Genies ist ein unglückseliger, wohin ich auch schaue. Ich habe, zum Beispiel, die Partitur eines jungen Italieners in Händen gehabt, er heißt Feruccio Busoni – ohne Frage: ein junger Mann von starken Gaben und von edlem Ehrgeiz. Aber wie er seine eigene Tradition verleugnet, die große heilige Tradition der italienischen Melodie! Dabei ist, innerhalb dieser Tradition und ganz ohne Verirrung ins Germanische, der Weg ins Neue schon aufgezeigt: Verdi hat ihn gewiesen. Aber so ein Junger will ‹germanisch› erscheinen, also tief, also langweilig – es ist zum Weinen. Ich habe die Partitur zornig und enttäuscht in eine Ecke geworfen und habe mir ein Stück von Gounod vorgespielt, obwohl es mäßig ist – nur um wieder eine *Melodie* zu hören, eine Melodie!»

«Wir erwarten alle viel von Busoni», bemerkte gewichtig Professor Brodsky.

«Ich weiß ja», sagte Tschaikowsky und ließ sich wieder am Teetisch nieder, «das musikalische Deutschland ist in zwei große Lager gespalten: hie Wagner – dort Brahms. Nun, wenn ich zwischen diesen beiden zu wählen habe, so entscheide ich mich für – Mozart.»

Man lachte; die Spannung, die während der letzten Minuten über der kleinen Gesellschaft gelegen hatte, war gelöst. – «Ich möchte trotz allem, daß du Brahms persönlich kennenlernst», sagte Brodsky. «Vielleicht verändert der Eindruck der direkten Begegnung auch dein Urteil über sein Schaffen. Er musiziert morgen abend bei uns. Willst du mir nicht die Freude machen, auch dabei zu sein?» – «Es wird mir eine Ehre bedeuten, die Bekanntschaft eines so berühmten und vielumstrittenen Mannes zu machen», beeilte sich Tschaikowsky zu versichern. «Vielen Dank. Natürlich komme ich gern.»

Er ließ sich von Madame Brodsky zum zweitenmal Wodka eingießen. Arthur Friedheim erkundigte sich nach verschiedenen Bekannten in Rußland; es wurden Andekdoten über Rimsky-Korsakow und Caesar Cui, über Virtuosen, Musikkritiker und Sänger erzählt. Peter Iljitsch lachte viel und ließ sich wiederholt Wodka einschenken.

Die vier Russen bemerkten kaum, daß sie die Unterhaltung schon seit geraumer Zeit in ihrer Muttersprache führten. Musikreferent Krause saß ausgeschlossen und machte zunächst eine etwas saure Miene. Schließlich unterhielt er sich mit den beiden Damen über die Verhältnisse an der Leipziger Oper. Von den beiden Gruppen, sowohl von der deutsch wie von der russisch sprechenden, kamen häufige Lachsalven. Als jemand darauf aufmerksam machte, daß es schon beinahe Mitternacht sei, zeigten sich alle erstaunt. Während man sich in der engen Garderobe gegenseitig in die Pelzmäntel half, forderte Peter Iljitsch den jungen Siloti auf, am nächsten Tage bei ihm zu frühstücken. Freund Brodsky küßte er zum Abschied auf beide Wangen, und vor den Damen, die vom Alkohol erhitzte Gesichter hatten, machte er drollig übertriebene Komplimente.

«Bitte, gehen Sie noch nicht weg!» bat Peter Iljitsch den jungen Siloti, der sich, eine Stunde nach dem Lunch, verabschieden wollte. «Bleiben Sie doch noch ein bißchen! Ich habe so große Angst davor, jetzt allein zu sein ...»

Sie saßen beim Kaffee in der Hotelhalle, die von falschem Marmor, vergoldetem Stuck und allerlei üppig-ordinärem Zierat gleißte. Hinter dem Tischchen, an dem sie Platz genommen hatten, wuchs ein mächtiger weißer Gipsengel aus einer dicken gelb und schwarz marmorierten Säule. Der Engel hatte, unter gewaltiger Lockenfrisur, eine niedrige Stirne und halbkugelförmig geblähte Wangen: er hielt sich mit den beiden groben Händen ein mächtiges Blasinstrument an den Mund, halb überdimensionale Flöte, halb kriegerische Trompete – wie eine gefährliche Waffe ragte es über die Häupter der beiden Musiker.

«Hier ist es aber abscheulich», sagte Tschaikowsky und warf einen verängstigten Blick auf den bedrohlichen Cherub. «Vielleicht sind Sie so nett, mir auf meinem Zimmer ein bißchen Gesellschaft zu leisten ...»

Der junge Siloti neigte ernst und verbindlich lächelnd das kühle, makellose Gesicht. Peter Iljitschs Miene war etwas gerötet von den Speisen und Getränken des endlosen Hotelmenüs; Silotis Stirne und Wangen blieben elfenbeinfarben, auf der blassen Haut waren die langen schwarzen Augenbrauen wie mit Tusche gezogen.

«Sie müssen verzeihen, mein Lieber, daß ich Sie so lange dabehalte.» Peter Iljitsch redete etwas hastig. «Aber ich bin in einem Nervenzustand, der es mir zur Qual macht, allein zu sein. Ich habe mir wohl doch zu viel zugemutet. Vor dem Konzert im Gewandhaus ist mir entsetzlich bange. Es ist das erste Mal, daß ich im Ausland dirigiere. Ich werde versagen, das spüre ich ganz genau . . .»

«Es freut mich, daß ich mit Ihnen zusammensein darf», sagte der junge Siloti mit seiner schwingenden, sehr klaren, etwas unbeseelten Stimme. – ‹Wie weit weg er ist!› dachte Peter Iljitsch, und seine Bestürztheit über diese Erkenntnis war so stark, daß er sich einige Sekunden lang nicht rühren konnte. ‹Er ist ja unberechenbar weit entfernt von mir. An was denkt er denn? Nur an sich und an seinen jungen Ruhm? Wie unheimlich, daß man sich niemals vorstellen kann, was ein anderer denkt. Und diesen fremd Lächelnden und fremd Sprechenden kenne ich doch schon seit langem, er ist doch mein Schüler gewesen, ich sehe noch sein aufmerksames kindliches Gesicht, während er neben mir am Flügel saß . . .›

«Ist es denn sehr schön, berühmt zu sein?» fragte Tschaikowsky und schaute aus seinen sanft grübelnden, tiefblauen Augen auf den jungen Menschen, der sein Schüler gewesen war. «Macht es dir sehr viel Spaß?»

«Sie müssen es doch wissen, wie das ist, mit dem Ruhm», sagte der junge Siloti und hielt den gedankenvoll traurigen Blick seines Lehrers aus, ohne daß sich etwas gerührt hätte in seinem makellosen Gesicht. «Sie wissen davon mehr als ich, Peter Iljitsch. Ich fange doch gerade erst an. – Und was ist so ein kleiner Pianist. Ein geringer Vermittler . . . Was der Ruhm bedeutet, der wirkliche Ruhm, das müssen Sie mir erzählen.»

Peter Iljitsch hatte eine müde Handbewegung. «Ach ich . . .», sagte er langsam, die Stirne gesenkt. «Ich verstehe nicht viel davon. Ich finde ihn vor allem anstrengend, den sogenannten Ruhm. Übrigens kommt er zu spät, in meinem Falle. Ich bin fertig, ich bin ausgesungen, mir fällt nichts mehr ein. Alle finden, daß ich mich wiederhole. Ich bin ein alter Mann, das ist nicht interessant. Aber du bist jung. Du bist ehrgeizig, wie beneidenswert das ist! Ich glaube, so viel Ruhm gibt es gar nicht auf dieser Welt, wie du beanspruchst und wie du erwartest.»

«Natürlich bin ich ehrgeizig.» Der junge Siloti saß sehr gerade aufgerichtet. «Aber Sie sind unaufrichtig», fügte er hinzu und lächelte, sich etwas vorbeugend, den Meister an. «Sie glauben weder, daß Sie fertig sind, noch ist Ihnen der Ruhm jemals gleichgültig gewesen. Wir brauchen ihn alle.» Siloti sprach plötzlich sehr laut, mit einem beinah triumphierenden Ton, hinauf zu dem pausbäckig musizierenden Engel.

Peter Iljitsch, der geneigten Hauptes zwischen diesen beiden jungen Gottheiten der Musik saß – der unvollkommenen, ordinären aus Gips und der vollkommenen, edlen aus Fleisch und Blut, sagte, ohne den Blick vom Boden zu heben: «Wir brauchen ihn alle – vielleicht. Ja, ich bin wohl unaufrichtig gewesen. Wir brauchen ihn alle – aber wozu? Als Ersatz für was? Als Ersatz für *was* denn, Siloti.»

«Als Ersatz für das, für genau das, was wir ihm opfern», sagte der Schüler, das junge Gesicht erfroren in einem eisig strahlenden Lächeln. –

Oben, in seinem Zimmer, bat Peter Iljitsch um die Erlaubnis, sich ausstrecken zu dürfen. «Ich bin furchtbar zerschlagen», beklagte er sich. «Ich habe diese Nacht fast überhaupt nicht geschlafen.» Er nahm sowohl Natron als auch Baldriantropfen. Für Siloti rückte er selber den Sessel neben die Chaiselongue, auf die er sich legte.

Der junge Pianist blieb den ganzen Nachmittag bei Tschaikowsky. Es gab lange Pausen in ihrem Gespräch. Peter Iljitsch hielt wohl einmal eine Viertelstunde lang die Augen geschlossen. Man wußte nicht, ob er schlief, Siloti verhielt sich still. Dann begannen sie wieder zu reden, und ihr Gespräch hatte den gleichen, still befreundeten Ton, ob sie sich einen Klatsch aus der musikalischen Welt erzählten oder eine rührende Erinnerung an Nikolai Rubinstein oder an einen anderen, den sie beide gekannt hatten. Immer wieder fragte Peter Iljitsch den jungen Alexander Siloti nach seinen Plänen: er liebte die beherrschte, aber von Ehrgeiz heimlich zitternde Stimme, mit der dieser über die Tourneen, die Konzertprogramme sprach, durch die er seinen Ruhm vergrößern wollte.

Als es im Zimmer schon ganz dunkel geworden war – sie hatten vergessen, die Lampe anzuzünden –, erklärte Siloti, er müsse nun gehen, um sich für die musikalische Soiree bei Brodsky umzukleiden. «Holen Sie mich doch in einer Stunde wieder ab», bat Peter Iljitsch. «Wir wollen zusammen zu Brodsky gehen. Es ist mir grauenhaft, allein auf einer Gesellschaft zu erscheinen – und heute abend besonders. Ich habe richtige Angst davor, den Meister Brahms kennenzulernen. Sicher ist ihm schon zu Ohren gekommen, daß ich nicht mit dem gebührlichen Respekt von ihm spreche.»

Eine Stunde später gingen sie nebeneinander durch die verschneiten Straßen. Es war noch kälter als am Abend vorher. Trotzdem bestand Peter Iljitsch darauf, daß man den ganzen Weg zu Fuß mache. «Man muß sich Bewegung verschaffen!» rief er aus. «Sonst wird man steif – ich bin alt und lahm genug.»

Während sie sich Brodskys Wohung näherten, sagte er: «Obwohl ich Angst vor diesem Abend habe – warten Sie nur, es wird ein *peinlicher* Abend! –, freue ich mich doch auch auf Brodskys Behausung. Es ist so schön warm dort. Vielleicht wird es sogar Punsch geben», meinte er angeregt und schien mit seinem weichen, sinnlichen Mund die würzig heiße Flüssigkeit, im voraus genießend, zu schmecken. – «Es wird sogar beinah sicher Punsch geben», verhieß Siloti und stieß beim Gehen mit dem rechten Fuß lustig den weichen, frisch gefallenen Schnee vor sich her. «Wir haben doch heute Silvesterabend.»

Peter Iljitsch blieb stehen, mitten auf der verschneiten Straße. «Ach, wir haben heute Silvester», sagte er, plötzlich ganz leise. «Ich denke nie daran, daß hier ein anderer Kalender gilt ... Ja, ja, ganz richtig, heute ist ja Silvester. Ein neues Jahr. Wie furchtbar, Alexander! Ein neues Jahr!»

Mit einem trostlos erweiterten Blick starrte er in den sternenklaren Nachthimmel. Derselbe wie vor einem plötzlichen Entsetzen erblindete Blick fiel, nachdem er sich von der eisig glitzernden Öde des Winterhimmels gelöst hatte, auf den jungen Begleiter. «Ein neues Jahr ...» murmelte Tschaikowsky noch einmal und streckte langsam den Arm nach Siloti aus, als müsse er sich auf ihn stützen. Er ließ den Arm wieder sinken, so langsam, wie er ihn erhoben hatte, ohne die Schulter des jungen Menschen an seiner Seite berührt zu haben.

«Ein neues Jahr», sagte Siloti mit seiner freundlichen, ruhigen Stimme. «Was ist daran furchtbar? Das heißt doch nur: eine neue Chance, um etwas zu leisten.»

«Ja, ja.» Peter Iljitsch schüttelte den Kopf, er stand etwas gebückt da und sah plötzlich aus wie ein ganz alter Mann. «Es erschreckt mich jedesmal wieder. Ich weiß nicht, warum ... Es erschreckt mich jedesmal wieder ...» –

In Brodskys Wohnung wurden sie von den beiden Damen, der Gattin und der Schwägerin, begrüßt. «Herzlich willkommen!» rief die prächtige Madame Brodsky, die ein phantastisch aufgeputztes, stark dekolletiertes Abendkleid aus purpurrotem Sammet trug, während die Schwägerin in einer ähnlich hergerichteten Robe aus grünem Taft strahlte. «Herzlich willkommen, lieber Peter Iljitsch, und ein glückliches neues Jahr!» Man schüttelte sich die Hände, beide Damen behielten dabei die lange Zigarette zwischen den Lippen. Peter Iljitsch mußte Madame Brodsky umarmen; ihr Busen wogte, sie duftete stark nach einem orientalischen süßen Moschusparfüm.

Professor Brodsky war hinzugetreten. Er trug einen feierlichen Bratenrock, hatte erhitzte Wangen und schien ziemlich aufgeregt. «Meister Brahms wird gleich hier sein», verhieß er. «Kommt herein, meine Lieben! Die anderen Freunde erwarten euch.»

Im Wohnzimmer herrschte Stimmengewirr. Peter Iljitsch konnte bei dem mild flackernden Kerzenlicht, das wieder vom Christbaum kam, die Gesichter kaum voneinander unterscheiden. Er schüttelte viele Hände. Der alte Herr, der ihn mit einer besonderen Herzlichkeit begrüßte, war Carl Reinecke, ehrwürdiger Chef des Gewandhausorchesters. «Wir sind alle froh, Sie hier zu haben!» sagte Kapellmeister Reinecke. Peter Iljitsch verneigte sich dankbar. Ein anderer Herr trat hinzu, von gesetztem Äußeren auch er, und auch er mit gescheiten, gutmütigen Augen: das war Joachim, der große Violinist, alter Freund des Meisters, den man erwartete.

Peter Iljitsch hätte gern mit den beiden würdigen, erfahrenen Musikern geplaudert; aber der langen hageren Dame, die sich nahte, war nicht zu entrinnen. Ihr sportlich graues Kostüm – eine Art von knapp geschnittenem Jagdkleid – wollte nicht in das Bild der bürgerlich–ernsthaft geputzten Gesellschaft passen. An einer kurzen Lederleine führte sie einen schmalrückigen, böse schauenden Windhund hinter sich her. «Sie sind Herr Tschaikowsky?» fragte sie angriffslustig; an ihrem ersten deutschen Wort war zu erkennen, daß sie Engländerin war. «Very interesting! Ich kenne zwar Ihre Kompositionen nicht, aber man hat mir von Ihnen erzählt, ich bin Miß Smith, eine Kollegin von Ihnen – ja, auch ich mache Musik.» – «Sehr erfreut», murmelte Peter Iljitsch. – «So haben auch Sie sich eingefunden, um Meister Brahms kennenzulernen», redete Miß Smith. «Sehen Sie ihn zum erstenmal? Ich beneide Sie! Unter uns gesagt: er ist göttlich!» Sie legte die gerundete Hand an den schwatzhaften Mund, als verriete sie ein Geheimnis. Peter Iljitsch wollte ihr den Rücken drehen, er bezwang sich aus Höflichkeit, und sie schwatzte weiter. «Wir müssen alle stolz sein, daß wir seine Zeitgenossen sind», hörte er wie hinter einem Nebel ihre blecherne Stimme. Zornig schaute er an ihrem länglichen gelben, wie zerknittertes Pergament in viele Falten gelegten Altjungfern-Antlitz vorbei. Er bemerkte, wie Brodsky auf ihn zukam; an Brodskys Seite bewegte sich mit trippelnden Schritten ein zarter, etwas schmächtiger junger Mensch.

Der kleine junge Mann blieb vor Tschaikowsky stehen; er trug wallende, dabei ziemlich schüttere blonde Locken. In der Nähe sah man, daß um seine hellen, ergreifend rein und unschuldig blickenden Augen ein ganzes Spiel von kleinen Fältchen lag. Brodsky legte Peter Iljitsch seine Hand auf die Schulter. «Edvard Grieg möchte dich kennenlernen!» sagte er.

«Edvard Grieg!» Peter Iljitsch fuhr freudig auf. «Aber, alter Brodsky, warum hast du mir nicht gesagt, daß Edvard Grieg hier sein wird. Dann hätte ich doch den ganzen Tag lang etwas gehabt, worauf ich mich freuen konnte.» Sie schüttelten sich die Hände. Grieg stand in einer befangenen Haltung, die eine Schulter auf eine nervöse Art etwas hochgezogen. «Es ist schön, Sie kennenzulernen», sagte er mit einer hohen und glasreinen Stimme; er sprach das Deutsch mit dem sehr liebenswürdigen, leicht hüpfenden norwegischen Akzent.

«Und ich habe mir schon seit so langem gewünscht, Ihre Bekanntschaft zu machen!» Peter Iljitsch redete, aus großer Herzlichkeit, viel lauter als gewöhnlich. – Er war merkwürdig gerührt und entzückt vom Anblick dieses schüchternen, beinah noch jünglingshaften Menschen, dessen berühmte Melodien – einen ganzen Schatz von anspruchsloser Frische und Lieblichkeit – er kannte und liebte. «Und wie jung Sie noch aussehen! – Sie müssen entschuldigen, daß ich das gleich sage, aber ich bin ja, scheint mir, um gar nicht so viel älter als Sie. Ich dachte: Grieg ist ein Altersgenosse, und nun finde ich einen Jüngling!»

«Sie sehen auch noch recht jung aus, lieber Tschaikowsky», bemerkte Grieg mit einer drolligen Artigkeit.

«Ach, mein Freund, verspotten Sie nicht einen alten Mann!» Peter Iljitsch verbarg scherzend sein mitgenommenes Gesicht mit den Händen.

«Nina!» rief Edvard Grieg eifrig. «Nina komme doch bitte gleich! Du darfst Peter Iljitsch Tschaikowsky kennenlernen.»

Aus einer Ecke des Zimmers antwortete eine reine und hohe Stimme, die der seinen sehr ähnlich war: «Ja, Edvard, ja!» Und es nahte sich Nina Grieg, sie ging etwas trippelnd wie ihr Mann, sie war klein wie ihr Mann, und sie hatte ein ganz ähnliches Gesicht wie er, nur war sie schon ziemlich grau. «Das ist Nina Hagerup-Grieg», sagte der Gatte, «meine Frau und meine Kusine.» Sie standen Hand in Hand vor Tschaikowsky wie zwei artige Kinder.

«Es ist wunderbar, daß Sie beide da sind!» Peter Iljitsch sprach, während er Frau Nina die Hände küßte. Er hatte die Anwesenheit aller anderen vergessen. Die Gegenwart der übrigen Gesellschaft kam ihm erst wieder zum Bewußtsein, als ihr Geschnatter und Gelächter verstummte. Mit einem Schlag herrschte eine andachtsvolle Stille im Raum. Johannes Brahms war eingetreten.

Peter Iljitsch hatte seine plumpe und gedrungene Gestalt an der Tür schon bemerkt, während er noch tat, als übersähe er sie. Ganz laut sagte er in die plötzliche Stille hinein zu Frau Nina Hagerup-Grieg: «Sie können sich gar nicht vorstellen, wie ich die Melodien Ihres Mannes liebe, gnädige Frau!» Professor Brodsky puffte ihn von hinten. «Peter Iljitsch! Brahms ist da!» raunte er ihm zu. – «Oh, ist Herr Brahms gekommen!» Peter Iljitsch nahm eine nachlässig weltmännische Haltung ein. Da war Brahms schon auf ihn zugetreten.

«Da ist unser russischer Gast», sagte der deutsche Meister und betrachtete, den Kopf etwas nach hinten gelegt, Peter Iljitsch aus leicht zusammengekniffenen grauen Augen. – «Ein fröhliches neues Jahr, Herr Brahms!» sagte Peter Iljitsch; zu seinem heftigen Ärger wurde er dabei etwas rot. – «Aber das alte ist ja noch gar nicht zu Ende!» Brahms hatte ein kurzes und rauhes Lachen, das ebenso abrupt abbrach, wie es eingesetzt hatte. Aus dem Kreise, der sich um die beiden Komponisten – Peter Iljitsch Tschaikowsky und Johannes Brahms – gebildet hatte, antwortete der launigen Bemerkung des Meisters ein devotes Gelächter. Am lautesten lachte Musikreferent Krause, den Peter Iljitsch jetzt erst unter den Gästen bemerkte.

Brahms stand breitbeinig da; die Arme hielt er ein wenig vom gedrungenen Körper entfernt, was seiner Haltung das Behinderte und Plumpe gab. ‹Er sieht aus, als ob er an Atemnot litte›, dachte Tschaikowsky, ‹obwohl sein Atem ruhig und gleichmäßig geht ...›

«Wie gefällt es Ihnen in Leipzig?» fragte Brahms und hob langsam die rechte Hand, um eine lange, schwarze Zigarre – sie sah furchtbar schwer und unbekömmlich aus – zum Munde zu bringen. «Es ist sehr liebenswürdig von Ihnen, sich zu erkundigen», antwortete Peter Iljitsch, der sich eine neue Zigarette an der eben zu Ende gerauchten anzündete. «Meine Freunde haben mich reizend aufgenommen. Ich fühle mich schon fast wie daheim.» – «Das hört man gerne», sagte Brahms, breitbeinig stehend, den Kopf zurückgelegt, die Lippen ein wenig geöffnet, während er die schwere, qualmende Zigarre von sich weg hielt. «Ja, bei Freund Brodsky ist es immer gemütlich», fügte er hinzu und hatte ein kleines Lächeln, nach der Richtung, wo Brodsky stand. «Und es gibt den besten Kaffee von Leipzig hier.» Woraufhin man Madame Brodsky kurz und silbrig kichern hörte.

Brahms sprach mit stark norddeutschem Akzent, etwas ruckweise und die erste Silbe jedes Wortes scharf betonend. ‹Wien hat gar nicht auf ihn abgefärbt›, dachte Peter Iljitsch. ‹Auf seine Person ebensowenig, wie auf seine Musik. Übrigens passen die runden und weichen Linien in seinem Gesicht eigentlich gar nicht zu dieser scharfen Manier des Sprechens. Sein Gesicht erinnert mich fast an das eines Popen, mit dem üppigen graumelierten Bart und dem feinen, langen grauen Haar – hübsches Haar, aber es ist schon recht dünn. Auch sein langer dunkler Rock hat etwas Priesterliches, ich muß früher mal einen Geistlichen gekannt haben, der ganz ähnlich aussah. Aber warum trägt er so kurze Hosen? Das macht sich nicht gut zu dem langen Rock, und furchtbar plumpe Stiefel hat er an...›

«Wir wollen nachher ein bißchen Musik machen», sagte der deutsche Meister, dem man eine Kaffeetasse gereicht hatte – Peter Iljitsch erinnerte sich plötzlich, gehört zu haben, daß Brahms den halben Tag lang starken Kaffee trinke: er mußte ein ungeheuer kräftiges Herz haben. «Ich hoffe, Sie werden sich nicht langweilen, Herr Tschaikowsky.»

«Ich bin stolz darauf, Ihr neues Trio hören zu dürfen.» Peter Iljitsch machte eine leichte Verneigung.

«Nun, es wird Ihrem Geschmack vielleicht nicht völlig entsprechen.» Brahms stand dem Ausländer, von dem er wußte, daß er seine Musik nicht schätzte, immer noch breitbeinig gegenüber, in der einen Hand die Kaffeetasse, in der anderen die Zigarre. «Es ist nichts scharf Gewürztes, nichts Brillantes.» Er schaute Peter Iljitsch freundlich, dabei spöttisch an.

«Ich bin davon überzeugt, daß es schön ist», sagte Tschaikowsky und ärgerte sich darüber, daß er so ungeschickt antwortete. Alle im Raum hatten mit Spannung darauf gewartet, wie er auf den ziemlich direkten, ziemlich unverhüllten Angriff des großen Mannes reagieren würde, und nun mußten alle enttäuscht sein.

«Man weiß», sagte Brahms und blickte freundlich, aber ein wenig lauernd, «daß Sie, neben der Musik Ihres eigenen Landes, am meisten die zeitgenössische französische lieben: Gounod, Massenet, Saint-Saëns.» Er sprach die französischen Namen mit einer etwas mühsamen, falschen, vielleicht aus Gehässigkeit falschen Betonung.

«Die Komponisten, die Sie erwähnen, sind schätzenswert», sagte Tschaikowsky, über dessen hohe Stirn die Röte lief. «In Paris übrigens hält man mir vor, daß ich gar zu stark unter deutschem Einfluß stehe.»

«In Paris», meinte der Meister des Deutschen Requiems und hatte wieder sein rauhes Lachen, «in Paris vermutet man überall deutschen Einfluß. – Ihre Frau Mutter war doch Französin?» fragte er plötzlich und kniff die Augen ein wenig zu.

«Meine Mutter war aus einer französischen Familie.» Peter Iljitsch fand, daß diese Unterhaltung unerträglich sei; noch einige Minuten, und es könnte von seiner Seite zu einem peinlichen, nie wiedergutzumachenden Ausbruch kommen. Etwas Ähnliches mußte Brahms empfinden, denn er beendete das Gespräch, wie eine Fürstlichkeit die Audienz beendet. «Ich wünsche Ihnen jedenfalls einen guten Aufenthalt in unserem Lande», sagte er und wandte sich ab.

Die hagere Engländerin mit dem Windhund sprang Brahms entgegen, wie eine Amazone dem Feinde. «Wann beginnt das Konzert, Meister?» fragte sie gierig. «Wir sind alle so very happy, Ihre neueste Schöpfung zu hören!»

Peter Iljitsch suchte Grieg, der sich mit seiner Nina in eine Ecke zurückgezogen hatte. Aufatmend setzte er sich zwischen die beiden kleinen Leute aufs Kanapee. «Wir wollen uns miteinander das Trio anhören!» sagte er.

Die Nacht, die Peter Iljitsch verbrachte, war so schlecht, daß er sich den ganzen Tag zerschlagen fühlte, jedes Glied tat ihm weh. Er sagte seine Verabredungen ab und blieb im Bett liegen. Angstvoll dachte er, daß wahrscheinlich alles Ungemach wieder vom Herzen käme. Er hatte ungenaue, aber grausige Vorstellungen von einem schweren Herzleiden, mit dem er sich gestraft glaubte; das die Ärzte, diese tückischen Narren, zwar hartnäckig nicht herausfinden wollten, das ihn aber, gerade deshalb, um so sicherer und um so qualvoller eines Tages umbringen würde. «Mein Herz ist völlig ruiniert. Es funktioniert fast überhaupt nicht mehr», pflegte er düster zu äußern. Trotzdem rauchte er den ganzen Tag Zigaretten, auch heute, da er sich im Bett erholen wollte. Die langen Pappmundstücke häuften sich neben ihm in der Aschenschale. Peter Iljitsch lag auf dem Rücken. Er versuchte, sich der Träume zu erinnern, die ihn diese schreckliche Nacht lang beunruhigt hatten. Aber die Träume fielen ihm nicht mehr ein. Seine Mutter war irgendwie vorgekommen, das wußte er noch. Sie war unfreundlich zu ihm gewesen – wie konnte man nur etwas so Häßliches träumen. Ja, er stand auf einem Tisch oder vielleicht sogar auf einem Schrank, und seine Mutter wollte ihn in die Tiefe stoßen. Sie amüsierte sich darüber, daß er solche Angst hatte. Wie konnte man nur so etwas träumen? –

Vom Mittagessen, das der Kellner ihm aufs Zimmer brachte, berührte er keinen Bissen. Gegen vier Uhr bestellte er sich eine Flasche Kognak. Er trank und rauchte. Die Zeit verging. Peter Iljitsch sah mit Angst, wie es dunkel wurde. ‹Um sieben Uhr›, sagte er sich, ‹muß ich aufstehen und mich anziehen. Ich muß unbedingt heute abend ins Gewandhaus, zum Brahms-Konzert. Es ist die große, festliche Neujahrsveranstaltung, das ganze musikalische Leipzig wird da sein. Man würde es für eine Demonstration halten, wenn ich fehlte.›

Brodsky und Siloti holten ihn abends ab. Man nahm sich eine Droschke zum Gewandhaus. Im Foyer des Konzertgebäudes stand in einer Gruppe fast die ganze Gesellschaft zusammen, die den Abend vorher auf Brodskys musikalischer Soiree gewesen war. Peter Iljitsch hörte Miß Smith verkünden: «Ich sage euch, meine Freunde, er ist das *Eigentliche*. Ich spüre, daß er das Eigentliche ist! Ich glaube an die drei großen B: Bach-Beethoven-Brahms. Aber die beiden ersten sind nur Vorbereitung auf das Dritte und Größte – ja, auch Beethoven war noch nicht die Erfüllung. Und nun gar Wagner, dieser häßliche Bluff – das ist nicht einmal eine Vorbereitung, nur eine lärmende Verirrung. Es bleibt dabei, das Eigentliche heißt – Brahms!» – Man lachte nicht über sie. Sie galt für schrullig, aber nicht für unseriös. Da der Meister ihre hemmungslos laute Verehrung freundlich duldete, rechnete man sie zum auserwählten Zirkel der Intimen. Man war es gewohnt, sie in allen Konzerten und auf allen musikalischen Veranstaltungen zu treffen. Wenn sie fehlte, wußte man: sie war nach England, zur Jagd, gefahren. Denn neben Brahms hatte sie nur noch zwei Leidenschaften: Jagd und Hunde.

«Nun werden Sie unser neues Gewandhaus kennenlernen», sagte Musikreferent Krause aufgeräumt zu Peter Iljitsch. «Ihre neue Wirkungsstätte! Sie dürften Augen machen, Verehrtester!»

Peter Iljitsch bewunderte den Saal und versicherte allen, die es hören wollten, es sei der prächtigste Konzertsaal, den er jemals gesehen habe. – Ehe man zum ‹Eigentlichen› – dem neuen Brahms-

Doppelkonzert für Violine und Cello – kam, sang der Knabenchor der Thomaner eine Motette von Bach. Der herbe, ein wenig flache und engelhaft reine Klang der Kinderstimmen ergriff Peter Iljitsch, und ihn rührte der angestrengte, entrückte, dabei vor Eifer besorgte Ausdruck der kindlichen Gesichter mit den etwas krausgezogenen Stirnen und den rund geöffneten Mündern; die Notenblätter hielten die verklärten Buben von sich ab, als wären sie alle ein wenig weitsichtig. Ihre Gruppe glich ganz der von musizierenden, mageren Engeln, die dem Herrgott Wohllaut spenden dürfen. «Die singen ja noch schöner als unsere Kinderchöre», flüsterte Peter Iljitsch Siloti zu. «Mein Gott, wie singen die schön ...»

Da Brahms das Dirigentenpult bestieg, wurde er mit einem mehr respektvollen als enthusiastischen Applaus begrüßt. Aber sowie er das Anfangszeichen gegeben hatte und in gedrungener, plumper Haltung mit erhobenem Taktstock stand, war die Stille im Saal eine vollkommene, wie zum Beginn einer sakralen Handlung. Den Violin-Part hatte Meister Joachim, als Cellist war Hausmann aus Berlin gekommen. – Peter Iljitsch lauschte mit Andacht auf den reinen und kraftvollen Einsatz der Streicher – es ist das beste Orchester, das ich jemals gehört habe, dachte er imponiert. ‹In Rußland haben wir keines, das mit ihm zu vergleichen wäre.› Mit einer durchaus sachlichen, gespannten Aufmerksamkeit beobachtete er die Bewegungen des Dirigenten-Komponisten – diese ein wenig schweren, fast plumpen, mit Kraft und mit Gefühl geladenen Gesten; das beinahe zornige Abwinken mit steif gerecktem Arm bei den Pianostellen, gleich danach: das plötzliche Weichwerden der Haltung, die zärtliche Rundung des bittend, beschwörend erhobenen Arms, der wie die Saite eines Instruments vibrierte; der Schein von inniger Ergriffenheit auf dem nach hinten gesunkenen bärtigen, verklärten Gesicht.

Es fiel Peter Iljitsch schwer, sich auf die Musik zu konzentrieren. Er war sehr nervös. Er dachte an die Orchesterprobe, die er morgen in ebendiesem Saal abzuhalten hatte.

Der russische Komponist, der am nächsten Vormittag durch Kapellmeister Reinecke dem Gewandhaus-Orchester vorgestellt wurde, hatte ein bleiches und verstörtes Gesicht, das zuweilen, bei geringfügigen Anlässen, dunkelrot anlief; sein zu weicher Mund unter dem hängenden grauweißen Schnurrbart zitterte. «Sie kennen alle den großen Komponisten Tschaikowsky», sprach der gutmütige alte Reinecke. «Meine Herren, ich stelle Ihnen den Dirigenten und den Menschen Tschaikowsky vor.»

Der große Komponist, Mensch und Dirigent Tschaikowsky betrat, gebückt vor Ängstlichkeit und Scham, das Pult. Die Geiger, Bratschisten und Cellisten klopften, als Zeichen des Beifalls, leise mit den Bogen gegen ihre Instrumente; dabei aber machten sie mißmutige Gesichter: sie liebten es nicht sehr, mit ausländischen, als etwas exzentrisch bekannten Komponisten zu arbeiten. Peter Iljitsch sah mit einem scheuen Blick in diese kühlen und verschlossenen Mienen. ‹Jetzt muß ich meine Rede halten›, dachte er und spürte, wie die dunkle Röte ihm ins Antlitz kam. ‹Man wird mich verhöhnen – man wird mich schallend verhöhnen.› Er begann mit belegter Stimme: «Meine Herren – ich kann nicht deutsch sprechen – aber ich bin stolz, daß ich in einem so ... so ...wie soll ich mich ausdrücken – ich bin stolz ... Ich kann nicht ...» Der Konzertmeister, der neben Peter Iljitsch saß, verbiß sich ein Lachen. Tschaikowsky, plötzlich straffer aufgerichtet, schlug mit dem Taktstock aufs Pult. «Fangen wir an, meine Herren!» rief er mit einer plötzlich lauten, freien und beherrschten Stimme. Man probierte die Erste Orchester-Suite.

Peter Iljitsch arbeitete mit Leidenschaft. Er klopfte oft ab und ließ oft wiederholen, wurde aber niemals ungeduldig oder gereizt; vielmehr behandelte er das Orchester mit der ausgesuchtesten Liebenswürdigkeit, ja er schien sich, beinah kokettierend, um seine Gunst zu bemühen. «Meine Herren – meine lieben Herren!» rief er in seinem weichen singenden Deutsch und hob drollig beschwörend die Arme. «Ich flehe Sie an: noch einmal – und mit mehr Zartheit, schwebender, leichter – ganz leicht!» Der erste Satz – «Introduzione e Fuga» – machte vor allem den Bläsern viel Mühe. Gleich zu Anfang hatten die beiden Fagotte das einleitende Thema unisono zu bringen, die hohen Töne wollten nicht rein werden, Peter Iljitsch mußte sie immer noch einmal wiederholen lassen. Während des zweiten Satzes, des «Divertimento», erschien im Hintergrund des halbdunklen Saales eine gedrungene Gestalt. Das war Brahms; er setzte sich behutsam in die hinterste Parkettreihe, Peter Iljitsch hatte ihn sofort bei seinem Eintreten bemerkt. ‹Wie angenehm, daß wir gerade beim Divertimento sind.› dachte Tschaikowsky. ‹Das ist ein gelungenes Stück, das muß ihm Eindruck machen, es ist etwas Neuartiges. Ja, es ist etwas Neues, wie ich unsere Volksmelodien – unsere traurigen, geliebten Melodien – mit dem deutschen Walzerrhythmus verbinde. Das ergibt mehr als nur die ‹Valse Triste›, es ergibt den Tragischen Walzer. Das ist Anmut und Klage – ein anmutsvolles Klagelied: verstehen Sie, was das bedeutet, Herr Brahms? Mit Anmut klagen ... Ich habe das Divertimento erst nachträglich eingefügt ... Ich bin froh, daß ich es eingefügt habe ...›

Die Musiker waren sehr in Stimmung gekommen. Der große, redliche Eifer des fremdländischen Komponisten stachelte ihren Ehrgeiz, und seine schmeichelnd werbende Liebenswürdigkeit machte sie guter Laune. Nach dem Divertimento probierten sie das Intermezzo und ließen es sich freundlichen Gesichts gefallen, daß alle paar Minuten unterbrochen wurde.

Als man zum dritten Satz, der «Marche miniature», kam, wurde Peter Iljitsch ein wenig unruhig. Er wußte, daß Brahms, in seinem Halbdunkel dort hinten, nun ein verächtliches Gesicht machen würde. ‹Ich hätte die «Marche miniature» weglassen sollen›, dachte er, während er das Orchester um die äußerste Leichtigkeit bat – «Das Stückchen muß klingen wie auf einer Spieldose!» beschwor er die Musikanten – ich weiß schon, dieser kleine Scherz ist etwas minderwertig, deshalb habe ich auch ein Ad Libitum dazu vermerkt. Aber kein Dirigent denkt daran, es wegzulassen, das Publikum liebt solche Scherze. Warum soll ich auf eine sichere Wirkung verzichten?›

‹Übrigens klingt es sehr niedlich›, dachte er mit einem Trotz, der dem Mann im Halbdunkel galt. – Es musizierte nur ein kleiner Teil des Orchester: zwei Flöten nebst Pikkolo, zwei Klarinetten, zwei Oboen, vierfach geteilte Violinen, Triangel, Glockenspiel. ‹Es klingt wirklich nett›, dachte Peter Iljitsch. Und er rief, während seine eigenen Gesten immer tänzerischer, immer ausgelassener wurden: «Leicht, meine Lieben! Ganz, ganz leicht! Spieldose, meine Lieben!» Im selben Augenblick hörte er, wie Brahms sich mißbilligend räusperte.

Nach der Probe sagte Peter Iljitsch ein paar herzliche Worte des Dankes zum Orchester. «Es wird schon gehen», meinte er erschöpft und wischte sich den Schweiß von der Stirne. «Aber die ‹Marche miniature› bitte *noch* leichter. Das darf gar kein Gewicht mehr haben!»

Der alte Reinecke schüttelte ihm die Hand, machte Komplimente und ein paar Einwände. Vom dunklen Hintergrund löst sich Brahms' gedrungene Silhouette. Er trat auf die beiden zu und begrüßte Tschaikowsky mit gemessener Freundlichkeit. Die Orchester-Suite erwähnte er mit keinem Wort. Er tat, als hätte er sie überhaupt nicht gehört. Sofort nach der Begrüßung begann er mit Reinecke über ein Konzert zu sprechen, das nach dem Tschaikowsky-Abend im Gewandhaus stattfinden sollte. –

Peter Iljitsch konnte sich nach der Probe sagen, daß nun zu einer würgenden, lähmenden Angst ein Anlaß nicht mehr bestände: zwischen dem Orchester und ihm hatte sich ein gutes und sympathisches Verhältnis ergeben, man war aufeinander eingearbeitet, ein komplettes Fiasko schien ausgeschlossen. Trotzdem kam er am nächsten Vormittag zur Generalprobe, die öffentlich war, wieder recht verstört und gebückt. Die ganz Nacht über hatte er sich vorgestellt, daß Brahms oder seine Verehrer eine Hetze gegen ihn in Leipzig inszeniert haben könnten, vielleicht waren sogar Radaumacher engagiert, mit Trillerpfeifen oder stinkenden Wurfgeschossen.

Die morgendliche Veranstaltung aber verlief durchaus freundlich. Der große Konzertsaal war gut besucht, wahrscheinlich hatte man Freikarten verteilt, Peter Iljitsch bemerkte große Gruppen russischer Studenten. Ebendiesen hatte er es zu danken, daß der Beifall ein sehr herzlicher wurde; nach der «Marche miniature», die ihre Wirkung aufs Publikum nie verfehlte, steigerte er sich zu einem festlichen Tumult, um beim vierten Satz, dem Scherzo, etwas abzuflauen und sich nach dem Finale, einer Gavotte, noch einmal enthusiastisch auszutoben. Die jungen Russen riefen ihrem Landsmann Segenswünsche und Worte der Begeisterung zu; er dankte und winkte, dabei spürte er schon wieder die Tränen – Tränen der Rührung, des Stolzes, des Heimwehs und der Müdigkeit. Er war froh, als er endlich allein in der Droschke saß, die ihn in sein Hotel brachte.

Der Portier überreichte ihm einen Zettel, der gerade abgegeben worden war. Peter Iljitsch las: «Es war herrlich! Vielen Dank! Ihr Freund und Bewunderer Edvard Grieg.» – Er lächelte und schämte sich vor dem schnauzbärtigen Hotelangestellten, daß ihm große Tränen über die Wangen liefen.

Den Zettel verwahrte er in seiner Brusttasche, er trug ihn als einen Fetisch bei sich, als er am nächsten Abend zum Konzert fuhr.

Man hatte ihn darauf vorbereitet, daß das sehr ernsthafte deutsche Publikum nicht zu übertriebenen und voreiligen Beifallskundgebungen neige. Trotzdem war er etwas verwirrt, daß sich keine Hand rührte, als er ans Pult trat. Es blieb völlig still. Heute abend gab es keine russischen Studenten im Saal. Peter Iljitsch verneigte sich ungeschickt. Das spröde Publikum ließ sich gewinnen: der Beifall wuchs nach jedem Satz, am Ende war er sehr herzlich, Peter Iljitsch mußte zweimal herauskommen – man versicherte ihm, daß dies schon etwas für Leipzig Außerordentliches sei.

‹Und jetzt darf ich heimgehen›, dachte Peter Iljitsch. ‹Jetzt darf ich mich in meinem Hotelzimmer aufs Bett fallen lassen und die Augen schließen. An was denke ich dann? Hoffentlich beruhigen die Gedanken sich bald und quälen mich nicht mehr lange ...

Warum ist eigentlich Siloti nicht hier? Den ganzen Abend habe ich Siloti nicht gesehen. Wo ist er denn? War er nicht im Konzert? Merkwürdig: der, welcher da sein sollte, fehlt meistens. Das ist sonderbar: der fehlt beinah immer ...›

Am nächsten Morgen wurde Peter Iljitsch früh geweckt; es war noch nicht sieben Uhr, als man laut an seiner Zimmertüre klopfte. Der Empfangschef des Hotels trat ein und rief atemlos: «Sie müssen sofort aufstehen, Herr Tschaikowsky! Die Militärkapelle bringt Ihnen ein Ständchen!» – «Wo?» fragte verwirrt Peter Iljitsch. «Hier im Zimmer?» – «Aber nicht doch!» machte der aufgeregte Chef de réception. «Unten im Hof des Hotels. Es ist eine große Ehre. Sie müssen es sich vom Fenster aus anhören. Es ist eine große Ehre, Herr Tschaikowsky! Hier ist das Programm.»

Mit einer Verbeugung überreichte er ihm das Programm: es war mit breiter Tuschfeder auf ein steifes Stück Pappe gemalt und sah etwa aus wie eine elegante Speisekarte. Als Überschrift stand gepinselt: «Morgenkonzert zu Ehren des russischen Komponisten Peter Tschaikowsky». Dann folgten, in schön und sorgfältig angeordneter Gruppe, von einer Rosengirlande umrahmt, die Namen von acht Musikstücken.

Ehe Peter Iljitsch sie noch entziffern konnte, intonierte unten eine Blechkapelle die russische Nationalhymne. Der Hotelchef hielt Peter Iljitsch den langen Flanellschlafrock hin; Peter Iljitsch zog ihn an und ging zum Fenster.

«Muß ich das Fenster aufmachen?» fragte er. – «Natürlich», nickte eifrig der Chef. – «Aber ich werde mich erkälten», brummte Peter Iljitsch.

Er öffnete das Fenster. Die frische Morgenluft kam herein. Unten, im verschneiten Hof, musizierte die Militärkapelle aus Leibeskräften. Der Dirigent salutierte zu Peter Iljitsch hinauf. Der grüßte höflich zurück; er fand, daß es furchtbar kalt war – sein Atem stieg als ein wehendes Wölkchen in die klare eisige Luft; er hielt sich den braunen Schlafrock an der Brust zusammen. Während die Russenhymne dröhnend und schmetternd zu Ende ging, erschienen an allen Fenstern des Hotels, das im Viereck um den Hof herum gebaut war, die aufgescheuchten Gäste. Über Nachtjacken oder Hemden hatten sie Pelze oder wollene Tücher geworfen. Sie verstanden wohl nicht ganz, was dort unten passierte, aber sie freuten sich, daß der Morgen klar und frisch war, und weil es Militärmusik gab. Eine dicke Dame, das Haar voller Lockenwickel, neigte sich weit aus dem Fensterrahmen – es wirkte besorgniserregend: sie war fett und ungeschickt, konnte stürzen –, um der Kapelle Beifall zu klatschen. Kellner, Stubenmädchen, Küchenjungen und die Köche mit weißen Mützen waren aus ihrem Souterrain auf den Hof getreten, um aus nächster Nähe alles mitzuerleben. Nach der Russenhymne spielte das uniformierte Blasorchester eine Arie aus «Aida»; es folgte ein Wiener Walzer und ein kurzes, sehr abwechslungsreiches Wagner-Potpourri; nach verschiedenen anderen, höchst effektvollen und mit würdevoller Akkuratesse vorgetragenen Piècen schloß das Programm mit der «Marche Solennelle» in D-dur von Tschaikowsky. Ihr Hauptthema hat eine gewisse Ähnlichkeit mit der «Wacht am Rhein». Hotelgäste und Personal glaubten, das vaterländische Lied würde mit kleinen Änderungen aufgeführt, und klatschten begeistert Beifall. Einige Kellner sangen, mit weitgeöffneten Mündern, die Hände stramm an der Hosennaht, den patriotischen Refrain: «Lieb Vaterland, magst ruhig sein!» Er paßte nicht ganz zur Musik, aber das störte niemanden. Peter Iljitsch zog sich grüßend und dankend – ohne daß er übrigens vom Publikum im Hofe oder an den Fenstern erkannt worden wäre – in sein Zimmer zurück.

Zwei Minuten später trat der militärische Kapellmeister, der sich beim Dirigieren bewegt hatte wie ein feierlicher Hampelmann, bei ihm ein. Sein bärbeißiggutmütiges Gesicht über dem eisgrauen Bart erinnerte an das eines alten Hundes. Seine Uniform, mit großen, glänzenden Achselstücken, war prächtig, wie die eines Generals; auf seiner Brust funkelten mehrere Medaillen.

«Gestatten Sie», schnarrte der alte Musikus und Soldat, «mein Name ist Saro.» Er schlug die Hacken zusammen.

«Ich danke Ihnen, lieber Herr Saro, für das wunderschöne Morgenkonzert. Ich bin wirklich gerührt ...» Peter Iljitsch streckte ihm beide Hände hin.

«Ist mir ein Vergnügen gewesen – eine kleine Aufmerksamkeit für den berühmten Gast ...» Militärkapellmeister Saro stockte und wurde rot. «Ich bin ein großer Verehrer ... Ihre Musik, Herr

Tschaikowsky ... Viele Meisterwerke darunter ... Man ist kein Banause ...» Der gute Mensch schwitzte vor Verlegenheit. «Gegen russische Musik – keinerlei Vorurteile ...» Er räusperte sich und wurde immer verlegener. «Im Gegenteil – große Hochachtung ... Musik und Politik haben nichts miteinander zu tun», schloß er plötzlich und sah Peter Iljitsch aus etwas trüben, aber braven Augen an.

«Ich danke Ihnen von Herzen», sagte Tschaikowsky noch einmal.

«Ist mir ein Vergnügen gewesen.» Saro stand wieder stramm. «Zu meinem Bedauern: die Pflicht ruft mich.» Mit einem Ruck machte er kehrt und war schon hinaus.

Ihm folgte der Chef de réception. Ehe er die Türe hinter sich schloß, verneigte er sich vor Peter Iljitsch. «Das ist der Ruhm, Herr Tschaikowsky», sagte er leise. Sein käsiges, unausgeschlafenes Gesicht war sehr ernst.

Peter Iljitsch stand allein mitten im Zimmer. Plötzlich begann er zu lachen. Ihn schüttelte wie ein Krampf das gellende Gelächter. «Hohoho», lachte er und sank in den Sessel, hin und her geworfen vom Lachen, sich mit den flachen Händen die Knie schlagend. «Das ist der Ruhm – hohoho –»

Sein Kopf war nach hinten gesunken, sein Mund war aufgerissen, wie zu einem Klageschrei.

Drittes Kapitel

Peter Iljitsch blieb noch mehrere Tage in Leipzig. Wenn er morgens in seinem Hotelzimmer erwachte und sich die Nippessachen auf der Etagere betrachtete – es war ein Trompeter von Säckingen darunter, mit kecker Feder am Hut, den er besonders haßte –, dann dachte er wohl, gepeinigt, sein altvertrautes, immer wieder bestürzendes, immer wieder lähmendes: ‹Warum bist du hier? Wie lächerlich, verfehlt und schaurig, daß du hier bist ...› Aber dann konnte er in seinem Notizbüchlein feststellen, daß der Tag angefüllt war mit Verabredungen; er mußte aufstehen, um die erste nicht zu versäumen, und es wurde ein lärmender, anstrengender Tag, meistens begann er mit einem Telegramm, das der Kellner auf silbernem Tablett überreichte – einem verwirrenden, umständlichen, erpresserischen und ergebenen Telegramm von Siegfried Neugebauer –, und er endete mit Musik.

Als erster Besucher an diesem Vormittag erschien Brodsky mit einem Pack Zeitungen unterm Arm. «Ich gratuliere, alter Peter Iljitsch», rief er – sein Gesicht war gerötet von der frischen Luft, aus der er kam und von der er etwas mit sich zu bringen schien. «Deine Presse ist gut!» – «Ist kein Hanslick darunter?» Sie lachten. – «Nein, man behandelt dich sehr respektvoll.» Brodsky breitete das bedruckte Papier auf dem Frühstückstisch aus. «Dieser da ist der Wichtigste», erklärte er und reichte Peter Iljitsch eines der Blätter. «Das ist Bernsdorf, in den ‹Signalen für die musikalische Welt›.» – «Ist der also der Wichtigste?» fragte Peter Iljitsch. Er las:

«Von Peter Tschaikowsky, dem zur neo- oder jungrussischen Schule der Stürmer und Dränger gehörigen Komponisten, waren uns bisher nur etwa zwei oder drei Hervorbringungen bekannt, und diese haben uns, offen gestanden, nur geringe Sympathien eingeflößt, nicht darum, weil wir bei ihrem Verfasser die Begabung und das Können vermißten, sondern weil uns die Art und Weise der Verwendung seines Talents wiederstand. Ebenso offen gestehen wir, daß wir nicht ohne einiges Grauen an die Bekanntschaft mit der im obigen Programm verzeichneten Suite gegangen sind, weil wir wiederum allerhand Monströses, Verzerrtes und Widerborstiges uns vorgesetzt zu sehen befürchteten. Aber die Sache ist anders gekommen: Tschaikowsky erschien uns in dem besagten Werk maßvoller und abgeklärter geworden und sein Heil nicht mehr vorwiegend im Überwürzten, Extravaganten und Barockes für Interessantes Ausgebenden zu suchen. Wir sagen: nicht mehr vorwiegend: denn es kommen ja immer noch Einzelheiten vor, welche die frühere Manier noch nicht ganz abgestreift haben und noch stark nach bloßer Kaprice oder selbst Grimasse schmecken ...»

Peter Iljitsch lachte. ‹Im Barockes für Interessantes Ausgebenden sein Heil suchen›: das soll man natürlich wirklich keinesfalls tun», sagte er. «Ich verstehe, daß man sich einem, der zu dergleichen neigt, mit ‹einigem Grauen› naht!

Die Rezension in den «Signalen für die muskalische Welt» schloß: «Er wird also wohl den Eindruck von hier mit hinwegnehmen, daß beim *musikalischen* Leipzig von etwaiger Russophobie nicht die Rede sein kann.» – «Das hat mir der Kapellmeister Saro mit den großen Epauletten auch schon versichert», meinte Peter Iljitsch vergnügt. «Die Leute sind furchtbar stolz darauf, daß sie sich ihren musikalischen Geschmack nicht von Bismarck vorschreiben lassen.» – «Das ist auch in der Tat schätzenswert.» Professor Brodsky blieb vollkommen ernst. «Man muß bedenken, daß die Deutschen es lieben, sich *alles* vorschreiben zu lassen, auch ihren musikalischen Geschmack. – Alle anderen Kritiken haben denselben durchaus achtungsvollen Ton», sagte er und blätterte in den Papieren. «Die ganze Presse beschäftigt sich ausführlich mit dir – sieh dir nur an: ‹Das Musikalische Wochenblatt›, die ‹Leipziger Zeitung›, die ‹Neue Zeitschrift für Musik›, das ‹Leipziger Tageblatt›, die ‹Nachrichten›, der ‹Generalanzeiger für Leipzig und Umgebung›!» – «Alle achtungsvoll, aber befremdet», stellte Peter Iljitsch gutgelaunt fest. «Warum nehmen wir es eigentlich immer wieder ernst, was die Leute schreiben? Es gehört zu unseren wunderlichsten Eigenschaften, daß wir es immer wieder ernst nehmen ...»

Mittags gab es eine kleine Gesellschaft bei Reinecke. Peter Iljitsch saß neben dem jungen Feruccio Busoni, dessen seraphisch reines, asketisch mageres, von einem geistigen Ernst zugleich gequältes und verzücktes Antlitz ihn tief fesselte, dabei aber auch einschüchterte und verwirrte. Zwischen den beiden wollte ein konventionelles, oberflächliches Gespräch nicht aufkommen; da aber Ort und Anlaß ein ernsteres und tieferes verboten, blieb ihre Unterhaltung von einer gewissen bedeutungsvollen Kargheit.

Abends hatte man eine Loge in der Oper. Es wurden die «Meistersinger» gegeben. Nach der Ouvertüre sagte Peter Iljitsch zu Reinecke: «Euer junger Dirigent ist wundervoll, ich bin hingerissen von ihm. Er scheint ja eine magische Gewalt über das Orchester zu haben. Mein Gott, und er *macht* beinah nichts! So ein alter Anfänger wie ich: der plagt sich ab und zappelt und springt und tanzt – und der da spart sich jede überflüssige Geste, er hält sich ganz ruhig – aufregend ruhig –, und dabei zwingt er das Orchester bald zu donnern wie tausend Trompeten von Jericho und dann wieder sanft zu girren, wie – wie was denn? Ja, wie ein Täubchen – und zu verhallen, mit einer Süßigkeit ... Das ist ja atemberaubend! Wißt ihr denn, was ihr an dem da habt?» – «Und ob wir wissen, was wir an Arthur Nikisch haben!» Alle Herren, die in der Direktionsloge Platz genommen hatten, gerieten in Aufregung. «Arthur Nikisch ist unser Stolz und unsere Hoffnung», erklärte der biedere alte Reinecke. Und Martin Krause behauptete: «Es gibt keinen Interpreten des späten Wagner, der sich mit diesem jungen Meister messen könnte – nein, auch Bülow nicht!» rief er und blickte herausfordernd. «Bülow macht Mätzchen. Arthur Nikisch hat die heilige Gelassenheit.»

In der Pause ließ sich Peter Iljitsch zu ihm führen. Nikisch konnte kaum dreißig Jahre alt sein, er war schmächtig und zart, in seinem blassen Gesicht strahlten die Augen.

«Ich bin beschämt», sagte Peter Iljitsch zu dem jungen Dirigenten. «Ich bin sehr beschämt, lieber Freund. Ja, einer wie ich wagt es, sich vor das Publikum zu stellen, als sei er ein Dirigent. Und Sie – Sie sind *wirklich* einer!»

Der junge Dirigent Arthur Nikisch – dessen blasses Gesicht von dunklem Haar und dunklem Bart weich umrahmt war – verneigte sich tief vor Peter Iljitsch Tschaikowsky. Während er sich aus der Verneigung langsam aufrichtete, sagte er: «Ich bin stolz darauf, den Komponisten des ‹Eugen Onegin› und der Vierten Symphonie von Angesicht zu Angesicht zu sehen.» – Peter Iljitsch wurde etwas rot. «Sie kennen meine Arbeiten ...» sagte er hastig. «Es freut mich, daß Sie gerade die Vierte Symphonie erwähnen. Die ist nicht völlig mißglückt, nein, nicht völlig ...» Er fügte leiser, fast geheimnisvoll hinzu, als wäre dies eine Bemerkung, die nur der junge Dirigent Arthur Nikisch hören dürfte, sonst aber niemand –: «Übrigens ist sie nicht mein letztes Wort, keineswegs. Sie wird nicht mein letztes Wort sein.»

Peter Iljitsch spürte, als er sich von Nikisch verabschiedete, daß es ein Freund war, dem er die Hand schüttelte; nicht einer jener Freunde, die man gewinnt oder verliert im flüchtigen Wechsel der Sympathien, der Zuneigung, die unerwartet kommt und unvermutet wieder gehen könnte; sondern ein echter Freund – ein Freund seiner Arbeit, also des konstruktiv festgelegten, den Zufällen entrückten, definitiven Teils von Peter Iljitschs Wesen.

Am nächsten Abend gab der Liszt-Verein, im Saale des Alten Gewandhauses, ein Tschaikowsky-Konzert. Es war keine äußerlich repräsentative Stätte, die man der Pflege der Moderne in Leipzig eingeräumt hatte – denn die Sorge um das Kühnere, Neuere, noch nicht Klassische war ja die besondere Aufgabe und Leistung des Liszt-Vereins –: der Alte Gewandhaus-Saal war klein, unbequem, beinah schmutzig. Immerhin konnte Musikreferent Krause mit Stolz zu Peter Iljitsch bemerken, als dieser im Künstlerzimmer seinen Pelz ablegte: «In diesem Raum waren Mendelssohn und Schumann zu Hause. – Sie sehen, Meister», fügte er hinzu und zupfte sich selbstgefällig am Bärtchen, «unser Liszt-Verein besteht erst seit drei Jahren und hat doch schon sein festes und treues Publikum. Der Saal ist ganz voll.» – Musikreferent Krause gehörte, mit Arthur Nikisch und Alexander Siloti, zu den besonderen Protektoren des Vereins.

Für den Tschaikowsky-Abend hatte man sich den Geiger Halir aus Weimar verschrieben. Er war spezialisiert auf eben jenes Violin-Konzert in D-dur, das Auer abgelehnt und dessen Brodsky sich angenommen hatte. Das Publikum des Alten Gewandhaus-Saales – ein Publikum, das zum größten Teil aus jungen Leuten bestand – raste vor Begeisterung über das Werk, das Hanslick ‹stinkend› genannt hatte; Peter Iljitsch, der auf dem Podium seitlich vom Orchester saß, flüsterte, als nach dem ersten Satz der Beifall explodierte, den Text der wohlbekannten und verhaßten Rezension seinem Nachbar ins Ohr – sein Nachbar war Grieg.

Der Triumph des Geigers Halir war nach der großen, glanzvollen Kadenz entschieden, die hier Höhepunkt und Mitte des ersten Satzes bedeutet und den strahlenden Sieg des kühn vereinsamten Soloinstruments in seinem leidenschaftsvollen Kampf gegen das Kollektiv des Orchesters. Der Triumph des Konzertes war sicher nach dem rauschenden Erfolg des ersten Satzes. Das Publikum erhob sich, klatschte mit begeistert gereckten Händen. Der Saaldiener schleppte einen großen Kranz herbei, Peter Iljitsch wußte nicht genau, was er mit ihm anfangen sollte – «Dem russischen Meister» stand in goldenen Lettern auf einer riesigen roten Seidenschleife. Nein, dieses anspruchsvolle, junge deutsche Publikum hatte die spielerische Leichtigkeit der Allegro-Themen, die wehmutsvolle Lyrik der langsamen Melodien nicht als trivial, nicht als unseriös empfunden; es hatte nicht Anstoß genommen am Vogelgezwitscher der Flöte und der Klarinette im zweiten Satz und an der tänzerischen Ausgelassenheit des Finales; in der Stadt feierlich-tiefernster Musikübung war man empfänglich und aufnahmewillig geblieben für dieses Musizieren – das halb noch melancholische, aber doch schon ganz neu beschwingte Musizieren eines Genesenden.

Denn ein Genesender war Tschaikowsky gewesen, als er das Violinkonzert schrieb. Ach, wie bestürmt von Erinnerungen ward nun sein erinnerungsschweres Herz, da er mit befangener Verneigung dankte für den überschwenglichen Zuruf einer fremden, hingerissenen Jugend. Was war alles vorangegangen, ehe er die Arbeit am Violinkonzert hatte beginnen können –: nicht daran denken! Jetzt nur nicht denken an die peinliche Katastrophe der kurzen Ehe – sie war nichts als Vorspiel gewesen, das Eigentliche kam nach –: diese Musik kam nach. Nicht denken jetzt an die Schmerzen, die man in Musik hatte verwandeln müssen, sondern nur an die Wochen, in denen ebendiese Verwandlungsarbeit die leichte und strenge, die schöne und befreiende Pflicht gewesen war. An die März-Wochen, am Genfer See – das war im Jahre 1878 –, die Wochen nach der Flucht aus übergroßer, schauerlich blamabler Peinlichkeit. O zartes Licht dieses kühlen Frühlings – o rührende Blumen zwischen den Resten des Schnees. Vom Hotelzimmer aus sah man aufs Wasser, man sah Wasser und beglänztes Gebirge, während man schrieb; die bitterlich blamable Katastrophe aber lag weit. Welche Gnade: die private Schande, das groteske Fiasko wiedergutmachen zu dürfen, aufheben zu dürfen, tilgen und vergessen zu dürfen, indem man sie in Melodie verzauberte. Wochen der Arbeit – und dann die langen Besprechungen und die Proben mit dem lieben Kotek; die Bearbeitung des ersten Satzes, das neue Andante, das mit Kotek zusammen gefunden wurde. Der liebe Kotek hat das Violin-Konzert nicht mehr gespielt, er fürchtete sich vor seinen Schwierigkeiten, er war vielleicht schon zu krank, um sie sich zuzumuten. ‹Aber ich weiß›, dachte Peter Iljitsch, ‹daß er es gerne gehabt hat. Nun steht Halir auf diesem Podium und verneigt sich. Es geht weiter ...›

Das Konzert ging weiter. Man spielte das Klavier-Trio in a-moll, über dem die Widmung stand: ‹à la mémoire d'un grand artiste›. Und während das Cello den Klagegesang der Elegie begann, hatte Peter Iljitsch wiederum Zeit und Anlaß, in sich zu schauen, wo die Erinnerungen wohnten. Denn ‹le grand artiste›: das war Freund Nikolai Rubinstein, der Unersetzliche – ja, der gänzlich Unersetzliche, mit allen störenden und enervierenden Eigenschaften, die er hatte: der Grobheit, dem polternden Temperament, dem ewigen, pedantischen Besserwissen. Aber ihm war so viel zu verdanken, daß man ihm alles verzeihen mußte, und da nun das trauervolle Thema des ersten Satzes aufklang, war es wie eine Klage des Herzens – Peter Iljitsch lauschte und rührte sich nicht, er saß, zwischen Nina und Edvard, auf dem Podium, angestarrt von einer noch in der Ergriffenheit neugierigen und indiskreten Menge – ein Alternder, ein über seine Jahre Alter –, so saß er: den Kopf gesenkt wie unter Lasten, denn es hatte viel Bitterkeit gegeben, die zu verwandeln gewesen war in Töne, ach, und ganz war die Verwandlung vielleicht nicht immer geglückt, es hatte sich Unreines eingemischt im Laufe des heilig heiklen Prozesses, man hatte Zugeständnisse gemacht, man hatte Effekte gesucht, zur Strafe blieb ein Rest von Bitterkeit zurück, ein Rest von unerlöstem, unverwandeltem Leben – der schmeckte bitter auf der Zunge, wie ein bitteres Kraut.

Bilder und Gesichte, die man versunken geglaubt hatte, stiegen aus dem zweiten Satz und seinen kunstvollen Variationen. In welche Fülle der innig-gescheit berechneten Schönheit hatten sich die Erinnerungen, die bitter schmecken, verwandelt. Der gebückt Lauschende auf dem Podium durfte Stolz empfinden, und wirklich füllte Stolz nun sein Herz, bei aller Wehmut. ‹Der gute Nikolai kann zufrieden sein mit seinem Denkmal›, dachte der Lauschende. ‹Ob er wieder geschimpft hätte und gemäkelt und vielleicht die Widmung abgelehnt wie damals beim Klavier-Konzert, als ich mich so schrecklich über ihn ärgern mußte? Nein, nein, dieses Mal wäre er einverstanden gewesen, und vielleicht hört er jetzt irgendwo zu und schmunzelt, denn er ist ein Kenner. Wie schön sie spielen, à la mémoire d'un grand artiste. Das ist eigentlich keine Kammermusik mehr, es ist eine Symphonie für drei Instrumente, es hat großen Stil – diesmal darfst du nicht brummen, alter Nikolai, und mich nicht kränken: es ist kein unwürdiges Denkmal, gib es nur zu!›

Sie spielten herrlich zusammen: der junge Siloti am Flügel, Halir

und der Cellist Schröder, den Peter Iljitsch aus Moskau kannte. Silotis makelloses Gesicht strahlte von Ernst und einer andachtsvoll
strengen Konzentration. ‹Da sitzt er und läßt meine verwandelten
Erinnerungen tönen›, dachte Peter Iljitsch ergriffen. ‹Muß er mir
nicht nah sein, in diesem Augenblick? Aber sowie das Spiel vorbei
ist, wird er wieder zum schönen Fremden. Es sind ja nicht meine
Erinnerungen, die ihn bewegen, sondern nur die Form, die ich aus
ihnen gemacht – nur die Formel, auf die ich sie gebracht habe . . .›

Für den nächsten Tag hatte Peter Iljitsch Edvard und Nina Grieg
zum Frühstück in sein Hotel gebeten. – «Da seid ihr ja, meine Kinder!» begrüßte er die zwei angenehmen und befreundeten Menschen, als man sich vor der Mahlzeit in der Halle traf. – «Wieso Ihre
Kinder, Vater Tschaikowsky?» erkundigte sich Grieg, um dessen
helle Augen wohlgelaunte Fältchen spielten.– «Ach, ihr wißt es
noch nicht?» Peter Iljitsch lachte. «Brodsky hat es mir noch gestern,
während des Konzertes, in der Pause, versetzt. Wir präsentierten
uns doch nebeneinander auf dem Podium in so schöner Eintracht
dem Publikum. Da hörte Brodsky, wie eine Leipziger Dame ihre
Tochter belehrte. ‹Siehst du, Luise›, sprach die Dame und wies auf
uns, ‹dort sitzt Tschaikowsky mit seinen zwei Kindern.› Die Kinder
aber – seid ihr!» Es wurde herzlich gelacht. «Dabei ist es eigentlich
furchtbar traurig», sagte Peter Iljitsch, während er Frau Nina den
Arm bot. «Ich bin nur ein paar Jahre älter als Edvard – ich bin auch
noch nicht fünfzig –, und man hält mich für seinen Vater. Manchmal
erschrecke ich selber, wenn ich in den Spiegel schaue. Es ist unheimlich und abscheulich, wie rapide man sich verändert – Tag für Tag –,
ohne es zu bemerken. Vor ein paar Jahren sah ich noch ganz anders
aus. Wenn ich ein Bild von mir aus dieser Zeit sehe, dann denke ich:
ein fremder junger Mann. Ja», sagte er – der Chef de réception hatte
sie zu einem Ecktisch im Speisesaal geleitet –, «wenn ich eine Frau
gehabt hätte sie Sie, liebe Frau Nina, mein ganzes Leben lang, dann
stände es heute anders um mich, und ich wäre besser erhalten. Es
muß wunderbar sein, eine solche Frau zu haben.» Er sprach jetzt
sehr ernst, über seine dunkelblauen Augen zog Schwermut als eine
flüchtige Wolke. «Ich beneide Sie, Grieg.»
    «Man kann keine bessere finden!» Peter Iljitsch liebte den hüp-
fend singenden Ton, mit dem Grieg sprach. «Ohne sie hätte ich
nichts aus meinem Leben gemacht, es wäre nur ein kurzes, leeres
Leben gewesen.» Frau Nina wurde sehr rot. «Aber was redest du,

Edvard!» rief sie und schüttelte mißbilligend den Kopf. «Du warst schon ganz auf der Höhe, als du mich zu dir nahmst. Du warst schon ein großer Mann, und ich war die kleine, bäurische Kusine, die ein bißchen deine Lieder singen konnte.» Der Ton ihrer Stimme, der Akzent ihrer Rede war dem seinen sehr ähnlich. ‹Wie sie sich gleichen!› dachte Peter Iljitsch. Grieg sagte, zärtlich verweisend: «Nina Hagerup war niemals nur meine kleine Kusine. Du warst schon eine große Künstlerin, mein Kind, als du das erstemal für mich gesungen hast. Ich aber war krank und betrübt. Ohne dich wäre ich damals am Ende gewesen.» – «Oh, Edvard, Edvard!» Die kleine Frau winkte ihm ab, das kindliche Gesicht unter dem ergrauten Haar gerötet. Peter Iljitsch fand, ihr zärtlicher Streit klinge wie das Zwitschern, mit dem sich zwei Vögel in ihrem Nest oder von einem Baum zum anderen verständigen. «Es ist wunderbar, wenn man so ganz zueinandergehört», sagte er leise. «Ihr seid vom selben Blute, und ihr seid erfüllt von der gleichen Liebe zu der gleichen Schönheit, und doch Mann und Frau: näher können sich zwei Menschen wohl überhaupt nicht sein.» –

Das Menü war mit Sorgfalt zusammengestellt; Peter Iljitsch liebte es, der Gastgeber zu sein: er verwendete dann Zeit und Mühe auf die Auswahl der Weine und der Gerichte.

«Sie verwöhnen uns», sagte Frau Nina. Edvard sprach beinah mit derselben Stimme und ganz mit demselben Tonfall weiter.

«Sie sind gerne in Leipzig?» erkundigte sich Tschaikowsky. Grieg erklärte: «Ich fühle mich hier beinah zu Hause. Ich habe doch hier lange gelebt, als ich jung war.» – «Richtig!» erinnerte sich Peter Iljitsch. «Sie haben ja hier studiert.» – « Aber jetzt mag ich nicht mehr eine lange Zeit weg vom Norden sein.» Griegs helle Augen schauten, an Peter Iljitsch vorbei, auf die Wand, als ob sie dort etwas suchten – ein geliebtes Bild, das plötzlich sichtbar werden könnte, hinter den Stuckornamenten. «Sie müssen uns unbedingt einmal besuchen, dort oben, lieber Tschaikowsky», sagte er. – «Ja, Sie müssen unbedingt einmal kommen!» rief Frau Nina als ein zwitscherndes Echo. Peter Iljitsch fragte: «Ihr Haus liegt dort ganz oben, in der Nähe von Bergen?» – «Es heißt Troldhaugen», sagte Grieg. «Trollhügel, Sie wissen doch, was ein Troll ist? Es ist ein ganz einfaches Haus. Aber wie schön es dort ist.» – «Ja, wie wunderschön es dort ist!» kam das zwitschernde Echo.

«Hier in Leipzig habe ich viele gute Erinnerungen.» Griegs Augen, sinnend zwischen all den lustigen Fältchen, schauten ins Weite.

«Ich war so jung und ganz unerfahren, als ich hierher kam. Was für große Eindrücke das dann gewesen sind! Ich hatte doch nur kleine Verhältnisse gekannt. Ja, die nordischen Städte sind herrlich. Aber für einen Jungen, der anfangen will, richtig anfangen – verstehen Sie mich? – für so einen wird es bei uns bald bedrückend. Das ist ein Cliquenwesen in unseren herrlichen Städten, und jeder weiß alles von allen, und da gibt es Intrigen und Haß und Neid und einen abscheulichen Egoismus. Nein nein, dabei verkommt so ein Junge, der richtig anfangen will. Und hier wurde ich angefeuert durch den schönsten allgemeinen Auftrieb. Ich fand hier einen wirklichen musikalischen Kreis und kameradschaftliche Kritik und die großen Lehrer.» Frau Nina, die ihrem Gatten und Vetter eifrig lauschte, als hörte sie dies alles zum erstenmal – zuweilen sprach sie die Worte, die er redete, lautlos die Lippen bewegend, mit – nickte bestätigend.

Grieg erzählte von dem Leipzig seiner Studienjahre: von den großen Konzerten, von Begegnungen, von dem mächtigen Einfluß, den die Meisterschaft Mendelssohns und die Melodie Robert Schumanns auf sein junges Talent geübt. «Ole Bull hatte angeregt, daß ich hierherkommen sollte», sagte er. «Ole Bull – unser Geigerkönig.»

Bei der Nennung des Namens, der mit Kraft und Geheimnis geladen ist wie eine nordische Legende, lachte Frau Nina, silbrig leise und entzückt. Peter Iljitsch sagte: «Ich habe ihn nie getroffen. Er muß ein toller Kerl gewesen sein.»

«Und ob das ein toller Kerl gewesen ist!» Edvard Grieg schien ehrfurchtsvoll erheitert bei dem Gedanken an den abenteuerlichen Meister. «Sicher ist er eine Figur vom selben Rang wie Paganini, sein großer Lehrer. Ich durfte ihm vorspielen, damals war ich noch beinah ein Kind. Ich spüre noch, wie meine Hände ganz naß und steif gewesen sind vor Aufregung. Der mächtige Ole Bull war ziemlich grob zu mir. Aber zum Schluß brummte er: ‹Es ist etwas los mit dir, Junge!› Dann erklärte er meinen Eltern, daß ich in Leipzig studieren sollte. Ole Bull widerspricht man nicht.

Grieg erzählte weiter von dem großen Musikanten Norwegens, und Frau Nina bewegte dazu eifrig bestätigend die kindlichen Lippen. Er erzählte die Anekdote, wie Ole Bull zu Paris in die Seine gesprungen war, aus Verzweiflung darüber, daß man ihm seine kostbare Geige gestohlen hatte; dann aber fand sich eine reiche Dame, die schenkte ihm ein noch prachtvolleres Instrument. Um dieses zitterte er sein Leben lang, es war sein Fetisch, aber es schien das Unglück auf mich zu ziehen: die Geige wurde in Amerika gestohlen;

Ole Bull machte eine wilde Jagd auf die Diebe – «über die Dächer», berichtete Grieg, der einen feierlich renommierenden Ton bekam, wie ihn seine Vorfahren gehabt haben mochten, wenn sie Heldensagen erzählten, des Abends am Feuer –, «über die Dächer von ganz New York soll Ole Bull da gelaufen sein, hinter den Dieben her, und er hat sie schließlich gepackt, und er hat sie wiederbekommen, seine Geige. Ja, und bei einem Schiffsunglück im Pazifischen Ozean, da hatte er natürlich auch die Geige bei sich gehabt, die Zaubergeige, mit der er die Welt verhexte, und als das Schiff brannte und die Wellen schon über das Deck schlugen, da sprang er, die Geige unter dem Arm, ins Meer. Vielleicht hat er damals den erregten Wellen etwas vorgespielt, so daß sie sich beruhigten und glätteten – jedenfalls, er rettete sich und das Instrument.

Und ob das ein toller Bursche war!» rief Grieg aus, während seine Nina bestätigend die Lippen bewegte. «Ich starrte ihn wie einen Halbgott an, als ich ihn kennenlernte. Er war ein schwadronierender Halbgott. Ja, er schwadronierte das Blaue vom Himmel herunter, sicher flunkerte er, aber er flunkerte unbeschreiblich prachtvoll. Er war eine große nationale Figur», sagte Edvard abschließend, «und er hatte einen großen nationalen Ehrgeiz. Als er das ‹Nationaltheater› in Bergen gegründet hatte – was war das für eine Aufregung und für ein Lärm und ein Glück! Das norwegische Nationaltheater –: wir alle glaubten, unsere große Sehnsucht würde uns erfüllt, aber es war vielleicht noch zu früh – zu früh, immer zu früh! Es gab Verwicklungen und Intrigen und Katastrophen, und das Geld langte nicht, und die Zeitungen schrieben dumme Sachen, und schließlich flüchtete Ole Bull, brüllend vor Zorn, wie ein geschlagener Krieger.»

Grieg schwieg, Nina nickte, Peter Iljitsch schaute gerührt auf die beiden. «Aber unsere nationale Musik», sagte Edvard, «die konnte uns keiner nehmen, und keine Intrige konnte ihre Melodie zum Schweigen bringen. Als wir ganz jung waren, da haben wir sie gefunden, die nordische Melodie!» Er wandte Peter Iljitsch sein Gesicht zu: Begeisterung färbte es mit einer hellen Röte. «Sie verstehen das ganz, mein lieber Tschaikowsky!» rief er aus. «Sie müssen das ganz und gar verstehen können. Denn Sie haben ja für Ihr Rußland dasselbe geleistet, was ein paar andere und ich für unser Norwegen tun durften und was jetzt vielleicht der junge Dvořák in Prag leisten darf für die Tschechen: Sie haben Rußland eine nationale Musik gegeben.»

Peter Iljitsch neigte den Kopf wie beschämt. «Lassen Sie mich beiseite!» Und er dachte – die Stirne gesenkt, wie einer, der ein ehrendes Wort angenommen hat, das ihm nicht zukommt – an all die Vorwürfe und Beleidigungen, die er in Moskau und in Petersburg zu lesen und zu hören bekam: seine Musik sei nicht echt, nicht authentisch, nicht russisch; sie sei unpersönlich, konventionell, verwestlicht, heillos beeinflußt von dem internationalen Juden Anton Rubinstein, es sei gar keine russische Musik ; die Echten aber, die Eigentlichen, das waren die fünf ‹Novatoren›, die vom Volkslied her kamen und nichts gelernt hatten, und von ihnen wieder der Allerechteste war Mussorgsky, das pathetische Kraftgenie, der Säufer, der Urwüchsige, Volksverbundene, den Peter Iljitsch den ‹lärmenden Dilettanten› nannte.

«Lassen Sie mich beiseite!» bat Tschaikowsky. Aber Edvard Grieg war schon wieder bei Norwegen. «Wir sind vielleicht keine ‹grande nation›,» sagte er, «aber wir haben große nationale Figuren. Das kann man wohl sagen!» Es klang wie eine Fanfare; die vielen Fältchen spielten sehr lustig um seine Augen. Und er sprach von Richard Noordraak: «dem wundervollen Jungen, von dem unsere Nationalhymne ist. Ja, er war es eigentlich, der mir die Augen – oder vielmehr die Ohren – geöffnet hat für unsere nordische Melodie. Plötzlich *hörte* ich sie. Wir waren beide zwanzig Jahre alt, als wir uns kennenlernten – ich sehe noch die Stelle im Tivoli in Kopenhagen – ich arbeitete damals in Kopenhagen –, und Noordraak sagte: ‹So dürfen wir beiden großen Männer uns endlich begegnen!› Ja, jung und komisch und hochgemut ist man gewesen! Aber wir hatten ja damals wirklich schon etwas geleistet – nicht viel, was mich betrifft, aber doch etwas –, und wir waren beide schon ein wenig bekannt. Ja, das war damals im Tivoli ... Noordraak ist schon drei Jahre später gestorben.»

«Und er hat eure Nationalhymne geschrieben», sagte Peter Iljitsch, als ob diese Tatsache, zusammen mit der von Richard Noordraaks frühem Tod, einen höchst rührenden und sonderbaren Sinn ergäbe.

Grieg sprach von Ibsen und Björnson – «denn unser Land ist reich an machtvollen Figuren, und diese zwei repräsentieren die beiden Pole unseres Wesens. – Ibsen ist vielleicht der unheimlichste Mensch, den ich jemals getroffen habe», sagte Grieg. «Ich sehe ihn noch vor mir, wie er mich anschaute, als ich ihn zum erstenmal besuchte – diesen eisigen, tiefen, furchtbar klugen und furchtbar traurigen Blick –; das war in Rom. Es ist lange her, länger als zehn Jahre ... Aber man kann mit Henrik Ibsen nicht befreundet sein.» Grieg schüttelte bekümmert das zarte Haupt, während auch Frau Nina verängstigt und traurig schien vor der Größe und Kälte Henrik Ibsens, den ihr Edvard in Rom besucht hatte und von dem er so fürchterlich angeblickt worden war.

«Und trotzdem», sagte Peter Iljitsch und sah den Norweger an: «Trotzdem wird Ihr Name für immer mit dem Ibsens verbunden sein. ‹Peer Gynt› hat sie aneinander gebunden.»

«Und darauf bin ich stolz», sagte Edvard Grieg leise. «Aber Björnson», rief er – und seine Augen strahlten –, «unseren Björnson müßten Sie kennenlernen! Er ist das Großartigste, was wir zu bieten haben – das kann man wohl sagen. Wie, meine geliebte Person?» wandte er sich, plötzlich hell lachend, an Nina, und Nina nickte und lachte mit ihm. Edvard aber sprach von Björnstjerne Björnson, dem «ungekrönten König Norges». So begeistert entwarf er das Bild seines großen Freundes, daß er lebensvoll dastand: der Riese mit der kleinen und zärtlichen Stimme, die dröhnen und donnern konnte, wenn er sich gegen Unrecht empörte und Gerichtstag hielt und eintrat fürs Schöne und Gute; der schöpferische, kämpferische, der kompromißfeindliche, der überschwengliche, heftige und herzensgute Mensch. «Wir müssen so stolz sein, daß wir ihn haben», erklärte Grieg. «Er ist der gute Geist unseres Landes. Noordraak – der übrigens ein Verwandter von ihm war – hat unsere Hymne geschrieben. Aber auf Björnstjerne sollten wir alle, die wir Norwegen lieben, täglich eine Dankeshymne singen.»

Er kam noch nicht so schnell los von seinem großen und bewegenden Gegenstand. Er erzählte davon, wie er den Dichter kennengelernt hatte, wie der schöne Beginn ihrer Freundschaft gewesen war, und wie herrlich es sei, mit ihm zu arbeiten. «Ohne ihn hätte ich ein ärmeres Leben gehabt, das kann man wohl sagen!» schloß er, wobei das kleine Hüpfen seiner hohen und reinen Stimme rührend wirkte zu soviel Feierlichkeit.

«Aber wir sprechen von Norwegen und von meinem Leben – denn das ist dasselbe», sagte Grieg. «Und ich bin so begierig darauf, von Ihnen etwas über Rußland zu hören, über das geheimnisreiche, große Rußland.»

«Ich höre Ihnen so gerne zu», sagte Tschaikowsky, und er dachte, daß ein Blick in dieses Leben und in die Dinge, die es bewegt und ausgefüllt hatten, ebenso rein und erquickend sei wie ein Blick in

Edvard Griegs seemännisch klare und träumerisch stille Augen. –
Als, eine halbe Stunde später, Professor Brodsky zum schwarzen
Kaffee erschien, sprachen die beiden über Puschkin und Gogol,
über Tolstoj und Dostojewsky, deren Werke der Norweger kannte
und verehrte. Grieg war in eine starke Aufregung geraten, als er
erfahren durfte, daß Peter Iljitsch den großen Tolstoj persönlich
kannte, ihn mehrmals ausführlich gesprochen und sogar einmal ein
Konzert zu seinen Ehren veranstaltet hatte. «Mir war ungeheuer
ängstlich zumute, als ich ihn zum erstenmal traf», hatte Tschaikowsky dem andächtig lauschenden Paar berichtet. «Ich dachte: das
muß ein gefährlicher Mensch sein – wenn er dich nur einmal anschaut, so weiß er alles von dir, mit einem Blick erkennt er dein
ganzes Wesen und all deine Fehler. Aber dann war der große, gefährliche Mann bezaubernd und von der natürlichsten Liebenswürdigkeit.» Beide Griegs waren sehr froh, dies zu hören, und nickten
lächelnd. Etwas nachdenklich wurden sie, als Peter Iljitsch seine
Einwände gegen den Autor von «Krieg und Frieden» vorbrachte.
«Ich liebe ihn jetzt viel weniger als damals, zur Zeit unseres unver-
geßlichen Zusammentreffens. Inzwischen ist etwas in ihm erstarrt
und ganz hart geworden. Seine Menschenliebe hat heute etwas Dog-
matisches, es ist etwas Tyrannisches, Dünkelhaftes an ihm, bei all
seiner betonten Güte – etwas Rechthaberisches, Borniertes, fast etwas Tückisches: das beängstigt mich. Auf eine ziemlich unchristli-
che Weise scheint er mir jetzt auf alle Mitlebenden herabzusehen,
weil sie nicht so christlich sind wie er.» Hierzu schüttelten Griegs
bekümmert die Köpfe. Dann begannen sie, über andere russische
Schriftsteller zu sprechen.

Nun war man bei Turgenjew angekommen, deshalb bekamen ihre Stimmen eine besondere Wärme und Zärtlichkeit. Es gab ein
Wetteifern um den stärkeren Ausdruck zwischen ihnen, da sie
Menschlichkeit und Reinheit seiner Werke, seiner Person rühmten.
Sie erzählten sich Einzelheiten, rührende Intimitäten aus seinem Leben. «Wissen Sie, daß man auch ihm vorwirft, er sei nicht ‹russisch›
genug, er sei ‹verwestlicht›?» fragte Peter Iljitsch, während Brodsky
an den Tisch trat.

Grieg sagte, wobei er ein wenig rot wurde – und auch Frau Nina
lächelte schamhaft, als sei ein schöner, aber etwas anstößiger Plan
vorzeitig aufgekommen –: «Ich habe unseren Freund Brodsky her-
gebeten; ich wollte Ihnen, mit ihm zusammen, eine neue Arbeit von
mir vorspielen – wenn es Sie nicht langweilt, lieber Tschaikowsky.

Es ist eine Violin-Sonate ... sie ist erst kürzlich fertig geworden ... ja, ich habe sie dem deutschen Maler Franz von Lenbach dediziert ...» Er sprach verwirrt und hastig, als müsse er sich dafür entschuldigen, daß er seine neue Sonate vorspielen wollte. «Aber das ist herrlich!» rief Peter Iljitsch aus.

Man musizierte in Tschaikowskys kleinem Salon, von dem aus die Verbindungstüre in sein Schlafzimmer führte. «Der Bechstein-Flügel ist anständig», erklärte Peter Iljitsch. «Mir ist zwar noch nichts an ihm eingefallen, aber das ist ausschließlich meine Schuld.» Er setzte sich mit Frau Nina auf das Sofa unter die Lampe, die mit langen Seidenfransen dem Wohnraum traulichen Charakter geben sollte.

Während Grieg auf dem Flügel die ersten Akkorde versuchte, bekam sein knabenhaft weiches, schüchternes Gesicht einen ernsten, sehr konzentrierten, beinah drohenden Ausdruck. Mit einer wilden, schmerzlich trotzigen Heftigkeit setzte der Gesang der Violine ein. Tschaikowsky lauschte, den Kopf nach hinten, gegen die vergoldete und üppig geschnitzte Lehne des Sofas gelegt, den Mund ein wenig geöffnet, die Beine übereinandergeschlagen. In dieser Haltung verblieb er während des ganzen Vortrags.

Der Einsatz war jäh und wild wie ein Aufschrei gewesen. – ‹Woher nimmt dieser blasse und schmale Mensch die Kraft? Woher kommt ihm die Kraft?› dachte Peter Iljitsch, dessen sanft grübelnde Augen an Grieg hingen –; aus dem Aufschrei wurde die beruhigtere Klage. – Aber welcher Trotz und wieviel beinah zorniges Aufbegehren war im hämmernden, stampfenden Thema des dritten Satzes, und mit dem Thema schien der kleine Mann am Flügel zu wachsen, er saß gestrafft, auf seinem Antlitz traten entschlossene Züge hervor, die man sonst nicht an ihm gekannt hatte. Überwunden die Klage in as-moll, die das kämpferisch stampfende Thema – dieses Thema, das zur Arbeit ruft wie in den Kampf – hatte zudecken wollen; überwunden nun auch noch diese Verführung, der gute Trotz hatte gesiegt, dieser heroische Eigensinn, den Schmerz zu erlösen, aufzulösen, mittels der Form. – ‹O Sieg des schmächtigen Jüngling-Mannes dort am Flügel›, denkt der ergriffen Lauschende, dessen Hinterkopf auf der harten Verzierung des Sofas schon weh tun muß, aber das spürt er nun nicht. ‹O schöner Sieg der schmalen, unnachgiebigen Kraft. Du bist krank und nicht wohl ausgestattet zum Widerstand, man sollte meinen, du müßtest schnell unterliegen. Aber gegen den Ansturm alles dessen, was dich bedroht, setzt du eine kurze, stampfende Melodie, und die erweist sich als stärker. Schmächtiger Freund am Flügel, wie wunderschön hast du mir vorgespielt, es war eine Erhebung und eine Belehrung – was für ein Freundeseinfall, mir gerade dieses vorzuspielen, gerade jetzt, so daß ich aufgerichtet und gekräftigt wurde!›

«Ich danke dir!» rief Peter Iljitsch, der aufgesprungen war. «Ich danke dir: das war prachtvoll. Das ist gewiß das Schönste, was du gemacht hast. Und es ist die schönste Musik, die uns aus deinem Lande gekommen ist!»

Edvard Grieg hatte schon wieder sein kindlich weiches, ängstliches Gesicht. «Lieber Tschaikowsky», sagte er, «lieber Tschaikowsky, Sie machen mich glücklich.» Und seiner Nina liefen Tränen der Rührung über die Wangen.

Brodsky, eifrig und laut, rühmte immer neue Einzelheiten der Komposition. «Es ist ein Meisterwerk», wiederholte er dröhnend. «Unser Grieg hat ein Meisterwerk geschaffen.»

«Schöner als du kann keiner singen», sagte Tschaikowsky, innig nahe bei Grieg.

«Berühmt aber wird man für seine gefälligen kleinen Stücke», erklärte Grieg, auf dessen Lippen plötzlich ein dünnes, pikiertes Lächeln erschien – das Lächeln des in seiner Heimat Vielgekränkten, der aus engen Verhältnissen kommt, Schmerz und Ärger erfahren hat in Provinzstädten –, «berühmt wird man für die ‹Hausmusik›, das Nette, leicht Spielbare.»

«Aber ich spüre jetzt, daß auch ich noch nicht ganz ausgesungen bin», sagte Tschaikowsky, der – plötzlich ganz auf sich, auf seine Qual und Hoffnung konzentriert – die letzten Worte des anderen überhört zu haben schien. «Warte nur, Grieg, auch von mir wird noch etwas kommen – wird noch etwas, irgend etwas kommen…»

Er hatte Grieg die beiden Hände auf die Schultern gelegt; während sein Blick durch den neu gefundenen Freund hindurch und über ihn hinauszugehen schien, schüttelte er den kleinen Mann langsam, in einem bestimmten Rhythmus, hin und her. «Wartet nur, wartet nur!» sagte er mit einer tief singenden, merkwürdig drohenden Stimme dem erstaunten Grieg ins Gesicht. «Wir sind noch nicht fertig – wir sind noch keineswegs fertig – wenn wir nur nicht vorzeitig nachgeben…»

Es wechselten die Orte und die Gesichter. Sie glitten vorüber, und sie entglitten. Peter Iljitsch schaute sie an und schaute ihnen nach, mit dem sanft grübelnden Blick. Er machte viele Bekanntschaften, er schüttelte viele Hände. Ein etwas befangener Weltmann – liebenswürdig, aber leicht verstörbar – bewegte er sich in vielerlei Räumen, hatte unverbindlich teil an vielerlei Gesprächen. Manchmal spürte er, daß er sich fürchtete vor all diesen fremden Gesichtern, ihrem Lachen, ihren fremden Augen und den sinnlosen Bewegungen ihrer fremden Lippen.

Er hielt sich wieder einen Tag in Berlin auf; dort gab es Besprechungen wegen seines Konzertes. Ein einflußreicher Herr, mit dem er häufig beisammen saß, hieß Hugo Bock. Kommerzienrat Bock bestand darauf, daß Peter Iljitsch in der Philharmonie die Ouvertüre ‹1812› aufführte, «unser Publikum mag das!» behauptete er. Siegfried Neugebauer durfte bei solchen Konferenzen nicht fehlen. Mit der krausgezogenen Nase lustvoll schnuppernd, genoß er die Beleidigungen, die Peter Iljitsch ihm, auch in Gegenwart Dritter, ins Gesicht schleuderte. Siegfried Neugebauer mischte sich in alles, stiftete Konfusionen, schlug näselnd und vornehm die absurdesten Dinge vor, in einem Tonfall, als handelte es sich um das Einleuchtendste von der Welt; blickte verschleiert, lächelte süßlich, da er angefahren wurde; war verschlagen, unbarmherzig aufdringlich und von entwaffnender Ergebenheit; sagte: «Sie sind *unendlich* ungerecht, Meister, aber ich bleibe zu Ihren Diensten» und steckte sein rosiges, trübe besorgtes Gesicht wieder ins Zimmer, eine Stunde, nachdem man ihn vom Hausknecht hatte hinauswerfen lassen. Für Peter Iljitsch verkörperte er alle zähe Unannehmlichkeit des Lebens. Er bezahlte dem Unglücksmenschen eine erhebliche Abstandssumme, um aus dem peinlichen Vertrag mit ihm endgültig loszukommen. Er schwor sich, ihn nie wieder zu empfangen, kein Telegramm, keinen Brief mehr von ihm zu öffnen.

Von Berlin fuhr Peter Iljitsch nach Hamburg. Dort sah er Hans von Bülow wieder, und er fand ihn gealtert. Die Furchen auf der hohen und gescheiten Stirne des großen Dirigenten, die Falten, die oberhalb der Nasenflügel begannen und im buschigen Schnurrbart endeten, hatten sich schmerzlich vertieft, es waren schlimme Risse aus ihnen geworden. Das schmale, nervöse, höchst intelligente Gesicht, mit spitzem Ziegenbärtchen am kurzen Kinn, hatte sich merkwürdig verändert: es schien weniger beweglich, weniger reizbar als einst, ein bitterer Friede hatte sich über diese Züge gebreitet, die gespannt und unruhvoll gewesen waren. Bülow – berühmt für seine jähen Kapricen und für seine mörderischen Witze – sprach nun gedämpfter, vorsichtiger. Manchmal freilich zuckte noch die böse, bezaubernde kleine Flamme in seinem Blick, und der vom tragischen Klatsch wie von einer zweideutigen, etwas blamablen Gloriole Umwitterte äußerte in dem geschwinden Französisch, dessen er sich in seiner Konversation mit Tschaikowsky bediente, eine jener geprägten Bosheiten, die dann in den musikalischen Zirkeln zweier Erdteile kursierten. Manchmal wiederum schien sein Blick zu entgleiten, dann bekam auch seine Stimme einen merkwürdig entfernten, geheimnisvollen Ton, und er äußerte Unzusammenhängendes, Abwegiges, wobei er schief und betrübt lächelte. – ‹Er ist über seine tausendfach besprochene, schauerliche Privataffäre nicht hinweggekommen›, stellte Peter Iljitsch bei sich mit Bestürztheit fest. ‹Wie hart das Leben uns anfaßt. Es will nicht dulden, daß wir aufrecht gehen, es blamiert uns und erniedrigt uns, wo es nur kann, für jeden hält es eine eigene Sorte von Qual und Blamage bereit; diesen zum Beispiel hat es zum berühmtesten Hahnrei der Epoche gemacht. Er ist ein Opfer Wagners und seines gnadenlosen Eroberungstriebes und ein Opfer der skrupellos pathetischen Frau Cosima.›

Die Unterhaltung zwischen Hans von Bülow und Tschaikowsky war angeregt und vertraut, aber es kam Peter Iljitsch vor, als habe sie den freundschaftlichen Ton nicht mehr wie das letzte Mal, in Rußland. ‹Vielleicht liegt es daran›, dachte er besorgt, ‹daß ich hier nicht in der von ihm geleiteten Gesellschaft dirigiere, sondern bei der Konkurrenz; denn um zwei Konkurrenzunternehmungen handelt es sich ja wohl. Das wäre mir grenzenlos peinlich, ich bin diesem wunderlichen und bedeutenden Mann großen Dank schuldig. Aber die Konkurrenz hatte mich doch zuerst aufgefordert, und außerdem hat sie den weitaus besseren Ruf.›

Übrigens zerstreute Bülow, schon einige Minuten später, die Skrupel, die Peter Iljitsch sich machte. Er beklagte sich seinerseits über das Orchester, mit dem er zu arbeiten hatte und das gleichzeitig das Orchester der Hamburger Oper war. «So kommen die Leute, halb tot von den Opernproben, in einem reduzierten Zustand zu mir», sagte er bitter. Er mokierte sich über die gar zu große Unternehmungslust des Herrn Pollini, allmächtigen Theaterdirektors von Hamburg, der dieses neue symphonische Unternehmen eigensinnig ins Leben gerufen hatte. «Er hat etwas von einem Zirkusdirektor, unser großer Pollini», stellte er fest, «mit seinem aufgezwirbelten, glänzenden schwarzen Schnurrbart und seiner unbarmherzigen Aktivität. Ich sehe ihn vor mir, wie er in der Manege mit der Peitsche knallt ...» – Anläßlich des Theaterunternehmers Pollini redete er sich allmählich in einen nervösen Zorn; er schnitt böse Grimassen, behauptete auch plötzlich, daß Pollini ihm nach dem Leben trachte. Zum Abschied schenkte er Peter Iljitsch einige etwas merkwürdige Gegenstände; zum Beispiel eine Bilderserie, darstellend alle sozialdemokratischen Abgeordneten des deutschen Reichstags, und einen großen Perlmutterknopf. «Um Ihnen ein Vergnügen zu machen, mein Lieber», sagte er hastig.

Später erzählte man Peter Iljitsch, Bülow habe diesen merkwürdig zerstreuten und zuweilen unheimlich heftigen Ton jetzt gegen alle seine alten Freunde. Manche wagten es anzudeuten, daß sie um seinen Verstand fürchteten; solche unziemlichen Bemerkungen aber wollte Peter Iljitsch keineswegs verstehen. Übrigens erfuhr er, daß Bülow, nach der vernichtenden Wagner-Enttäuschung und nach der krampfig übersteigerten Brahms-Vergottung, im Begriff sei, ein neues Genie zu entdecken und zu lancieren, einen jungen Komponisten, von dem man im konservativen Hamburg mit einer gewissen scheuen, noch halb skeptischen Neugierde sprach – (handelte es sich hier nicht nur um eine Marotte des überreizten, stets auf neue Sensationen sinnenden Herrn von Bülow?) –: er hieß Richard Strauß. Peter Iljitsch kannte eine symphonische Arbeit von ihm. Er fand sie abscheulich, anspruchsvoll verwildert, mißtönend und fast ganz talentlos.

«So bin ich also bei Bülow nicht mehr auf der Tagesordnung», bemerkte Tschaikowsky, und er erinnerte sich der mitreißenden Verve, die der große Dirigent für ihn eingesetzt hatte, in Petersburg damals – es war kaum drei Jahre her –, als er der Dritten Suite zu einem Triumph verhalf und eine internationale Sensation aus ihrer Uraufführung machte – ebenjener Dritten Suite, die Peter Iljitsch nun hier, in Hamburg, im Bülow feindlichen Lager, selber dirigieren sollte. Nach der glanzvollen Aufführung durch Bülow hatte er sie für seine beste Arbeit gehalten; inzwischen war er unsicher geworden, nicht ohne schwere Zweifel und Bedenken blätterte er jetzt in der Partitur. –

Es gab viele Hände zu schütteln und in viele fremde Gesichter zu schauen. Abends war ein Konzert zu besuchen: Bülow führte die «Eroïca» auf. Peter Iljitsch beschloß am nächsten Morgen, in eine fremde kleine Stadt zu fliehen; denn es blieben ihm noch einige Tage, bis die Proben zu seinem Hamburger Konzert beginnen würden.

Die fremde kleine Stadt war grau und winklig, Peter Iljitsch spazierte durch enge, spitzgieblige Gassen, er betrachtete sich ein altes Rathaus und eine alte Kirche, die fremde kleine Stadt gefiel ihm, sie hieß Lübeck. Das Hotel schien ziemlich komfortabel, er mietete ein Schlafzimmer mit kleinem Salon, übrigens war es keineswegs billig.

Peter Iljitsch wurde plötzlich ergriffen von der Angstvorstellung, er würde mit seinem Gelde nicht reichen, irgendwo sitzenbleiben, die Hotelrechnung unbezahlt, Pelzmäntel sowie schöne Uhr müßten verpfändet werden. Die Furcht vor einer katastrophal und unvermittelt einsetzenden Armut packte ihn manchmal – etwa so, wie ihn die unbegründete, aber heftige Angst vor dem tückischen Herzleiden packte –, obwohl seine Einnahmen stattlich waren und er überdies der Hilfe seiner geheimnisvollen Gönnerin und Freundin, Natascha von Mecks, sicher sein konnte, von der er eine Jahresrente bezog, die nicht weniger als sechstausend Rubel ausmachte. – ‹Ich habe wieder viel zuviel ausgegeben›, dachte er beängstigt und stapfte, Zigaretten rauchend, zwischen Salon und Schlafzimmer hin und her. ‹Alles hat ganz unverhältnismäßig viel gekostet, die Einnahmen aber sind gering. Wie teuer war allein das Restaurant, gestern nach dem Konzert. Ich hatte leider einen Herrn von der Philharmonie eingeladen, auch Pollini aß mit. Das kann nicht gut enden. Wenn nicht dieser Tage Antwort aus Petersburg kommt wegen meines untertänigen Gesuches an den Kaiser um eine Ehrenrente, dann werde ich Verleger Jurgenson telegraphieren müssen, und außerdem bin ich genötigt, die gute Natascha um eine Extrazuwendung zu bitten. Es wäre mir schrecklich peinlich, da ich sie ohnedies sehr viel Geld koste, aber es müßte sein, schließlich kann ich mir nicht meinen warmen Pelz und meine schöne Uhr verpfänden lassen.›

Die Antwort aus Petersburg kam, schon zwei Tage später: sie war glänzend. Seine Kaiserliche Majestät der Zar hatte gnädigst die jährliche Ehrenrente von dreitausend Rubeln für den Komponisten Peter Iljitsch Tschaikowsky bewilligt: der Intendant der Kaiserlichen Theater, Wsewoloschky, ein Freund und Gönner des Komponisten, der alles angeregt und befürwortet hatte, teilte es mit und gratulierte. Das war ja außerordentlich angenehm, und nun konnte man wieder aus dem vollen wirtschaften; denn die Idee , nun, in Anbetracht dieser neuen Einnahme, etwa auf die Rente der Frau von Meck zu verzichten, kam Peter Iljitsch keineswegs in den Sinn.

Inzwischen waren leider schon wieder andere Peinlichkeiten passiert. Die stillen Tage waren gut gewesen – man konnte Briefe schreiben, an den Bruder Modest, an Natascha von Meck; man konnte über einem Buche sitzen, und es gab die Spaziergänge in den winkligen Gassen, abends das Sitzen beim Schnaps in einer Kneipe. Die Einsamkeit schmeckte gut, wie frische Luft, wenn man zu lange Zeit in einem rauchigen Lokal gesessen hat. Leider aber interessierte sich der Sohn des Hoteliers für Musik. Er entdeckte den Namen des russischen Komponisten im Gästebuch; mit seinem Vater zusammen machte er Aufwartung in der Stube des berühmten Klienten. Die Szene war außerordentlich peinlich, Vater und Sohn stotterten, beide hatten einen roten Kopf, einen roten Kopf hatte auch Peter Iljitsch, der sich dringend wünschte, ganz woanders zu sein. «Tja», sagte der Lübecker Hotelier, «meine selige Frau konnte ja auch ganz nett singen, aber mehr lustige Sachen ...» Peter Iljitsch war sehr verzweifelt.

Er speiste abends auf seinem Zimmer. Nach dem Essen ließ er sich zum Stadttheater fahren: der berühmte Barnay gastierte als Othello. Peter Iljitsch – übrigens mißmutig und zerstreut – wohnte der Vorstellung im Hintergrund einer Loge bei, in der es muffig nach verstaubtem Plüsch roch. In der Pause promenierte er im Foyer zwischen den Honoratioren von Lübeck; er wunderte sich über die Toiletten der Damen und über ihren abweisenden, fast strafenden Gesichtsausdruck. Immerhin war es angenehm zu wissen, daß von all diesen Leuten sicherlich keiner jemals den Namen Tschaikowsky gehört hatte. Das Unglück wollte es aber, daß der Sohn des Hoteliers – ein magerer, ernsthafter junger Mensch mit großer Brille im betrübten und verpickelten Gesicht – sich auch im Theater befand. Peter Iljitsch tat einen Satz rückwärts, als er ihn bemerkte, konnte seine Loge aber nicht mehr erreichen: der kulturell strebsame Jüngling schnitt ihm, seinerseits springend, den Weg ab; abrupt behauptete er, daß er Shakespeare vergöttere, daß er ohne die Musik und Shakespeare gar nicht leben könnte; er erkundigte sich – wobei seine Hände schwitzten –, ob man auch in Rußland Verständnis für Shakespeare hätte und ob er einige Bekannte seines Vaters herbeiholen dürfe. Peter Iljitsch nickte entsetzt. Als hätten sie lauernd in der Ecke gestanden, kamen mehrere Herren herbeigetreten: die meisten beleibt und mit geröteten Mienen, einer – im Gehrock – mager und fahl; dieser fühlte sich den übrigen offensichtlich überlegen, litt aber seelisch an seiner Überlegenheit, was bittere Züge um den Mund verrieten; er zog Peter Iljitsch beiseite und fragte ihn raunend, ob er die Stadt Lübeck nicht entsetzlich provinziell finde, er seinerseits sei Doktor Plöschke, Privatgelehrter, übrigens Atheist, und er beschäftige sich mit den modernsten Dingen. Peter Iljitsch sagte, Lübeck gefalle ihm ausgezeichnet. Ihm kam der gräßliche Verdacht, der Sohn des Hoteliers könnte all dieses angezettelt, vorbereitet und verabredet haben: der Mann vom Billettschalter hatte vielleicht verraten, daß eine Loge von dem russischen Herrn bestellt worden war, daraufhin hatte der ehrgeizige junge Mensch die Bekannten seiner Familie ins Theater gebeten. ‹Das ist niederträchtig!› dachte Peter Iljitsch, und er litt darunter, daß einer der beleibten Herren ihm seinen Atem, der nach Alkohol roch, ins Gesicht blies. Sämtliche Herren zeigten eine gewisse Neigung, viel und grundlos zu lachen; sie sagten ‹Famos›, ‹Großartig› und ‹Kolossal›, ohne daß Peter Iljitsch genau verstanden hätte, worauf es sich bezog, und sie fragten ihn, ob er nicht enorm stolz darauf sei, in Deutschland Konzerte geben zu dürfen, ob das Kompositionsgewerbe viel Mühe mache, ob es schöne russische Militärmärsche gebe, was er von Richard Wagner halte, ob er den Zaren kenne und ob es in Moskau auch im Sommer kalt sei. Peter Iljitsch beschloß, noch in dieser Nacht, spätestens am nächsten Morgen, nach Hamburg zurückzureisen. –

In Hamburg wohnte er Zimmer an Zimmer mit dem jungen Pianisten Sapelnikow, der das b-moll-Klavierkonzert in der Philharmonie spielen sollte. Morgens um neun Uhr begann er zu üben, Peter Iljitsch wurde durch seine eigenen Melodien aus dem Schlaf geweckt. Sapelnikow wiederholte unaufhörlich dieselbe Phrase; zehnmal, fünfzehnmal, dreißigmal. Schließlich kam er zu Peter Iljitsch ins Schlafzimmer gestürzt.

«Ich kann es nicht, Meister, ich kann es nicht!» schrie Sapelnikow, dem Schweißperlen auf der weißen Stirn standen. «Oh, ich möchte mir die Hände zerbeißen!» Und er biß sich wirklich in die Knöchel der verzweifelt geballten Faust.

«Es wird schon werden!» redete Peter Iljitsch sanft aus dem Bett.

«Ach, diese Hände – diese blöden, widerspenstigen, lahmen Hände!» klagte Sapelnikow, und er ließ seine Finger spielen – lange durchgearbeitete, hager-kraftvolle Finger mit ganz kurz geschnittenen Nägeln, die wie abgenagt aussahen. «Dabei ist dieses Konzert so ungeheuer wichtig für mich!» klagte er und ließ sich in einen Sessel fallen; die langen Beine streckte er von sich. In seinem grobknochigen, mageren Gesicht schienen die dunklen, tiefliegenden Augen hungrig zu sein – hungrig nach jenem Ruhm, den Silotis schöner und gelassener Blick als das Selbstverständliche, ihm Zukommende, freilich auch Lebensnotwendige beanspruchte und erwartete, und den Sapelnikow mit verzweifeltem Krafteinsatz herbeizwingen wollte, koste es was auch immer.

«Ich hatte gestern ein Telegramm von Sophie Menter aus London», berichtete er. «Sie meint, ich sollte das Letzte aus mir herausholen, dieses Konzert könnte für meine ganze Karriere entscheidend sein.» Er streckte und bog wieder seine langen, muskulösen Finger.

Peter Iljitsch kannte Frau Sophie Menter, die berühmte Lehrerin Sapelnikows, aus St. Petersburg und Moskau. Er schätzte sie, sie war eine sehr bedeutende Pianistin, eine reizende und zerfahrene Person. Sie hatte ihn oft auf ihr Schloß in Tirol eingeladen, er hatte immer einmal hinfahren wollen, es war aber nie etwas daraus geworden. «Grüßen Sie Madame Sophie von mir!» sagte Peter Iljitsch.

«Ich *muß* Erfolg haben!!» schrie Sapelnikow und schnellte aus dem Sessel empor, als könnte man nicht sitzenbleiben, wenn man das Wort ‹Erfolg› auch nur aussprach.

«Sie werden Erfolg haben, mein Lieber.» Peter Iljitsch redete ihm zu wie einem Kranken. «Sie werden sogar einen sehr großen Erfolg haben. Es wird ausgezeichnet.» Und er dachte, während er den erregt auf und ab rennenden Sapelnikow mit einem müden, etwas mitleidigen Lächeln betrachtete: ‹Ich muß ihm helfen, diese Gier muß gestillt werden. So hungrig darf man einen Menschen nicht herumlaufen lassen. Ich werde ein Konzert für ihn in Berlin arrangieren, ich werde in allen Interviews von ihm sprechen, um für ihn Reklame zu machen. Der Junge wird ja verrückt, wenn er nicht bald seinen Ruhm hat, seinen Ruhm – seinen elenden Ruhm.›

«Sie sind so gut zu mir, Meister!» sagte Sapelnikow, der Tränen in den tiefliegenden, brennenden Augen hatte. Er drückte Peter Iljitsch heftig die Hand und ging in sein Zimmer hinüber, um weiterzuüben. Er übte zehn Stunden am Tag. –

Sapelnikow hatte mit dem b-moll-Klavierkonzert einen starken Erfolg, einen sehr viel stärkeren als Tschaikowsky. Denn Peter Iljitsch konnte deutlich merken, daß die Komposition nicht gefallen hatte. Es war Sapelnikow, der immer wieder gerufen wurde. ‹Man scheint hier nicht gerade begeistert von meinem lieben opus 23›, dachte, im Künstlerzimmer, Tschaikowsky, während sich Sapelnikow, glühend vor Erregung und Glück, draußen verneigte. ‹Man bleibt hochmütig und reserviert vor seinen Reizen ...›

Er umarmte Sapelnikow, der hochaufatmend zurückkam von seinem Triumph. «Ich gratuliere, ich gratuliere», sagte Peter Iljitsch immer wieder und klopfte dem am ganzen Leib Bebenden den mageren Rücken. «Du hast es herrlich gemacht!» Sapelnikow schluckte und strahlte. «Ja? Ja, wirklich?» fragte er, gierig nach Lobsprüchen. «Zu Anfang bin ich furchtbar aufgeregt gewesen, ich habe auch einmal daneben gegriffen, im ersten Satz ... Das liegt übrigens nur am Wetter», schwatzte er. «Ich bin immer nervös, wenn die Wolken so hängen – davor hat mich Sophie Menter oft gewarnt.» Die Bemerkung über das Wetter war völlig sinnlos: man hatte einen klaren Wintertag gehabt. – «Es war großartig, mein Junge!» sagte Peter Iljitsch und klopfte ihm weiter den Rücken.

Jetzt erst fiel es Sapelnikow ein, daß man Tschaikowsky nicht gerufen hatte und daß dieser sich vielleicht ärgern könnte über die ungerechte Verteilung des Beifalls. «Warum haben Sie sich nicht mehr gezeigt, Meister?» fragte er. – «Man hat nicht nach mir gerufen», sagte Peter Iljitsch. «Das Klavierkonzert hat nicht gefallen, nur dein Spiel hat gefallen.» Sapelnikow widersprach nicht. «Aber für die erste Programmnummer, für die Serenade», sagte er, «hatte man mehr Verständnis.»

«Mir liegt nichts an der Serenade für Streichorchester», sagte Peter Iljitsch, der sich plötzlich sehr müde fühlte. (Ach warum bin ich hier? Drachen steigen lassen, auf den Wiesen von Maidanowo.) «Das Klavierkonzert ist mir viel wichtiger. Ich habe einen gewissen Ehrgeiz für das Klavierkonzert, weil ich mich doch damals so ärgern mußte, mit der Widmung an Nikolai Rubinstein. Sie erinnern sich an die Geschichte, das ganze musikalische Moskau hat damals darüber gelacht. Der gute Nikolai schimpfte so furchtbar auf das Konzert, als ich es ihm zum erstenmal durchspielen ließ, daß ich ihm die Widmung wieder wegnehmen mußte. Nun, Hans von Bülow hat sie gerne angenommen, und er hat dann das Konzert berühmt gemacht.»

«Hans von Bülow ist im Saal», sagte Sapelnikow, immer noch mit fliegendem Atem. Er schien sich über Aufregung und Triumph des Abends überhaupt nicht beruhigen zu können. «Wenn ich nur wüßte, wie ich ihm gefallen habe.»

«Es ist reizend von ihm, daß er gekommen ist», sagte Tschaikowsky. «Er ist ein Gentleman. Ich fürchtete, er würde beleidigt sein, weil ich nicht mit seinem Orchester arbeite. Nun, die Serenade wird ihm auch keinen besonderen Eindruck gemacht haben», fügte er traurig hinzu. «Es ist nicht viel los mit ihr. Ich mache sie gerne als erste Nummer, weil sie so bequem zu dirigieren ist. Sie dirigiert sich von selber. Das hilft mir, meine scheußliche Nervosität zu überwinden ...»

Auch die Dritte Suite fand eine kühle Aufnahme. Während der ersten Sätze wurde viel gehustet. Die gute Wirkung der Variationen im letzten Satz wurde verdorben durch den festlich turbulenten Lärm des Finales, einer ‹Polacca›: desselben Finales, das damals in Petersburg, als Bülow es dirigierte, einen solchen Enthusiasmus hervorgerufen hatte. Hier befremdete es oder stieß ab. Posaunen, Becken, große Trommel und der ganze Streicherchor vollführten ihren glanzvoll dem Ende zutreibenden Radau; das Publikum aber saß kalt und unbeteiligt. Ihm behagte dieser schwelgerische Aufwand nicht. Man war fürs Gemessene und Seriöse. Der Brahms-Kultus hatte hier das eigentliche Zentrum. Hier wurde der Meister noch bedingungsloser verehrt als in Leipzig. An Brahms und den Klassikern war dieses spröde Publikum erzogen, das antiwagnerisch blieb, aus konservativer Zurückhaltung. Die Zeitungen schrieben hier täglich, daß man durchaus gegen das «Brillante und Pikante» sei.

Da Peter Iljitsch mit allen seinen Nerven spürte, daß der festliche Lärm, den er leiten mußte, hier kein Echo fand, haßte er ihn – ja ihn ekelte vor dem triumphierenden, klirrenden und dröhnenden Getöse. Sein Arm, den er gebieterisch recken mußte, war müde, der Geschmack in seinem Munde war schlecht, und es war ihm unsagbar peinlich, hier stehen und dieses unersättlich sich wiederholende, sich immer noch einmal steigernde und sich selbst überbietende Orchester-Rauschen dirigieren zu müssen. ‹Ach, daß ich mich immer so entsetzlich gehen lasse, in den Finales›, dachte er gequält. ‹Ich lasse mich nicht einmal gehen, ich nehme mich zu einem Freudenrausch zusammen, nach dem mir keineswegs zumute ist. Wie schal und falsch und aufgedonnert das alles klingt! Es ist so peinlich, daß ich versinken möchte.›

Nachdem der dünne Applaus verklungen war und Tschaikowsky sich, zitternd vor Scham, vom Podium zurückgezogen hatte, kam Hans von Bülow zu ihm ins Künstlerzimmer, um ihm die Hand zu drücken. Peter Iljitsch sagte erschöpft: «Während des Finales hatte ich die allergrößte Lust, den Taktstock hinzuschmeißen. Als Sie das in Petersburg gemacht haben, war es schöner ...» Bülow sagte Sapelnikow, dessen mageres Gesicht hektisch strahlte, ein paar kluge Komplimente über sein Spiel. Es fiel Peter Iljitsch plötzlich wieder auf, wie alt und mitgenommen er aussah: Ja, er war fertig. – (Ob man es selber immer weiß, wenn man fertig ist? Ach, man geht noch herum, aber ein Schatten auf deinem Gesicht verrät den anderen: du bist erledigt.) – Bülow sprach weiter: «Ich habe heute wieder die ganze Schönheit der Musik begriffen, mit der ich mich soviel beschäftigt habe. Unser Freund Tschaikowsky ist ein großer Mann.» Er wandte, von dem gierig lauschenden Sapelnikow weg, sein von vielen und bitteren Abenteuern gezeichnetes und verzerrtes, jetzt ergriffenes Gesicht Peter Iljitsch zu. –

Peter Iljitsch mußte zum großen Empfang, den die Philharmonie zu seinen Ehren gab: es waren über hundert Personen geladen. Man saß an kleinen Tischen; Tschaikowsky hatte den Ehrenplatz neben einem vornehmen Greis, Herrn Avé-Lallemant, erstem Vorsitzenden der Gesellschaft. Der zarte Alte gefiel ihm außerordentlich gut; über einem altertümlich geschweiften Vatermörder-Kragen hatte er ein alabasterfarbenes, sehr kleines, von unzähligen Fältchen durchzogenes Gesicht mit silberweißen, sehr soignierten kleinen Backenbärten und ausdrucksstarken, dunklen Augen.

«Sie erlauben, daß ich vollkommen offen zu Ihnen bin, lieber Tschaikowsky», sprach der uralte Herr, der sich mit zerbrechlichen, aber gewandten Fingerchen eine Orange schälte. «Ich bin achtzig Jahre alt und kann mir das leisten.» Er hatte eine sehr hohe, lamentierende Stimme.

«Ich werde Ihnen dankbar für Ihre Offenheit sein», erwiderte Peter Iljitsch und redete etwas lauter als sonst: er mußte annehmen, daß sein Partner ein wenig schwerhörig war.

«Sie sind sehr begabt», sagte Herr Avé-Lallement, immer mit seiner Orange beschäftigt, «ungeheuer begabt!» Er hob bedeutsam das bleiche Knöchlein seines Zeigefingers. «Aber Sie sind auf der falschen Fährte.» Er schüttelte tadelnd den zarten Kopf. «Es ist etwas Wildes, Asiatisches, ja – Sie verzeihen das harte Wort! – etwas Barbarisches in Ihrer Musik, das meinen Ohren wehe tut.» Er legte, mit einer empfindlichen Geste, die beiden kleinen Hände, die wie spitze Gäbelchen waren, an die Ohrmuscheln, als schmerzte dort immer noch Tschaikowskys lärmende Musik. «Sie mißbrauchen das Schlagzeug», sagte er weinerlich. «Nein, was für ein Lärm! Dieses Finale Ihrer Dritten Suite – das ist ja eine Dynamit-Explosion! Das gellt ja im Trommelfell – o weh! Dabei ist es ein *nihilistischer* Lärm –

verstehen Sie, was ich meine? Er drückt gar nichts aus, er ist leer im Grunde.»

Peter Iljitsch lauschte aufmerksam, den Kopf ganz in die Nähe des Alten gerückt, obwohl dieser keineswegs undeutlich sprach.

«Sie könnten ein ganz Großer werden – ja ein ganz Großer», behauptete mit seiner hohen, lamentierenden Stimme der Greis, «wenn Sie nur gewisse Unmanieren ablegen wollten. Lernen Sie um! Bessern Sie sich! Entscheiden Sie sich anders! Sie sind doch noch jung!» Unter dieser Bemerkung zuckte Peter Iljitsch zusammen, sie verwirrte und sie entzückte ihn. Er hörte den Uralten, der ihn für jung hielt, weiterreden:

«Lernen Sie bei unseren großen Meistern, bei ihrer edlen Mäßigung, ihrer Vollkommenheit! Kommen Sie nach Deutschland! Bleiben Sie bei uns. Unser Land ist das einzige, das eine wirkliche und ernste musikalische Kultur besitzt!»

«Sie könnten ein Großer werden – ja ein ganz Großer», hörte Peter Iljitsch; und: «Sie sind doch noch jung!» Er fühlte sich plötzlich so müde, daß er kaum die Augen offenhalten konnte. Vor ihm verschwamm das gebrechliche, gescheite Greisenantlitz, verschwamm in Dunst und Qualm das Bild der ganzen essenden, trinkenden, schwatzenden, atmenden, riechenden fremden Gesellschaft.

‹Ich will wieder in eine fremde kleine Stadt fliehen›, dachte Peter Iljitsch, ‹ehe ich in Berlin unter die Leute muß. Ich habe gehört, Magdeburg soll sehr klein und fremd sein.›

Es wechselten die Orte und die Gesichter, sie glitten vorüber, und sie entglitten, Peter Iljitsch schaute sie an und schaute ihnen nach mit dem sanft grübelnden Blick.

Von Magdeburg aus fuhr er wieder nach Leipzig und von Leipzig wieder nach Berlin. Dort wurde es noch anstrengender, als es in den anderen Städten gewesen war; es gab schon vor dem Konzert Empfänge und große Diners zu absolvieren. Peter Iljitsch arrangierte es, daß auf einer Gesellschaft, bei dem großen Konzertagenten Wolff, Sapelnikow vor einem Kreis von einflußreichen Leuten – Kritikern, Musikern und reichen Musikliebhabern – spielen konnte. «Damit wir doch etwas haben von dem ganzen Betrieb!» meinte Peter Iljitsch, dem es eine gewisse melancholische Genugtuung bereitete, sich von jungen Leuten ausnutzen zu lassen. Alle wollten sie weiterkommen, um jeden Preis. Ihr Ehrgeiz hatte die Kraft, ihn zu rüh-

ren. ‹Sie würden nicht mit mir sprechen›, dachte er, ‹kein Wort –
wenn ich ihnen nicht nützlich sein könnte. Ich muß ihnen also nützen, sie sind ja jung.› Er fand, daß sein Ruhm doch zu etwas gedient
hätte, wenn er ihn für sie, die Jungen, verwendete.

Sapelnikow spielte vor den Einflußreichen und hatte Erfolg. Auf
einer anderen Gesellschaft – das war bei Herrn Bock, einem der
erfolgreichsten Kommerzienräte – traf Peter Iljitsch ein Gesicht
wieder, das vor einer sehr langen Zeit die Macht besessen hatte, ihn
zu ergreifen und zu entzücken. Nun war es verändert und hatte
weiche Fettpolster angesetzt.

Das Gesicht der Sängerin Désirée Artôt war großflächig und sehr
stark gepudert. Auf den Wangen und dem starken Doppelkinn wurde die gar zu sorgfältig behandelte Haut etwas flaumig. Über der
Oberlippe lag ein Anflug von dunklem Bart als ein leichter Schatten.
Aber diese Oberlippe war immer noch schön geschwungen – es war
vielleicht vor allem die reizende Linie der Lippe gewesen, die Madame Artôt vor zwanzig Jahren so verführerisch gemacht hatte –, und
wenn sie lachte, zeigte sie schöne Zähne. Dann bekamen auch ihre
dunklen, erfahrenen Augen unter den mit erlesener Technik hergerichteten Lidern das übermütige Blitzen, von dem Peter Iljitsch
einstmals hatte glauben wollen, daß er es liebte wie nichts in der
Welt. Freilich konnten diese Augen auch sehr müde und apathisch
schauen, wenn Frau Désirée stille saß und sich unbeobachtet
glaubte.

In der ersten Sekunde erkannten sie einander nicht. Peter Iljitsch
bemerkte inmitten der anderen Gäste nur etwas sehr Pompöses,
sehr Ausladendes: himbeerfarbene Atlastoilette, blitzendes Ge-
schmeide auf einem weiß schimmernden, gewaltigen Dekolleté –
vorne war die Fülle beängstigend, aber der Rücken war schön; Peter
Iljitsch bewunderte, kühl und sachlich, wie man sich einen Gegenstand in der Ausstellung betrachtet, die blendende Haut dieses Rük-
kens, ehe er noch das Gesicht der alten Freundin erkannte.

Madame Artôt wußte, daß man Tschaikowsky erwartete; trotzdem sah sie an dem graubärtigen Herrn vorbei, der, etwas eingezwängt in seinen Frack, in der Nähe ihres Stuhles stehenblieb. Dieses angestrengte Gesicht mit der hohen Stirn, den etwas zu schweren Augenlidern über dem sinnend zerstreuten Blick, dem zu weichen Mund schien ihr fremd. Da sie es nun erkannte, schrie sie, und
breitete die nackten, weißen, üppigen Arme, so daß leise Geschmei-
de klirrte. «Pierre!» rief Madame Artôt und hatte plötzlich Tränen

in den schönen Augen, vielleicht einfach durch den Schock des Wiedersehens, vielleicht aus Bestürztheit, weil sie den Freund so gealtert und so sehr verändert fand – «Pierre? Ce n'est pas vrai!»

Peter Iljitsch sagte ganz leise: «Désirée!» Das Blut wich aus seinem Gesicht; sein Gesicht wurde ziemlich blaß. Der Graubärtige und die Verfettete standen sich während eines langen Augenblickes regungslos und sprachlos gegenüber. Peter Iljitsch zitterte, als er sich über ihre Hand neigte. Diese Hand wenigstens war schlank geblieben, er erkannte sie wieder. Es hatte ihm immer gefallen, daß sie, bei all ihrer Vorliebe für Juwelen, keine Ringe trug.

«Wie lange ist es her, daß wir uns nicht gesehen haben?» Es war Peter Iljitsch, der die Frage aussprach, an die beide dachten; sein grübelnder Blick ging an der mächtigen Artôt, die vor ihm stand, vorbei, als suchte er hinter ihr die schmalere Gestalt von damals.

«Oh, lassen Sie doch – lassen Sie doch, böser Pierre!» Madame Désirée winkte mit dem himbeerfarbenen Seidentüchlein ab. Peter Iljitsch schien es zu überhören. «Es ist genau zwanzig Jahre her», sagte er mit einer zerstreuten und grausamen Pedanterie.

Daraufhin ließ sie ihr Seidentüchlein sinken. «Oh – ist es zwanzig Jahre her, lieber Pierre!» sagte sie mit einer schönen, leisen und klagenden Stimme. ‹Ihr Piano muß immer noch wundervoll sein›, dachte Peter Iljitsch. ‹Man hat mir erzählt, in der Höhe sei ihre Stimme spitz geworden, wie eine Nadel, und es sei überhaupt nicht mehr recht viel los mit ihr. Aber ich bin sicher: die leisen Töne bringt sie immer noch bezaubernd. – Übrigens war ihre Stimme schon durchaus nicht mehr ganz in Form, als ich sie zum letztenmal gehört habe, in der Moskauer Oper – das war ein Jahr nach unserer Affäre, sie ist damals schon verheiratet gewesen, mit diesem Kerl, dem spanischen Bariton – wie heißt er doch noch? Damals fand die Presse sie schon ziemlich ausgesungen, aber sie hatte doch noch einen großen Erfolg, ihr Talent siegte – was war sie für eine hinreißende Darstellerin!›

«Ich habe Sie später noch einmal sehen dürfen – freilich nur auf der Bühne –, als Sie mich gewiß schon ganz vergessen hatten», sagte er. «Das war ein Jahr nach – Ihrer plötzlichen Abreise. Ich saß in einer Loge versteckt und bewunderte Sie. Ich weiß es noch, Sie hatten zwanzig Hervorrufe nach den ‹Hugenotten› ...»

«Zwanzig Hervorrufe!» Die Artôt war gerührt. «Wie reizend, Pierre, daß Sie mitgezählt – und daß Sie die Zahl behalten haben!» Sie schenkte ihm einen feuchten, schwermütig-zärtlichen Blick.

«Ich werde diese ‹Hugenotten›-Aufführung nie vergessen.» Das war keine Redensart von Tschaikowskys Seite. Unvergeßlich war ihm jede Einzelheit des Abends, da er Désirée Artôt – nun Madame Padilla (ja, Padilla war der Name ihres spanischen Gatten) wiedergesehen hatte auf der Bühne des Moskauer Opernhauses. Während der ganzen Vorstellung hatte er das Opernglas nicht von den Augen genommen – er wußte noch, daß die Arme ihm wehgetan hatten vom langen Halten des Glases –, aber nicht, um genauer sehen zu können – ihm lag nichts daran, irgend etwas zu sehen, und übrigens saß er nah bei der Bühne –, sondern um vor den Freunden, die bei ihm in der Loge waren, zu verbergen, daß er weinte. Als das Publikum die beliebte Artôt mit Beifall begrüßte, mußte er weinen, und seine Tränen liefen noch während der zwanzig Hervorrufe am Schluß. Worüber weinte denn Peter Iljitsch? Doch nicht darüber, daß er sie verloren hatte? Hätte er sie denn verlieren müssen, wenn er sie irgend hätte halten wollen? Konnte er denn verlieren, was er niemals besaß? Und konnte er denn besitzen, was er nicht leidenschaftlich genug zu besitzen wünschte? Waren seine Tränen wirklich die eines verratenen Liebhabers, der eine treulose Geliebte wiedersieht? Wenn es also Tränen der Trauer waren –: was konnte er denn betrauern? Doch nicht, daß er vergeblich geliebt hatte. (Ach, mit welch kraftvoller Zärtlichkeit war Désirée, die Nicht-genug-Begehrte, ihm entgegengekommen!) Daß er *nicht genug* geliebt hatte: das mochte er wohl betrauern, und darüber mochte er wohl Tränen vergießen. Aber vielleicht waren es gar keine Tränen der Trauer, sondern nur Tränen der Scham . . .

«Sie sollen mir viel aus Ihrem Leben erzählen!» sagte Madame Artôt. «Sie sind ja eine Weltberühmtheit geworden – der kleine Pierre von damals ist heute ein großer Mann. Unbedingt müssen Sie bald einmal zu mir kommen! Bringen Sie Madame Tschaikowsky mit! Sie sind doch noch verheiratet, lieber Pierre?» Sie fragte es mit einer ganz sanften, beinah zärtlichen Bosheit.

«Ich bin nie verheiratet gewesen», sagte Tschaikowsky.

«Oh», machte Madame Artôt erstaunt. «Man hat mir aber doch erzählt . . .»

«Es ist nicht der Rede wert», unterbrach Peter Iljitsch sie mit einer rauhen Stimme. – «Und Sie, Désirée?» fragte er. «Man hört viel von Ihnen. Es scheint, daß Sie hier in Berlin dieselbe Beliebtheit genießen wie damals in Warschau, Moskau und St. Petersburg.»

«Man ist hier sehr freundlich zu mir.» Das große, flächige Gesicht der Sängerin schien plötzlich kummervoll; Doppelkinn und die flaumig gepuderten Wangen hingen betrübt. «Aber ich bin nicht mehr jung», fügte sie leise hinzu und neigte ein wenig den geschmückten Kopf.

«Sie sollen ein gern gesehener Gast bei Hofe sein», sagte Peter Iljitsch. «Sie singen den deutschen Majestäten Ihre unvergleichlichen Triller und Passagen vor. Ich beneide den Kaiser von Deutschland. O Désirée, Sie sind unverwüstlich! Ich kann Sie mir sehr gut im großen Hofknicks vorstellen – das müssen Sie mit einer köstlichen Grandezza machen!»

Sie lachten beide. Eine dröhnende Stimme rief: «Du scheinst dich ja vortrefflich zu amüsieren, meine Süße!» Und hinter Désirée stand ein Hüne im Frack; die fettige schwarze Mähne umrahmte ein aufgeschwemmtes, übrigens gutmütiges Gesicht mit feuchten Lippen und kleinen feurigen, sehr schwarzen Augen, die zwischen Speckfalten blitzten. Es war Padilla.

Sie wandte sich lächelnd nach ihm. «Chéri», sagte sie, «ich möchte dich mit meinem alten Freund Pierre Tschaikowsky bekannt machen.»

Daraufhin schrie der Herr Padilla: «Hoho!», wobei er Peter Iljitsch so stark auf die Schulter schlug, daß es weh tat, und dröhnte: «Hoho! Das ist aber mal ein kolossales Vergnügen!»

«Das Vergnügen ist auf meiner Seite, Monsieur Padilla!» sagte Peter Iljitsch, eingeschüchtert von Stimm- und Körpergewalt des Riesen.

«Schließlich muß ich doch wissen, wie der vergangene Bräutigam meiner Frau aussieht!» Herr Padilla lachte unmäßig laut über diese Taktlosigkeit.

«Padilla! Was redest du denn?» rief Madame Désirée und schlug mit dem Tüchlein nach ihm.

Peter Iljitsch aber dachte: ‹Bräutigam! Bin ich denn ihr Bräutigam gewesen? Nun ja: ganz Moskau sprach ja davon, und mein alter Vater schrieb den Segensbrief – Wenn ihr euch liebhabt, Kinder! – Er nahm keinen Anstoß daran, daß sie fünf Jahre älter ist als ich, und daß sie damals viel mehr Geld verdiente, gefiel ihm wahrscheinlich ganz gut. Meine Freunde machten sich etwas Sorgen, wie das ausgehen würde, vor allem der gute Nikolai war besorgt und etwas ärgerlich. Und wie ging es denn aus? Sie reiste ab: eines Tages war sie abgereist, nach Warschau, in Begleitung ihrer herrschsüchtigen Mama, die immer gegen unsere Heirat intrigiert hatte – (diese herrschsüchtige Mama wird aber doch inzwischen hoffentlich gestorben sein!) –, und ein paar Wochen später war sie verheiratet mit diesem Bullen von einem Bariton, ohne daß sie es mir auch nur mitgeteilt hätte. – Bin ich denn dein Bräutigam gewesen, Désirée?›

«Sie müssen unbedingt nächstens einmal bei uns zu Abend essen, lieber Tschaikowsky!» sagte Padilla. Die Artôt fügte schelmisch hinzu: «Dazu habe ich ihn schon längst aufgefordert, mein Lieber!»

Nina und Edvard Grieg waren für Tschaikowskys Berliner Konzert eigens aus Leipzig herübergekommen. Das intime Abendessen bei Padillas sollte am Vorabend des Konzerts stattfinden – «als eine kleine Vorfeier des großen Erfolges, den Sie haben werden, lieber Pierre!» wie Désirée sagte. Peter Iljitsch hatte sie darum gebeten, auch die Griegs einzuladen. Die Gesellschaft bestand also aus fünf Personen: dem Ehepaar Padilla, dem Ehepaar Grieg und Tschaikowsky.

Peter Iljitsch fand, daß Padilla eigentlich ein recht netter Kerl sei, wenn man sich erst einmal an seine dröhnende Art und an seine naive Taktlosigkeit gewöhnt hatte. Zunächst war der krachende Schlag auf die Schulter zu verwinden, mit dem er einen empfing; dann die Lachsalve und ein unpassender Scherz; aber schließlich fühlte man sich ganz wohl in seiner Nähe. Er war ein herzlicher Mensch.

«Wie gemütlich es bei Ihnen ist, Désirée!» sagte Peter Iljitsch. «Ja, Sie haben ein richtiges Heim ...»

Sie schmiegte sich kokett an ihren mächtigen Gemahl, der gerade über irgend etwas schallend lachte. «Ja, wir sind glücklich», sagte sie und lächelte Peter Iljitsch zu. «Zu schade, daß ich Ihnen unsere Tochter nicht vorführen kann – sie ist reizend, viel reizender, glaube ich, als ich es gewesen bin, damals in Moskau. Und sie hat Talent! Sie wird eine große Karriere machen.» – Madame Artôt sah heute zugleich matronenhafter und hübscher aus, als neulich in der großen Robe auf der Soiree. Des Busens Pracht war durch schwarze Seide verhüllt.

Man war schon in bester Stimmung, als man zu Tische ging. Die Unterhaltung wurde französisch geführt, obwohl den beiden Griegs diese Sprache Mühe machte. Ihre eilig hüpfende und zwitschernde, dabei zuweilen drollig stolpernde Redeweise kontrastierte liebenswürdig zu dem sehr fließend, weich, gedehnt und singend vorgetragenen Französisch Tschaikowskys, zu Padillas rauhem Jargon mit den harten Konsonanten und den rollenden R's und zu dem vollkommenen Parisisch der Artôt.

«Da sitzen wir nun alle in einem Berliner Eßzimmer», sagte Grieg – und Frau Nina formte seine Worte mit den Lippen nach –, «eine Französin, ein Russe, ein Spanier und zwei Norweger. Wir Musiker sind ein Modell für die internationale Gesellschaft der Zukunft!»

«Prost!» machte, etwas sinnlos, Herr Padilla und hob sein Portweinglas – man war noch bei der Suppe –. «Wir wollen drauf anstoßen, daß ihr euch *nicht* gekriegt habt!» wandte er sich, mit einem besonders dröhnenden Lachen, an seine Frau und an Peter Iljitsch.

Edvard und Nina schauten betreten, während Peter Iljitsch sein Gesicht senkte, über das Röte lief. ‹Er verhöhnt mich›, empfand er leidend. «Vielleicht meint er es harmlos und drollig, aber es läuft doch auf den allerabscheulichsten Hohn hinaus.› – Die Artôt winkte ihrem unmöglichen Gatten mit dem Seidentüchlein ab – sie trug heute, zur dunklen Toilette, ein cremefarbenes mit schwarzem Spitzenrand. «Aber Padilla!» klagte sie. «Du bist schrecklich!» – «Wieso denn, wieso denn?» fragte der Bariton, echauffiert vom Lachen. «Wir vertragen uns doch famos, dein Verflossener und ich!»

Madame Désirée, etwas hastig, fragte Tschaikowsky nach ihrer alten Lehrerin Pauline Viardot: er hatte sie während seines letzten Aufenthaltes in Paris getroffen. «Die alte Dame war liebenswürdig genug, mich zum Frühstück einzuladen», sagte er, wobei seine Augen auf dem Suppenteller blieben. «Es ist erstaunlich, wie frisch und lebhaft sie noch ist.» – «Ja, eine wunderbare Person», sagte, ein wenig zerstreut, die Artôt.

Während das Service gewechselt wurde, erkundigte sich Grieg bei Peter Iljitsch nach dem Verlauf seines Hamburger Konzertes. Peter Iljitsch sprach von Sapelnikow und von Hans von Bülow. «Es war merkwürdig, Bülow wiederzusehen», sagte er. «Ich habe ihn sehr verändert gefunden. Es muß irgend etwas ganz in ihm zerbrochen sein.» – Die Artôt sagte – während ihre Augen den Bewegungen des Mädchens folgten, das die Schüssel mit dem Vorgericht herumreichte –: «Er ist wohl über die Cosima-Tragödie nie hinweggekommen.» – «Ja, es wird uns viel zugemutet», sagte Peter Iljitsch etwas zusammenhanglos. Frau Nina aber rief aus – und schien gleich über die Selbständigkeit ihrer Äußerung selbst zu erschrecken –: «Ich werde niemals begreifen, wie eine Frau so etwas tun kann – unter so entsetzlichen Umständen tun kann, meine ich. Das ist doch grauenhaft: Bülow arbeitete für Richard Wagner in München – er setzte all seine Kräfte ein für das Werk seines großen Freundes! –, und sie inzwischen hintergeht ihn mit ebendiesem großen Freunde!»

Edvard streichelte ihr beruhigend die Hand. «Es gibt Schicksalsverflechtungen zwischen Menschen – zwischen Menschen von sehr großem Format, verstehst du, mein Kind? –, über die wir Außenstehenden und Kleinen nicht urteilen dürfen», sagte er tröstend.

Herr Padilla schickte sich an, eine Ehebruchs-Anekdote aus den Kreisen der Pariser Grand Opéra zu erzählen, aber die Artôt blieb mit einer gewissen pathetischen Verklatschtheit beim Thema Wagner-Cosima-Bülow.

«Ja», sagte sie, «Grieg hat recht: hier handelt es sich um Menschen von großem Format, wir dürfen keinen spießbürgerlichen Maßstab anlegen. Ich hatte einige Male die Gelegenheit, Cosima zu sehen. Was für eine Frau! Die wahre Tochter des großen Liszt und der Comtesse d'Agoult. Sie durfte sich außerhalb der Regeln stellen. Gewiß: Siegfried Wagner ist ein Kind der freien Liebe. Aber ist er nicht auch ein Kind der großen, leidenschaftlichen, kompromißlosen, opferbereiten Liebe?» fragte Madame Désirée herausfordernd. Während Frau Nina ein wenig rot wurde und Herr Padilla unpassend kicherte, dachte Peter Iljitsch ‹Mein Gott, sie hat Ibsen gelesen! Ach, sie will sich interessant machen – vor wem denn? Vor mir! In Wirklichkeit ist sie gar nicht für die freie Liebe, sie hatte immer durchaus bürgerliche Ansichten, wir haben uns oft darüber gezankt.»

«Wie stehst du dazu, lieber Pierre?» fragte die Artôt und wandte ihm ihr großes Gesicht zu: der immer noch schöne Mund lächelte, als wollte er den Gefragten im voraus belohnen für eine Antwort, die der Fragerin in ihren kecken Ansichten sekundieren würde.

Peter Iljitsch schaute sie nachdenklich an. «Ich denke an das, was der arme, verratene Bülow zu einer Verwandten Cosimas über Wagner geäußert haben soll», sagte er langsam. «Er meinte, der Meister sei ‹aussi sublime dans ses œuvres qu'incomparablement abject dans ses actions›. – Was den zweiten Teil der Formulierung betrifft», meinte Peter Iljitsch und lachte, «– den unterschreibe ich. – Immerhin ist es sehr unterhaltend, sich die ganze berühmte Konstellation zwischen diesen legendären Menschen vorzustellen: die Figur des unvergleichlichen, schönen und verwirrten jungen Bayernkönigs macht das pathetische Bild ja erst komplett. Dieser ‹Meistersinger›-Aufführung in München hätte man beiwohnen sollen – aber nur mit einer Tarnkappe und ganz hinter den Kulissen.

Über allem melancholisch thronend, der königliche Jünger und Mäzen – und, bei aller Festlichkeit, diese tödliche Spannung zwischen Wagner und Bülow, die sich dann nie wiedersehen werden. Liszt, der Vater der verhängnisvollen Frau Cosima, war ferngeblieben. Es gefällt mir, zu denken, wie er von Rom aus, diabolisch und fromm, die ganze Verwicklung verfolgte – ohne zu billigen, ohne einzugreifen. Man hat mir erzählt, am Tage der großen ‹Meistersinger›-Premiere habe der abgefeimte alte Abbé die Messe in der Sixtinischen Kapelle gehört, dann dem Heiligen Vater, Pius IX., auf einem Bechsteinflügel vorgespielt, woraufhin der Heilige Vater ihm eine Schachtel Zigarren zur Belohnung überreichen ließ. Das ist doch alles ungeheuer amüsant!»

«Es scheint mir, wir muten uns etwas viel zu, wenn wir uns auch noch mit dem Privatleben Richard Wagners auseinandersetzen wollen», bemerkte Grieg. «Es ist mühsam und wichtig genug, mit dem künstlerischen Phänomen fertig zu werden. Denn, wir wissen doch: er ist die kolossalste künstlerische Figur der Epoche, ohne ihn wären wir alle nicht denkbar. Aber wer von uns liebt ihn?»

«Oh, er hat einige famose Bariton-Partien geschrieben», sagte Padilla, der ununterbrochen aß. Und die Artôt – ihre üppigen weißen Arme auf den Tisch gestützt, so daß die schwarze Seide von ihrer reifen Schönheit zurückglitt – konstatierte angeregt: «Ich bewundere alles Große.»

‹Sie ist nicht sehr klug›, dachte Peter Iljitsch, der sie mit einer kühlen, aber gespannten Neugier beobachtete. ‹Merkwürdig: damals hielt ich sie doch für ungeheuer gescheit . . .› Und er sagte angriffslustig: «Es gibt auch große Phänomene, die wir hassen dürfen. Vielleicht gehört Wagner zu ihnen.»

Mit einem erbitterten Eifer hielt er während der ganzen Mahlzeit das Gespräch bei diesem großen Gegenstand: Wagner, Bayreuth und ihre Bedeutung für die Musik – ein Thema, das ihn immer wieder zu leidenschaftlicher Stellungnahme und Polemik reizte. Vielleicht aber blieb er jetzt bei ihm mit einem so hartnäckigen Temperament, damit Herr Padilla keine Gelegenheit mehr fände, durch derbe Anspielungen auf Ereignisse, die weit zurücklagen und melancholisch waren, alle zum Erröten zu bringen.

So unterhielt er die Gesellschaft mit seinen Wutausbrüchen und Scherzen über Bayreuth; mit seinen heftigen und ungerechten Äußerungen, in die er immer wieder kühle Floskeln der Bewunderung flocht – Floskeln wie: «Natürlich imponiert mir dieses enorme Talent» und dergleichen –, die er sich abzuringen schien, um seine Injurien desto wirkungsvoller zu machen. Er sagte heftig: «Welch ein Don Quijote war dieser Wagner! Er hat sein eigenes Genie durch seine absurden Theorien paralysiert! ‹Lohengrin›, ‹Tannhäuser›, ‹Holländer› – das ist noch erträglich, das sind doch noch Opern! Aber die späte Periode, die das eigentliche ‹Musikdrama›, das totale, aus allen Künsten kombinierte Kunstwerk bringen soll: wie ist das alles voller Lügen und voller Verkrampftheit, in welch erschreckendem Grade fehlt es dem allen an künstlerischer Wahrheit, Einfachheit, Schönheit – ja, wie fehlt es dem allen an Menschlichkeit! Da bewegen sich überlebensgroße Figuren, die uns nichts angehen, auf Stelzen, und die Musik, die ihre gravitätischen Gesten umrauscht, ist zugleich brutal und öde. – Warum ist der späte Wagner so unerträglich?» fragte Peter Iljitsch und blickte herausfordernd um sich. «Weil er jedes Maß verloren hat!» antwortete er triumphierend sich selbst. «Weil sein satanischer Stolz, seine grausige, imperialistische, echt deutsche Hybris sein Talent ganz ruiniert und aufgefressen hat. Total aufgefressen», wiederholte er zornig und schenkte sich Kognak ein. «Vor einigen Jahren habe ich, hier in Berlin, zum erstenmal den ‹Tristan› gehört. Was für eine empörende Langeweile! So etwas dürfte es gar nicht geben! Den ganzen Abend lang spürte ich: ein auf Abwege geratener Künstler. Muß man diesem höchst peinlichen Fiasko, dieser Ausschweifung eines Größenwahnsinnigen beiwohnen? – Nur noch einmal in meinem Leben habe ich mich ähnlich gelangweilt: in der ‹Götterdämmerung›.»

Peter Iljitsch – der das Wagner-Gespräch auch nicht eine Minute lang abreißen ließ – erzählte von seinem Aufenthalt in Bayreuth: das war im Sommer 1876, bei der Eröffnung des Festspielhauses, er hatte damals noch Musik-Briefe für die «Moskauer Nachrichten» verfaßt. «Es war ein großartiger Rummel», sagte er. «Ein Riesenjahrmarkt: das kleine deutsche Städtchen voll von internationaler großer Welt. In den Gassen und Kneipen zeigte man sich die Berühmtheiten – übrigens fehlten viele von der ersten Garnitur: Verdi, Gounod, Brahms, Thomas, Bülow, Anton Rubinstein glänzten durch Abwesenheit. – Ich kam aus Lyon, wo ich meinen Bruder Modest besucht hatte. Der gute Nikolai Rubinstein holte mich in Bayreuth an der Bahn ab; ich erinnere mich noch, wie er sagte: ‹Na, hier kannst du dich auf was gefaßt machen!› Gott, was habe ich im Festspielhaus gelitten! Dieser ‹Ring› wollte kein Ende nehmen, und als der letzte Akt ‹Götterdämmerung› schließlich vorbei war, atmete ich auf, wie aus einem Gefängnis entlassen. Ich hatte nur das eine Gefühl: Uff! – Ja, ich weiß wohl», winkte er Grieg ab, der ihm widersprechen wollte, «es gibt auch schöne Dinge darin, sogar Herrlichkeiten. Aber als Ganzes: das ist ja niederschmetternd. Man bedarf der Erholung, wenn man das genossen hat. Wißt ihr, auf was ich Lust hatte, nach der Absolvierung des ‹Rings›? Auf das bezaubernde Ballett ‹Sylvia› von Délibes – auf das hatte ich ganz ungeheuer starke Lust. Aber das gab es nicht in Bayreuth . . .»

Alles lachte. Die Artôt sagte: «Ja, ‹Sylvia› ist reizend; man muß es in Paris sehen. Aber in Bayreuth daran zu denken, das würde ich niemals wagen, es käme mir geradezu sündhaft vor.»

Während das Mädchen das Dessert servierte, erzählte Tschaikowsky davon, wie schwer es damals in Bayreuth gewesen sei, etwas Eßbares zu bekommen – «das war ja alles furchtbar schlecht organisiert», sagte er. «An warme Mahlzeiten durfte man nicht denken, und in der weihevollen Festspielstadt hörte man mehr von Würstchen und Kartoffelsalat reden als von Leitmotiven und Heldengestalten. Wie waren die Bierzelte umlagert während der großen Pausen von ‹Walküre› und ‹Siegfried›! Dort habe ich Millionäre und Weltberühmtheiten um ein Wurstbrot kämpfen sehen wie die hungrigen Raubtiere. Hoffentlich haben wenigstens die gekrönten Häupter genügend zu essen bekommen.»

Sehr dramatisch schilderte er die Ankunft des schönen und umdüsterten Bayernkönigs auf dem kleinen Bayreuther Bahnhof: wie Richard Wagner seinem königlichen Parsifal, dem edelsten von allen seinen Gönnern und Jüngern, die Hand schüttelte. «Ich sah vom Bahnsteig aus zu», sagte Peter Iljitsch. «Was hatte Wagner für einen bösen, verkniffenen Mund! Der arme junge König sah schön und bleich aus, wie eine Statue, und er schaute ganz starr, an seinem Meister vorbei – vorbei an seinem undankbaren Freund und Meister. Man spürte: es gab schon eine unsichtbare Wand zwischen ihnen, sie verstanden sich nicht mehr, einer war schon sehr weit vom andern entfernt. – Und wie dieser vielgeliebte König sich vor den Menschen fürchtete! Man konnte die Angst auf seiner Stirne sehen, als er in seiner geschlossenen Kalesche durch die Gassen fuhr, wo man ihm zujubelte; er aber nickte hinter der Fensterscheibe mit einem starren, weißen, untröstbar traurigen Gesicht. Nachdem er den ‹Ring› gehört hatte, reiste er gleich wieder ab, zurück in eines seiner sagenhaften Schlösser, von denen man sagt, daß sie so verwunschen und großartig sind. Ich glaube, er hatte es aus allerlei besonderen Gründen so eilig mit seiner Abreise: erstens, weil er enttäuscht war von Wagner, vor allem aber, weil inzwischen der alte Kaiser Wilhelm sich in Bayreuth angesagt hatte; der romantische Bayernkönig war wohl zu stolz, um den Preußenfürsten als seinen Kaiser zu begrüßen.»

Das Mädchen brachte den schwarzen Kaffee. Peter Iljitsch sprach immer weiter, wie in einer Angst, ein anderer könnte zu Worte kommen. «Als der alte Kaiser angekommen war – da ging die große Parade erst los!» sagte er, während Désirée die Augen nicht von ihm ließ, was ihn zu irritieren und unruhig zu machen schien. «Was wurde uns da alles geboten, an Ehrenfanfaren und an Fackelzügen – es war ein enormes Theater, neben dem im Festspielhaus! Immerfort zeigten sich irgendwelche Monarchen auf irgendeinem Balkon: der Kaiser von Brasilien neben dem Kaiser des Deutschen Reiches, und manchmal waren es auch nur die Fürsten von Württemberg oder Schwerin. Inmitten dieses großartig inszenierten Rummels aber immer: Wagners verkniffenes, eiskaltes, schauerlich böses Gesicht. Wagner, der fünfhundert Personen auf einmal empfing, der Anleihen aufnahm, sich mit den Sängern zankte und Reden über die deutsche Kunst hielt; Wagner, der Beherrscher dieser gaffenden Menge, der Dompteur, der Verführer . . .»

In eine kurze Stille hinein sagte Grieg: «Aber jetzt sind sie ja beide tot, der junge König und sein ehrgeiziger Meister.»

Sie sprachen von Richard Wagners feierlichem Sterben in Venedig – «Frau Cosima ließ sich in ihrem großen Schmerz die Haare schneiden», sagte gerührt die Artôt – und vom Triumphzug seines Sarges durch Norditalien und durch Süddeutschland. «In München hat die Menge diesem Toten gehuldigt wie einem Fürsten», sagte Grieg. «Und in Bayreuth hat man ihn wie einen Kaiser bestattet. Niemals vorher sind einem Musiker solche Ehren zuteil geworden.»

«Sein König Parsifal hat ihn nur um drei Jahre überlebt», stellte Peter Iljitsch versonnen fest. Und sie sprachen über die Tragödie des gekrönten Kranken am Starnberger See. «Ein Arzt wollte sich einmischen», sagte Peter Iljitsch und hatte plötzlich einen bitteren, fast angeekelten Zug um den Mund. «Was hatte ein Arzt da zu suchen? Dieser König war vielleicht gar nicht so sehr verrückt. Er wollte nur seinen Frieden. Wenn einer seinen Frieden will, dann sagen die anderen, er sei verrückt.»

Herr Padilla, dem die Unterhaltung ungemütlich wurde, war es, der die Tafel aufhob. «Aber was ist das für eine feierliche Stimmung hier!» rief er aus. «Wir wollen nebenan einen Schnaps trinken oder, besser, mehrere Schnäpse!»

Während im Wohnzimmer Herr Padilla das Ehepaar Grieg in eine Unterhaltung über skandinavische Schnapssorten, dann über Liköre im allgemeinen zog, fand Désirée ihren Pierre in einer Fensternische, hinter dem gerafften Plüschvorhang halb versteckt.

«Sie sprechen von tausend Dingen, mein Lieber!» sagte sie und legte ihm mit Sanftheit ihre schöne Hand auf die Schulter. «Das tun Sie nur, um nicht von sich selber sprechen zu müssen. Dabei wüßte ich so gerne viel aus Ihrem Leben. Wie leben Sie, Pierre?»

«Von meinem Leben ist nichts zu erzählen», sagte er. «Ich arbeite.»

«Und sonst?» fragte sie – zu nahe bei ihm, wie er fand. «Sind Sie alleine?»

«Ich frage Sie auch nichts», sagte er rauh und, sehr gegen seine Gewohnheit, beinah ungezogen.

Sie erwiderte leise: «Sie, lieber Pierre – Sie fragen mich deshalb nichts, weil Sie sich noch nie in Ihrem Leben – noch nie in Ihrem ganzen Leben, hören Sie! – für einen Menschen ernsthaft interessiert haben.»

«Glauben Sie das wirklich, Désirée?» fragte er heiser. Désirée, von der man gesagt hatte, sie sei seine Braut, die verlorene Désirée, die ganz entfremdete, alt und dick und affektiert gewordene Désirée nickte ernst. Er wollte auffahren, vielleicht um sich zu rechtfertigen, vielleicht um sich noch bitterer anzuklagen; aber er brach ab, ehe er begonnen hatte. «Lassen wir das!» sagte er weggewendet. «Machen wir lieber Musik!»

«Machen wir lieber Musik!» wiederholte die alte Sängerin. Peter Iljitsch war schon bei den anderen. Man versammelte sich um den Flügel.

Es wurde beschlossen, Frau Nina solle einige Lieder von Grieg vortragen, wobei Peter Iljitsch sie begleiten würde; die Artôt hingegen wollte ein paar Stücke von Tschaikowsky singen, den Klavierpart sollte Grieg übernehmen.

«So ist alles nett und gerecht eingeteilt!» stellte Herr Padilla befriedigt fest. «Sie wissen ja gar nicht, mit welcher Bewunderung meine kleine Frau von Ihrer Musik spricht, Meister Tschaikowsky! Die treibt ja förmlich einen Kult mit Ihren Werken!»

«Aber Padilla! So laß doch!» winkte Désirée mit dem Seidentüchlein, und es war rührend, daß man sie erröten sah unter dem vielen Puder.

«Wieso, wieso?» dröhnte der Gatte. «Das darf man doch wohl noch sagen! – Und nun los!» forderte er – Frau Nina stand schon an das Instrument gelehnt, in der künstlich nachlässigen Haltung, wie vor Beginn eines großen Konzerts. «Für unsereinen gibt es doch keine bessere Beschäftigung, als Musik zu machen. Alles andre bringt uns nur auf dumme Gedanken.»

Peter Iljitsch sagte: «Sie haben recht» und lächelte Herrn Padilla zu. Langsam ging er zum Flügel mit seinem stapfenden Gang. Er setzte sich auf das Drehstühlchen und öffnete den Deckel. Während er zwei Sekunden lang die Augen schloß, legte er seine beiden schweren und weißen Hände vor sich hin, auf die Tastatur.

Viertes Kapitel

‹O toi que j'eusse aimé!› Diese resignierteste Formel, diese kraftlos-bedingte Beteuerung begleitet deinen Heimweg, Peter Iljitsch.

Du gehst alleine, von den lieben Griegs hast du dich getrennt vor dem Hause, in dem deine alte Désirée wohnt mit ihrem lauten Padilla und mit einer hübschen Tochter, die sie vor dir versteckt hat, die Schlaue, die Arme! Du gehst alleine durch die fremden Straßen der deutschen Hauptstadt. Bei jedem deiner schweren, stapfenden Schritte denkst du dieses: O toi – ô toi que j'eusse aimé!...

Wieviel Verzicht schon und welche Aussichtslosigkeit in der millionenfach abgenutzten, täglich millionenfach sich erneuernden Formel: Je t'aime – diesem Klageruf, in eine Leere geschrien, in eine Ferne geflüstert, aus der man eine Antwort erwartet. Nun aber verändert sich dir (du stapfst einsam durch die fremden Straßen einer fremden Stadt) dieses immerhin noch feststellende, bei aller Melancholie doch noch entschiedene ‹Je t'aime› in die sich selbst halb zurücknehmende, auf sich selbst beinah verzichtende Aussage: ‹O toi que j'eusse aimé!› Du wärest es gewesen, dich hätte ich ausgesucht, wenn – ja: wenn... Und hinter diesem «Wenn» geht ein Abgrund auf.

Vielleicht liegt es daran, lieber Pierre, daß Sie sich noch nie in Ihrem Leben, noch nie in Ihrem ganzen Leben, hören Sie! für irgendeinen Menschen ernsthaft interessiert haben. Sehr wohl möglich, daß es daran liegt. Vielleicht habe ich dich, meine Désirée, in Wahrheit ebensowenig geliebt wie die unglückselige Antonina, mit der ich eine beschämend kurze Zeit verheiratet – und doch nicht verheiratet war. Niemals habe ich dort geliebt, wo die Hoffnung oder die Gefahr bestand, daß man Ernst machte, daß ich gebunden würde, daß man mich wiederliebte und so festlegte. Ich habe nie eine Frau geliebt, so wie Frauen geliebt sein wollen, damit sie Ernst machen und unser Leben verändern. Dort, wohin ich mein Gefühl verschwendete, bestand nicht die Gefahr, nicht die Hoffnung bindender Konsequenzen, das verschwendete Gefühl wurde dort mit

Unverständnis oder mit kühler Freundschaft oder mit kalter Berechnung, im besten Fall mit einer flüchtigen Zärtlichkeit aufgenommen. Ach, wie oft mußte ich mein sinnlos sich verströmendes Gefühl verstecken, so unangebracht und unverständlich wäre es für die gewesen, die mit ihm zu beschenken und reich zu machen ich gierig war. Zuweilen, in seltenen Fällen, wurde es angenommen, dann war wohl Mitleid im Spiel, oder ich mußte bezahlen mit barem Geld. Ich weiß, daß man sich lustig gemacht hat über mich, hinter meinem Rücken oder gar mir ins Gesicht. Ich wurde zur komischen Figur, vielleicht selbst zur abstoßenden: das alles um des Gefühles willen, das ich verschwenden mußte. So war das Désirée, so vielfach habe ich mich erniedrigt – und gerade du, bei der ich mit solchem Ernst versucht habe, dies alles gutzumachen und ins Rechte zu bringen, du gerade, Désirée, die ich geliebt hätte, wagst es, mich strafend anzuschauen und mir zu sagen: Nie haben Sie sich für irgendeinen Menschen interessiert – nie in Ihrem ganzen Leben, hören Sie! Und wenn es wahr sein sollte: Sie durften es mir nicht sagen. Denn es ist anders wahr, als Sie es sich vorstellen können. Sie halten mich für einen schwachen Egoisten, so weit reicht Ihre Vorstellungsgabe, und das glauben Sie schließen zu dürfen aus dem, was Sie mit mir erlebt haben – oder *nicht* erlebt haben – vor zwanzig Jahren. Weil ich nicht zugepackt habe, als du mir entgegenkamst mit kraftvoller Zärtlichkeit, meinst du, ich sei immer der Kühle, mit seinen Gefühlen Geizige und der schlau Berechnende gewesen. Kennst du mich denn so schlecht, ô toi que j'eusse aimé?

Désirée hat sich unser Wiedersehen wohl anders vorgestellt, theatralischer und sentimentaler. Sie fand gewiß, daß ich bei weitem nicht genug erschüttert war. Dabei spürte ich etwas wie Erschütterung, aber nur im ersten Moment, auf der Gesellschaft beim Kommerzienrat, als ich sah, wie alt sie geworden ist, und das brachte mir zum Bewußtsein, wieviel Zeit vergangen ist in ihrem und meinem Leben. Aber dann wurde alles banal, und es wurde nicht erregender dadurch, daß es auch traurig war. Das Finale ist immer schal, es ist ein umständlich und pathetisch gezogener Schnörkel, es bringt keinen neuen Einfall mehr, es ist von einer konventionellen und starren Festlichkeit. Besser wäre es, ich hätte dich gar nicht wiedergesehen. Nun sind die Erinnerungen nur noch mächtiger in mir geworden, und ich habe ohnedies schwer genug zu tragen an ihnen, und sie schmecken bitter auf der Zunge zu jeder Stunde, wie ein bitteres Kraut.

Ich fürchte mich vor ihnen, da ich nun eintrete in mein fremdes Zimmer, denn die Wanderung durch die fremden Straßen – dieser Leidensweg, begleitet vom monotonen Rhythmus einer hoffnungslos sich selbst zurücknehmenden Liebesformel – liegt hinter mir: ich bin wieder einmal am Ziele, das keines ist. Ich bin alleine – es sei denn, der Geheimnisvolle, Große, Weitentfernte und Strenge lauschte meinen Gedanken und dem Gemurmel meiner Lippen: Er, der vielleicht versteht, was uns unverständlich ist, der furchtbar ernst bleibt, wenn wir etwas lächerlich finden, und in dessen siebenfach verhülltem, ungeheurem Antlitz sich nichts rührt, wenn wir geschüttelt werden von der irdischen Trauer und wenn uns die Tränen stürzen aus den sterblichen Augen. Er aber hält still und wartet. Ich glaube daran, daß Er eine bestimmte Absicht verfolgt mit allem, was Er uns antut und uns auferlegt. Ja, ich glaube an Ihn und an Seine schreckliche Gerechtigkeit. Ich weiß, Er ist der erhabene und ungerührte Zeuge meiner geringen Kämpfe und Niederlagen. Er lächelt nicht über uns, und Er weint auch nicht über uns. Er ist gerecht und wartet. Er will die Wahrheit unseres Lebens durch furchtbare Strafen von uns erzwingen.

Da wir nicht wissen, worauf Er hinauswill und was Seine Absicht ist, begreifen wir natürlich auch Seine Strafen nicht, wir stehen oft ganz fassungslos vor ihnen, zumal wenn sie recht unvermutet kommen, wie es dem Verhüllten manchmal beliebt. Wir aber müssen alle Strafen auf uns nehmen, um der Wahrheit unseres Lebens willen. Kommen wir, also leidend, auch näher an Ihn heran? Ach kaum, ach wohl sicher nicht. Er wird von Seiner Stirne keine der Verhüllungen nehmen, solange wir uns noch so sehr ungeschickt vor Ihm bewegen, im irdischen Stoff. Da erfinden wir für den Weitentfernten in unserer großen Angst einen Namen, einen kleinen Namen, mit dem unsere Hilflosigkeit rühren möchte Sein Ohr. Wir rufen «Gott!», und da keine Antwort kommt, meinen manche, sie hätten ins Leere gerufen, und es sei Der gar nicht da, den sie anrufen wollten, Er sei nur ein Betrug und eine falsche Hoffnung. Aber wie sollte Er denn antworten, da wir ja gar nicht Seinen Namen wissen, und unser Hirn ist so schwach und kann dem Munde keinen andern Auftrag geben, als den zu einem blöden Stammeln? Da stammelt der blöde Mund: «Gott – Gott – Gott», und darauf sollte Der Antwort geben, Der doch so unvorstellbar anders heißt, daß Sein Name schon ein ebenso großes Geheimnis ist wie Sein Angesicht, Seine Stimme und alles, was Er plant und vorhat? Das klügste und gelehrteste aller Menschenhirne hat noch nicht einen Buchstaben Seines wahren Namens herausgefunden, und würde auch nur ein Buchstabe aus Seinem wirklichen und ungeheuren Namen den Ohren der Menschen bekannt, dann zerspränge diese Erde in Scherben wie ein dünnes Glas, das man zu Boden schleudert. Ja, sie wird einmal zerspringen wie ein dünnes Glas, aber doch erst, wenn sie ihr Gesetz ganz erfüllt hat, wenn der Verhüllte ihre ganze Wahrheit erzwungen hat, mittels unausdenkbar langwieriger und peinvoller Strafen. Dann, erst dann, geht über unserem vernichteten Planeten von Seinem Namen der erste Buchstabe als das Erlösungszeichen am Himmel auf.

Jetzt aber will ich nicht weiter stammeln «Gott-Gott-Gott», sondern ich will aus dem überwältigenden und doch so ungenügenden Gedanken an Ihn heimkehren in die enge Welt meines eigenen Lebens und meiner eigenen geringen Erinnerungen – die doch mit Ihm zusammenhängen und doch ein Teil von Ihm sind, da sie ja einen Teil ausmachen des harten und großen Planes, mit dem Er von mir erzwingen will die Wahrheit meines Lebens. –

Und Peter Iljitsch, auf der Kante seines Bettes sitzend – er hat das dunkle Jackett, den steifen Kragen, die breite Seidenkrawatte abgelegt und trägt jetzt den langen Kamelhaarschlafrock –, Peter Iljitsch neigt sich über den Nachttisch, und berührt mit seinen Fingern die Gegenstände, von denen er aus langer Erfahrung weiß, daß sie die Kraft haben, Erinnerungen heraufzurufen: es sind die Talismane der Erinnerung. Zwischen Natronschachtel und Baldrianfläschchen liegt die schöne Platinuhr mit den Goldfiguren und liegen die zwei verblichenen Photographien. Die erste – eine Daguerreotypie aus dem Jahr 1848 – zeigt die ganze Familie Tschaikowsky: rechts, auf geschnitztem Sessel, vor einem Samtvorhang sitzend, Ilja Petrowitsch Tschaikowsky, strammer, unternehmungslustiger und freundlicher Herr, das Haar schon ergraut, aber der dicke Schnurrbart schwarz – nicht unmöglich, daß er gefärbt ist –; auf seinen Knien der kleine Hyppolit, damals vier Jahre alt, im weißen Kittel; den linken Flügel der Gruppe nimmt Peter Iljitsch ein, er trägt ein kariertes Röckchen, der Achtjährige schaut ernsthaft über den gestärkten weißen Kragen, seine weichen Lippen sind ein wenig geöffnet. Zärtlich schmiegt er sich an die Mutter, die auf einem Lehnstuhl neben ihm ihren Platz hat. Die schöne Alexandra Andrejewna stützt, in einer etwas künstlich versonnenen und träumerischen Haltung, das Kinn auf den Rücken ihrer langen, weißen und edlen

Hand; das melancholische Oval ihres blassen Gesichtes ist von der glatten, schwarzen Frisur streng und lieblich gerahmt; ihr weicher und rührender Mund mit der schön geschwungenen Oberlippe und der Unterlippe, die vielleicht ein wenig zu schwer ist, erinnert an den Mund Peters, ihres Sohnes; ihr dunkler Blick aber – sehr traurig, sanft grübelnd unter schwarzen dicken Augenbrauen – geht mit einer verschleierten, hochmütigen Gleichgültigkeit an ihrer Familie vorbei, an ihrem Peter – der sich an ihr halten möchte –, vorbei und ins Leere. Auf den reich bestickten, schweren Rock der Mutter stützt sich die kleine Alexandra Iljinischna, zwei Jahre jünger als Peter, zwei Jahre älter als Hyppolit. Unter ihrem steifen, weißen, eng gegürteten Kleidchen kommen die Spitzenhöschen hervor. Das kleine Mädchen – Ellenbogen auf dem Knie der Mutter, die Wange in der gerundeten Hand – zeigt unter glatt gebürstetem Haar ein trotziges, entschlossenes Gesicht. – Hinter der Mutter, den Arm um ihre Schulter gelegt, steht eine schon erwachsene junge Dame: das ist Sinaïde, Halbschwester Peters, Tochter des unternehmungslustigen Ilja Petrowitsch aus seiner ersten Ehe mit der Deutschen Marie Karlowna Keiser. Zwischen Sinaïde und dem Vater steht noch Nikolai, wohlgebürstet auch er, in schwarzem Anzug mit weißem Spitzenhemd, in der würdigen Haltung des ältesten Sohnes: er ist im Jahr 1830 – zehn Jahre vor Peter – geboren.

Das ist die Familie Tschaikowsky im Jahre 1848: der Vater mit dem kleinen Hyppolit; der halberwachsene Nikolai, die erwachsene Sinaïde, die traurig blickende Mutter; Peter im karierten Röckchen, und eine trotzige kleine Alexandra mit Spitzenhöschen. Die Jüngsten, die Zwillingsbuben, Anatol und Modest, sind damals noch nicht geboren, sie werden erst zwei Jahre später kommen, dann aber wird die Mutter nicht mehr lange leben. Um das Jahr 1848 war der Vater eben in Pension gegangen, er war dreiundfünfzig Jahre alt und hatte eine ansehnliche Karriere im Bergfach hinter sich – übrigens auch noch verschiedene Berufe und Abenteuer vor sich, wie es seiner unternehmungslustigen Natur entsprach –: er war Berggeschworener, Hüttenverwalter, Oberhüttenverwalter und Oberbergmeister gewesen. Als er in Pension ging, durfte er den Titel eines Generalmajors führen. In der Stadt Wotkinsk war der Bergwerksdirektor ein angesehener Herr gewesen, der fast das Leben eines Großgrundbesitzers führen konnte mit zahlreichem Personal und einer Art kleiner Privatarmee, hundert Kosaken an der Zahl. Trotzdem fand er es in Wotkinsk langweilig, es war ein verdammtes

Provinznest, und die Reise nach Petersburg dauerte drei Wochen.

Peter Iljitsch hatte auch noch ein anderes Bild, das war im Jahre 1855, ein Jahr nach dem Tod der schönen Mutter, angefertigt: auf ihm sah man den Vater Ilja Petrowitsch Tschaikowsky mit den beiden Zwillingsbuben Anatol und Modest – die sind um diese Zeit fünf Jahre alt. Sie tragen Russenkittel, Pumphosen und hohe Stiefelchen; das Haar ist ihnen in glatten Ponys in die Stirn frisiert. Der eine von ihnen, Anatol, klammert sich mit beiden Händchen an den Arm des Vaters; der andere, Modest, hat abstehende Ohren, aber den seelenvolleren und stärkeren Blick. Nun ist der Schnurrbart des Vaters weiß geworden wie sein Haar. Er hat ja seine liebe Frau verloren, die schöne Alexandra ist sehr schnell gestorben, unheimlich schnell. Aber der weiß gewordene Ilja Petrowitsch sitzt noch immer in guter Haltung, das rasierte Kinn auf den Rand seines hohen, gestärkten Kragens gelegt, immer noch elegant, immer noch stramm in seiner Hausjacke mit Sammetkragen und breiten Tressen. Wie er da so Platz in seinem Sessel hat, ein würdiger und keineswegs gebrochener Mann, hat er wohl noch das Zeug zu einem Familienoberhaupt und könnte einen Halt bedeuten, vor allem für die beiden Nachgeborenen, die zarten Zwillingsbuben, Anatol und Modest. Freilich, ein sehr zuverlässiger Halt ist er nicht, der rüstige alte Ilja Petrowitsch; aber das können die beiden Kinder nicht wissen, die sich so vertrauensvoll an ihn lehnen. In Wahrheit ist er immer noch etwas leichtsinnig, kann eine gewisse forsche Neigung zum Vabanquespiel nicht loswerden und läßt sich gerne von noch forscheren, noch skrupelloseren Kumpanen beraten, wohl auch ausnutzen, wodurch es oft zu bösen Fiaskos und Zusammenbrüchen in seinem Leben gekommen ist. Er aber bewahrte sich seinen unverwüstlichen, fast etwas törichten Optimismus. Das alles weiß inzwischen Peter Iljitsch; aber die zarten Zwillingsbuben, an den Sessel des Vaters geschmiegt, wußten es natürlich nicht.

Mit Rührung und nicht ohne Bestürztheit liegt auf ihnen Peter Iljitschs Blick. Die Rührung kommt aus seiner allgemeinen, fast übergroßen Anhänglichkeit an die eigene Vergangenheit und an die seiner Familie; die Bestürztheit aber hat ihren Grund in seiner Bemühung, die Identität herzustellen zwischen diesen beiden gestiefelten Knaben und seinen zwei Freunden und Brüdern von jetzt, Toli und Modi. Ach, sie sind es nicht mehr! – und das festzustellen, das zu begreifen und ganz durchzudenken, kann wohl bestürzt machen. Denn die beiden Knaben sind tot, es sind zwei andere Menschen, die heute leben und die Peter Iljitsch seine Freunde und Brüder nennt. Nichts ist übriggeblieben von den Buben, an deren Gesicht, Stimme und Lachen sich Peter Iljitsch noch sehr wohl erinnert: Alles an ihnen hat sich verwandelt mit der Zeit. Jede Sekunde, seither verflossen, hat etwas verändert an ihnen. Denn jede Sekunde ist ein kleiner Tod, sie tötet Leben, aber zugleich ist sie auch Leben, denn das Leben besteht ja nur aus solchen fliehenden, tödlich gleitenden Sekunden. Übrig bleiben die Erinnerungen. Aus dem Meer des Entglittenen steigen die Gesichte, von zarterer und zäherer Substanz als die Dinge, deren Schatten sie sind. Das Entglittene kommt nicht wieder, in der Erinnerung aber ist es aufbewahrt. Möchtest du denn, daß es wiederkäme? Ach, keine Minute meines Lebens möchte ich noch einmal leben, und bin doch untröstlich über ihren Verlust. Was der Trost dieses Lebens ist, was es überhaupt erst erträglich macht – seine Vergänglichkeit, das Provisorische, Spukhafte, Uneigentliche, fliehend Entgleitende seines Wesens – ist zugleich das Schlimmste, Bitterste an ihm, sein Fluch und der tiefe Grund all seiner Traurigkeit. –

Vom Porträt des aufrecht sitzenden Papas mit Toli und Modi gleiten Peter Iljitschs Augen zu der schönen Uhr, die mit Figuren geziert ist. Die Uhr ist für ihn Ausgangspunkt und Anlaß für vielerlei Erinnerungen und Gedanken; unter ihnen auch solche, zu denen er gerne und häufig zurückkehrt, denn von ihnen gehen Wärme und eine gewisse Stärkung aus. Angesichts dieser reizenden Uhr – ‹Mögest du mir doch immer erhalten bleiben!› denkt Peter Iljitsch: ‹Du mein weitaus hübschestes Ding!› – läßt sich zunächst aufs angenehmste und natürlichste zu der Spenderin der Kostbarkeit hinüberdenken, zu der guten Fee und der geheimnisvollen Freundin, Nadjeschda Filaretowna von Meck. ‹Sie ist der treueste Mensch, den ich habe›, denkt Peter Iljitsch, nicht ohne einen gewissen Vorwurf gegen alle anderen Menschen, die er sonst noch kennt. ‹Es ist immer beruhigend, an sie zu denken. Ich hatte vollständig recht, ihr meine Vierte Symphonie zu widmen – ein nicht völlig mißglücktes Werk –, als ‹meinem besten Freunde›. Denn mein bester Freund, das ist sie: mein Seelenfreund, das zuverlässigste Wesen. Daß wir uns so ausgezeichnet stehen und daß es niemals böse Zwischenfälle für uns gibt, liegt vielleicht daran, daß wir uns nie von Angesicht zu Angesicht gesehen haben. Das erhält die Freundschaft. Es ist eine ungetrübte Beziehung des angeregten und vertrauensvollen Gedankentausches, den wir in Form unseres Briefwechsels pflegen. Sie kennt und versteht meine Musik, also kennt und versteht sie mein Leben. Sie hilft mir aus Liebe und Verständnis mit ihren regelmäßigen Geldsendungen, die ich gerne annehme und für die ich sehr dankbar bin. Sie ist als meine eigentliche, wahre Gattin – eine ferne, fürsorgliche Gattin, so wie ich sie brauche – zu mir gekommen, da ich solcher Hilfe in jedem Sinn besonders bedürftig war! →

Sie war nämlich zu ihm gekommen im selben Jahr, als er sich in das blamable und verfehlte Eheabenteuer mit der armen Antonina Iwanowna eingelassen hatte: das war im Jahre 1877. Da stand es denkbar schlecht und kläglich um ihn; vielleicht spürte dies Frau von Meck, die seine Musik und also auch sein Leben liebevoll verstand. Sie benutzte den jungen Kotek, mit dem sie zu musizieren pflegte, als Vermittler, um sich dem schwärmerisch verehrten Komponisten zu nähern. Durch Kotek ließ sie ihm kleine kompositorische Aufträge zukommen, für die sie abnorm hohe Bezahlung bot. Wenn es jedoch um seine Arbeit ging, war Peter Iljitsch empfindlich; er lehnte ab. Frau Nadjeschda ließ sich nicht einschüchtern, und da sie ihn in ernsten Schwierigkeiten wußte, schlug sie vor, sie wolle ihm, damit alles auf einmal geregelt werde, dreitausend Rubel überweisen. Da war Schluß mit seiner Empfindlichkeit, er nahm dankbar an. Ebensowenig machte er Schwierigkeiten, da Madame Meck, nur wenig später, die lebenslängliche Rente von sechstausend Rubel jährlich offerierte. Das war ein Himmelsgeschenk, er pries die Gönnerin enthusiastisch. Es begannen Briefwechsel und Seelenfreundschaft. «Meinem besten Freunde» schrieb er vor die Vierte Symphonie, von der er einen Teil während der kurzen und jammervollen Ehezeit mit Antonina, dem Unglücksding, geschrieben hatte.

Eine Bedingung hatte die großzügige und romantische Witwe von Meck an ihren Vorschlag geknüpft: Sie wollte das Objekt ihrer Wohltaten und Träume niemals kennenlernen. Bei Begegnungen, die sich etwa zufällig ergeben könnten, habe er sie nicht zu begrüßen, sie nicht anzuschauen. Eigensinnige Puschel einer neurasthenischen Matrone, die ein hartes Leben hinter sich hatte – denn die Witwe des Ingenieurs von Meck, Mutter von elf Kindern, war eine lange Zeit sehr arm gewesen und hatte viel Schweres erfahren –: Peter Iljitsch ließ sie sich nicht ungern gefallen. Frau von Meck, Wohltäterin, Vertrauteste und die beste Freundin, blieb zugleich die große Unbekannte. Das gab der in jeder Weise lohnenden Beziehung einen angenehm entrückten und märchenhaften Charakter.

Wenn Peter Iljitsch im Landhaus der Seelenfreundin logierte, was zuweilen geschah, war diese verschwunden, ausgeflogen, unsichtbar, wie eine Fee, der geheime, unumstößliche Gesetze verbieten, sich zu zeigen vor den Sterblichen. Das gefiel Peter Iljitsch, das reizte seine Phantasie. Und als ihm, in der Oper einmal, jemand seine Gönnerin zeigen wollte, warf er nur einen scheuen Seitenblick auf die Dame, die in einiger Entfernung von ihm stand. Was er sah, war ein verwüstetes Gesicht mit brennenden, dunklen Augen unter der wirren grauen Frisur. Ihm schien es, daß Frau von Meck einen Tick habe, der ihre Oberlippe zucken ließ. Die alte Dame trug schwere goldene Ketten, die bei jeder ihrer Bewegungen leise klirrten. Sie ging leicht gebeugt, auf einen Stock mit goldener Krücke gestützt. Peter Iljitsch schaute ehrfurchtsvoll von ihr weg: die Fee könnte seinen Blick spüren, erschrecken, einen Klagelaut ausstoßen, und sich auflösen in silbernen Nebel.

‹Aber sie hat sich noch nicht aufgelöst in Silbernebel›, dachte Tschaikowsky, dessen Finger zärtlich über seine Uhr, sein hübschestes Ding, glitten. ‹Sie ist noch da, ich habe sie in meinem Leben. Wie gut, daß ich sie noch in meinem Leben habe! – Sehr schön ist der goldene Apollo auf meiner Uhr. Noch mehr aber liebe ich die Jungfrau von Orleans, die abgebildet ist auf der anderen Seite . . .›

Die Jungfrau war ein Stichwort für sein erinnerungssüchtiges Herz. Es ließ ihn keineswegs an die Oper denken, die er über das Heldenmädchen geschrieben hatte – an diese Oper dachte er überhaupt nicht gerne, er fand sie total mißglückt, Grand Opéra im fadesten Sinne, stark von Meyerbeer beeinflußt, und übrigens hatte sie nicht genug Erfolg gehabt. Mit dem Namen der Jungfrau von Orleans stieg Kindheitswelt auf – entglittene Welt, ihr gilt alles Heimweh.

Denn von der «Héroïne de la France» hatte ihm die geliebte Gouvernante Fanny Dürbach aus Montbéliard bei Belfort erzählt und berichtet – Fanny Dürbach, bei der es so gut gewesen war wie später nirgends mehr und niemals mehr in all den Jahren, nach denen man nur deshalb Heimweh hat, weil sie vergangen sind, nicht weil sie irgend etwas enthielten, was man nochmals erleben möchte.

Fanny wußte vielerlei zu erzählen und zu berichten; am weitaus wunderbarsten aber war es, wenn sie anhub zu sprechen von der Heldin aus Orleans. Von ihr hatte sie auch schöne Bilder vorzuzeigen. Die durfte der Knabe betrachten, wenn er sehr artig gewesen war: es gab keine bessere Belohnung. Denn es gab nichts, was so glitzernd und schlank, so anmutig, stolz, rührend und verwegen war, wie das Knaben-Mädchen im Harnisch, dessen Blick leuchtete: Peter wußte, warum – sie vernahm himmlische Stimmen. Kein Jüngling konnte kampfbereiter Schild und Harnisch tragen, aber gewiß tat sie niemandem weh, wenn sie zustieß mit ihrer Lanze, es war alles nur stolzes Spiel, das verriet ihr Lächeln – es war süßer als selbst das der Mutter Gottes.

An die schmale, ephebisch-übergeschlechtliche Heldengestalt hatte das begeisterte Kind Verse gedichtet, die es abends seiner Fanny zuweilen vorsagen durfte. Er deklamierte:

> ‹On t'aime, on ne t'oublie pas,
> Héroïne si belle!
> Tu as sauvée la France,
> Fille d'un berger.
> Mais qui fait ces actions si belles!
> Barbares anglais, vous ont tué.
> Toute la France vous admire.
> Tes cheveux blonds jusqu'à tes genoux,
> Ils sont très beaux.
> Tu étais si célèbre
> Que l'ange Michel t'apparut.
> Les célèbres, on pense à eux,
> Les méchants, on les oublie!›

Peter Iljitsch erinnerte sich sehr wohl, daß er noch andere französische ‹Gedichte› gemacht hatte in jener entglittenen Zeit; aber nur dieses hatte er behalten, und er wußte noch, daß Fanny nur bei diesem, gerade bei diesem, wenn er es ihr des Abends hatte vortragen dürfen, zu sagen pflegte: «Das ist recht hübsch, kleiner Pierre.»

Fanny war gut. Auf dem Spielwerk, das sie aus ihrem Frankreich mitgebracht hatte und das sie in ihrer kleinen Stube verwahrte, ließ sie allerlei Melodien ertönen, eine reizender als die andere, aber am reizendsten war die, von der Peter später erfuhr, daß sie aus Mozarts «Don Juan» war, und da begriff er: eine schönere gab es wirklich nicht, von ihr war alle Schwere abgefallen, sie erhob sich über die entgleitende Zeit – ach, so weit würde man sich niemals erheben, man war verhaftet, man blieb festgebunden.

Seine Fanny liebte er ohne Scheu und von ganzem Herzen. Ihre

Stimme beruhigte ihn, wenn die große Angst kam während der Nacht, die große Angst, die er auch jetzt noch kannte, da jedes Geräusch im Zimmer grauenvoll wird, und grauenvoll ist das Ticken der Uhr, sehr grauenvoll, daß die Sekunden, entgleitend, in den Abgrund der Ewigkeit fallen. Dann schrie er vielleicht, und plötzlich saß Fanny an seinem Bett und sagte mit ihrer ganz vertrauten Stimme: «Du sollst schlafen, mein kleiner Pierre.» Auf der Stirne spürte man ihre Hand. Und man schlief.

Nie erschien in solchen schlimmsten Augenblicken die Mutter. Auf sie war nicht zu rechnen wie auf Fanny, und sie war viel weiter weg als diese: das zeigte sich in den schlimmsten Augenblicken. Auch die Mutter liebte man von ganzem Herzen, jedoch nicht ohne Scheu. Vielleicht aber machte gerade diese Scheu die Liebe, deren bitter-süße Zutat sie war, erst recht erregend und erst recht überwältigend stark.

An Fanny war alles vertraut; an der Mutter war alles fremd. Ihr Gesicht erschien oft streng und traurig, längst nicht immer war sie zärtlich und gesprächig. Manchmal redete sie stundenlang nicht und schaute unter zusammengezogenen Brauen finster geradeaus. Ihre wunderschönen, langen und weißen Hände, an denen die bläulichen Adern etwas zu stark hervortraten, lagen dann wie abgestorben im Schoß, und ihr ebenholzschwarzes Haar rahmte das blasse Gesicht, starr wie eine Witwenhaube. Wenn die Mutter aber lustig wurde, fielen ihr die allerüberraschendsten Spiele ein. Sie sprach nur französisch, wenn sie lustig war; sie jubelte: «Mon petit Pierre!» und stemmte ihren Jungen in die Luft, obwohl er schon ziemlich schwer war. Gleich danach konnte sie wieder betrübt und abweisend werden.

Von Fanny hatte der kleine Peter erfahren, daß die Familie seiner Mutter aus Frankreich stamme, aus ebendem Lande Frankreich, das auch die Heimat der Jungfrau von Orleans und Fannys selber war: was mußte es für ein herrliches Land sein! Der Mädchenname der Mutter war Assier; le petit Pierre liebte es, ihn vor sich hinzusummen: Assier – Assier – Assier –, es klang ihm reizend im Ohr. Fanny hatte ihm auch erzählt, daß die Mutter sehr viel jünger war als der Vater –‹Und das sollte eigentlich nicht so sein›, hatte Fanny mit einer gewissen Strenge hinzugefügt. ‹Es pflegt kein Glück zu bringen.› Dieses Wort erschreckte den kleinen Peter. Er ahnte den dunklen Zusammenhang zwischen dem ungleichmäßigen, leicht verstörbaren, oft so düsteren Wesen der Mutter und der Tatsache, daß der Vater älter war als sie. Abends betete Pierre für die geliebte Mama. Von Fanny hatte er oft gehört: ‹Du sollst deiner Mutter folgen!› Pierre betete: ‹Lieber Gott, lasse mich doch immer meiner Mutter folgen!› – als ob seine Treue und feste Folgsamkeit, zu der er sich vom lieben Gott die Kraft erbat, seiner Mutter nützlich sein und ihr helfen könnte aus ihrer Trauer.

‹Lasse mich meiner Mutter immer folgen! Ich will ihr folgen, ich möchte ihr immer folgen!›

Fanny Dürbach reiste nach Montbéliard im Lande Frankreich zurück: Warum mußte das sein? Pierre meinte vor Schmerz zu vergehen. Tagelang war sein Weinen, Schreien und Toben nicht zu beruhigen; monatelang blieb er verstört und böse. Er wurde ein Ärgernis für die Familie. Es kam eine neue Gouvernante, aber Pierre haßte sie, er wurde widerspenstig und faul. Auch die Klavierstunde, die er nun nehmen mußte, machte ihm keinen Spaß; niemand glaubte, daß er besonders musikalisch sei. Die ihm hätte helfen können und nach deren Zuspruch er mit solcher Sehnsucht verlangte – die Mutter –, kümmerte sich nicht viel um den bockigen und überempfindlichen Jungen.

Damals war die Familie von Wotkinsk nach Moskau gezogen, wo der Vater eine neue Stellung hatte. Die beste Zeit, die Zeit der eigentlichen Kindheit, die Zeit, der das Heimweh galt, war vorüber, weggeglitten, im Abgrund versunken. Die Beschwörungsworte für das große Heimweh hießen: Wotkinsk und Fanny.

‹Fanny ist gewiß lange tot›, denkt in seinem Hotelzimmer Peter Iljitsch. ‹Ob sie einen guten Tod gehabt hat? Wie lange mag sie schon tot sein?›

Zwei Jahre später bringt die Mutter ihre beiden Ältesten, Nikolai und Peter, nach Sankt Petersburg. Nikolai wird am Staatlichen Bergbauinstitut, Peter in der ‹Rechtsschule› untergebracht, wo man Knaben auf die Beamtenlaufbahn vorbereitet. Nikolai wohnte bei einer befreundeten Familie, Peter aber mußte bei den fremden Jungen wohnen, im Internat. Ach, wie er sich da an die Mutter klammerte, als sie wieder in den Wagen steigen wollte, mit der fürchterlichen Absicht, ihn allein zu lassen bei den fremden Schülern. Aber die Mutter machte mit ihren langen, kühlen, wunderschönen Händen seine heißen Hände von ihren Schultern los. ‹Du mußt vernünftig sein, Pierre!› Er sprang noch einmal auf das Trittbrett, als der Wagen schon fuhr. Ein Lehrer der Rechtsschule riß ihn zurück.

Wieviel Zeit verging und entglitt zwischen diesem bitteren Tag und dem andern, bittersten, da er gerufen wurde zu seiner todkranken Mutter? Er fand sie aber nicht mehr bei Bewußtsein, sie sah schon fürchterlich verändert aus. – Vier Jahre waren vergangen zwischen den beiden Leidenstagen, wie Peter Iljitsch nun nachrechnete: denn er wußte, man schrieb 1850, als er in die Rechtsschule kam, und 1854, als die schöne Mutter an der Cholera starb.

Der Vierzehnjährige, vor Schmerz und Entsetzen Erstarrte, hatte es gespürt – um wieviel deutlicher spürte es der Alternde, der sich mit nichts soviel und innig beschäftigt hatte wie mit dem Tod! –: Es gab ein Geheimnis um das schnelle und grauenvolle Sterben der Mutter. Ein Gerücht war aufgekommen im Hause und im Bekanntenkreise: Alexandra Andrejewna Tschaikowsky hatte sterben *wollen*. Sie hatte den Tod herausgefordert und provoziert. Sie hatte ihn herbeigeholt mit eigener Hand, als sie zum Munde führte das Glas mit dem Wasser, von dem sie wußte, daß es vergiftet war. Denn also hatte sie gehandelt in ihrer Traurigkeit: das Gerücht ließ sich nicht beschwichtigen, es war von unheimlicher Zähigkeit und Stärke. Man hatte die schöne Frau immer schwermütiger und unzufriedener werden sehen. Ihr gar zu unternehmungslustiger Gatte – auch er bekam damals die Cholera, aber er überstand sie und lebte dann noch fünfundzwanzig Jahre – hatte sein Vermögen verloren, durch die Schuld übler Freunde immer tiefer in leichtsinnige und riskante Unternehmungen geraten. Nun auch noch Armut! Die Schwermütige hatte es satt. Wozu gab es die Choleraepidemie? Ein paar Schluck Wasser genügen ...

Zum direkten, offenen Selbstmord hätte sie sich nicht entschlossen, denn sie war fromm. Aber niemals hatte Gott verboten, ein Glas Wasser zu trinken. Es lag bei Ihm, ob Er es vergiftet lassen sein wollte oder nicht: man selber hatte jedenfalls nichts Böses hineingetan, die Entscheidung blieb Ihm durchaus vorbehalten. Und Er entschied sich. Er schickte der Mutter Krämpfe und widriges Ungemach; Er verfärbte ihr Gesicht ins Schwärzliche; schließlich aber färbte Er es wächsern und verschönte es mit einer fremden, ganz abweisenden Schönheit. Da litt sie nicht mehr.

Die Mutter war absichtlich gestorben. ‹O Gott, lasse mich meiner Mutter folgen! Ich will ihr folgen. Ich möchte ihr immer folgen.› –

Der junge Peter mußte zurück in die Rechtsschule; übrigens wohnte er damals schon nicht mehr im Internat. Der Vater hatte sich wieder eine Wohnung in Petersburg genommen, wo es auch für die Söhne Platz gab. In allen Zimmern der neuen Wohnung hörte man den vergnügten Lärm, den die beiden kleinen Zwillingsbuben machten, Anatol und Modest. Überhaupt war das Leben nach dem Tode der Mutter nicht eigentlich traurig geworden; aber gerade, wenn er lustig war, spürte Peter zuweilen ein dumpfes und wehes Gefühl in der Brust, als sei die Lustigkeit etwas Unziemliches und Verbotenes. (Ich sollte der Mutter folgen!)

Es schien sogar wieder etwas aufwärts zu gehen mit der Familie Tschaikowsky. Die Verhältnisse des unverwüstlichen Papas besserten sich ein wenig. Im Sommer bezog man ein kleines Haus auf dem Lande, ‹eine Datsche›. Dort ging es ganz munter zu, es gab zahlreiche junge Mädchen, und so stellten auch junge Leute sich ein. Die jungen Mädchen waren: Sinaïde, Peters erwachsene Halbschwester, seine Kusinen Lydia und Anna – zwei von den zahlreichen Töchtern des Onkels Peter Petrowitsch, in dessen Heim man später übersiedelte – und die kleine Schwester Alexandra, die man Sascha nannte.

Pierre liebt es, der Kamerad der Mädchen zu sein. Ihnen fühlt er sich viel mehr zugehörig als den flotten jungen Leuten, die auf der Datsche erschienen, um mit den jungen Damen zu flirten. Peter lebte mit den Mädchen wie mit seinesgleichen: er spielte, tanzte, naschte mit ihnen, machte mit ihnen gemeinsam Handarbeiten. Er schloß sich sehr an seine Schwester Sascha an. Er liebte sie, weil sie ähnliche Augen und fast ebenso schöne Hände hatte wie die Mutter. Er liebte auch die Kusine Anna, mit der er besonders gerne Verstekken spielte oder Handarbeiten machte. Mädchen waren gute Kameraden – besser als die Jungen in der Rechtsschule, die so leicht grob wurden und sich stets geneigt zeigten, Streit anzufangen: Peter aber konnte Streit nicht leiden, er war sanft und verträglich.

Viel freilich fehlte, unendlich viel, daß eines dieser lieben Mädchen nur annähernd die Macht über ihn besessen hätte wie von seinen Kameraden einer, ein einziger sie über ihn hatte, der hieß Apuchtin.

Peter Iljitsch war beliebt bei den Kameraden, er galt als anständiger Kerl, mit dem sich auskommen läßt; übrigens hielt man ihn keineswegs für besonders begabt. Er war ein knapp mittelmäßiger Schüler, in der Mathematik sogar beinahe ungenügend. Um Apuchtin aber gingen die erstaunlichsten Gerüchte. Man flüsterte sich Wunderdinge zu über die Ausmaße seiner Talente und seiner Verworfenheit. Er kannte alle modernen Philosophen, und er glaubte weder an Gott noch an den Teufel noch an die Auferstehung des

Herr Jesus. Er konnte Puschkins sämtliche Werke auswendig, und er selber machte so schöne Verse, daß er sie dem Dichter Turgenjew hatte vorlesen dürfen: dieser war zugleich entzückt und eifersüchtig, er sagte: Der Knabe Alexei Nikolajewitsch Apuchtin wird einst der größte Dichter Rußlands sein.

Der Knabe Apuchtin – Stolz der Rechtsschule, scheu bewunderter und umworbener Abgott seiner Klasse – war von kleiner Statur, wesentlich kleiner als der gleichaltrige Peter Iljitsch, aber gewandt, zäh und elastisch, ein glänzender Turner und Läufer. Während Peter Iljitsch gegen alle von der gleich sanften, etwas scheuen Liebenswürdigkeit war, blieb Apuchtin spröde, abweisend-kalt oder sarkastisch-aggressiv gegenüber den meisten, um vor einzelnen, an denen ihm gelegen war, alle Künste eines selbstbewußten, schlauen Charmes spielen zu lassen. Aus irgendeinem Grunde war ihm an Peter Iljitsch gelegen. Er näherte sich dem sanften, hilflosen Kameraden verführerisch, wie ein böser Engel. Ja, er hatte ganz die Reize des bösen Engels: Peter Iljitsch war ausgeliefert dem harten Glanz seiner dunklen Augen, beglückt und fassungslos vor seinem etwas rauhen, höhnischen oder zärtlichen Lachen, vor dem klugen und verwirrenden Gespräch dieses schmallippigen, sehr roten und beweglichen Mundes.

Peter Iljitsch war ausgeliefert. Die Jahre, welche nun kamen – die Jahre des Heranwachsens, der Entwicklung, die Jünglingszeit –, waren beherrscht von Apuchtin, dem finsteren Engel: von seinem Reiz, seiner Bosheit, seiner Skrupellosigkeit, seinem hybriden Skeptizismus. Große bezaubernde Abende, die sie – endlos Zigaretten rauchend, endlos diskutierend – im unordentlichen Zimmer Apuchtins oder auf Spaziergängen verbrachten! Es blieb jedoch nicht bei den Diskussionen. Am süßesten und am unheimlichsten war es, wenn Apuchtin das suchende, schweifende, hochmütig-übermütige Gespräch abbrach mit einem rauhen, zärtlich-höhnischen Lachen. Dann hob er die mageren, geschmeidigen, immer ein wenig schmutzigen Hände nach Peter Iljitsch, und berührte sein Haar oder sein Gesicht oder seinen Körper. Dann schloß Peter Iljitsch die Augen. Apuchtin flüsterte: ‹Hast du es gerne? Ist es dir angenehm? Ich weiß schon: es ist dir sehr angenehm. Wir wollen nie Frauen lieben – versprich es mir, Pierre! Es ist albern, Frauen zu lieben, es gehört sich nicht für unsereinen, das überlassen wir den Spießern, die Kinder bekommen wollen. Wir lieben nicht, um Kinder zu bekommen, wir machen nicht ein so gemeines Geschäft aus der Liebe. Ohne Zweck wollen wir lieben – ohne Ziel müssen wir lieben ... Ist es dir angenehm, kleiner Pierre?› –

Pierre und Apuchtin spielten das bitter-süße, höchst angenehme und – wie Peter Iljitsch zuweilen argwöhnte – höchst verwerfliche Spiel noch miteinander, als sie beide schon junge Männer waren. Sie wurden achtzehn, neunzehn und zwanzig Jahre alt, und sie blieben befreundet. Ihre Freundschaft dauerte acht Jahre lang. Sie hatte ein Jahr vor dem Tode der Mutter begonnen; Peter Iljitsch fing an, sich aus ihr zu lösen, als er einundzwanzig Jahre alt war. Damals erschrak er plötzlich vor dem Zustand, in dem er sich befand: es war ein ziemlich verkommener.

Er hatte die Rechtsschule schon seit zwei Jahren hinter sich und war neunzehnjährig als ‹Titularrat› – das hieß: als Verwaltungssekretär – ins Justizministerium eingetreten. Der junge Beamte war noch fauler und vergnügungssüchtiger, als der Schüler es gewesen war. Die wenigen Amtsstunden bedeuteten für ihn nur Lästigkeit, er pflegte sie zu verschlafen. Lebenswert waren allein die Nächte, deren Vergnügungen Apuchtin arrangierte. Es blieb nicht bei den bitter-süßen, melancholischen Spielen zu zweit: der böse Engel war einfallsreich, er erfand neue Kombinationen. Das alles kostete Geld; auch die exzentrisch-dandyhafte Kleidung, die Peter Iljitsch um diese Zeit sich schuldig zu sein glaubte, war teuer. Man machte Schulden, pumpte sich das Geld zusammen, wo man es bekam, der Vater, der von einer kleinen Pension lebte, konnte nicht dafür aufkommen, die Lage wurde ziemlich unangenehm, man wußte nicht, wohin es führen sollte.

Im Jahre 1861 wurde die erste Auslandsreise zum natürlichen Einschnitt in Peter Iljitschs Leben. Er machte sie über Berlin, Hamburg, Brüssel und London nach Paris, als der Begleiter und der Dolmetscher eines Herrn, der früher ein Geschäftsfreund seines Vaters gewesen war. Die Reise verlief nicht angenehm: in Paris kam es zu einem Auftritt, schließlich zum definitiven Bruch mit dem Herrn, der außer den Dolmetscherdiensten auch noch andere von seinem Begleiter erwartete, die Peter Iljitsch in diesem Falle und unter solchen Umständen ekelhaft waren. Er reiste allein zurück. Von unterwegs hatte er der Schwester Sascha geschrieben: ‹Was kann ich von der Zukunft erwarten? Es ist schrecklich, daran zu denken ...› Aber inzwischen hatte sich – merkwürdig still, merkwürdig plötzlich – in ihm ein neues Bild seiner Zukunft geformt.

Er begann, sich mit Musik zu beschäftigen. Hatte er das jemals vorgehabt? War in ihm eine dumpfe Ahnung gewesen, während all der Jahre der gefährlichen Liederlichkeit, daß das Eigentliche noch gar nicht begonnen hatte, und was das Eigentliche sein würde? Vielleicht waren Ahnungen dagewesen, vielleicht hatten sie in manchen Augenblicken eine merkwürdige, verwirrende und beglückende Stärke gehabt; aber kein Wille, kein Entschluß hatte sich aus ihnen entwickeln können. Nun überwand er seine Trägheit, seine Lässigkeit. Er raffte sich zusammen, nahm Unterricht, arbeitete – zunächst nebenbei und während er gleichzeitig noch ins Ministerium ging. Aber zwei Jahre später gab er die Stelle im Ministerium auf. Anton Rubinstein hatte das Konservatorium in Petersburg eröffnet. Peter Iljitsch wurde dort Schüler.

Es war ein Erstaunen in der Familie und im Kameradenkreise. Peter Iljitsch wollte Musiker werden? Der faule, schlappe, liebenswürdige und zerstreute Tschaikowsky wollte arbeiten? Aber der träge Peter wußte nun – als hätte es eine Stimme ihm eingegeben – sehr genau, was er wollte. Sein Leben veränderte sich, es wurde beinah asketisch. Ja, er arbeitete. Er bewohnte ein kleines Zimmer in der bescheidenen Wohnung des Vaters. Er blieb abends zu Hause oder er gab Privatstunden, die Anton Rubinstein ihm verschafft hatte, um die lamentablen Geldverhältnisse seines Schülers zu verbessern. Anton Rubinstein war ein strenger Lehrer, schwer zufriedenzustellen, Peter Iljitsch fürchtete und bewunderte ihn.

Es gab viel zu lernen. Denn die Schmerzen – all die Schmerzen, mit denen man schon vertraut war – wollten verwandelt sein in Musik, das war der Auftrag: der von Natur träge, plötzlich arbeitsam gewordene Tschaikowsky hatte nur zu handeln nach seinem Befehl. Es war mühsam, der heilig-heikle Verwandlungsprozeß vollzog sich keineswegs selbstverständlich, leicht und als Spiel. Der verwandelte Peter Iljitsch aber, der plötzlich ungeahnte Energien in sich entdeckt hatte, gab nicht mehr nach. Er mußte erfahren, daß die Gesetze der Töne und Harmonien eine gewisse fatale Ähnlichkeit besaßen mit den Regeln der Mathematik, die er in der Schule so verabscheut hatte. Das angesammelte Gefühl verwandelte und erlöste sich nicht von selbst, nicht ohne wachsamste Arbeit; vielmehr war die Musik die strenge Formel, auf die man es bringen konnte, wenn man sehr viel gelernt hatte und dem Auftrag treu blieb. Peter Iljitsch liebte die Musik als das lyrische Sich-Verströmen des Gefühls. Arbeitend begriff er, welche Kenntnis des Handwerks, welche Erfahrung notwendig ist, damit aus dem Gefühl die Form werden kann. Er haßte die Nichtskönner, die es sich leicht machen mit ihrer gewaltigen ‹Ursprünglichkeit›. Er wollte kein Nichtskönner sein. Er arbeitete sehr, und übrigens war schon diese vorbereitende Arbeit, die dem eigentlichen Verwandlungsprozeß voranging, ein Trost, der das Herz erleichterte und ihm wohltat.

Und als dann die erste Partitur fertig war – es war eine kleine Ouvertüre zu Ostrowskys Drama ‹Das Gewitter›, er hatte sie im Sommer 1864 geschrieben –, da bekam er es nicht über sich, sie Anton Rubinstein selber vorzulegen; das mußte der gute Hermann Laroche besorgen, der Mitschüler, mit dem Peter Iljitsch sich am herzlichsten befreundet hatte. Er war um fünf Jahre jünger als Tschaikowsky, sehr begabt, sehr faul und sehr gefällig. Seine Nerven waren unempfindlich. Er wagte sich mit der Partitur seines Freundes zum Meister Rubinstein. Meister Rubinstein tobte. Er fand die Instrumentation von einer beinahe liederlichen Extravaganz. Ein paar Monate früher hatte er seinen Schüler Tschaikowsky verhöhnt, er sei ‹zu sanft, zu korrekt›.

Es war im nächsten Sommer – 1865 –, daß zum erstenmal eine Arbeit Tschaikowsky öffentlich aufgeführt wurde. Damals war Schwester Sascha schon verheiratet. Peter Iljitsch verbrachte den Sommer bei ihr in Kamenka, nahe bei Kiew. In Kamenka konzertierte Johann Strauß, den man den Wiener Walzerkönig nannte. Ihm hatten Laroche und ein paar andere Petersburger Freunde den ‹Tanz der Mägde›, eine Komposition des jungen Tschaikowsky, eingereicht. Dem Walzerkönig gefiel die Arbeit, und er nahm sie in sein Programm. Peter Iljitsch hatte die Tatsache, daß er durch Vermittlung des Johann Strauß zum erstenmal vor ein russisches Publikum gekommen war, immer als eine sehr reizende und bedeutungsvolle kleine Fügung empfunden. Der Wiener Walzerkönig hatte ihn in Rußland eingeführt; er aber, Peter Iljitsch, führte den Walzer in die große russische Musik ein, er liebte den Walzer, und er blieb ihm treu.

Im Herbst desselben Jahres bestand Peter Iljitsch die Abschlußprüfung des Konservatoriums, übrigens ohne besondere Auszeichnung. Die Prüfungsaufgabe, die Anton Rubinstein gestellt hatte, war eine Komposition der Hymne ‹An die Freude›. Peter Iljitsch fand die Arbeit, die er zustande brachte, sehr mißraten, und er schämte sich darüber derartig, daß er nicht zur öffentlichen Aufführung erschien. Er bekam seine silberne Medaille und einen knappen Lobspruch ins Haus geschickt. Caesar Cui – Komponist und literarischer Wortführer der jung-russischen, national betonten Musikerschule – beschäftigte sich damals zum ersten Male mit Tschaikowsky, mit dem er sich noch oft und grimmig auseinandersetzen sollte; er schrieb: ‹Der Komponist des Konservatoriums, Herr Tschaikowsky, ist ganz unfähig.› – Hermann Laroche aber rief aus: ‹Ich sage es Ihnen offen, daß Sie das größte musikalische Talent des gegenwärtigen Rußlands sind!›

Der Liegende wurde schläfrig. Er ließ den Deckel seiner schönen Uhr aufspringen: es war gegen vier Uhr morgens. ‹Man sollte schlafen können›, denkt Peter Iljitsch. ‹Lieber stelle ich mir das Nichts vor und die große Stille, die sein wird, wenn das Herz aufhört zu schlagen, als all das, was vergangen ist und weggeglitten, was aber immer noch die Macht hat, mich zu quälen.› Ob er es indessen wollte oder nicht: unter den halbgeschlossenen, schweren Lidern mußten seine Augen auf die Bilder der Vergangenheit schauen, die von zarterer und zäherer Substanz sind als die lebendigen Dinge.

Nun freilich erschienen sie undeutlicher und etwas verwirrt. Die Ereignisse wurden unübersichtlich, und sie wiederholten sich. Es gab immer: die Arbeit, und die Reisen, und gute Kameradschaft mit ein paar Kollegen und Freundschaften mit jungen Leuten – Freundschaften, die Unruhe und Enttäuschung brachten und dann wieder kurze, ganz besonders schnell entgleitende Stunden, die beinahe glücklich waren.

Ein paar Monate nach der Abgangsprüfung vom Petersburger Konservatorium fuhr Peter Iljitsch nach Moskau. Nikolai Rubinstein, Antons Bruder, hatte ihn dorthin als Theorielehrer an das neugegründete Konservatorium berufen. So fand sich Peter Iljitsch mit einemmal aus dem Schlimmsten: seine Einnahmen waren bescheiden, aber regelmäßig. Im Herbst 1866 trat er die Stellung an. Es begann die Zeit der großen Freundschaft mit dem prachtvollen Nikolai.

Der bekümmerte sich wie ein Vater um den jungen Tschaikowsky, den er als seinen Schutzbefohlenen betrachtete. Er nahm ihn in seine Wohnung, und er schenkte ihm ziemlich abgerissene Kleider: einen schweren Pelz und einen Anzug, den einmal ein Geigen-Virtuose bei ihm vergessen hatte – er war Peter Iljitsch etwas zu weit, aber alle fanden, daß er doch recht respektabel in ihm aussehe. Nikolai war gutmütig und hilfsbereit; im Gegensatz zu seinem finsteren, hochmütigen, vom Ruhm gewaltig verwöhnten Bruder war er der herzlichste und einfachste Mensch. Freilich hatte er auch Eigenschaften, die auf die Nerven gingen: er war polternd, rechthaberisch, sehr pedantisch, und er mischte sich gerne in die Angelegenheiten seiner Freunde, vor allem in die seines Schützlings Tschaikowsky. Peter Iljitsch liebte ihn und war ihm dankbar. Aber er atmete doch von Herzen auf, als er sich – das war erst Jahre später – eine eigene kleine Wohnung leisten und sich von Nikolai, seinem Gönner, seiner ‹Kinderfrau›, trennen konnte.

Es gab einen Kreis von guten Menschen in Moskau, Peter Iljitsch, der die Einsamkeit fürchtete – und doch als den ihm eigentlich gemäßen und aufgetragenen Lebenszustand erkannte –, war selten allein. Da waren, neben Nikolai und dem guten Laroche: Peter Jurgenson, der damals einen kleinen Musikalienladen in Moskau eröffnete, zäh und energisch arbeitete, schließlich Rußlands wichtigster Musikverleger und der treueste Propagandist Tschaikowskys wurde; Nikolai Kaschkin, Professor am Konservatorium, gleich achtenswert als Pianist wie als Kritiker – er hatte eine junge Gattin, sie machten ein freundliches Haus. Da war schließlich Konstantin Karlowitsch Albrecht, Inspektor am Konservatorium, die rechte Hand Nikolai Rubinsteins, verheiratet auch er, ein stiller, bescheidener Mann, etwas schrullenhaft. Peter Iljitsch pflegte als Pensionär die Mahlzeiten bei ihm zu nehmen, denn Albrecht war arm, und auf solche Weise konnte man ihm etwas zukommen lassen. Konstantin Karlowitsch interessierte sich für alles zwischen Himmel und Erde: für Geologie, Botanik, Astronomie und hohe Politik. Er war Käfersammler und Bastler, leider hatte niemals jemand Verwendung für die Apparate, von denen er alljährlich mehrere erfand. Seine Ansichten in musikalischen Dingen waren sehr radikal – mit dem späten Beethoven, mit Wagner und Liszt fing, seiner Ansicht nach, die Musik überhaupt erst an –; politisch aber war er reaktionär wie der Ärgste und beklagte täglich mindestens einmal die Aufhebung der Leibeigenschaft und die Langmut der Regierung gegen die Nihilisten. Es wurde viel diskutiert während der bescheidenen Mahlzeiten in Albrechts Wohnung, wo es immer nach staubig-alten Büchern und nach Kohl roch.

Lauter besonders gute und brave Menschen: Peter Iljitsch vertrug sich gut mit allen und wurde seinerseits von ihnen geliebt und geschätzt; man glaubte an sein Talent, man rühmte sein gutes Herz. Trotzdem fühlte er sich zuweilen unaussprechlich verlassen in ihrer gesellig-herzlichen Mitte und wünschte sich dringend, ganz woanders zu sein, irgendwo – am besten nirgends –, nur nicht hier.

Am wenigsten spürbar war das bittere Einsamkeitsgefühl, wenn er mit den Zwillingsbrüdern Anatol und Modest oder mit Schwester Sascha zusammen war. Bei ihnen gab es etwas von dem Frieden, den ihm früher seine liebe Fanny oder die strenge schöne Mama gewährt hatten. Er korrespondierte mit den heranwachsenden Jungen Toli und Modi, und er traf sich mit ihnen während der Sommermonate; er korrespondierte mit Sascha, und er besuchte sie in Kamenka bei Kiew, wo sie mit ihrem Gatten, Herrn Dawidow, lebte. Die liebe Schwester war die Vertraute seiner Qualen, Hoffnungen, Niederlagen und der großen Unruhe seines Herzens.

Denn er litt immer. Aus dem Leiden flüchtete er sich in die Arbeit, aber die Arbeit war ja ihrerseits Leiden, freilich gleichzeitig Trost. Während er seine Erste Symphonie schrieb, meinte er umzukommen vor Qualen. Er schlief beinahe überhaupt nicht mehr, lag gefoltert von Angstzuständen; Halluzinationen stellten sich ein, für seinen entsetzten Blick war die Dunkelheit erfüllt von klingenden Geräuschen, kreisenden Farben und abscheulichen Fratzen; ein Arzt mußte zugezogen werden, er stellte fest, der Musiker Tschaikowsky sei ‹nur noch einen Schritt vom Wahnsinn entfernt›. Als die Symphonie schließlich fertig war – unter was für teuflischen Schmerzen geboren! –, war sie nicht besonders gut geworden. Anton Rubinstein, dem sie vorgelegt wurde, fand sie mißraten. Zunächst wurden nur die beiden Mittelsätze aufgeführt; der Erfolg war gering.

Um diese Zeit kam es zu der zunächst erregenden, aber melancholisch konsequenzlosen Begegnung mit der in Moskau höchst gefeierten Sängerin Désirée Artôt. Wie viele Jahre aber vergingen zwischen dieser ‹Verlobung›, die keine war, und der unglückseligen, bitterlich blamablen Ehe mit Antonina Iwanowna, dem Unglücksding? Viele Jahre, acht oder neun entglittene Jahre: der Träumende und Sinnende mag sie nicht zählen.

Ganz verlorene Jahre waren es nicht, denn sie waren erfüllt mit Arbeit. Es entstanden in rascher Reihenfolge die ersten symphonischen Dichtungen: ‹Fatum› und ‹Romeo und Julia›; das erste Streichquartett in D-dur, und die ersten Opern: ‹Der Wojewode› und ‹Undine› und ‹Der Leibwächter›. Etwas später: die Zweite und die Dritte Symphonie, die Orchester-Phantasie ‹Der Sturm›, das Ballett ‹Schwanensee›, das Klavierkonzert in b-moll, die Quartette Nr. II und III, von denen das zweite mit dem Klavierkonzert zusammen den Ruhm des Komponisten im Ausland begründete. Das meiste – so dachte leidvoll der Liegende – war gewiß nicht sehr gut, sondern eher mißglückt und durchaus nicht gemäß dem hohen und strengen Auftrag. Aber vielleicht gab es doch ein paar Melodien, ein paar kurze Stellen in all dem, die Bestand haben durften – Bestand vor wem denn? Nun, vor Ihm, der nicht darüber weinte und nicht darüber lächelte, sondern der zusah und lauschte mit fürchterlicher Geduld, daß sich die Wahrheit dieses armen Lebens erfülle.

Es kamen die ersten großen Uraufführungen und dann die Scham, weil das Werk doch als ungenügend erkannt ward, ganz gleich, ob es dem Publikum, der Presse gefiel oder nicht –, und nach den qualvollen Premieren: die Flucht ins Ausland (irgendwo anders sein, nur nicht hier). Diese gehetzten und melancholischen Ausflüge konnte Peter Iljitsch sich nun schon gestatten: die Werke brachten ihm etwas Geld. Er reiste selten allein, sondern in der Begleitung eines Kameraden, etwa mit dem Verleger-Freund Jurgenson oder mit einem jungen Menschen, einem Schüler – oft war er mit dem jungen Konstantin Schilowsky unterwegs gewesen: es gab kurze Stunden, da man beinahe glücklich war; oder, als die Verhältnisse es erlaubten – aber doch noch nicht ganz erlaubten – mit einem jungen Diener. Er reiste kreuz und quer durch den Erdteil: Berlin, Paris, Nizza, Wien; die Schweiz, Italien und die böhmischen Bäder; dazwischen Aufenthalte in Petersburg und gute Wochen in Kamenka bei Sascha. Meistens war er auf Reisen kaum glücklicher als daheim; denn da er nun ‹anderswo› war, war ja das Anderswo wieder ‹hier›. Das Gesetz, dem er hatte entfliehen wollen, das Gesetz seines eigenen Lebens, blieb gnadenlos über ihm, unter welchen Himmel er sich auch flüchtete.

Wie aber hatte er so elend werden können, daß er in die unglückselige Affäre mit der armen Antonina geriet? Wie hatte er nur so schwach und irrtümlich handeln können? Es war niederschmetternd peinlich, daran zu denken. Denn wenn er sich noch hatte einbilden können, die geniale und umworbene Désirée zu lieben –: daß er Antonina, die jammervolle Person, liebte, hatte er nicht eine Minute lang geglaubt und es übrigens auch niemals behauptet vor sich oder vor ihr. Er liebte sie ganz und gar nicht, und sie wußte, daß sie ihm gleichgültig war. Er heiratete sie trotzdem und hatte sie, einige alptraumhaft schlimme Wochen lang, bei sich als seine Gattin – die sie nicht war.

Antonina Iwanowna Miljukowa war eine nicht besonders begabte, nicht besonders hübsche und kaum mittelmäßig gebildete Schülerin des Moskauer Konservatoriums. Niemand konnte sie sehr häßlich oder sehr blöde, keiner wollte sie sehr reizvoll oder anziehend finden; sie war von einem sanften Eigensinn, hatte zu große Füße, wäßrige Augen und ein zu schweres Kinn. – Im Moskauer Konservatorium schwärmten viele Damen für den Lehrer und Komponisten Tschaikowsky; sie pflegten ihn «Peter der Große» zu nennen, was ganz unangebracht, recht albern und eine starke Peinlichkeit war, so daß man dunkelrot werden konnte, wenn man dran dachte. Bei der armen, eigensinnigen Antonina aber wurde aus der Schwärmerei eine tragische Marotte, eine idée fixe, von der das gottverlassene Geschöpf meinte, daß sie die große Liebe ihres Lebens wäre. Sie schrieb aufgewühlte Briefe an Peter Iljitsch, sie drohte mit Selbstmord, wenn er nicht gleich in ihre Wohnung komme. Er war schwach und besuchte das ärmste Wesen, da fiel sie ihm schon weinend um den Hals. Es nutzte nichts, daß er sie eifrig warnte vor allen seinen schlechten Eigenschaften. Sie hatte sich's in den Kopf gesetzt: mit ihm würde sie glücklich. Er verlobte sich mit ihr aus Mitleid, vielleicht auch, weil er nicht mehr ganz allein sein mochte, und weil er meinte, sie würde ihm ein sanfter, unaufdringlicher Begleiter sein – treu und anspruchslos wie ein Hund. Tschaikowsky heiratete. Der Freundeskreis war entsetzt.

Unvorstellbar große Peinlichkeit: von der schlichten, aber stimmungslosen Trauung – das war am 6. Juli 1877, in der Sankt-Georgs-Kirche zu Moskau (Bruder Modest und der junge Kotek spielten Trauzeugen) – über die qualvolle kleine Hochzeitsreise nach Petersburg (Antonina war so schamlos zu fragen: «Bist du glücklich, mein Lieber?») und den ersten gemeinsamen Ausgang (es war zu einem intimen, aber höchst ungemütlichen Abendessen bei Jurgenson) bis zu dem Einzug in die Moskauer Wohnung, die Frau Tschaikowsky blitzsauber, aber geschmacklos eingerichtet hatte. Nun sollte das eheliche Zusammenleben eigentlich erst beginnen. Aber das war keinesfalls auszuhalten!

Peter Iljitschs Wunsch, ganz woanders zu sein, nur nicht hier und bloß nicht in dieser Situation, wurde derartig stark, daß er beschloß, Gott zu provozieren, ob Er ihn nicht wollte sterben lassen: hierzu hatte ihm die Mutter das Beispiel gegeben, und ihr soll man folgen. Er eilte nachts an den Moskwa-Fluß – es war Herbst und schon kalt – und in seinen Kleidern stieg er bis zur Brust ins eisige Wasser. Das war äußerst unangenehm. Er schnatterte mit den Zähnen. Seine zuversichtliche Hoffnung war, sich eine Lungenentzündung zu holen und an ihr unauffällig zu sterben. Die Lungenentzündung blieb aus, er bekam nur einen Schnupfen und hatte umsonst geschnattert.

So mußte er selber den Ausweg finden, da der provozierte Gott ihm den Gefallen nicht tat. Nach zweieinhalb Monaten ‹Eheleben› – von denen er einen Teil, ohne sein Unglücksding, in Kamenka verbracht hatte – ließ er sich ein Telegramm von Modest kommen, das ihn dringend nach Petersburg rief. Er nahm Urlaub im Konservatorium, reiste ab, fest entschlossen, Antonina niemals wiederzusehen. In Petersburg brach er zusammen. Erst schrie und tobte er; dann lag er achtundvierzig Stunden lang bewußtlos im Hotelzimmer. Es war zu viel der Peinlichkeit und der bitteren Blamage gewesen: die Nervenkrise war der letzte Ausweg aus der unhaltbar gewordenen Situation. Die erschreckte, eingeschüchterte und verwirrte Antonina willigte anstandslos in die Scheidung. Bruder Anatol begleitete Peter an den Genfer See.

‹Ach, ich habe sterben wollen – warum hast Du mich nicht sterben lassen, Du Strenger, Entfernter? Ich bin ins eisige Wasser gestiegen, ohne Angst und Bangen, obwohl es finster war und obwohl mich vielleicht böse Geister beobachteten, es war sehr kalt, ich habe stark geschnattert, das Resultat aber war nur ein Schnupfen. Ich mußte an den Genfer See reisen, und ich mußte genesen.›

Es war deutlich: am Auftrag blieb noch vieles zu erfüllen – das meiste war unerfüllt, der Gestrenge war noch nicht zufrieden, er hielt stille, lächelte nicht, grollte nicht: er wartete.

Noch vor der Ehekatastrophe hatte Peter Iljitsch große Arbeiten begonnen, die er heute für seine besten halten durfte: die Vierte Symphonie und den «Eugen Onegin». Er hatte sich mit ihnen beschäftigt während der Monate übergroßer Peinlichkeit, und er vollendete sie nach dem Zusammenbruch. Er vollendete das Violinkonzert. Die bitterste Zeit seines Lebens brachte ihm den größten Aufschwung seines Willens und der schöpferischen Kraft.

Die Jahre vergingen, da half keine Auflehnung und keine Bitterkeit. Er arbeitete in Moskau und in Rom, am Genfer See, in Florenz, in San Remo. Die in jeder Hinsicht lohnende Seelenfreundschaft mit Natascha von Meck hatte eingesetzt und blieb angenehm dauerhaft: er konnte leben, wie es ihm gefiel, und wenn er lieber anderswo sein wollte als dort, wo er sich eben befand, dann packte er seinen Koffer und setzte sich in den Zug. Seine Einnahmen wuchsen, Jurgenson machte große Zahlungen. Nach und nach wuchs auch der Ruhm, diese melancholische Entschädigung für soviel

schlecht gelebtes oder nichtgelebtes Leben. In Rußland war Tschaikowsky vielleicht schon der meist genannte Musikername – wenn
auch häufig genannt nur zum Zweck der infamen Verspottung, wie
Peter Iljitsch leidend argwöhnte. Man lernte ihn auch im Ausland
kennen. Es war keineswegs mehr nötig, daß Frau von Meck heimlich seine Konzerte finanzierte, wie sie es bei der Pariser Aufführung der Vierten Symphonie noch getan hatte.

Wenn der Alternde an die Jahre seines Lebens dachte, die zwischen den Genesungswochen am Genfer See nach der Ehekatastrophe und der gegenwärtigen, schon entfliehenden, schon entgleitenden Stunde lagen, dann zeigte sich: die Werke waren stärker geworden als das Leben, dessen Spuren sie waren; die Werke stellten sich
zwischen den Sinnenden und sein armes Leben.

‹Habe ich's gut gemacht? Was ist zustande gekommen?› Nicht
genug – vor einem strengen Richter hielte es nicht stand. Was war es
denn, seit der Vierten und dem «Eugen Onegin», den besten Werken, Spuren der schlimmsten Zeit? Die drei großen Orchester-Suiten, und die Opern «Jungfrau von Orleans» und «Mazeppa»; das
Klavier-Trio à la mémoire dun grand artiste, die «Ouvertüre 1812»,
auf hohe Bestellung zur Einweihung der Erlöser-Kirche in Moskau
geschrieben; die «Manfred-Phantasie», die sogar Caesar Cui gefallen hatte, aber was wollte das schon bedeuten? Nicht genug, es
konnte keinesfalls genügen, alles in allem hatte man versagt. Nun
war man wahrscheinlich verbraucht, ausgesungen, und es kam
nichts mehr. Oder war man doch noch nicht ganz am Ende? Waren
noch Kräfte da, die man sammeln konnte als die letzte Reserve?

‹Ich habe jetzt ein Heim›, durfte der Liegende denken. Aber log
er denn nicht? War er denn zu Hause in dem Dorf Maidanowo beim
Städtchen Klin, zwischen Moskau und St. Petersburg? Dort hatte er
sich ein Haus eingerichtet. Dort konnte er die Hühner füttern und
Pilze suchen und im Herbst die Drachen steigen lassen auf den weiten Wiesen. Dort lebte er mit seinem Diener Alexei, der vor vielen
Jahren als ein hübscher Junge zu ihm gekommen war; inzwischen
aber hatte er geheiratet und war kein Objekt mehr für Gefühle, die
sich verschwenden wollten.

War Peter Iljitsch denn dort zu Hause? Dachte er nicht daran,
dieses Haus, das er so gerne für sein Heim halten wollte, schon
wieder aufzugeben? Es war längst nicht mehr so schön wie früher in
Maidanowo. Der Wald wurde abgeholzt; wenn man ehrlich sein
wollte: die Landschaft von Maidanowo verlor ihren Reiz.

Mancher, der ein Buch liest, murrt ...

... wenn er Werbung findet, wo er Literatur suchte. Reklame in Büchern!!!? Warum nicht auch zwischen den Akten in Bayreuth oder neben den Gemälden in der Pinakothek?

«Rowohlts Idee mit der Zigarettenreklame im Buch (finde ich) gar nicht anfechtbar, vielmehr sehr modern. Hauptsache, es hat Erfolg und nützt dem Buch, was die deutsche Innerlichkeit dazu sagt, ist allmählich völlig gleichgültig, die will ihren Schlafrock und ihre Ruh und will ihre Kinder dußlig halten und verkriecht sich hinter Salbadern und Gepflegtheit und möchte das Geistige in den Formen eines Bridgeclubs halten – dagegen muß man angehen ...»

Das schrieb Ende 1950 – Gottfried Benn.

An Stelle der «Zigarettenreklame» findet man nun in diesen Taschenbüchern Werbung für Pfandbriefe und Kommunalobligationen. «Hauptsache, es hat Erfolg und nützt dem Buch.» Und es nützt auch dem Leser. (Für die Jahreszinsen eines einzigen 100-Mark-Pfandbriefs kann man sich beispielsweise zwei Taschenbücher kaufen.)

‹Ich habe noch ein paar Menschen›, möchte er glauben. Aber er wagt es nicht, den Gedanken auch nur vor sich selber auszusprechen. Hat er denn ein paar Menschen unter seinen viel zu vielen Freunden, unter den Bewunderern, den Schmarotzern? Immer nur Natascha von Meck, die unbekannte Vertraute. Und die Brüder Nikolai und Hyppolit sind ihm ziemlich entfremdet; es bleiben Anatol und Modest, die zu Männern herangereiften Zwillingsbuben, die sind seine Freunde. Aber lockert sich die Beziehung zu Anatol nicht schon ein wenig, seitdem dieser im Staatsdienst und ein so sehr seriöser Herr geworden ist? Modest ist der bessere Freund, es mag daran liegen, daß er sich mit Kunst beschäftigt, daß er eine Art Kollege ist: Modi schreibt. Ob er freilich Talent hat? Vielleicht hat Modi nicht genug Talent? Vielleicht ist mein geliebter Bruder Modi unbedeutend?

Bleibt Schwester Sascha, der ich so viele Jahre lang so innig nahe gewesen bin. Nur wird sie leider immer kränklicher, die Krankheit macht egoistisch. Ist es noch wie früher, wenn ich jetzt nach Kamenka komme? Sascha hat sich verändert. Sie hat Kinder. Ich möchte sie wie meine eigenen lieben, da ich ja selber keine Kinder haben darf. Meine kleine Nichte Vera, Saschas Tochter, liegt im Sterben, Gott sei mit ihr, Er hat ihr nur einen kleinen Auftrag gegeben, und wenn der erfüllt ist, wird Er mit dem Finger winken: dann stirbt meine Nichte Vera. Es lebt aber Wladimir, Saschas Sohn. Ich will ihn lieben wie meinen eigenen Sohn, denn ich darf keinen haben. Er hat in der Stimme und im Blick viel von meiner schönen Mutter, der ich hätte folgen sollen. Man soll seiner Mutter folgen.

Ich will mir das Nichts vorstellen, dann schlafe ich ein. Ich will mir den Tod vorstellen, damit er die Erinnerungen löscht, die bitter schmecken.

Wie wird es sein, wenn die Wahrheit meines armen Lebens erzwungen ist mittels der unverständlichen Strafen und der Auftrag erfüllt? So wird es sein: Es wird rauschen. Und ich werde fallen ... Ich werde fallen, dann aber bin ich schon nicht mehr ich, o Erlösung.

O Auflösung, o Erlösung ...

Fünftes Kapitel

Peter Iljitsch wußte nichts von der Masse. Wenn man ihn in ein Gespräch über politische oder soziale Fragen zu ziehen versuchte, blieb er unbeteiligt, fast erstaunt. Ihm war zu eigen ein mitleidiges, empfindliches Herz, das leicht und heftig von der Not anderer betroffen wurde – von der Not *einzelner* anderer, wenn er sie mit seinen Augen sehen mußte. An keinem Bettler konnte er vorübergehen, ohne in die Tasche zu greifen, und für einen Freund, einen bedürftigen Bekannten, der mit einer Bitte zu ihm kam, gab er das Letzte. Aber er ahnte nichts vom Schicksal der Klassen oder der Völker. Er war ein völlig unpolitischer Mensch, und er glaubte, daß diese seine komplette Desinteressiertheit am Politischen logisch und unabänderlich zusammenhänge mit seinem Künstlertum. Seine Meinung war: der Künstler sei ebenso isoliert von der Gesellschaft wie der Verbrecher – nur daß seine Vereinsamung sich anders manifestiert. Übrigens gab ihnen beiden – dem Genie wie dem großen Kriminellen – die Gesellschaft den Ruhm als die Bestätigung ihrer gefährlichen und abnormen Existenz. Der Ruhm ist ein Paria-Zeichen.

Kollektive Ereignisse erlebte Tschaikowsky als ästhetische Phänomene: sie waren hinreißend oder störend, jedenfalls erschütterten sie den isolierten Künstler-Menschen immer nur als Reiz und Glanz oder als Lärm und Häßlichkeit, nicht als das, was sie für die Masse, für das Kollektiv bedeuteten. –

Peter Iljitschs Aufenthalt in Prag, der sich an das Berliner Gastspiel anschloß, war eine öffentliche, politisch sehr stark akzentuierte Festlichkeit. Der Vereinsamte freute sich über die Ovationen, die man ihm bereitete, und er notierte sich wohl auch, daß sie nicht nur ihm galten, «sondern Mütterchen Rußland» – denn er war bescheiden und mochte nicht glauben, daß man nur um seinetwillen sich so heftig begeistern könne. Ziemlich unempfindlich aber blieb er für die höchst politische und höchst pathetische Spannung, die in diesem wilden Jubel für einen russischen Komponisten sich äußerte.

Er war gerührt bis zur Fassungslosigkeit, bis zu Tränen, von den huldigenden Schreien der tschechischen Studenten, von dem Beifallssturm, mit dem das tschechische Publikum ihn in der Oper begrüßte. Er genoß diese zehn schimmernden Tage des Prager Triumphes, zumal er sie in der Begleitung seines schönen und fremden Freundes Alexander Siloti verbringen durfte. Er entzückte sich an der Schönheit der «goldenen Stadt», ihrer Brücken, Plätze und geheimnisvollen Gassen; er rühmte sie als «die Stadt, die zuerst Mozart erkannte». Wußte er sonst nichts von ihr? – Er wurde sehr froh der herzlichen Beziehungen, die ihn mit dem neuen musikalischen Genie des Tschechenvolkes, Dvořák, verbanden, und er spürte ein erschrockenes Glück im Herzen, als man ihm versicherte, noch niemals sei einem ausländischen Künstler hier so gehuldigt worden. Wußte er nicht, warum die Avantgarde der Tschechen, ihre Presse und ihre hochoffiziellen Instanzen diese Huldigungen mit einem so absichtsvollen Enthusiasmus betonten und überbetonten?

Blieb ihm unbekannt oder unbegreiflich, welch ein Kampf hier im Gange war, und daß man ihn, den hergereisten Musiker, seine Figur, seinen Ruhm einbezogen hatte in diesen Kampf, daß man ihn im Kampf verwendete? Ahnte er nicht, daß dieser große Streit ausgetragen wurde zwischen zwei Rassen, zwischen zwei Zeitaltern? Daß hier ein junges und starkes Volk die Fesseln sprengen wollte, die ihm angelegt waren von der müde und fast schon resigniert gewordenen, bei aller Müdigkeit aber immer noch grausamen österreichischen Monarchie? –: ein junges und starkes Volk, heftig entschlossen, seine eigene Kultur, seine eigene politische Lebensform durchzusetzen in der Geschichte. Man berauschte sich an dem slawischen Ton in der Musik Peter Iljitsch Tschaikowskys. Dieser Ton bedeutete hier nicht nur süße und vielgeliebte Heimat, sondern auch Macht; denn er bedeutete: Rußland gegen die Monarchien der Habsburger und Hohenzollern. – Die Huldigungen an den unpolitischen Komponisten Tschaikowsky waren eine politische Demonstration.

Nach Prag stand auf dem Programm dieser Reise: Paris.

In Deutschland hatte ein bürgerlich-respektabler Kunstbetrieb den Komponisten aufgenommen und geehrt mit einem temperierten Verständnis; in Prag hatte ein Slawenvolk, das unterdrückt war von fremder Macht, ihm den demonstrativ-überschwenglichen Triumph bereitet. In Paris aber griff die Gesellschaft nach ihm. Das musikalische Leben stand hier in intimem Zusammenhang mit dem mondänen: der Ausländer, der es in jenem zu etwas bringen wollte, durfte sich nicht diesem entziehen – das hatten russische Freunde, die sich auskannten, ihrem Landsmann Peter Iljitsch eingeschärft. Er glaubte es, und er nahm den musikalisch-eleganten Rummel auf sich wie eine Verpflichtung, die Beruf und Auftrag mit sich brachten. Ein befangener, leicht verstörbarer Weltmann – etwas eingezwängt in seinen Frack, die hohe Stirn gerötet –, bewegte er sich auf den Empfängen, die man zu seinen Ehren veranstaltete in feinsten Häusern. Man muß nicht nur leiden für die Musik, sondern auch dafür, daß sie unter die Leute kommt und berühmt wird. ‹Und ich habe doch zu meinem ehrgeizigen Siloti gesagt: Mir liegt nichts am Ruhm›, denkt Peter Iljitsch. ‹Er aber hat mir geantwortet: Wir brauchen ihn alle. – Wir brauchen ihn alle. Nehmen wir also die ehrenvollen Einladungen an, wenngleich ich schwitzen werde vor Verlegenheit und vor Langeweile, ja: der Schweiß wird mir buchstäblich ausbrechen. Jede Begegnung mit dieser zudringlichen und unzuverlässigen Welt ist so peinlich, so beschämend und so anstrengend wie ein Zusammensein mit dem Agenten Siegfried Neugebauer, der alle ihre schlechten Eigenschaften aufs unheimlichste und aufs komischste in sich vereinigt.›

Übrigens versuchte Peter Iljitsch immer noch, sich einzureden, daß er alle diese geselligen Unannehmlichkeiten eigentlich nur für das große russische Konzert auf sich nehme: es blieb sein Ehrgeiz, die Musik seines Landes diesem verwöhntesten Publikum der Welt vorzuführen. ‹Denn man weiß nichts von uns›, dachte er täglich mehrmals, wenn man ihm von russischen Dingen sprach. Es gab auch hier eine russische Mode, jedoch nur eine sehr geringe Kenntnis russischer Leistungen und russischen Lebens. Auch hier war die Mode politisch betont, wie in Prag die echte, überströmende Sympathie: ihre Spitze war gegen das gefährliche Deutschland gerichtet. Man schwärmte von der französisch-russischen Verbrüderung, man trug Halsbinden ‹franco-russe›, in Salons und Zeitungen wurden die Namen Tolstojs und Dostojewskys häufig genannt, dem russischen Clown Durow wurde im Zirkus zugejubelt. Dabei blieb es. Für die ernste russische Musik indessen war das Interesse so gering, daß Peter Iljitsch ein reicher Mann hätte sein müssen, um das Konzert selbst zu riskieren. Noch ohne so gewaltige Extravaganzen zahlte er erheblich zu auf dieser Tournee, die viel mehr kostete, als sie einbrachte. Er wußte schon, daß ihm nichts andres übrigbleiben würde, als auf das große russische Konzert zu verzichten. Dann hatte Siegfried Neugebauer recht behalten mit seinem beleidigenden Skeptizismus, und gerade dies wollte Peter Iljitsch sich nicht zugeben. So sprach er gerne weiter von seinem schönen Konzert, versuchte einflußreiche einzelne und mondäne Zirkel daran zu interessieren und dafür zu gewinnen; stieß überall auf ein höfliches Interesse, das aber kühl blieb und aus dem sich keine Hilfsbereitschaft entwickelte.

Inzwischen ließ er sich herumreichen: es konnte seinem Ruhm förderlich sein, und den Ruhm braucht man, wenn er auch nur ein Paria-Zeichen ist und eine melancholische Entschädigung. – Der Reigen der solennen Festlichkeiten begann mit einem Gala- und Paradeempfang im Palais des Herrn Bernardacky, eines reichen Mäzens, der in Paris großes Haus machte. Über dreihundert Personen waren versammelt, man erklärte Peter Iljitsch, dies sei «tout Paris». Der große Dirigent Colonne hatte seinem Orchester die Streich-Serenade von Tschaikowsky einstudiert, am Gala-Abend dirigierte sie der Komponist. Nach Peter Iljitsch – der auch den Klavierpart im Andante Cantabile seines Ersten Quartettes übernommen hatte – produzierten sich einige der berühmtesten Virtuosen, zum Beispiel: der Pianist Diemer und die Brüder Reszke – zwei Sänger, deren Stimmen man hier für die denkbar schönsten hielt. Übrigens wirkten auch Madame Benardacky, geborene Leibrock, als Sängerin mit sowie ihre Schwester, die Opernsängerin war. Es wurde ein glanzvoller Abend: Verleger Maquart, der alles arrangiert hatte, konnte zufrieden sein. Nach dem Konzert gratulierten verschiedene Weltberühmtheiten dem russischen Gast, der sich – die Stirne gerötet, etwas eingezwängt in seinen Frack – befangen liebenswürdig vor jedem, der sich ihm nahte, tief verneigte. Gratulierend traten heran: Colonne und Lamoureux, die beiden großen Konkurrenten; Gounod, Massenet und Saint-Saëns, die alte Pauline Viardot, Paderewski. Der russische Gast lauschte höflich, wer sich auch immer geschwätzig-zutunlich an ihn wandte. Eben fragte ihn eine alte Dame, die ein Vermögen an Juwelen auf Hals, Busen, Armen und Fingern trug, ob er denn wisse, wie berühmt er in Frankreich sei: sein Lied «Nur wer die Sehnsucht kennt» spiele in dem Roman «Le Froc» von einem gewissen Emile Goudau eine ziemlich wichtige Rolle. So groß war sein Ruhm. Wenn man in einem französischen Roman vorkommt, gehört man zu «tout Paris».

Der Reigen der solennen Festlichkeiten riß nicht ab. M. Colonne

gab einen großen Abend; einen noch größeren die Baronin Tres-
dern, eine Liebhaberin der Musik, die es sich hatte leisten können,
in ihrem Salon an der Place Vendôme eine private Aufführung des
Wagnerschen «Ring» zu arrangieren. Nun empfing sie zu Ehren des
russischen Gastes, der in Mode war. Es empfingen: die Russische
Botschaft, Madame Pauline Viardot und in großem Stil die Redak-
tion des «Figaro» – bei dieser Gelegenheit wurde in den blumenge-
schmückten Sälen der bedeutenden Zeitung der dritte Akt aus
«Macht der Finsternis» aufgeführt: alles zu Ehren des russischen
Gastes. Pianist Diemer veranstaltete einen Gala-Abend, an dem seine Schüler nur Kompositionen von Tschaikowsky vortrugen – das
war eine recht gute Reklame, sowohl für den Virtuosen-Pädagogen,
als für den Komponisten, als – vielleicht – auch für die jungen Schüler. An all diesen gesellschaftlich-musikalischen Ereignissen nahm
die große und die kleine Boulevard-Presse lebhaften Anteil. Freilich
interessierte man sich weniger für Tschaikowskys Musik, als für «la
délicieuse toilette en satin et tull blanc», die eine Polignac oder No-
ailles getragen; man rühmte «la grâce de Grande Dame», die Madame Benardacky, der geborenen Leibrock, eigen, und den Blu-
menschmuck in der großen «Figaro»-Halle: der Name des Blumen-
lieferanten wurde hierbei nicht vergessen, denn warum sollte er
nicht teilhaben am allgemeinen üppigen Reklamesegen?

Als es endlich zu den zwei großen öffentlichen Tschaikowsky-
Konzerten im «Châtelet» kam, war der russische Gast schon wohl-
bekannt bei den wichtigsten Herzoginnen und in den Empfangsräu-
men der wichtigsten Redaktionen. Er hatte überall Besuch gemacht,
ein befangener Weltmann, geführt und eingeführt von seinem eifri-
gen Verleger M. Maquart. Nun sollte, zum Schluß, das große französische Publikum ihn kennenlernen, und die seriöse Musik-Presse
würde sich mit ihm beschäftigen.

Er wurde im «Châtelet» mit starkem Beifall begrüßt, der freilich –
wie sein empfindlicher Argwohn ihm sagen mußte – wieder einmal
mehr dem «Mütterchen Rußland» und der Verbrüderung franco-
russe galt, als dem Komponisten, von dem dieses Publikum wenig
wußte. Immerhin wurde auch nach den einzelnen Stücken und zum
Schluß stark applaudiert.

Die Presse blieb reserviert. Es war deutlich: Man hatte Caesar
Cuis «La musique en Russie» gelesen, daraus bezog man nun seine
Weisheit. Die Pariser Presse konstatierte mit Strenge: «M. Tchaï-
kovsky n'est pas un compositeur aussi russe qu'on voudrait le croi-

re»; er besitze, so wurde festgestellt, weder die Kühnheit noch die gewaltige Originalität, die den Hauptreiz der großen Slawen, der Borodin, Cui, Rimsky-Korsakow, Ljadow bilde. M. Tchaïkovsky sei leider recht europäisch, «L'allemand dans son œuvre domine le slave, et l'absorbe.»

‹Man hatte wohl erwartet, im Châtelet «des impressions exotiques» zu hören›, dachte Peter Iljitsch erbittert. ‹In Leipzig wirft man mir vor, ich sei französisch, in Hamburg, ich sei asiatisch, in Paris, ich sei deutsch, in Rußland findet man: ich sei alles im Durcheinander und jedenfalls völlig unoriginell.

Ach, diese Hochmütigen und Brutalen von der neu-russischen Schule, diese fünf genialen «Novatoren», die wie Pech und Schwefel zusammenhingen, diese feierlich verschworene Brüderschaft der musikalischen Nationalisten: was haben sie mir schon alles angetan! Ihnen, ihnen ganz allein habe ich den Ruf zu verdanken, ich sei fade, ohne Kraft und «verwestlicht». Die Studenten in Prag, die mich als den legitimen Sendboten und Sänger des großen Rußlands feierten, haben das nicht gefunden, und der gescheite alte Avé-Lallemant hat es nicht gefunden, als er sagte: ich sei asiatisch und sollte bei den deutschen Meistern lernen. Herr Caesar Cui aber findet es. Mit Rimsky-Korsakow läßt sich auskommen, er ist der einzige von der Gesellschaft, der etwas von seinem Handwerk versteht, sein «Spanisches Capriccio» ist sehr interessant instrumentiert. Ohne ihn wäre die ganze Bande verloren. Er arrangiert ihre Geniestreiche, bei ihm holen sie sich Rat: er hat nämlich das getan, was sie mir als Schande anrechnen – er hat etwas gelernt. Die anderen sind alle Dilettanten! Alexander Borodin – Gott habe ihn selig – mag ein ausgezeichneter Chemie-Professor gewesen sein; Caesar Cui ist vielleicht ein verdienstvoller Professor der Fortifikation, man sagt mir, seine Vorträge über Befestigungswesen an den Militärschulen von St. Petersburg seien vorzüglich. Mussorgsky war gewiß eine tragische Figur, ein verkommener, großartiger Mensch, ein enormer Säufer: aber die ganze Gesellschaft hat sich zu wenig mit Musik beschäftigt, Musik macht man nicht nebenbei. Von Anfang an war es das Unglück der russischen Komponisten, daß sie die Musik nebenbei machen wollten: das begann mit Glinka, unserer großen Quelle. Der wollte nur auf dem Sofa liegend komponieren, und nur dann, wenn er verliebt war; meistens aber trank er, anstatt zu arbeiten. Da er ein Genie war, kam immerhin «Das Leben für den Zaren» dabei heraus, unsere erste Oper, ohne die es uns alle gar nicht geben würde. «Das

Volk komponiert, wir arrangieren nur», sagte Glinka, die große Quelle. Das haben sie sich gemerkt, sowie auch seine Vorliebe für den Alkohol. Nur immer das Volkslied tüchtig strapazieren: dann ist man echt, dann ist man volksverbunden. Als ob unsereiner nichts vom Volkslied wüßte! Aber weil wir nicht beim Volkslied stehengeblieben sind, weil wir es veredeln, verwenden und mit anderen, ihm zunächst fremden Elementen vermählen, sind wir fad und konventionell. Nur nichts dazulernen! Nur nicht den Gesichtskreis erweitern! «En musique on doit être cosmopolite.» Diese Weisheit ist von Alexander Sserow, den die Herren «Novatoren» als einen der Initiatoren russischer Musik anzuerkennen immerhin freundlich genug sind. Aber das gilt nicht mehr. Nur noch das Barbarische ist echt, nur das Grobe, Ungeschliffene, Häßliche. Echt ist vor allem Mussorgsky, der ohne die freundliche Hilfe von Rimsky-Korsakow überhaupt nicht vor das Publikum hätte kommen können, so miserabel ist seine Musik geschrieben. Kein Mensch kann sie spielen, aber «Boris Godunow» ist *die* Oper des russischen Volkes, ihr Held ist nicht irgendeiner, kein einzelner, sondern das Volk selber. Was man unsereinem als Effekthascherei vorwerfen würde, das ist bei ihm groß und schön und die Wahrheit. Wenn ich einmal in einer Partitur die Glocken läuten lasse aus besonderem Anlaß, dann lächelt alles: Wie geschickt arrangiert! *Seine* Glocken aber sind die von den alten Kirchen Rußlands. Krönungsaufzug und Schenke, Bettelmönche, Vagabunden und Bauerntanz: bei ihm ist alles echt, alles echt! Mord, Klage, Aufschrei, Größenwahn, Geistererscheinung – das gemordete Kind schüttelt blutige Fäustchen gegen den falschen Zaren –: wer ihn sich leisten könnte, diesen ganzen Apparat! Ich darf mir's nicht leisten, ich bin ja ein «Traditionalist», wie die Brüder Rubinstein; nur ein alter Herr in Hamburg hält mich noch für asiatisch. Besser unterrichtet ist man hier in Paris: Caesar Cui hat aufklärend gewirkt. Die echten Russen sind: Borodin, Cui, Balakirew, Rimsky-Korsakow und Mussorgsky – die große Kameraderie, die gemeinsam das «Manifest» der neuen russischen Musik lanciert hat und die seitdem zusammenhängt wie Pech und Schwefel. Vielleicht sind sie lauter Genies, Mussorgsky vielleicht das größte, Gott sei seiner armen Seele gnädig, er hat viel gelitten, der hemmungslose Geselle, vielleicht war er wirklich am nächsten der Seele unseres Volkes. Ich aber gehöre nirgends hin. Man läßt mich allgemein fühlen, daß ich nirgends hingehöre.› –

Ihm blieb reichlich Zeit über all dies nachzudenken; denn er hatte, verstimmt durch die Zeitungskritiken, enerviert und angeekelt von der ewigen Geselligkeit, für heute abend jedes Rendezvous abgesagt. Er wollte allein sein. Nach dem Diner hatte er sein Hotel, das in der Nähe der Madeleine lag, verlassen. Ziellos war er die großen Boulevards entlanggeschlendert, hatte schließlich einem Wagen gewinkt und sich nach Montmartre fahren lassen. Er spazierte am Cirque Medrano vorbei, es reizte ihn, einzutreten. Die Vorstellung hatte begonnen. ‹Wie gut es hier riecht›, dachte er, während das Fräulein ihm die Türe zu seiner Loge öffnete. Seit je liebte er den scharfen, gefährlichen, Neugier und Spannung erweckenden Geruch der Manege.

Eine üppige Dame in einem steifen rosa Ballettröckchen, einen hohen silbernen Zylinderhut über der blonden Lockenfrisur, tanzte auf dem Rücken eines Schimmels, der seinerseits tänzerische Schritte durch die Manege tat. Die Dame warf Kußhändchen und stieß hohe, englische Rufe aus, halb Jubeltöne, halb Angstschreie. Nebenher lief ein dicker Clown mit einer fürchterlichen violetten Riesennase im breiten, kreideweißen Gesicht; man wußte nicht genau: floh er vor dem tanzenden Schimmel oder war er, im Gegenteil, bemüht, ihn anzutreiben. Jedenfalls stellte er sich aufs drolligste ungeschickt an, fiel häufig hin, schien auch beständig in Gefahr, die weiten roten Hosen zu verlieren: hierüber wurde stets besonders laut gelacht, von der Galerie wurden unpassende Scherze geschrien, der Clown, das klaffendrote Maul zu einem schamlos-schamhaften Grinsen verzerrt, verwickelte sich in seine Hosenträger, stolperte, hätte sich, zum Jubel der Galerie, beinahe ganz entblößt, hielt sich im letzten Moment die bedenklich rutschenden Beinkleider.

Nach der Kunstreiterin kamen dressierte Bären; dann drei Seiltänzer in weißen Trikots; dann eine Löwenbändigerin, die als schottischer Soldat mit kariertem Röckchen gekleidet war, häufig mit einem großen Revolver in die Luft knallte und Schreie ausstieß, die viel beängstigender klangen als das gedämpfte Knurren ihrer geduckten Bestien; dann eine große Pferdenummer; dazwischen die Clowns. Peter Iljitsch amüsierte sich ausgezeichnet. Er konnte sehr lachen über die Spaßmacher; er erregte sich, weil die Seiltänzer so gewagte Schritte taten, und von Herzen bewunderte er die täppische Kunstfertigkeit der tanzenden Bären. Am meisten freute er sich über das Publikum, über Enthusiasmus und Witz seiner Zurufe. ‹Hier ist es reizend›, dachte Peter Iljitsch. ‹Endlich bin ich froh, in Paris zu sein.› Er vergaß die Herzoginnen, die fatale Kritik und die fünf «Novatoren». Während des Entreakts trank er am Büfett mehrere Kognaks. Lärm und Gedränge um ihn herum störten ihn nicht; sie beruhigten. Er beobachtete die Familienväter, die ein kleines Regiment von Buben und Mädchen mit sich führten, immer besorgt, daß die Schar sich in Unordnung auflöse, hinterrücks Unfug stifte; die Kokotten, die unter ihren bunten Hüten habgierig lugten, die Dandys der Äußeren Boulevards mit glänzenden schwarzen Schnurrbärten, übermäßig hohen steifen Kragen, schmalen Hüften und zu spitzen Schuhen. Er liebte es, den Pariser Argot, die fliegende pointierte Rede, das schallende Gelächter um sich zu hören. Er war glücklich, hierzusein.

Ihm fiel ein sehr schönes Mädchen auf; dann erst der Junge, mit dem sie sprach. Das Mädchen hatte in einem blassen, überanstrengten, ungemein lieblich geformten Gesicht lange, dunkle, leidenschaftliche Augen. Sie trug ein eng anliegendes, sehr einfaches schwarzes Seidenkleid, unter dem glatten Stoff hob sich die junge Brust deutlich ab, das Hinterteil war, der Mode entsprechend, übermäßig stark herausgearbeitet. Der Junge, mit dem es lachte und sprach, drehte Peter Iljitsch den Rücken zu. Sein Haar war weich, mattblond und am Hinterkopf kurz geschoren. Der Junge trug keinen Mantel; sein Anzug war aus einem englischen, großkarierten Stoff, sehr auf Taille gearbeitet, ziemlich abgetragen, von einem gewissen dürftigen Schick. Das Mädchen lachte, so daß es silbrig tönte durchs ganze Foyer; sie ließ dabei den Kopf in den Nacken sinken, ihr blasses Gesicht mit dem dunkel geschminkten, großen Mund und den langen Augen lag nackt, entblößt, sehr lieblich und rührend überanstrengt bei aller Lustigkeit, im harten Licht der Gaslampen. Der Junge antwortete ihr mit einem anderen Lachen, das rauh, zärtlich und etwas höhnisch klang. An was erinnerte es Peter Iljitsch? Er schloß ein paar Sekunden lang die Augen, um in sich hineinzulauschen, an was ihn dieses Lachen erinnert habe. Als er die Augen wieder öffnete, hatte der Junge den Arm des schönen Mädchens ergriffen: eng nebeneinander, immer lachend und redend, bahnten sie sich durch das Menschengedränge ihren Weg zum Ausgang.

Peter Iljitsch spürte: ‹Ich muß ihnen folgen. Ich muß ihnen nachgehen, den ganzen Boulevard Clichy entlang. Ich muß sie beobachten, wie sie lachen und schlendern – beide sehr jung, mit sicheren Schritten durch die Menschenmenge. Unbedingt muß ich herausfinden, an was mich das Gelächter des Jungen erinnert hat.›

Er stürzte zur Garderobe, verlangte hastig nach seinem Pelz, gab ein zu hohes Trinkgeld; den Pelz nachlässig um die Schulter geworfen, lief er zum Ausgang. Gierig dachte er, während er lief: ‹Werde ich sie noch finden? Sind sie noch nicht verloren?›

Es waren aber sehr viele Menschen unterwegs auf dem Boulevard Clichy zu dieser Nachtstunde. Auf dem Trottoir, das grell geschminkt war vom Licht der Gaslaternen, schoben sich die Huren neben den behäbigen Bürgersfrauen, die Zuhälter neben den Offizieren, die kleinen Ladenmädchen neben den Arabern und Negern. Vor den Cafés, die auf die Straße geöffnet waren, staute sich der träge dahintreibende Strom, über dem sein eigener Lärm und sein Geruch wie eine zähe Wolke hing. Zerlumpte Burschen boten Zeitungen oder Erdnüsse an; mit ihren Schreien, die einen halb wehklagenden, halb zornigen Ton hatten, vermischten sich die Klänge der Tanzmusik aus den Cafés. An der Ecke Boulevard Clichy – Place Pigalle stand ein zerlumpter Alter, sein Gesicht war von Aussatz zerfressen; mit schwärzlich-lippenlosem Mund sang er ganz leise, fast murmelnd eine Ballade, deren Inhalt – wenn man genauer hinhörte – sich als sehr grausig und bewegt herausstellte. Peter Iljitsch warf ihm, das Gesicht weggewendet, ein Geldstück in die entfleischte Hand. Ihn würgten Mitleid und Ekel angesichts des entstellten Greises; übrigens fürchtete er sich vor allen Bettlern und war fest davon überzeugt, daß sie ihm Unglück brächten.

In dieser Menge hatten sich die beiden reizvollen Kinder verloren – das schöne Mädchen und der Junge mit dem gefährlichen Lachen. Darüber wurde Peter Iljitsch sehr traurig. ‹Sie sind weg›, dachte er, und vor lauter Betrübtheit wurde sein Gang langsam und schleppend. ‹Sie haben mir wohlgefallen, deshalb hat der Erdboden sie verschluckt. Nein, natürlich hat nicht der Erdboden sie verschluckt. Sie sind, aneinander geschmiegt, eingetreten in eines dieser dunklen Häuser. Sie lieben sich in einem dieser dunkeln Häuser ...›

Die künstlich erhellte, vom Lärm bewegte Nacht war milde. Man spürte schon den Frühling in der feuchten Luft. Es wurde Peter Iljitsch warm beim Gehen; ihn störte der lose um die Schultern gehängte Pelz. Ein kleines Negermädchen erschreckte ihn, da es ihm in den Weg sprang und mit einer wimmernden Stimme Streichhölzer anbot: es hatte angstvoll aufgerissene, übermüdete Augen unter der starren und finsteren Krone des Kraushaares. Während Peter Iljitsch sich bückte, um in die schwärzliche Hand des Kindes, deren Innenseite rührend hell, wie ausgeblichen war, eine Münze zu legen, trat mit schwankendem Schritt die Negerin-Mutter hinzu: als ein massiger Schatten erschien sie hinter ihrem bettelnden Töchterchen. Sie murmelte dem Herrn, der ihr Kind beschenkte, Segenswünsche zu, die bitter klangen wie Flüche. Die Frau war hochschwanger, ihr Leib wölbte sich ungeheuer unter der buntgemusterten Kattunschürze. Ihr Gesicht schien beinahe ebenso erschreckend in die Breite gegangen wie ihr Leib. Das war kein Menschengesicht mehr, sondern eine große, ungeformte Fläche, in der nur die Augen glimmten und zuweilen das Weiß der Zähne aufblitzte.

Peter Iljitsch entwich, rückwärts gehend, vor der schwarzen Trächtigen; dabei konnte er die Augen nicht von ihr lassen. ‹Die bringt mir entsetzliches Unglück›, dachte er, und starrte gebannt die Unförmige an. ‹Alle schwangeren Frauen bringen mir Unglück, und nun gar diese! Oh, wehe über die Unglückliche, wehe über mich, daß ich sie anschauen muß!› Endlich fand er die Kraft, ihr den Rücken zu drehen. Mit schweren, ungeschickten Sätzen sprang er davon, wobei er sich mit beiden Händen den Pelz über der Brust zusammenhielt. Aus der halb geöffneten Tür eines Cafés kam Walzermusik. Peter Iljitsch trat ein.

Er ließ sich an der Theke einen doppelten Kognak geben, trank rasch und verlangte noch einen. Das bedienende Mädchen versuchte eine kleine Unterhaltung mit ihm anzufangen und sagte etwas über den Frühling, der nun nicht mehr lange würde auf sich warten lassen. Sie war eine üppige, brünette Person mit einem Schatten von dunklem Bart über der Lippe; ihr Akzent war stark südfranzösisch. Peter Iljitsch antwortete nicht, das Mädchen zuckte die Achseln. Auf den langen Lederbänken, unter den Goldrahmen der Spiegel, saßen andere Mädchen, vor sich, auf der beschmutzten Marmorplatte des Tisches, die Kaffeetasse oder das Glas mit einer grünlichen Flüssigkeit. ‹Das muß Absinth sein›, dachte Peter Iljitsch, ‹ich könnte auch einen trinken. Die beiden reizvollen Kinder aber, die mir wohlgefielen, hat der Erdboden verschluckt.›

Neben ihm, faul und unbeweglich an die Theke gelehnt, stand ein verwilderter Mensch in einer Samtjacke; er starrte aus entzündeten Augen vor sich hin, in sein Glas mit der grünlichen Flüssigkeit. Neben diesem heruntergekommenen Gesellen – ‹Es wird ein Kunstmaler sein›, dachte mitleidsvoll Peter Iljitsch, ‹ein sehr begabter Porträtist vielleicht, aber vom Unglück verfolgt, wie viele in dieser Stadt› – stand noch jemand, für Peter Iljitsch durch den ersten verdeckt. Dieser zweite, Unsichtbare, sprach mit dem Mädchen hinter der

Theke. Plötzlich hörte Peter Iljitsch sein rauhes, zärtlich-höhnisches Lachen: das kannte er, er hatte es vor langer Zeit gehört und erst kürzlich wieder. Es war das Lachen Apuchtins. Peter Iljitsch erschrak.

So war der Junge also hier, der zum schönen Mädchen im Cirque Medrano gehörte, und er hatte das Lachen Apuchtins. Peter Iljitsch machte ein paar Schritte, am Rücken des Heruntergekommenen in der Samtjacke vorbei. Er stellte sich neben den Jungen. Über die eigene Hemmungslosigkeit erschrak er, als er ihn ansprach.

«Sie sind hier», sagte Peter Iljitsch.

Der Junge wandte ihm erstaunt das Gesicht zu. «Ja», sagte er ziemlich unliebenswürdig und schaute den Herrn im Pelz scharf dabei an. «Warum nicht?»

«Ich habe Sie im Cirque Medrano gesehen», sagte Peter, der unter dem harten Blick des Jungen die dunkle Röte auf der Stirn spürte. «Sie hatten ein sehr schönes Mädchen bei sich.»

«Gefällt sie Ihnen?» Der Junge zeigte ein verständnisvolles Grinsen. «Das wäre zu arrangieren.»

Diesen Ton war Peter Iljitsch nicht gewohnt. An wen war er hier geraten? Das war ein kleiner Zuhälter, der sein Mädchen anbot. Man hätte sich umdrehen sollen und ihn stehen lassen. Peter Iljitsch aber sagte: «Ich bin euch nachgegangen, ihr wart verschwunden auf dem Boulevard.»

«*Wem* sind Sie nachgegangen?» fragte der Junge und prüfte diesen kuriosen Alten aus seinen scharfblickenden, graugrünen, schmalgeschnittenen Augen. «Meiner Freundin?»

Vielleicht saß das Mädchen hier im Café unter den vergoldeten Spiegelrahmen vor ihrem Glas mit grünlicher Flüssigkeit; der Junge lauerte darauf, daß sie weggehe mit einem Freier, gegen Morgen traf er sie wieder und nahm ihr das Geld ab.

«Euch beiden bin ich nachgegangen», sagte Peter Iljitsch. «Euch beiden, weil ihr mir gefallen habt.»

«Auch mir also?» fragte der Junge, übrigens ohne jede Koketterie, ganz sachlich und mit einem abwehrenden, fast bösen Gesichtsausdruck. Er war aber etwas näher an den Ausländer im Pelz herangetreten.

Zu seinem eigenen Schrecken antwortete Peter Iljitsch: «Vor allem Ihnen.»

Daraufhin sagte der Junge trocken: «Ach so.»

Peter Iljitsch schwieg. ‹Ich könnte ihn fragen, ob er mit mir kom-

men will›, dachte er. ‹Er würde vielleicht grob werden, oder er würde sagen: Auch das läßt sich arrangieren, und würde keine Miene
dabei verziehen.› – Die üppige Südfranzösin hinter der Theke
schaute spöttisch auf den graubärtigen Herrn und auf den Jungen.

«Sie sind Russe», sagte der Junge. Sein Gesicht blieb mürrisch,
aber er berührte mit seinem Arm den Arm des älteren Herrn, der
ihm nachgegangen war.

«Woran merken Sie das?» fragte Peter Iljitsch.

«Ich kenne viele Ausländer», sagte der Junge und machte ein etwas angewidertes Gesicht, als wäre es ihm unangenehm, an all das
zu denken, was er erlebt hatte mit den Zugereisten. Er streckte die
Hand nach dem Glas mit der grünlichen Flüssigkeit aus, das vor ihm
stand; seine Hand war mager, sehnig und etwas schmutzig.

«Wollen Sie noch etwas trinken?» fragte Peter Iljitsch, denn der
Junge hatte sein Glas mit einem Zuge geleert.

«Ja», sagte der Junge – und, mit einem verächtlichen, ja, gehässi-
gen Gesichtsausdruck zum Mädchen hinter der Theke: «Noch zwei
Absinth, Léonie, für den Herrn und für mich.» Auch Peter Iljitsch
bekam vom Grünlichen eingegossen.

Sie standen ein paar Minuten lang schweigend. Peter Iljitsch sah
den Jungen an. Sein lockeres, mattblondes Haar war am Hinterkopf
und an den Schläfen sehr kurz geschoren – das war Peter Iljitsch
schon im Zirkus aufgefallen. Unter den schmalgeschnittenen graugrünen Augen sprangen die Backenknochen stark hervor. Die Stirne war klar und schön; um so mehr enttäuschte die weiche Linie des
kurzen Kinns. Das ziemlich breite, sehr junge, aber schon mitge-
nommene, schon nicht mehr ganz frische Gesicht hatte blasse Farben, die über den Augenlidern, bis zu den blonden Brauen, ins Ro-
sa-Bläuliche spielten. Einen starken Farbton gab allein der trotzig
vorgeschobene Mund: sein Dunkelrot kontrastierte heftig zu der
Fahlheit von Stirne, Wangen und Blick. Der Junge war nicht sehr
groß, wesentlich kleiner als Peter Iljitsch, und mager. Unter seinem
engen, auf Taille gearbeiteten Anzug ließ sich ein akrobatisch trai-
nierter, biegsamer Körper erraten. Er stand in einer zugleich nachlässigen und gespannten Haltung, die Beine gekreuzt, den Kopf ein
wenig geduckt, wie ein Läufer am Start; die sehnigen, strapazierten
Hände um das Glas gelegt.

«Sie sind Franzose?» fragte Peter Iljitsch.

«Ich bin Pariser», sagte der Junge und blickte mit seinem fahlen
und scharfen Blick ins Glas. «Aber meine Familie ist nicht von hier,

wir kommen von ziemlich weit her, von dort drüben, vom Balkan –» Er winkte mit seiner schönen, schmutzigen Hand, als wollte er andeuten, aus welcher finsteren Gegend die Familie käme. «Aber jetzt habe ich keine Verwandten mehr», fügte er mit einem plötzlich einstudiert und künstlich wirkenden, wehleidigen Tonfall hinzu.

«Haben Sie eine Stellung?» erkundigte sich Peter Iljitsch und ärgerte sich sofort über seine ungeschickte, naive Frage. «Ich meine», verbesserte er sich, «haben Sie irgend etwas zu tun?»

«Ich habe im Zirkus gearbeitet.» Der Junge schaute ins Glas; wahrscheinlich log er. «Eigentlich wollte ich Musiker werden, ich kann Flöte spielen.» Er lächelte sanft, wie ergriffen von der Erinnerung an sein Flötenspiel. Nein, dies ist nicht gelogen.

«Sie wollten Musiker werden», wiederholte Peter Iljitsch und sah ihn an.

«Aber das war ja nur so eine blödsinnige Idee», sagte der Junge, nun wieder mit seinem mürrischen Gesichtsausdruck und mit der bösen, etwas heiseren Stimme.

‹Er wollte Musiker werden, vielleicht ist er ein großes Talent – sehr wohl möglich, er sieht ganz danach aus. Man könnte ihn protegieren, er verdient es gewiß ebensowohl wie irgendein Sapelnikow, wahrscheinlich mehr, denn er ist stärker mit Reiz begnadet.›

«Was treiben Sie denn?» fragte der Junge. «Sie sind wohl Schriftsteller oder so etwas?» Das war das rauhe, zärtlich-höhnische Lachen Apuchtins: das Lachen des bösen Engels, der Macht besessen hat über Peter Iljitsch, den ausgelieferten.

‹Man könnte ihn bei sich behalten, man müßte sich seiner annehmen. Vielleicht wird etwas Besonderes aus ihm.›

Da der Fremde nicht antwortete, sondern in Grübelei versunken schien, verzichtete der Junge auf alle Umschweife und fragte direkt: «Nun, wie ist es, werden Sie mich mitnehmen?»

Peter Iljitsch wurde dunkelrot. Das Mädchen hinter der Theke, stumme, spöttische Zeugin seines Abenteuers, mußte die eindeutige Frage gehört haben. Lachte sie nicht? Es war außerordentlich peinlich. Ziemlich sinnlos sagte Peter Iljitsch: «Es ist aber schon spät.» Er zog seine schöne Uhr, weniger um die Zeit festzustellen, als um Zeit zu gewinnen, und vielleicht auch, um sich zu vergewissern, daß er sein hübschestes Ding, den guten Talisman, noch bei sich hatte.

Er ließ den geschmückten Deckel der Uhr aufspringen. Im selben Moment erschrak er über den gierigen Blick, mit dem der Junge das Kleinod aus Gold und Platin verschlang.

Peter Iljitschs Hand zitterte, als er die Uhr wieder in seine Tasche schob. ‹Der Junge wird mir die Uhr stehlen, wenn ich ihn mitnehme›, begriff er plötzlich und wischte sich den Schweiß von der Stirne. ‹Darauf würde es hinauslaufen: keine Freundschaft fürs Leben, nicht die pädagogische Beziehung, durch die ich ihn rettete und zum großen Meister machte – nichts, nichts, nichts, alles Schwindel, alles Selbstbetrug. Die Uhr würde er mir stehlen, so endete das große Abenteuer, dies der Dank für das verschwendete Gefühl.

Oder würde es noch schlimmer kommen? Ich habe heute nacht auffallend viele Bettler getroffen und eine besonders schreckliche Schwangere: das bedeutet Unglück. Ganz gewiß, es mußte noch schlimmer kommen. Ermorden würde er mich, wenn ich nur im mindesten zögerte, ihm die Uhr freiwillig auszuhändigen; erwürgen würde er mich, denn er ist zwar klein, aber unheimlich stark und gewandt und sehr böse; ich merke es: er haßt mich schon jetzt und wählt mit seinen Augen die Stelle an meinem Hals, wo er nachher zupacken wird.

Freilich, dachte Peter Iljitsch und leerte hastig sein Glas mit der grünlich-milchigen Flüssigkeit, deren Anisgeschmack ihm unangenehm war, ‹freilich, es wäre kein übler Tod, von diesem erwürgt zu werden ... Der böse Engel, unheimlich stark und gewandt, stürzt sich auf dich, so daß dir das Sehen und das Hören schwindet; schließlich gibt er sich als das zu erkennen, was er ist, als der Würgeengel, und er preßt dir den Atem ab, du vergehst ...

Du vergehst, o Erlösung ... Aber vergehst du denn im Einverständnis mit Dem, von welchem der Auftrag kommt? Ach, sicher nicht, ach, das darf ich nicht hoffen. Denn der weit entfernte Auftraggeber hat sich ja deutlich entschieden damals, als du ins eisige Wasser stiegst, es ist mehr als zehn Jahre her, in provozierender Absicht, und was dabei herauskam, das war nur ein Zähneklappern und ein Schnupfen. Und nun soll es wieder Apuchtins Lachen sein, und sein verderblicher Reiz, der dir den Atem abpreßt?

So leicht sind die dämonischen Triumphe nicht mehr zu haben, mein alter Freund! So leicht nicht mehr, Apuchtin, mein böser Engel!› Peter Iljitsch spürt einen Trotz, wie er ihn vielleicht nur einmal aufgebracht hat bisher: damals, als sich das Bild seines Lebens und seiner Pflicht überraschend-selbstverständlich in ihm formte und als er die Kraft fand, sich zu lösen aus der Freundschaft mit Apuchtin, dem bösen Engel. Nun denkt er heftig weiter: ‹So steht es nicht mehr um uns, daß wir so völlig hilflos ausgeliefert wären. Heute wissen, was wir noch alles zu erledigen und auszurichten haben – Mancherlei, viele Dinge, sie sollen uns den Ruhm bringen, diesen melancholischen Trost – du aber wirst unberühmt sterben, mit allen deinen Reizen, mein Kleiner! – Wie war das mit der kurzen, stampfenden Melodie in der Sonate meines Freundes Grieg, und warum hat sie mich so aufgerichtet? Wir sollen Widerstand leisten ...›

Da der etwas merkwürdige ältere Herr noch immer zögert, fragt der Junge noch einmal: «Wie ist es? Nehmen Sie mich mit?» – und denkt wahrscheinlich an die schöne Uhr. Seine schmalen, blassen und bösen Augen schauen lauernd und dabei lustig: es ist eine verlockende, geheimnisvolle, recht gefährliche Lustigkeit. Zwischen Augenwimpern und Brauen spielen die Farben seiner fahlen Haut ins Rosa-Graue und Silbrige, wie auf Perlmutter.

«Ich bin jetzt müde», redet der ältere Herr und hat ein recht scheinheiliges Lächeln. «Ich möchte jetzt lieber schlafen.» Da der Junge gehässig den Mund verzieht und beleidigt den Blick senkt, fährt der Ausländer fort: «Aber ich will Sie wiedersehen, mein Lieber, besuchen Sie mich doch bitte morgen vormittag. Mein Name ist Jurgenson, ich wohne im Hôtel du Rhin an der Place Vendôme – Sie müssen nur den Concierge nach mir fragen.»

«Einverstanden!» sagte der Junge. «Morgen vormittag.» Und mit einer plötzlichen, elastischen Drehung auf dem Absatz sich dem Herrn zuwendend, fügt er hinzu: «Geben Sie mir jetzt schon ein bißchen Geld – als Anzahlung.» Danach das rauhe, zärtlich-höhnische, gedämpfte Lachen.

Der Herr, vollkommen ruhig, sagt: «Gern.» Er nimmt aus seiner Brieftasche einen Schein und gibt ihn dem Jungen. Es ist ein großer Schein, ein viel größerer, als ihn der Junge sich erwartet hatte; der Junge lächelt und berührt mit seiner mageren, schmutzigen Hand ganz leicht die große, weiße und schwere Hand des Fremden. Der Fremde betrachtet den Jungen mit seinem tiefblauen, sanft-grübelnden, sehr traurigen Blick.

Er verlangt die Rechnung von dem Mädchen hinter der Theke, bezahlt und wendet sich zum Gehen. Schon einige Schritte von dem Jungen entfernt, hebt er die schwere Hand zu einem Winken. «Leben Sie wohl, mein Kleiner!» sagt der fremde Herr. «Und seien Sie glücklich!»

Er tritt auf den Boulevard Clichy. Die Menschenmenge hat sich verlaufen, aus den Cafés, in denen die Lichter ausgehen, kommt keine Musik mehr.

Peter Iljitsch wohnte aber nicht im Hôtel du Rhin an der Place Vendôme, vielmehr im Hôtel Richepanse, Rue Richepanse. Die Rue Richepanse durchkreuzt die Rue St. Honoré, läuft parallel zur Rue Royale und verbindet mit ihrer Fortsetzung die Rue de Rivoli mit der Madeleine.

Die letzte Station der Tournee, der Aufenthalt in London, wurde erledigt als eine Pflicht. Tschaikowsky hielt sich in der englischen Hauptstadt nicht länger auf als unbedingt notwendig, das waren vier Tage.

Er drängte nach Hause. Genug der unablässig wechselnden Menschengesichter, die vorüberglitten und entglitten, denen man nachschaute mit dem wehmütig grübelnden Blick! Genug des hochbürgerlichen oder mondänen oder populären Kunstbetriebs! Jetzt war, was man verlangte: Einsamkeit. Denn jetzt mußten Monate der Arbeit kommen.

Peter Iljitsch machte sich Notizen während der stürmischen Fahrt über den Kanal, während der Eisenbahnreise, die sechs Tage dauerte. Es waren nicht Notizen zu der Oper, die er geplant hatte: der «Pique-Dame»-Stoff reizte ihn nun nicht. Nicht ernst und nicht rein genug schien ihm die Kunstform der Oper, als der Ausdruck dieser Lebensstunde, als das Ergebnis und Resultat alles dessen, was wieder einmal erkannt und durchlitten war. Es sollte eine Symphonie werden. Es sollte die Symphonie des guten Trotzes werden. Es sollte die Symphonie des großen Widerstandes werden. Es sollte ganz die Musik werden, zu der er sich bereit und reif gefühlt hatte, da das kurze, stampfende Thema des schmalen Freundes Edvard Grieg als ein Trost und eine Erfrischung zu ihm gekommen war.

Es sollte die Symphonie des großen Widerstandes werden, in der ein fast zorniger Enthusiasmus die Klage besiegt; die Symphonie des Aufbegehrens, dessen männliche Entschlossenheit mächtiger ist als die Schwermut. Denn wir sind noch nicht fertig, es ist noch vielerlei zu erledigen und auszurichten, diesmal soll das Finale nicht schal klingen, sondern es soll tönen als ein echter Triumph.

Und im Frühling und Sommer dieses Jahres 1888 wurde geschrieben die Symphonie Nr. 5 in e-moll, Opus 64 – geschrieben unter Entzückungen und Qualen, in der Einsamkeit eines kleinen Landsitzes, genannt Frolowskoe, sechs Werst von Klin in bewaldeter Gegend; denn Peter Iljitsch hatte Maidanowo verlassen und aufgegeben, von dem er eine kurze Zeit lang hatte glauben wollen, daß es ihm Heimat sei.

Die Fünfte Symphonie wurde geschrieben, zum Trotz jener schlimmen Angst, die den Alternden lähmen wollte mit ihrem Flüstern: Du bist ausgesungen, vertrocknet, von dir kommt nichts mehr. Und siehe da: Die Symphonie wurde groß, und sie wurde gut. Sie hatte Schwermut und Glanz und dazwischen eine ganz entrückte Leichtigkeit und am Ende den stolzen und heftigen Überschwang dessen, der sich höchst tapfer gewehrt hat.

Als sie abgeschlossen war, die mächtige Partitur, hatte Tschaikowsky die Widmung zu vergeben, diesen Ehrentitel. Er schrieb die Widmung nicht an einen seiner Freunde – als wollte der vereinsamt Gesellige grimmig andeuten, daß er keine Freunde besitze –; er schrieb sie an Herrn Avé-Lallemant, Ersten Vorsitzenden der Philharmonischen Gesellschaft zu Hamburg. Das war ein Fremder. Aber er war es, der zu Peter Iljitsch gesagt hatte: Aus Ihnen könnte ein ganz Großer werden. Und: Sie sind doch noch jung.

Zweiter Teil

Sechstes Kapitel

Die Schwester des Peter Iljitsch Tschaikowsky, Frau Alexandra Dawidow, war nicht gesund. Über Namen und Art ihrer Krankheit konnten sich die Ärzte nicht einig werden. Allen sichtbar war, daß sie hinschwand. Sie hustete, magerte ab und verfiel. Der eine Arzt glaubte, ein Lungenleiden feststellen zu müssen; der andere erklärte den Husten nur als eine Nebenerscheinung und führte alles übrige Ungemach auf den Magen zurück; ein anderer wieder auf die Nieren. Ihr schien nichts daran gelegen, den Namen ihres Leidens zu erfahren. Machte sie eine Anstrengung, ihrer namenlosen Krankheit Herr zu werden? Sie betete. Aber da sie stumm blieb, während sie mit gefalteten Händen lag, erfuhr niemand, welche Vorschläge, Wünsche oder Forderungen ihr Herz zu Gott schickte. Sie verriet den Lebenden und Gesunden nichts von dem, was sie auszumachen hatte mit ihrem Herrn. Stundenlang lag sie mit gefalteten Händen und starrte aus tiefliegenden Augen, deren Blick einen wehen und stumpfen Glanz hatte, gen Himmel. Sie veränderte ihre Lage nicht, sie schaute kaum hin, wenn einer von der Familie oder vom Gesinde zu ihr trat. Nur wenn es Wladimir war, der sich über sie neigte, bewegte sie ein wenig die Hand, wie zu einem schwachen Winken, oder sie lächelte. Der Sohn Wladimir war ihr Liebling.

Beinahe überhaupt nicht bekümmerte sie sich um die Krankheit Veras, ihrer jungen Tochter. Brachte der Arzt oder der Gatte ihr Bericht vom Zustand des bleichen Mädchens, das in einem anderen Flügel der weitläufigen Villa lag und litt, so bekam Frau Alexandra, die Mutter, einen bitteren und zerstreuten Gesichtsausdruck; ja, sie schien eifersüchtig auf die jüngere Kranke – sei es, weil sie von dem gedämpften und respektvollen Interesse, das eine Gruppe von Gesunden für die Kranken übrig hat und das natürlich, als Menge und als Intensität, begrenzt ist, eine gewisse Dosis von ihr, der Mutter, weg und auf sich zog; sei es, weil das junge Ding auf seinem Weg zum Tode beflügelter und geschwinder voranzukommen schien als sie, Frau Alexandra, die soviel Zeit benötigte für ihre stummen Auseinandersetzungen mit Gott. Die junge Vera war später krank geworden als ihre Mama. Aber die hurtige Jugend holte das bedächtige Alter ein, sprang munter an ihm vorüber, ließ es leichtfüßig hinter sich. Die kleine Vera erreichte das dunkle und schöne Ziel, während Frau Sascha sich noch mit umständlichen Gebeten plagte: Herr Dawidow drückte seinem Töchterchen die Augen zu, Wladimir warf sich schluchzend über die schmale Leiche, der Hausarzt stand verlegen-würdig beiseite. Als man Frau Alexandra, die zu Bette lag, die Todesnachricht brachte, schwieg sie erbittert. Dann reckte sie, betend, die gefalteten Hände.

Übrigens veränderte sich ihr Zustand nicht, keine Verbesserung, keine Verschlechterung war zu konstatieren. Stand es so, daß sie sich – niemand wußte es – gegen den Tod *wehrte*, dann war die Zähigkeit, mit der sie ihn von sich abhielt, groß und bewunderungswürdig; wenn sie ihn aber herbeiwünschte – wie es ihr Gatte und ihre Kinder zuweilen argwöhnten –, dann trieb der Tod ein höchst grausames Spiel mit ihr: er blieb ihr gar zu lange gleich nah und gleich fern; er neckte und foppte sie, indem er sich gaukelnd vor ihr bewegte, seine dunklen Reize verführerisch zeigend; wenn sie aber die Hand nach ihm ausstrecken wollte, wich er zurück, ein flüchtiger Schatten.

«Ich bewundere Mama, daß sie nicht ungeduldig wird», sagte Wladimir, ihr Sohn, dem sie zuweilen zulächelte. Der Achtzehnjährige war sehr liebenswürdig, dabei über seine Jahre ernst und gescheit. Vielleicht war es der vertraute Umgang mit der leidenden Mutter, der ihn verändert hatte; als Frau Alexandra noch gesund gewesen war, hatte sie gerade diesen Sohn, ihren Liebling, als den ausgelassensten und lustigsten gekannt. Aus dem lustigen kleinen Jungen war der hoch aufgeschossene, etwas zu magere Jüngling geworden. Man liebte ihn in der Schule, und die Damen, die im Dawidowschen Haus verkehrten, zeigten sich nicht unempfänglich für seine Reize. Manche von ihnen fingen an, mit ihm zu kokettieren; er reagierte mit einer gewandten Galanterie; verschenkte einladende, beinah zärtliche Blicke aus seinen weit geschnittenen, dunkelblauen Augen, bückte sich pagenhaft zu zarten Handküssen; Handkuß und Blick begleitete er mit geschwinden, meist etwas spöttischen Reden.

Er konnte gut sprechen, sowohl die Damen als die Lehrer und die Kameraden in der Schule rühmten es ihm nach. Sein beweglicher, schön gezeichneter Mund, der sehr weiße und gesunde Zähne sehen ließ, brachte die Worte eilig und in angenehmer Reihenfolge hervor. Zu seinem nicht immer substantiellen, aber stets anmutigen Plaudern hatte er ein Lächeln, das zugleich leichtsinnig und schwermütig war: Ebendiese Mischung aus Leichtsinn und Schwermut war es, die sein Wesen charakterisierte und ihm jenen Charme verlieh, der sowohl die Mitschüler und die Professoren als auch die Damen gewann.

Seine blanke, helle und gewölbte Stirne, die ernste Linie der langen schwarzen und dichten Brauen über den dunklen und weiten Augen schienen eine frühe, rührende Erfahrenheit mit den schweren und bitteren Dingen des Lebens verraten zu wollen; der Mund aber, der so gerne lächelte und sprach, war vor allem jung: er war feucht, beweglich und sinnlich; die leichtsinnige, geschickte Rede, die er führte, kontrastierte zu der wehmutsvollen Sprache der Augen.

Die kluge und helle Stirn war gerahmt von dunkelbraunem, gewelltem Haar. Der schmale Kopf saß auf einem etwas zu langen Hals; der Hals auf zu schmalen, leicht nach vorne hängenden Schultern. Auf den hohen und schmalen Beinen bewegte sich Wladimir – ein eckig-anmutiger Page – mit der zugleich ein wenig behinderten und sehr leichten Würde des Vogels Strauß. Sein ernsthaft-spöttisches Geplauder begleitete er mit linkisch-zierlichen kleinen Handbewegungen, wobei seine schönen, langen und schlanken Hände auffielen. Sehr auffallend waren auch seine kleinen, fein und hübsch gebildeten Ohren, die als zwei empfindliche und zarte Muscheln unter dem dichten, dunkelbraunen Haar hervorkamen.

Der junge Wladimir liebte das Schöne, und er war wißbegierig. Er las viel, und es machte ihm Freude, mit den Kameraden oder mit Erwachsenen über Bücher zu diskutieren. Er kannte nicht nur die russische Literatur, sondern auch Teile der klassischen und modernen französischen und deutschen. In populären Ausgaben oder sogar im schwierigen Original hatte er mehrere der wissenschaftlichen Werke gelesen, deren Theorien damals die Schlagworte einer anspruchsvollen Konversation bildeten; er liebte es, Namen wie Darwin, Marx oder Häckel in sein angeregtes Gespräch zu werfen. Er interessierte sich für soziale Fragen wie für ästhetische; er plauderte über die Nihilisten und über die Programm-Musik. Er war nicht unbewandert in der Kunstgeschichte; er konnte etwas Klavier spielen und etwas zeichnen.

Natürlich war er ein Bewunderer Wagners. Das hinderte ihn aber nicht daran, für die Klassiker der russischen Musik, vor allem für Glinka, und für die fünf «Novatoren», vor allem Rimsky-Korsakow, zu schwärmen; was ihn wiederum keineswegs davon abhielt, seinen berühmten Onkel, Peter Iljitsch Tschaikowsky, für den bedeutendsten Musiker Rußlands und für den größten Komponisten seiner Zeit zu halten.

Der berühmte Onkel Peter Iljitsch Tschaikowsky hatte während seiner letzten Besuche in Kamenka den Neffen Wladimir verwöhnt und bevorzugt: es war allgemein aufgefallen im Familienkreis. Früher, als Frau Alexandra noch gesund gewesen war, Wladimir aber nur ein lustiger kleiner Bub, hatte Peter Iljitsch sich nicht viel um die Kinder gekümmert, auch um Wladimir nicht. Zuweilen hatte er ihm wohl, mit einer zerstreuten Zärtlichkeit, die dichten Locken gestreichelt und dazu gesagt: «Du kleiner Wladimir – was wird aus dir werden?» Meistens aber hatte man ihn neben Alexandra-Sascha, seiner lieben Schwester, sitzen oder promenieren sehen können. Es gab so vieles, was man ihr erzählen mußte; das Gespräch zwischen den beiden wollte niemals zu Ende kommen: sein unendlicher Gegenstand waren ja alle Sorgen, Nöte, Ängste, Abenteuer und Hoffnungen, die Peter Iljitschs reiches, bitteres und verworrenes Leben ausmachten. Alexandra – klug aus Liebe, ganz verständnisvoll aus Verwandtschaft – lauschte den Beichten und Klagen, den Plänen, Berechnungen und Gefühlsausbrüchen des Bruders.

Dieses war lange her. Nun war die Zeit der langen Gespräche mit Schwester Sasche vorüber: die Kranke war nicht mehr fähig und nicht mehr willens, die Beichten anderer entgegenzunehmen. Denn jetzt gab es nur noch zwei Gegenstände, die sie wirklich beschäftigten, und die hingen innig miteinander zusammen: ihr Leiden und ihr zähes – haderndes oder zärtliches – Zwiegespräch mit Gott. Ihren Bruder aber empfing sie – wie jetzt alle Menschen, außer Wladimir – mit jener bitteren Zerstreutheit, gegen die nichts ankommen konnte, keine Liebkosung und kein ernstes Wort.

Herr Dawidow hatte seine Geschäfte und war übrigens ein für höhere und zartere Dinge unempfänglicher Mensch. Von den drei Söhnen hatten zwei – der derbe Älteste und der unbedeutende Jüngste – wenig Anziehungskraft für den berühmten Onkel. Es war Saschas zweiter Sohn, Wladimir, der hoch aufgeschossene, gescheite, schwermütig-leichtsinnige Page, für den sein Herz sich entschied.

Bei Peter Iljitschs letztem Besuch in Kamenka hatte es lange Gespräche gegeben zwischen dem berühmten Onkel und dem liebenswürdigen Neffen. Wladimir konnte später mit Stolz berichten, daß Peter Iljitsch ihm alle seine musikalischen Pläne anvertraut und ihm sogar Bruchstücke verschiedener neuer Melodien auf dem Klavier vorgespielt hatte. Peter Iljitsch seinerseits ließ sich von dem jungen Neffen – den er übrigens «Bob» zu nennen pflegte – über seine Studien, Pflichten und Vergnügungen berichten; er wiederum erzählte von Reisen, vom Leben in den großen Städten des Westens oder Geschichten aus seiner Kindheit. Er liebte es, zu Wladimir-Bob von seinen Erinnerungen zu sprechen: sie schienen sich zu erfrischen, jünger, lebensvoller zu werden, da dieses neugierige und empfängliche junge Herz sie mit soviel Teilnahme und liebender Andacht in sich aufnahm. Der gesprächige Wladimir war ein guter Zuhörer. Sein schöner, beweglicher Mund war begabt, zu sprechen; seine hübsch und empfindlich gebildeten Ohren waren begabt, zu lauschen. – Übrigens vertrieben sich der Jüngling und der Alternde die Zeit nicht nur durch lange Gespräche, sondern auch mit Ballspielen, Rätselraten, viel Lachen und harmlosem Scherz.

Zum Abschied umarmte der berühmte Onkel zum erstenmal den liebenswürdigen Neffen und küßte ihn auf die Stirn. Das war der Anfang ihrer großen Freundschaft.

Für den jungen Wladimir war an Peter Iljitsch alles zugleich rätselhaft und vertraut. Sehr rätselhaft war ihm, daß ein lebendiger und noch dazu so nah verwandter Mensch wirklich von der Art sein konnte wie die ehrfurchtgebietenden Personen, über die man in den Büchern las: unheimlich geladen mit schöpferischen Kräften, stets in tiefem und wunderbarem Kontakt mit dem Dämon, der ihm Melodien zutrug aus einer himmlischen Gegend – Melodien, die der also Begnadete nur weiterzugeben hatte an eine erschüttert lauschende Menschheit. Was, in der Tat, sollte rätselhaft sein, wenn nicht dieser ganz unerklärliche, verwirrende und köstliche Vorgang? – So stellte sich Peter Iljitsch den Augen des jungen Bob einerseits dar als der bewunderungswerte Fremdling; andererseits meinte der Jüngling an seinem berühmten Onkel alles Menschliche durchaus zu begreifen. Sehr verständlich waren ihm dessen Mangel an Selbstvertrauen – der oft in einen heftigen Stolz jäh umschlagen konnte –; seine Nervosität, seine Unrast, seine Depressionen. Er glaubte auch seine Lustigkeit zu verstehen, der etwas Schwermut immer beigemischt schien und die eine Neigung hatte, bis zu einer beinah infantilen Ausgelassenheit zu entarten. Peter Iljitschs große Menschenfreundlichkeit, seine Freude am Helfen, sein fast werbendes Sich-Bemühen noch um die Geringsten und Fremdesten schienen in einem Gegensatz zu stehen zu seiner melancholischen Angst vor den Menschen. Dieser Gegensatz überraschte den jungen Wladimir nicht; im Gegenteil, glaubte er, gerade aus solchen, einander widersprechenden Zügen erkennen zu dürfen, daß er selbst nicht nur vom gleichen Fleisch und Blute, sondern auch ein wenig vom selben Geiste war, wie sein großer, bewunderter und rührender Onkel, Peter Iljitsch. Denn auch der junge Wladimir kannte schon nervöse Beängstigungen, Niedergeschlagenheit, Menschenhaß und das bedrückendste Minderwertigkeitsgefühl. Andererseits war auch ihm äußerst daran gelegen, sich den Menschen angenehm zu machen, ihre Herzen zu gewinnen durch ein liebenswürdiges und gefälliges Wesen. Nur traten beim jungen Bob alle diese Züge weniger scharf und beunruhigend hervor als bei dem heftig aufgewühlten Peter Iljitsch: Jugend und gelenkige Hübschheit des hoch aufgeschossenen Pagen hatten die Kraft, alle Gegensätze seines Wesens zu versöhnen, die Problematik zu mildern, das Widerspruchsvolle zu glätten, das Schwankende oder Gequälte ins Anmutige zu verwandeln. Sein junger Mund lächelte, sein dunkles Auge verschenkte schwermütige und leichtsinnige Blicke; seine langen und schlanken Hände hatten beim Plaudern eifrige und etwas ungeschickte kleine Gesten; seine blanke und reine Stirne, hübsch gerahmt vom dunklen Gelock des Haars, war nicht befleckt, nicht gesegnet von der Berührung des Dämons.

Wladimirs Leben war angenehm ausgefüllt von vielerlei Interessen und Beschäftigungen, wie sie einem jungen Mann aus gutem Hause gegen Ende des neunzehnten Jahrhunderts wohl anstanden. Zu seinem Hauptinteresse, zu seiner vorzüglichsten Beschäftigung aber wurde es nun, alles zu verfolgen und sich in seinem Herzen liebevoll zu merken, was den rätselhaften und vertrauten Onkel betraf. – Nach jenen gesprächereichen Tagen von Kamenka, die den Anfang – oder nur das Vorspiel – zu einer großen Freundschaft bedeuteten, hatte der Briefwechsel zwischen Peter Iljitsch und seinem Neffen begonnen. Der anspruchsvolle junge Wladimir aber fand, daß Peter Iljitsch ihm noch zu selten, noch in zu unregelmäßigen Abständen schriebe. Freilich, der Jüngling wußte, wie sehr die Zeit des berühmten Verwandten in Anspruch genommen war durch Arbeit und Reisen, durch Geselligkeit und Korrespondenz. Dies bedeutete eine Erklärung dafür, daß er – Wladimir – zuweilen vernachlässigt wurde; es war aber doch noch kein Trost. Wladimir wollte durchaus ganz und gar auf dem laufenden sein über alles, was das Leben des Hochgeschätzten und Sehrgeliebten betraf.

Er begann damit, sich einen Nachrichtendienst zu organisieren und sich Neuigkeiten zu verschaffen, wo immer er sie auftreiben konnte. Alle Zeitungsausschnitte, in denen der Name Tschaikowsky vorkam, wurden gesammelt von Wladimir, dem wißbegierigen jungen Neffen. Der Diener Alexei war angehalten, dem jungen Herrn nach Kamenka alles zu schreiben, was er über Tun und Lassen seines Herrn wußte. Wladimir korrespondierte mit jungen Leuten, die das Glück hatten, bei Peter Iljitsch zu verkehren; so mit dem jungen Wolodja Naprawnik, dem Sohn des großen Petersburger Dirigenten, der zuweilen Gast in Frolowskoe sein durfte – eine Tatsache, die einerseits Bobs Eifersucht, andererseits sein Interesse für den Altersgenossen erweckte.

So führte der junge Wladimir denn eigentlich zwei Leben: sein eigenes – das stille, behaglich-angeregte Leben des Familiensohnes in Kamenka, des Schülers in Kiew – und, in seinen Träumen und Vorstellungen, das unruhige und glanzvolle Dasein des umworbenen, vielfach in Anspruch genommenen Komponisten – eine zugleich beneidenswerte und bemitleidenswerte Existenz, überreich an Ruhm, Rausch, Abwechslung und Trauer.

Wladimir, Familiensohn, Liebling einer siechenden Mutter und gescheiter Schüler, hatte die erste große Auslandstournee Peter Iljitschs mitgemacht in seinen Vorstellungen und Träumen: während Tschaikowsky sich ganz einsam glaubte, war der aufmerksame Jüngling mit ihm gewesen, in Leipzig und Hamburg, auch in Lübeck, auch in Magdeburg; in Berlin und in Prag, in Paris und in London.

Der liebenswürdige Neffe – immer instruiert durch seinen Nachrichtendienst, dessen Mitteilungen seine reiche Phantasie ergänzte – kannte das neue Heim Tschaikowskys in Frolowskoe, ehe er noch dort gewesen war: der Diener Alexei hatte ihm Bilder und Beschreibungen geschickt, dem jungen Wladimir war das niedrige Holzhaus mit der vorgebauten Terrasse vertraut; er kannte die Büsche und Bäume, die es umgaben; die einfach gezimmerte Holzbank, auf der man den Schatten genießen konnte; die Blumenbeete, die waldige, ebene Landschaft, über die man den Blick hatte aus den Fenstern des Hauses.

Der junge Wladimir hatte die schwere, an bitteren Niederlagen wie an triumphalen Aufschwüngen reiche Arbeit miterlebt – die lange Arbeit an der Fünften Symphonie. Er war, mit Peter Iljitsch, verzweifelt gewesen, wenn sie stockte; entzückt und stolz, wenn sie vorwärtsging; und da nun das Werk vollendet war und ganz wohlgeraten, fand er sich beseligt, als ob es sein eigenes wäre.

Er hatte aber auch Anteil genommen am Alltag von Frolowskoe: an der Blumenzucht, mit der Peter Iljitsch sich in seinen Mußestunden so gern beschäftigte (der fleißige Gärtner hatte sich einen Schnupfen geholt beim zu langen Graben in der nassen Erde – und was für ein Ärger, als dann die Levkojen und die Reseden im überreichlichen Regen ertranken!), und er kannte sich aus in der großen Korrespondenz, die Peter Iljitsch – emsiger Komponist und emsiger Gärtner – sich auferlegte, so wie der Schüler sich noch eine Fleißaufgabe zumutet zu allem übrigen. Die meisten Briefe gingen an Frau von Meck; sie bekam so viele und so ausführliche, daß es den Jüngling in Kamenka neidisch machte, obwohl er natürlich über die besondere Rolle genau Bescheid wußte, welche die geheimnisvolle Seelenfreundin im Leben des geliebten Onkels spielte. – Ziemlich zeitraubend war auch, wie der junge Wladimir wußte, der Briefwechsel mit Seiner Kaiserlichen Hoheit, dem Großfürsten Konstantin Konstantinowitsch. Dieser musisch gestimmte Anverwandte des Zaren geruhte, sich mit Lyrik zu beschäftigen und mit dem Komponisten Tschaikowsky einen gründlichen Meinungsaustausch über stilistische Fragen, Versfüße und Rhythmen zu pflegen, der von der Seite des also huldvoll zu Rat Gezogenen mit allerlei sublimen Schmeicheleien und ehrfurchtsvollen Floskeln gewürzt werden mußte. – Hinzu kam die sehr eifrige Korrespondenz mit den Brüdern Anatol und Modest; schließlich die geschäftliche mit Kollegen, Dirigenten, Unternehmern und Theaterdirektoren – so mit dem Intendanten der Kaiserlichen Bühnen, Herrn Wsewoloschsky, einem sehr einflußreichen Freunde und Gönner, zu dem Peter Iljitsch um jeden Preis die besten Beziehungen unterhalten mußte. Der verständnisvolle Wladimir begriff durchaus, wie mühsam und beschwerlich dies alles war und daß man sich solchen Unannehmlichkeiten keinesfalls entziehen durfte: der Ruhm brachte nicht nur Glanz, sondern auch lästige Verpflichtungen mit sich.

Das Leben in Frolowskoe war still; die Zerstreuungen, die es gelegentlich brachte, blieben bescheiden; Wladimir, in Träumen Anteil nehmend, genoß aber auch schon diese harmlosen Vergnügungen, die dem Onkel – und dadurch ihm – geboten wurden. Ganz vortrefflich hatte er sich, zum Beispiel, in seinen Vorstellungen und

Träumen mit der kleinen Gesellschaft amüsiert, die sich zu Ehren von Peter Iljitschs Namenstag auf dem Landsitz zusammengefunden hatte. Da waren eingetroffen: der dicke, träge und immer etwas betrübte Laroche – Kamerad aus der Studienzeit und nun einer der angesehensten Musikkritiker des Landes–; Verleger Jurgenson, Karl Albrecht, Bastler und Philosoph; schließlich Alexander Siloti, der schöne Unnahbare, dem Peter Iljitsch nicht ohne Herzklopfen wiederbegegnete; von diesem Herzklopfen freilich wußte der junge Beobachter in Kamenka nichts, und es blieb übrigens ohne innere oder äußere Konsequenzen; denn der Gastgeber, Peter Iljitsch, fühlte sich dem vollkommen Schönen und vollkommen Kühlen entfremdet und, gleichzeitig, auf eine maßvoll freundschaftliche Art vertraut, die jene Spannung der Leipziger und Prager Tage nicht mehr aufkommen ließ. – Alles in allem: ein sehr netter Kreis. Man spielte Karten, musizierte und erzählte sich Anekdoten; Wladimir war äußerst zufrieden mit dem Verlauf der kleinen Gesellligkeit.

Peter Iljitsch blieb auch noch den Oktober in Frolowskoe, da war es dort schon recht kalt und unwirtlich, es gab scharfen Frost ohne Schnee, das Haus war schwer heizbar, Wladimir fand, daß es nun hier ziemlich ungemütlich wurde. Er war froh und zufrieden, als man endlich abreiste, nach Moskau.

Denn dort hatte inzwischen die musikalische Saison begonnen, aber sie machte Sorgen. Peter Iljitsch – und Bob in Kiew – mußten zu ihrem Bedauern erfahren, daß die Abonnentenzahl der großen Symphoniekonzerte in einem höchst empfindlichen Grade zurückgegangen war. Wladimir war durchaus damit einverstanden, daß der berühmte Onkel sich von nun ab mit größerem Eifer für die Moskauer Musikgesellschaft einsetzen wollte: unbedingt mußte diesem Unternehmen wieder auf die Beine geholfen werden, keinesfalls durfte man es verkommen lassen, es repräsentierte das Musikleben Rußlands.

Seine Fünfte Symphonie dirigierte Peter Iljitsch zunächst in St. Petersburg, am 5. November. Wladimir war mit dem Publikum recht zufrieden, es spendete lebhaften Beifall und viel schöne Blumen; äußerst unzufrieden aber mußte er mit der Presse sein, ja, ihr gegenüber empfand er geradezu Erbitterung, da sie es sich herausnahm, dort zu mäkeln und allerlei auszusetzen, wo es nur zu bewundern gab – allen voran natürlich Herr Caesar Cui, dieser odiose Geselle, der dem Werk eine schwerfällige Instrumentierung vorzuwerfen wagte. Darüber ärgerte der junge Wladimir sich sehr.

Überhaupt kamen für ihn nun schwere Zeiten; denn nachdem Peter Iljitsch verschiedene Konzerte in Moskau und einen nicht völlig geglückten Aufenthalt in Prag hinter sich hatte, mühte er sich in Frolowskoe mit einem Ballett «Dornröschen», zu dem der Intendant der Kaiserlichen Bühnen ihm den Auftrag gegeben und das Libretto selbst geschrieben hatte. Dem Einsamen, in seinem kalten Landhaus, fiel die Arbeit recht sauer. Übrigens quälten ihn auch Zweifel am Werte seines letzten Werkes, der Symphonie. In düsteren Stunden behauptete er, daß sie mißraten sei, schlechtes Machwerk, durchaus zweiter Klasse, ihn störe an ihr «etwas Unechtes, was nicht vom Herzen kommt». Mit so argen Überlegungen und Ängsten bereitete er nicht nur sich selbst Schmerz, sondern auch dem Jüngling, der sein Leben mitlebte.

Das waren bittere Wochen, für Peter Iljitsch wie für seinen Bob – nur gut, daß es auch Sonnenstrahlen gab. Einen sehr netten Sonnenstrahl, zum Beispiel, brachte der Weihnachtsabend: da konnte Alexei seinem lieben Herrn ein schönes Geschenk unter den Christbaum legen. Das Geschenk kam vom Verlegerfreund Jurgenson, es war die große Mozart-Gesamtausgabe von Breitkopf und Härtel, Leipzig. Peter Iljitsch und Wladimir hatten Freude.

Bei anderen Gelegenheiten war es anstrengend und erregend, das Leben des berühmten Onkels mitzumachen in den lebhaften Träumen und den genauen Vorstellungen. Nach der stillen Arbeitszeit in Frolowskoe kam wieder eine Tournee, Wladimir hatte zahlreiche Zeitungsausschnitte zu sortieren und zu studieren. Sein beweglicher Geist mußte, vom Studierzimmer in Kamenka aus, weite Ausflüge machen; fliegen mußte seine leichte Seele nach den deutschen Städten Köln, Frankfurt a. M., Dresden, Berlin, Hamburg, auch nach Genf; denn in allen diesen Orten konzertierte Peter Iljitsch während des Februars und des März 1889. Große Aufgabe für das treue, phantasiebegabte Herz in Kamenka, es hatte sich vielerlei vorzustellen und auszumalen: Spaziergänge an der Alster, einen Besuch im Dresdener Zwinger, eine Orchesterprobe in Frankfurt; eine Pressekonferenz in Köln, ein Diner in Berlin, eine Unterhaltung mit Johannes Brahms; denn Wladimir wußte, daß der deutsche Meister – Zimmernachbar Peter Iljitschs im Hamburger Hotel – eigens einen Tag länger an der Elbe geblieben war, um sich die Generalprobe zu Tschaikowskys Fünfter Symphonie anzuhören: sehr liebenswürdige Geste eines so bedeutenden Feindes; die Einladung aber, die Peter Iljitsch ihm überbrachte – in der Russischen Musikgesellschaft zu dirigieren –, lehnte er ab, mit einer kühlen Erstauntheit, als mutete man ihm zu, auf die Eisbärenjagd in der Polargegend zu gehen.

Der alte Herr Avé-Lallement hatte zu der Uraufführung der Symphonie, die ihm gewidmet war, nicht erscheinen können: er war gar zu gebrechlich. Doch schickte er seinen Glückwunsch und seinen Segen; den Segen des zarten und feinen Greises aus dem Hamburger Villenvorort empfing der junge Wladimir in Kamenka bei Kiew: dankbaren und gerührten Herzens bezog er auch auf sich, was dem Onkel galt.

Der längste Brief, den Peter Iljitsch während dieser Reise an Bob schrieb, trug den Poststempel Hannover. Tschaikowsky hatte seine Neigung beibehalten, zuweilen in fremde kleine Städte zu fliehen, um dort seinem Heimweh – oder dem Gefühl, das er so benannte – und dem Gedanken an ein paar Menschen nachzuhängen. Da rennt er mit stapfenden Schritten durch ein fremdes, ödes Hotelzimmer; nagt an seinem Federhalter, hält französische Selbstgespräche; weint; läßt sich weinend am Schreibtisch nieder und schreibt an den liebenswürdigen Neffen, daß er Sehnsucht nach ihm und nach Rußland habe; daß er ihn liebe wie einen Sohn. Vor dem Schreibenden stehen die Kognakflasche und der Aschenbecher, in dem sich die Pappmundstücke der gerauchten Zigaretten häufen. – Bob, in seinem Schülerzimmer zu Kamenka, liest den Brief wieder und wieder.

Der berühmte Onkel, der ihn liebte wie einen Sohn, war nach Paris weitergereist. Dort verhandelte er, wiederum wegen eines Gastspiels in Moskau, mit Massenet, der sich viel umgänglicher und besser erzogen zeigte als sein deutscher Kollege, Herr Brahms, und der entschieden geschmeichelt schien, daß man ihn ins weit entfernte Rußland bat. – Von Paris reiste Peter Iljitsch nach London; von London über Marseille, Konstantinopel und Tiflis nach Moskau zurück.

Auf dem Schiffe hatte er Freundschaft mit zwei russischen jungen Leuten geschlossen: einem Studenten der Moskauer Universität und einem vierzehnjährigen Knaben, Wolodi, dem Sohn eines berühmten Chirurgen. Man verbrachte die Abende zusammen auf dem Deck, begeistert vom Anblick der Sterne und des bewegten Wassers. Am letzten Abend führte Peter Iljitsch die beiden jungen Leute in ein kleines Restaurant in Konstantinopel. Hier trennte man sich. Der Vierzehnjährige und der Jüngling reisten nach Odessa; Peter Iljitschs Route ging über Batum. Er weinte, als er wieder zurück in seine Kabine kam; denn nun fand er sich wieder allein. Peter Iljitsch hatte den Knaben Wolodi ins Herz geschlossen; er war hübsch und gescheit, und er hatte die rührende Anmut derer, die nicht dazu bestimmt sind, lange auf unserer Erde zu bleiben. Wie kurz hatte die Freundschaft gedauert! Der Weinende in seiner Schiffskabine spürte, daß er dieses Kind nie wiedersehen würde. Es war die Begegnung mit ihm, an die er später am liebsten zurückdachte, wenn er sich der langen Reise erinnerte.

Es war ein großer und anstrengender Ausflug gewesen – anstrengend für Peter und für den mit seinem Herzen beteiligten Wladimir.

Die Monate in Frolowskoe, die folgten, waren still; aber Monate der Erholung wurden es nicht. Denn sie waren angefüllt mit Arbeit: das «Dornröschen»-Ballett mußte zu Ende komponiert und instrumentiert werden; im Herbst sollte die Uraufführung zu St. Petersburg stattfinden.

Während dieses stillen, arbeitsamen Sommers bekam der junge Wladimir häufig Post aus Frolowskoe; der Onkel schrieb ihm lange, innige Berichte – wenngleich sie bei weitem nicht so lang und vielleicht auch nicht ganz so innig waren wie die an Madame von Meck, Seelenfreundin und Spenderin der angenehmen Rente. Aber wieder ganz auf seinen Spionagedienst und auf seine Zeitungsausschnitte angewiesen war Bob, als im Herbst der musikalische Betrieb in Moskau und St. Petersburg begann. Die Korrespondenz brach ab. Peter Iljitsch war sehr in Anspruch genommen.

Er fühlte sich keineswegs glücklich in seiner neuen Moskauer kleinen Wohnung, die Alexei ihm eingerichtet hatte. Ihm war angst und bange vor den vielen Besuchern, den langen abendlichen Geselligkeiten mit Schnaps, Lärm und Tabaksqualm; vor den Bettlern auf der Straße, vor den unendlichen Konferenzen der «Musikgesellschaft» und vor dem trockenen Husten von Alexeis Frau, der in jedem Winkel seiner kleinen Wohnung zu hören war. Die Ehegenossin des Dieners, der vor so vielen Jahren als ein hübscher Junge zu ihm gekommen war, litt an der Schwindsucht; nun wurde sie zu Tode gepflegt in Tschaikowskys Wohnung. Dies war das Nachspiel zu Peter Iljitschs Freundschaft mit dem Diener Alexei; so war das Finale: ein trockener Husten, schal und kummervoll.

Wladimir, auf seinem Beobachtungsposten, durfte sich nicht darüber beklagen – und er beklagte sich nicht –, daß er keine Briefe mehr bekam. Er wußte es ja genauer als irgendein anderer, was nun alles auf Peter Iljitsch eindrang, und wie sehr es ihn verstörte und in

Anspruch nahm. Da war die angespannte Arbeit mit der «Musikge-sellschaft», für die sich Tschaikowsky um diese Zeit auf eine über-triebene und enervierende Art verantwortlich fühlte. Attraktive Gastspiele waren zu arrangieren, damit die Abonnentenzahl wieder zunahm. Nach Brahms hatte nun doch auch Massenet abgesagt; da-für kam Colonne, der große Kapellmeister Frankreichs. Es kamen auch Dvořák und Klindworth; außerdem hatte man verpflichtet: den jungen Komponisten Arensky, Rimsky-Korsakow, Napraw-nik, Altani, Alexander Siloti und Peter Iljitsch.

Eine Aufregung ganz großen Stils – für den Onkel wie für den aufmerksamen jungen Beobachter in seinem weit entfernten Schü-lerzimmer – wurden die Jubiläumsfeierlichkeiten zu Ehren des An-ton Rubinstein. Der Vorsitzende des Ehrenkomitees, Herzog Ge-org von Mecklenburg-Strelitz, hatte Tschaikowsky, als dem be-rühmtesten Schüler des Meisters, die Leitung der Jubiläumsfeier-lichkeiten sowie die Komposition eines A-cappella-Chores gnädigst übertragen. Das war schmeichelhaft, jedoch enorm anstrengend. Der höchst anspruchsvolle Rubinstein wollte zur feierlichen Gele-genheit eine möglichst große Anzahl seiner symphonischen Werke aufgeführt haben, die Programme wurden gigantisch; beim glanz-vollen Festakt, im Galasaal des Adelshauses am 18. November 1889, wirkte ein Personal von achthundert Köpfen mit, in dem Oratorium «Der Turmbau zu Babel» war der Chor siebenhundert Personen stark. Diesem entsetzlichen Abenteuer fühlte Peter Iljitsch sich kaum gewachsen: er war keinesfalls der geeignete Mann, um eine undisziplinierte, riesige Menschenmenge zur Ordnung zu zwingen. Während der qualvollen Proben bekam er mehrmals den dunkelro-ten Kopf; seine weiche Stimme überschrie sich; der Chor schien in eine chaotische Auflösung geraten zu wollen, der unglückliche Dirigent meinte sterben zu müssen. Etwas ähnlich Furchtbares – klagte er, nachher im Künstlerzimmer – sei ihm noch niemals zuge-mutet worden. Wladimir, in Kamenka, litt mit dem Ausgepump-ten, Angeekelten, Erschöpften, als hätte er selber, der Jüngling, den fatalen Turmbau Stein für Stein errichten müssen.

Der leider etwas dünkelhafte Rubinstein hatte nicht viel Dank für den berühmten Schüler, der um seinetwillen so Entsetzliches aus-stand. Der große Mann mit dem pathetischen Beethoven-Haupt verhielt sich ungnädig und brummig. Er blieb hartnäckig dabei, Tschaikowsky fast wie einen Untergebenen zu behandeln. Sein Be-tragen gegenüber den Kollegen war stets ein strenges, würdevoll gemessenes. Er schien allen Zeitgenossen, die neben ihm noch zu komponieren wagten, solche Keckheit beständig etwas übelzunehmen. Nach Chopin und Schumann – pflegte er zu behaupten – sei nichts mehr von Bedeutung gekommen: außer eben den Werken Anton Rubinsteins. Gerade über diese aber gingen die Meinungen sehr auseinander. Nicht jeder hatte die respektvolle Gutmütigkeit, die Peter Iljitsch zeigte, wenn er die «Ozeansymphonie», den «Turmbau zu Babel» und das Klavierkonzert von Rubinstein als Meisterwerke erklärte. Peter Iljitsch – sonst empfindlich und leicht zu kränken – ließ sich von seinem illustren Lehrer die hochmütige und barsche Behandlung mit einer beinah demütigen Geduld gefallen. Rubinstein blieb für ihn der über alle Zweifel große Mann, was immer er sich auch leisten mochte an eigensinnig dünkelhafter Ungerechtigkeit. Als jemand, während eines der Jubiläumsbankette, die Taktlosigkeit besaß, Rubinstein vorzuschlagen, er sollte mit Tschaikowsky Brüderschaft trinken, war es dieser, der mit ehrlichem Schrecken, ohne jede Pikiertheit oder falsch bescheidene Pose, sich dergleichen aufs energischste verbat: Mit dem Lehrer, der Idealgestalt, dem großen Mann, duze man sich nicht, das sei verwegen und durchaus gegen die gute Sitte.

Auf die Aufführung des «Dornröschen»-Balletts freute sich am meisten der junge Wladimir, der doch gar nicht dabeisein durfte. Die festliche Generalprobe – die eigentliche Premiere – fand am 2. Januar 1890 zu St. Petersburg, in Gegenwart der Höchsten Herrschaften und des ganzen Hofes, statt.

Da strömte Glanz ins Schülerzimmer von Kamenka; denn Wladimir, an seinem Pult, erblickte, wie die Logen des Ersten Ranges sich allmählich füllten mit Offizieren, Diplomaten und den schöngekleideten Damen. Das Herz des großen Jungen schlug höher; nun war es die Kaiserliche Familie, die Einzug hielt, für sie und ihr gewähltes Gefolge war das ganze Parkett reserviert; während die Würdenträger mit entblößten Häuptern standen und die geputzten Damen im Hofknicks versanken, ließ der Zar sich hüstelnd nieder in seinem geschmückten Fauteuil, der genau die Mitte der ersten Reihe einnahm. Der aufsässige und gescheite Gymnasiast aber in seinem Provinznest vergaß alles, was er gegen die Zaren jemals gelesen oder empfunden hatte: nun war der Allerhöchste Herr erschienen, um sich, behaglich zurückgelehnt im samtenen Sessel, das Ballett des lieben Onkels zu betrachten. Solange Seine Majestät hier saßen und dem «Dornröschen» Beifall klatschten, mochten alle Heiligen ihn vor Nihilisten, Anarchisten und anderen bösen Feinden beschirmen.

Ach, da setzt die Musik ein, und da geht, mit einem leisen Rauschen, der rote, bestickte Vorhang in die Höhe: im Lichterglanz liegt die Szenerie. Was nun folgt, stellt sich dem einsamen Jüngling in seinem Schülerzimmer viel reizender dar als dem Zaren im geschmückten Fauteuil. Der Jüngling hat das Libretto und die Partitur gelesen; aber seine Phantasie hält sich nicht nur an das, was sein Kopf weiß; sie ergänzt verschwenderisch, sie verschönt, sie steigert. Nicht anders begibt sich vor seinen Augen die Feerie, als vor dem träumenden Kinde das Märchenwunder, von dem es erzählt bekommen hat am Abend und das nun die verdunkelte Stube mit seinen zauberhaften Figuren bevölkert.

Die Prinzessin Aurora, die der junge Wladimir in Kamenka erblickte, sah viel lieblicher aus als die Primaballerina, von der sie dargestellt wurde im Kaiserlichen Theater zu St. Petersburg. Für ihn waren die Feen, die zu Auroras Taufe erschienen, wirkliche und einwandfreie Zauberwesen, ausgestattet mit wundersamer Grazie, Milde und machtvoller Intelligenz. Vor der bösen Fee Karabos aber, die in grotesken Sätzen auf die Bühne sprang, eigens um Prinzeß Aurora zu verfluchen, fürchtete sich Wladimir in Kamenka, und welch innige Dankbarkeit spürte er für die gütige und energische Fliederfee, weil sie den argen Fluch der Kollegin Karabos milderte und es möglich machte, daß zum Finale des zweiten Akts Prinz Désiré das eingeschlafene Dornröschen mit ritterlichem Kuß erweckte und befreite. Im dritten Akt durfte Hochzeit sein. Der Vorhang fiel unter Jubeltönen über einer glitzernden Gruppe von Feen, Mitgliedern der Königlichen Familie, Hofgesinde und ritterlichem Militär.

Die Aristokratie in den Logen des Ersten Ranges verhielt sich abwartend: wie hatte das Schaustück Seiner Majestät gefallen? Seine Majestät klatschten, aber nur wenige Male und mit einem etwas gelangweilten Gesichtsausdruck. Also blieb auch der Applaus aus den Logen kühl. «An das französische Ballett kann es nicht heran», flüsterte man sich zu. «Seine Majestät bevorzugen das französische Ballett. Seine Majestät verhalten sich gegenüber ‹Dornröschen› reserviert.»

Inzwischen waren der Intendant Wsewoloschsky, der Ballettmeister Petipa und der Komponist Tschaikowsky zum Kaiser befohlen worden. Peter Iljitsch – das Gesicht dunkel gerötet, schwitzend in seinem Frack – verneigte sich tief vor dem Samtfauteuil in der Mitte der ersten Reihe. Er war derartig aufgeregt, daß er das Gesicht des Zaren nicht erkennen konnte, es verschwamm vor seinen getrübten Augen. Wie hinter einer dicken Nebelwand hörte er eine näselnde Stimme sagen: «Merci, mon cher. C'était assez joli.»

Der Zar aller Russen, Seine Kaiserliche Majestät Alexander III., Nachfolger des am 13. März 1881 von Bubenhand ermordeten Alexander II., hatte geäußert: «C'était assez joli.» Das war nicht viel, es war nur ein knappes Lob. Dafür nun hatte Peter Iljitsch gelitten, die Nächte und die Vormittage lang; dafür hatte der Intendant Wsewoloschsky Riesensummen investiert in die kostbare Inszenierung; dafür hatte der Ballettmeister Petipa geschwitzt auf den endlosen Proben und den Damen immer wieder, unermüdlich und beschwingt, vorgemacht, wie sie es anstellen mußten, um möglichst genau zu wirken wie veritable Feen. «C'était assez joli.»

Peter Iljitsch erhob sich, leise keuchend, aus seiner tiefen Verneigung: er war entlassen, die kurze Audienz war beendigt. Der abgefertigte Komponist stapfte davon, ein befangener Weltmann, etwas eingezwängt in seinen Frack.

‹Ich will verreisen›, dachte er. ‹Ich verreise noch heute. Irgendwo anders sein, am besten nirgendwo, nur nicht hier.›

Der Frühling in Florenz war herrlich. Diese Märznacht duftete.

Peter Iljitsch war aus seinem Arbeitszimmer auf den kleinen Balkon getreten, der zu seinem Appartement gehörte. Er kam aus der Oper. Über der Frackhose und dem gestärkten Hemd trug er den Kamelhaarschlafrock. Die Lackschuhe waren ihm etwas zu eng und taten weh. ‹Ich sollte meine Pantoffel anziehen›, dachte er. ‹Es würde eine angenehme Erleichterung bedeuten, diese verdammten Lackschuhe los zu sein.› Er entschloß sich aber keineswegs dazu, den Balkon zu verlassen, um sich die Hausschuhe aus dem Schlafzimmer zu holen. Vielmehr blieb er stehen, die Ellenbogen auf die steinerne Brüstung gestützt, das Gesicht in den Händen. ‹Die Sterne haben hier einen viel stärkeren Glanz als daheim in Rußland›, dachte Peter Iljitsch und atmete tief. ‹Auch die Gerüche sind hier viel stärker und süßer. In Frolowskoe liegt vielleicht noch Schnee. Aber an einigen Stellen schmilzt er, dort werden ganz bescheidene, sehr rührende, helle kleine Blumen sichtbar. Nach diesen sollte ich mich bücken, neben mir aber steht ein junger Mensch und versucht, Schneeballen aus dem feuchten, schmelzenden Schnee zu machen. Warum bin ich nicht immer in Rußland? Ich möchte eine Birke mit

meinen Fingern berühren, ja, das wünsche ich mir so sehr, es würde
meinen Fingern Kühlung geben, nichts auf der Welt ist angenehmer
anzufassen als eine russische Birke im Vorfrühling. Es ist wahrhaftig
eine Narretei von mir, gänzlich sinnlose Reisen zu machen. Nur zu
Hause kann ich eigentlich atmen. Ich mag keine Zypressen mehr
sehen und keine Marmorstatuen. Diese viel zu süßen Düfte bereiten
mir durchaus kein Wohlbehagen, im Gegenteil: eher Ekel. Ich weiß
ja nicht einmal, von was für Blütenbüschen sie kommen. In Frolowskoe kenne ich alle Pflanzen.

Welch eine Idee von mir, heute abend·in die Oper zu gehen! Es ist
nicht nur ein Fehler gewesen, sondern wahrscheinlich sogar eine
Sünde. Heute habe ich die Nachricht bekommen, daß die gute Frau
meines guten Alexei gestorben ist, infolge ihres trockenen Hustens.
Zunächst habe ich ein bißchen geschluchzt, aber meinen Logenplatz
für «Lucia di Lammermoor» – den wollte ich nicht zurückgeben.
Zur Strafe mußte ich eine miserable Aufführung über mich ergehen
lassen. Donizettis Musik ist voll reizender Einfälle – aber wie absurd
ist das Textbuch! Da taugt das, welches der gute Modest jetzt für
mich anfertigt, immer noch mehr. Und die hochdramatische Dame
hatte leider eine völlig ausgeschriene Stimme. Sie konnte singen, das
muß man zugeben – da Lucia wahnsinnig wird, hatte sie die schwer-
sten Koloraturen zu trällern: die legte sie großartig hin. Das Publikum hatte ganz recht, so begeistert «Da capo!» zu schreien. Die
arme Lucia mußte ihren ganzen kunstvollen Wahnsinnsausbruch
wiederholen, das zweite Mal trug sie ihn ohne Perücke vor, in ihrem
natürlichen schwarzen Haar sah sie etwas manierlicher aus als in
dem lächerlichen blonden Gelock.›

Peter Iljitsch, ganz allein auf seinem Söller in der warmen italienischen Nacht, hatte ein brummendes kleines Gelächter, da er sich
den Opernabend noch einmal überdachte – wie sehr, sehr komisch
war der Chor in den karierten Schottenröckchen gewesen, und wie
grotesk, daß Palmen standen in einem englischen Park! –: ein kleines Gelächter, vor dem er selber erschrak; denn es ist immer etwas
unheimlich, wenn man in der Einsamkeit, ganz für sich, lachen
muß. ‹Jedenfalls war es ungeheuer unrecht von mir, auszugehen,
nachdem ich eben erst erfahren hatte, daß Alexeis gute Frau verstor-
ben ist›, beschloß er reuevoll. ‹Übrigens will mir vorkommen, daß
«Pique-Dame» eine bessere Oper ist als diese «Lucia di Lammermoor».›

Die Arbeit an der Oper war in Florenz sehr schnell vorwärtsgegangen. Peter Iljitsch hatte sie Mitte Januar begonnen, Mitte März war sie schon beinah vollendet – Modest hatte kaum mitkommen können, er dichtete langsamer, als Pierre komponierte. Die Freunde in St. Petersburg waren unruhig geworden über dieses hastige Arbeitstempo: Kapellmeister Naprawnik und der dicke Laroche warnten vor Übereilung. Peter Iljitsch aber komponierte weiter, als stände jemand hinter ihm, der ihn hetzte. «Und die Oper wird trotzdem schick!» schrieb er übermütig an einen der Freunde.

Den Auftrag zur «Pique-Dame» hatte er, noch in Rußland, vom Intendanten Wsewoloschsky erhalten; dieser wollte unbedingt eine Tschaikowsky-Oper für die nächste Saison. Denn das Ballett war, trotz dem kühlen Urteil des Zaren und trotz den außerordentlich herabsetzenden Zeitungskritiken, ein starker Kassenerfolg geworden: die Vorstellungen waren ausverkauft, das Publikum liebte «Dornröschen».

Dies alles aber lag weit, schon entglitten, in einer harmlos lieblichen Gegend. Seitdem, während der zwei Monate fieberhaft gespannter Arbeit, hatte Peter Iljitsch sich ganz hineingelebt, ganz hinübergeträumt in die mit hochdramatischem Pathos geladene Sphäre der Puschkin-Novelle, aus der Modest das Textbuch für ihn machte – ein etwas weitschweifiges Libretto (man mußte gelegentlich kürzen); aber es hatte den großen Atem der Puschkin-Dichtung doch nicht gänzlich verloren. Hier tobten Leidenschaften, hier gab es die heftigste Liebe und Festesglanz, gleich danach aber: Entsetzen, strömendes Blut, Verzweiflung, Wahnsinn und Untergang.

Die Leidenschaft des armen und verwegenen Jünglings Hermann fürs Kartenspiel war noch stärker als seine große Liebe zum Mädchen Lisa. Wenn Peter Iljitsch sich überlegte, was ihn, seit so langem, gereizt hatte am «Pique-Dame»-Stoff, so mußte er sich sagen, daß es vielleicht gerade diese tragische und schicksalshafte Passion des jungen Helden gewesen war – die blinde Passion für den Spieltisch. Denn Tschaikowsky – sehr erfahren in der Verschwendung des Gefühls – wußte, daß es beinah gleichgültig ist, für welches Trugbild man die Leidenschaft sinnlos aufwendet und nutzlos opfert. Hermanns Tragödie rührte ihn, weil sie ihm ganz und gar verständlich war.

Zwischen diesem Jüngling und seinem Mädchen steht Lisas Großmutter, die alte Gräfin, eine schreckliche Greisin. Sie ist es – so glaubt der verblendete Hermann –, die das Geheimnis von den drei

Karten weiß, mit denen man das große Spiel gewinnen kann. Um es zu erfahren – nötigenfalls zu erzwingen –, dringt der Besessene nachts ins Schlafgemach der Alten. Sie aber erschrickt derartig, daß sie stirbt, ehe sie noch die Lippen öffnen konnte, um die Glücksformel zu verraten. Dahin die Hoffnung – was bleibt, ist Verzweiflung; was nun kommt, das sind Gewissensqualen, schließlich Wahnsinn und Tod. Die Tragödie endet im Spielsaal. Denn inzwischen hat die alte Gräfin, dem Verwirrten erschienen als ein Gespenst, doch noch die Aussage über die drei unfehlbaren Karten gemacht, um deretwillen sie getötet wurde. Mit zwei von ihnen konnte Hermann sich ein Vermögen gewinnen; mit der dritten will er seinen Schatz ins Unermeßliche vermehren; da wirft er, aus gräßlichem Versehen, statt der vorgeschriebenen Karte die Pique-Dame auf den Tisch, verliert alles und rennt sich den Degen ins Herz, während der Geist der schauerlichen Gräfin-Großmutter triumphierend auf der Szene erscheint.

In was für enorme Effekte hat sich diesmal das gesammelte Gefühl verwandelt, das erlöst sein wollte in Töne! Diesmal ist Peter Iljitsch höchst zufrieden und selbst ganz erschüttert von dem, was er hervorgebracht hat. Sein ergriffener Gedanke ist: ‹Ausnahmsweise ist der Gestrenge, Weitentfernte gnädig mit mir gewesen. Die allermerkwürdigsten Einfälle hat er mir geschickt – wie dankbar bin ich ihm dafür! Das Motiv der alten Gräfin zum Beispiel – dieses Motiv, welches das Geheimnis der drei Karten enthält und nur aus drei Tönen besteht, drei dumpfen, von den Kontrabässen gezupften Tönen, die wie das geisterhafte Klopfen sind an einer verschlossenen Tür –: was für ein atemberaubendes Motiv ist das, mir wird angst und bange, wenn ich nur dran denke! – Der Untergang Hermanns, meines armen Besessenen, hat mich zu Tränen gerührt – und wieviel Liebliches, Großartiges ist vorausgegangen! Die Spiele Lisas mit ihren Freundinnen; der Kostümball mit dem Entree der Kaiserin Katharina als sehr wirkungsvollem Finale; Hermanns Wahnsinn und das große Entsetzen der Geistererscheinung. Nein, diesmal werde ich später ganz gewiß nicht behaupten, es sei alles mißraten. Im Gegenteil bin ich fest davon überzeugt, daß es ganz ungewöhnlich gut geraten ist.›

Er machte sich keineswegs klar, daß er diese heftige Genugtuung nach eben vollendeter Arbeit schon sehr häufig empfunden hatte und daß sie, nur wenig später, umzuschlagen pflegte in die bittersten und übertriebensten Zweifel. Vielmehr dachte er, triumphierend: ‹Die einsamen Wochen in diesem häßlichen und viel zu teuren Hotelappartement, das mich finanziell total ruiniert hat – mein Gott: es kostet ja 27 Lire pro Tag! –, diese oft verzweiflungsvollen Wochen waren gewiß nicht verloren. Übrigens hätten sie noch viel schlimmer sein können. Ich hatte ja Nasar bei mir.›

Nasar, der junge Diener Modest Tschaikowskys, hatte Peter Iljitsch nach Florenz begleitet, da Alexei zurückgehalten war in Moskau durch den trockenen Husten seiner Frau. Peter Iljitsch brauchte nicht unzufrieden zu sein mit dem Tausch: Nasar war ein etwas schläfriger, aber braver, geduldiger und in jeder Hinsicht gefälliger Bursche. Der gute Modest, das mußte man ihm lassen, verstand sich auf junge Leute.

‹Sicher hat der Ärmste die ganze Zeit furchtbares Heimweh›, dachte Peter Iljitsch auf seinem Söller in der italienischen Nacht. ‹Und sicher litt er unter allen meinen Launen. Aber er hat sich nichts anmerken lassen. Er war jeden Tag von der gleichen, etwas trägen Lustigkeit, immer aufmerksam, immer lachend. Ich bin ihm dankbar dafür, daß er da war. Ohne ihn wäre ich wohl gar nicht fertig geworden mit meiner Arbeit. Er war ein Stück Rußland – ein gutes und vertrautes Stück Heimat in meiner Nähe. Jetzt will ich ihn noch mit nach Rom nehmen. Hoffentlich macht Rom ihm etwas Spaß. Wahrscheinlich werden wir dort einige Wochen bleiben; vielleicht auch nur einige Tage. Denn es könnte ja sein, daß ich mich in Rom sehr unbehaglich fühlen werde. Es erwarten mich dort wieder so viele Erinnerungen, die bitter schmecken. Es ist lange her, seit ich zum letztenmal in Rom gewesen bin, damals hat mich Modest begleitet, inzwischen ist soviel Zeit entglitten und in den Abgrund gefallen – sind wir noch dieselben, die wir damals waren? Ach, ich finde uns ganz verwandelt, uns selbst entfremdet, zu anderen geworden durch die stille, gewaltige Macht der entgleitenden Zeit. – Ja, ich werde in Rom Tag und Nacht daran denken, wie es war, als ich früher dort gewesen bin. Komme ich denn nicht los von dem, was vergangen ist? Warum hält es mich so? Wird es mir niemals gelingen, mich frei zu machen? Habe ich denn kein Heute? Was ist denn mein Heute?

Was ist denn mein Heute?› grübelt Peter Iljitsch auf dem Balkon seines viel zu teuren italienischen Hotelappartements – sein junger Diener schläft, zwei Zimmer von ihm entfernt, leise schnarchend, in seiner Kammer. ‹Bin ich denn nicht stark genug, um es zu halten, zu genießen, zu lieben?› sinnt der einsame Alternde. ‹Versagt denn *mein Gefühl vor der Gegenwart? Was ist der Name meiner Gegen-wart?›*

Er hatte eine große Arbeit, eine äußerste Spannung, aller seiner Kräfte hinter sich – in ungeheure Effekte hat sich verwandelt das Gefühl, das erlöst sein will –; nun fühlt er sich zugleich erschöpft und erregt; ausgeleert und bereit zu neuen Abenteuern. Sein erschöpftes Gesicht hält er dieser Frühlingsnacht hin, dieser März-nacht eines fremden Landes, mit ihrem Sternenlicht, ihren Düften. Sein ermüdetes und bereites Herz aber fragt:

Was ist der Name meiner Gegenwart?

Da kommt aus der fremden Nacht der Name WLADIMIR auf ihn zu. Da füllt er die duftende Dunkelheit mit einem Glanz und mit einem großen, schönen Geräusch – das weht wie Glockenläuten über das schlafende Florenz.

Entscheide dich noch einmal, du ermüdetes und bereites Herz! Entscheide dich noch einmal, und diesmal ganz! Du hast dich lange genug nur geübt und nur vorbereitet! Diesmal wirst du ganz in Anspruch genommen! Wehre dich nicht!

Du hast gefragt, und hier ist die Antwort. Mit einer solchen Stärke ist sie gekommen, daß sie dich fast betäubt. Sie ist gekommen als ein Rauschen und als ein Leuchten und als ein plötzlicher Schmerz mitten in deiner Brust.

Es tut so weh, daß du mit einer großen, wilden und jammervollen Gebärde deine schwere Hand auf dein Herz preßt. Gleichzeitig läßt du die Stirne sinken und eine Verzerrung geht über dein Antlitz, als habe dir den Blick ein gar zu grelles Licht geblendet, das am dunklen Himmel erschienen ist und das mit seiner gnadenlosen Helle alles verändert hat.

Siebentes Kapitel

Wladimir Dawidow war schon seit vier Wochen in Frolowskoe. Bei seiner Ankunft, zu Beginn des Mai, hatte es noch ein wenig Schnee gegeben am Rande des Wäldchens; aber jetzt, in den ersten Juni-Tagen, neigte der kühle Frühling sich dem Frühsommer zu. Es wurde Wladimir und Peter Iljitsch schon zuweilen recht heiß auf ihren großen Nachmittagsspaziergängen, und einmal hatte Wladimir sich schon die Jacke ausgezogen.

Das waren gesegnete Wochen – Segenswochen waren dies für Peter Iljitsch und für seinen liebenswürdigen Neffen. Wie viele Tage der großen, liebevoll angeregten Gespräche, der Arbeiten, der Spiele, Witze und Spaziergänge! – Während Peter Iljitsch vormittags komponierte – er arrangierte den Klavierauszug der «Pique-Dame», und er machte die ersten Notizen zu einem Sextett –, saß Wladimir im Garten, auf der grob gezimmerten Bank, die ihm bekannt gewesen war aus seinen Träumen und aus seinen Vorstellungen. Nun lagen neben ihm, auf dem wirklichen Holz – dem natürlichen, unpolierten und rauhen Holz, das doch dem Holz seiner Träume so ähnlich sah – die dicken Bücher und die Notizhefte. Wladimir hatte seine ersten Examen hinter sich: er war kein Gymnasiast mehr, sondern schon fast ein Student, und mit dem Beginn des Herbstes würde er ein richtiger sein. Der angeregte junge Mensch aus guter Familie, der sich für alles interessierte – für die Politik und Philosophie ebenso dringlich wie für die Musik und die schöne Literatur –, wollte die Rechte studieren; nicht gerade, weil dieser Gegenstand ihn besonders gelockt hätte, sondern weil er sich doch entscheiden mußte für irgendein Fach.

Peter Iljitsch lobte den vernünftigen Entschluß des Neffen; denn das glaubte er sich schuldig zu sein aus pädagogischen Gründen. Jedoch hoffte er heimlich, der junge Wladimir würde sich, während des Studiums, umentschließen und ein Schriftsteller oder ein Musiker werden, anstatt sich auszubilden zum Advokaten.

Diese Wochen der guten und angeregten Gespräche hatten Peter

Iljitsch dazu gebracht, seine Meinung von Bob noch einmal gewaltig zu verbessern; sie war immer günstig gewesen, nun aber hatte sie enthusiastischen Charakter. Eine Fülle von Gescheitheit, Herzenszartheit, Witz und Tiefe hatte Wladimir offenbart – so erschien es dem gerührten Peter Iljitsch –, im Lauf der langen Unterhaltungen am Morgen, Nachmittag und am Abend. Darüber war der berühmte Onkel sehr glücklich. Er erwartete und erhoffte sich nun viel von Wladimir: aus dem gesprächigen Pagen mit der ungeschickt-eckigen Anmut mußte eines Tages etwas höchst Besonderes werden. Diesmal – so sagte dem berühmten Onkel sein gerührtes Herz –, diesmal ist mein Gefühl nicht verschwendet und nicht ins Leere geworfen. Ein Würdiger fängt es auf. Ein Verwandter versteht es. Bei vielen Fremden – so denkt der begeisterte Peter Iljitsch – habe ich mich nur geübt für den Einen, den Nahe-Verwandten. Alles bisher war nur Vorbereitung und nur eine lange Übung des Herzens: Apuchtin, und die ihm nachfolgten – wie fremd, unendlich fremd sind die mir alle gewesen! Wie gänzlich fremd war mir der schöne Siloti – so fremd, daß ich heute mit ihm stehen kann wie mit einem geschätzten Musiker-Kollegen. Wie flüchtig waren alle diese Abenteuer des Herzens – flüchtig durch *meine* Schuld, wenn ich es nun recht bedenke. Denn mein Gefühl war nie stark genug, immer hat es versagt. Es entzündete sich schnell an den Fremden, doch es blieb ihnen niemals treu. Wladimir aber hat oft ganz den Blick und die Stimme meiner lieben Mutter. Er erinnert mich auch an Sascha und an Bruder Modest, als der noch jung und liebenswürdig war. Er ist mir so nahe verwandt.

Vier gute Wochen sind vorbeigegangen; heute aber ist es der letzte Tag, morgen soll Wladimir nach Kamenka reisen, die kranke Mutter verlangt nach ihm, sie will sich nur von ihm, dem Liebling, pflegen lassen. Peter Iljitsch, der um halb acht Uhr morgens erwacht, weiß mit Schrecken: ‹Dies ist der letzte Tag. Daran will ich aber nicht denken. Ich will den Tag hinnehmen, als sei es einer, wie alle anderen, und als sollten noch viele folgen von seiner Art. In fünfundzwanzig Minuten wird Bob hier eintreten, um mich zu wecken. Ich werde mich stellen, als ob ich noch schliefe: dann macht ihm die Zeremonie mehr Spaß. Ich will nicht daran denken, daß es zum letztenmal ist.›

Er dachte aber nichts anderes. ‹Wie werden die Tage sein, die Bob nicht mehr mit mir teilt? Es werden freudlose Tage sein. Der Tag ohne dich ist die Sünde. Mein Herz ist schon so sehr an dich gewöhnt. Du sitzt auf der Holzbank vor dem Hause, mit deinen dikken Büchern, deinen Heften – mein gescheiter Liebling. Von meinem Fenster aus kann ich dich sehen. Du schlägst das Buch zu, wenn es dich langweilt. Auf deinen langen Beinen läufst du am Fenster vorbei, in die Küche. Du willst herausbekommen, was es zum Mittagessen gibt. Ich höre dich mit Alexei lachen. Wie soll das werden, wenn du nicht mehr bei mir bist? Der Tag ohne dich ist die Sünde.›

Punkt acht Uhr öffnete Wladimir vorsichtig die Türe von Peter Iljitschs Schlafzimmer. Auf Zehenspitzen trat er ans Bett. Peter Iljitsch lag mit geschlossenen Augen. Der Junge beugte sich über ihn und berührte mit seinen Lippen die gewölbte, zerfurchte Stirn, über der federnhaft locker und verwirrt das spärliche graue Haar stand. «Es ist acht Uhr», sagte Wladimir. Da schlug Peter Iljitsch die großen, tiefblauen, sanft grübelnden Augen auf. «Ist es wirklich schon acht Uhr?» fragte er, wobei er ein wenig seufzte und ein Erstaunen heuchelte, als hätte man ihn aus schönstem Morgenschlummer geweckt.

«Hast du gut geschlafen, Pierre?» fragte Wladimir.

Peter Iljitsch lächelte aus dem Kissen: «Ausgezeichnet.» Er berührte mit den Fingerspitzen die lange, schlanke und kühle Hand des jungen Menschen: Wie glich sie der Hand der Mutter – und ihr hätte man folgen sollen.

«Wie geht es deinem Herzen heute morgen?» fragte Wladimir und machte ein spitzbübisches Gesicht.

«Du willst mich natürlich verhöhnen.» Peter Iljitsch gab sich Mühe, strenge zu schauen. «Meinem Herzen fehlt nichts.»

«Gestern abend hast du doch aber wieder behauptet, daß es beinah ganz aussetze», meinte Wladimir ernsthaft; seine Finger spielten mit den Fingern Peter Iljitschs.

«Ja», sagte Peter Iljitsch. «Gestern tat es schauderhaft weh. Manchmal bleibt es plötzlich stehen, und zwar gleich minutenlang. Heute morgen aber schlägt es ganz wacker.»

«Du willst wohl wieder erst in deiner Bibel lesen, ehe du zu den Blumenbeeten kommst?» fragte Wladimir und trat einen Schritt vom Bett zurück.

«Selbstverständlich», antwortete Peter Iljitsch. «Das werde ich sicher tun.»

«Eine närrische Angewohnheit», lächelte Wladimir. Er stand jetzt mitten im Zimmer. Angezogen war er schon für die Arbeit im Garten. Er trug eine grobe blaue Leinenschürze über Hose und

Hemd. Sein dunkles Haar lag glatter als sonst am Kopf: er hatte den Kopf unter kaltes Wasser gehalten.

«Es ist sogar eine vorzügliche Angewohnheit», sprach würdevoll Peter Iljitsch, der sich aufgerichtet hatte. «Und es ist sehr töricht von dir, an gar nichts zu glauben.» –

Vor dem ersten Frühstück pflegten sie eine halbe Stunde im Garten zu arbeiten. Immer gab es etwas zu säen oder zu jäten, zu rupfen oder zu graben. Während sie mit Schaufeln, Rechen und Gießkannen hantierten, sangen sie miteinander – der Graubärtige und der Junge. Sie improvisierten Duette im Stil der italienischen, deutschen oder französischen Oper: zärtlich oder kämpferisch gestimmte Zwiegesänge. Heute morgen aber, beim Blumen-Gießen und Unkraut-Jäten, waren es russische Volkslieder, die sie sangen. Wladimir, sehr schlank in seiner blauen Leinenschürze, sprang langbeinig, wie ein junges Pferd, zwischen den Beeten umher und jubilierte:

«Auf die Jagd ging Herr Andreas, Herr Andreas,
Schoß auf graue Entelein, Entelein ...

Alle Mädchen sind so schön, sind so schön.
Doch die beste in dem Dorfe, in dem Dorfe,
Ist die blonde Mariuschka, Mariuschka,
Keine hat so langen Zopf, langen Zopf ...»

Über die grauen Entelein und den langen Zopf der schönen Mariuschka kamen Bob und Peter Iljitsch ins Lachen. Peter Iljitsch aber, in seinem Kamelhaarschlafrock über einen Rosenstrauch gebückt, begann mit seiner tiefen Stimme eine Ballade vorzutragen.

«Einst in Kiew – Kiews altem Herrschersitz,
Saß Wladimir, saß der Rote Sonnenfürst,
Gab ein Fest, ein üppig prunkend Festgelag.
Viele Fürsten um ihn und Bojaren stolz,
Und von kühner Streiter Stimmen hallt der Rittersaal,
Und von Lärm und lautem Lachen schallt das Festesmahl.
Seht, die Helden hauen tapfer in die Speisen ein,
Und alle zechen weidlich, wie es starken Helden ziemt,
Und alle rühmen fröhlich ihrer kühnen Taten sich.»

«Noch zwei solche Melodien, und wir haben eine russische Volksoper, im Stie der fünf ‹Novatoren›», lachte Wladimir. – Da war Alexei auf der Terrasse erschienen und rief seine beiden Herren, den alten und den jungen, zum Frühstück. Peter Iljitsch schlug Bob auf die Schulter: «Komm, Wladimir, Roter Sonnenfürst! Hauen wir denn tapfer in die Speisen ein!» Arm in Arm gingen sie, durch den Blumengarten, über den kleinen Kiesplatz, ins Haus.

Nach dem Frühstück ließ sich Bob mit seinen dicken Büchern auf der Gartenbank nieder; Pierre arbeitete im Musikzimmer. Es war fast ein Aberglaube bei ihm: in Frolowskoe dürfe kein Vormittag ungenutzt bleiben für die Arbeit – auch der heutige nicht, obwohl es Bobs letzter Vormittag war – ein Umstand, an den man übrigens nicht denken wollte. Peter Iljitsch suchte ihn zu vergessen, über der Partitur von «Pique-Dame». Gelang es ihm aber? Er konnte es nicht aushalten am Klavier. Er stand auf, ging durchs Zimmer, blieb am Fenster stehen. Draußen sah er seinen Wladimir auf der grob gezimmerten Holzbank sitzen, im leichten, vom Wind bewegten Schatten der Gebüsche. Der Jüngling hatte das linke Knie hochgezogen – den Absatz seiner Sandale gegen den Rand der Holzbank gestemmt –, den Arm ums Schienbein geschlungen. Mit der rechten Hand hielt er das Buch. Auf seiner aufmerksam gesenkten, blanken Stirn spielte ein Sonnenflecken; auf den Augenlidern aber, auf dem weichen und doch strengen Oval des geneigten Gesichts lag der Schatten.

Peter Iljitsch, am Fenster, betrachtete Wladimir. Bob, auf der Gartenbank; Bob, der Vertraute, der Nahe-Verwandte. Wie werden die Tage sein, die du nicht mehr mit mir teilst? Der Tag ohne dich ist die Sünde …

Man speiste um Punkt ein Uhr zu Mittag – die Tage in Frolowskoe waren genau geregelt. Peter Iljitsch hatte von der Köchin – einer fetten Deutschen – Bobs Lieblingsgerichte bereiten lassen; Alexei trug sie mit Würde auf: den Fisch in einer weißen Soße mit Pilzen, die Mehlspeise nach österreichischem Rezept. Sowohl der Junge als der Alternde aßen mit vorzüglichem Appetit. Das Speisezimmer, das zugleich als Diele und als Wohnraum diente, war luftig und groß; das Fenster stand offen, aus dem Garten kamen Blumendüfte. Wladimir hatte seine Jacke ausgezogen; das offene Hemd ließ den Hals frei. «Du mußt entschuldigen, daß ich so lässig herumlaufe», sagte er wohlerzogen zum Onkel. «Aber ich freue mich so, daß jetzt Sommer ist.» – «Ich freue mich auch», sagte Peter Iljitsch. – Wladimir sprach während der ganzen Mahlzeit von der Sonne und wie dankbar er sei, daß sie nun kraftvoll scheine. «Ich habe soviel gefroren», sagte er. «Den ganzen Winter über habe ich gehustet, und der

Winter dauert so lang. Es ist herrlich, daß es jetzt richtig warm wird.» –

Nach dem Mittagessen kam der große Spaziergang: so war es vorgesehen im Tagesprogramm. War Peter Iljitsch alleine in Frolowskoe, so pflegte er sich auf den Spaziergang viele Zettel mitzunehmen, die er sich in alle Taschen stopfte; im Gehen notierte er sich allerlei, einen musikalischen Einfall oder eine Briefstelle. ‹Morgen werde ich mir die Zettel schon wieder einstecken müssen›, dachte er nun. Heute aber war Bob noch bei ihm.

Die Landschaft von Frolowskoe bot wenig Abwechslung; sie war flach, beinah öde. Aber Peter Iljitsch liebte den weiten Blick über die Wiesen; er liebte die Birkengruppen und die kleinen, dunklen Teiche am Waldesrand. «Es ist nur traurig», sagte er, «daß man auch hier schon anfängt, so unbarmherzig abzuholzen. Sie werden es noch machen wie in Maidanowo: sie verderben mir meine schöne Landschaft, sie wollen mich aus ihr verjagen.»

Mit dieser Klage begann fast jeder Spaziergang, angesichts des sich lichtenden Waldes. Auch heute stimmte Peter Iljitsch sie an, aber nur auf eine flüchtige, gleichsam pflichtgemäße und konventionelle Weise. Wladimir meinte: «Es ist ein Glück, daß sie unsere Birken noch stehen lassen.» Und sie freuten sich an ihren Birken.

Dann gingen sie ein paar Minuten lang, ohne zu reden. Bob hatte sich eine lange Gerte geschnitten, mit der zeichnete er, beim Gehen, Figuren neben sich in den sandigen Weg. «Du machst ein ernstes Gesicht», sagte Peter Iljitsch; denn Wladimir ging mit gesenkter Stirne. «Sicher hast du wieder den ganzen Vormittag unerfreuliche Sachen gelesen. Was war es denn? Wieder einer von deinen neuen Franzosen?»

Sie stritten sich ziemlich oft über die französischen Naturalisten. Wladimir, fasziniert durch den gesellschaftskritischen Radikalismus, schwärmte für Zola und seine Schule; Peter Iljitsch aber nahm Anstoß an ihrer «künstlichen Einfachheit», die er ebenso schlimm fand wie «das Geklingel von Phrasen, Epitheta und Antithesen bei Victor Hugo». – «Das Leben ist sicher keine leichte und lustige Sache», erklärte er nun. «Aber so schlammig, so schmutzig-grau ist es doch wohl nicht, wie diese Naturalisten es darstellen. Ich habe neulich Zolas ‹La Bête Humaine› gelesen. Wie gemein ist das! Ein mit Zoten gespickter Kriminalroman! – Der Stil dieser Leute besteht aus dem fatalen Trick, eine Schmutzschicht über alles zu legen. Übrigens ist es deshalb so leicht zu parodieren.»

«Parodiere ihn doch!» verlangte Wladimir. «Ich will das einmal von dir hören!» Peter Iljitsch lachte: «Aber nichts bequemer als das!» Er war stehengeblieben auf dem Wiesenpfad. «Wie würde einer aus der Zola-Schule mein einsames Abendessen in Frolowskoe schildern?» fragte er pfiffig. «Etwa so.» Und er begann zu deklamieren, das Gesicht zu einer grämlichen Grimasse verzogen:

«Une serviette de table négligement attachée à son cou, il dégustait. Tout autour, des mouches, avides, grouillantes, d'un noir inquiétant, volaient. Nul bruit, sinon un claquement des machoirs énervant. Une odeur moite, fétide, écourante, lourde, répandait un je ne sais quoi d'animal, de carnacier dans l'air. Point de lumière. Un rayon de soleil couchant, pénétrant comme par hasard dans la chambre nue et basse éclairait par-ci, par-là, tantôt la figure blême du maître engurgitant sa soupe, tantôt celle du valet, moustachue à traits kalmouks, stupide et rampante. On devinait un idiot servi par un idiot. 9 heures. Un morne silence régnait. Les mouches fatiguées, somnolantes, devenues moins agitées, se dispersaient. Et là-bas, par la fenêtre, on voyait une lune grimaçante, énorme, rouge, surgir sur l'horizon embrasé. Il mangeait, il mangeait toujours. Puis, l'estomac bourré, la face écarlate, l'œil hagard, il se leva et sortit . . .»

«Sehr hübsch, sehr begabt!» lachte Wladimir. «Und die Stimmung bei dir zu Hause vortrefflich wiedergegeben!» Er nahm Peter Iljitschs Arm, während sie weitergingen. «Du solltest einen Gesellschaftsroman machen, anstatt immer nur zu komponieren!»

«Ich bedanke mich», wehrte Peter Iljitsch ab. «Und ‹die Gesellschaft› würde sich auch bedanken. Ja, wenn sie wirklich so aussähe, wie ihre modernen Kritiker sie darstellen, dann wäre das Leben noch jammervoller und gemeiner, als wir es kennen.»

«Vielleicht ist es wirklich noch jammervoller und gemeiner, als du es kennst», sagte der junge Wladimir ernsthaft. Und er sprach weiter mit seinem schönen, beweglichen Mund. Peter Iljitsch lauschte ihm gerne, obwohl er wußte, was nun kommen würde; aber er liebte diese eifervolle und geschwinde Rede, die begleitet ward von eindringlichen, etwas ungeschickten kleinen Handbewegungen – und er liebte sehr das Blitzen, das in Wladimirs sanfte, goldbraune Augen kam. Denn nun wurde der junge Bob sehr aufgeregt. Er rief aus: «Man kann in Wahrheit diese Gesellschaft gar nicht düster, gar nicht schmutzig genug darstellen! Ihre Ordnung ist die Ungerechtigkeit, ihr einziges Gesetz ist das der Ausbeutung und der Unterdrückung!»

Er hatte entschieden einiges gelernt aus seinen dicken Büchern, aus den französischen Romanen und den politischen, in Geheimdruckereien hergestellten Broschüren. Er war berührt und zuweilen wirklich ergriffen von den extremen Zeitstimmungen; in seinem jungen Kopf ging vielerlei leidenschaftlich durcheinander.

Hätte man ihn ganz im Ernst, auf Ehre und Gewissen, gefragt, ob er eine gründliche Veränderung des Bestehenden, ob er den Umsturz wollte, er wäre vielleicht in Verlegenheit gekommen. Denn er war ein durchaus aufrichtiger Junge und mußte zugeben, daß er selber – Sohn aus guter Familie, verwöhnter Liebling eines berühmten Onkels – sich über nichts zu beklagen hatte. Gegen seine eigenen Interessen aber ist man meistens nur bis zu einem gewissen Grade. Der junge Wladimir war kein aktiver Revolutionär, er gehörte keiner Organisation an. Aber er war beeinflußt und manchmal im tiefsten bewegt von revolutionären Ideen, in denen nihilistisch-anarchistische Elemente sich mit sozialistischen trafen. Er glaubte an den mechanischen, durch eine souveräne Kausalität bedingten Fortschritt; wünschte aber seine revolutionäre Beschleunigung, seine gewaltsame Intensivierung. Diese Beschleunigung würde die blutige Katastrophe bedeuten, den großen Brand, die Aufhebung und Vernichtung alles Bestehenden – und also einen schrecklichen, verlockenden Selbstzweck, über den hinaus man nur selten dachte. Die neue Ordnung, die nachkommen sollte, beschäftigte den jungen Kopf weniger als die wilde, herrliche, chaotische Unordnung – eben die Revolution –, die vorausgehen und sie erzwingen würde.

In diesem wirren, angeregten Kopf begegneten sich panslawistische Hoffnungen und Ideale mit jakobinischen; ein vager, schwärmerischer Patriotismus mit einem Internationalismus, der mit seinem Enthusiasmus vor allem Frankreich meinte. Sein Materialismus – an Darwin und Marx oberflächlich erzogen – hatte lyrischen Überschwang. Lyrisches Pathos hatte seine ganze etwas konfuse, an halbverstandenen Schlagwörtern und an glühenden Gefühlen reiche Beredsamkeit. Der Jüngling glaubte an das, was er sagte; das hinderte ihn nicht, es geschwind zu vergessen. Es kamen Tage und Wochen, da er mit harmlosen Kameraden nur den Vergnügungen und den kleinen Pflichten des Tages lebte, sich wenig bekümmernd um die Gesellschaftsordnung und ihre Zukunft. Es gab andere Stunden, deren Melancholie ihm jede Hoffnung auf eine nur halbwegs günstige Entwicklung der großen irdischen Angelegenheiten raubte.

Dann wollte es seinem tiefbetrübten Herzen erscheinen, als wäre der Fluch des Lebens nicht aufzuheben, es sei denn, durch die Tilgung des Lebens selber, und keinesfalls zu lindern durch eine bessere Organisation. Er mußte dann denken: Was beginnt man mit seinem Leben, wie verwendet man es, wenn man dieses erkannt hat? Warum müssen wir dies erkennen und so sehr empfinden? Die Nachrückenden, Starken, die, welche die Zukunft bauen sollen, erkennen und empfinden dies nicht. Ich aber gehöre zu einer verdammten Klasse und zu einer ganz verlorenen Generation.

Auch diese Stimmungen gingen vorüber; sie waren sowenig haltbar wie die leichtsinnigen oder die rebellischen. Das junge Herz war zugänglich allen Einflüssen, auch denen, die das Licht des Himmels, die ein Geruch und ein Windhauch mit sich brachten; es empfand am Abend anders, als es am Mittag oder am Morgen empfunden hatte; aber immer war seine Empfindung unmittelbar, heftig und durchaus echt.

Peter Iljitsch liebte es, das bewegte Spiel dieser Gefühle – das rapide Wechseln vom Aufbegehren zur Zärtlichkeit, von der Zärtlichkeit zur Melancholie, von der Melancholie zum Leichtsinn – zu beobachten, so wie man sich an den spielenden Farben eines Wasserspiegels erfreut, über dem Wolken und Sonnenschein wechseln. Es ergriff ihn, der Zeuge so inniger Bemühungen, so stolzer Aufwallungen, einer so strahlenden Lustigkeit und einer so reinen Trauer zu sein – wenngleich die Problematik, mit der dieses vielbewegte junge Herz sich mühte und an der es sich erregte, ihm fremd und fast gleichgültig war.

Denn Peter Iljitsch glaubte mit einer naiven Zuversichtlichkeit an den «Fortschritt», als an eine wichtige und vielleicht große Sache, die andere erledigten und für die er sich übrigens nicht sehr interessierte. Wenn Wladimir von Unterdrückungen, krassen Ungerechtigkeiten anklagend redete, wendete Peter Iljitsch wohl schüchtern ein: «Aber wir leben doch nicht mehr im Mittelalter! Die Folter, die Leibeigenschaft gibt es nicht mehr ...» Woraufhin Wladimir nur bitter lachen konnte: «Du kennst nicht die Methoden unserer Geheimpolizei – die sind nicht besser als Folter. Und ob es heute den Ausgenutzten, den Ärmsten viel besser geht als früher einem Sklaven oder einem Leibeigenen, das wollen wir noch sehr dahingestellt sein lassen!» – «Sicher finden sich arge Übelstände», gab Peter Iljitsch nachdenklich zu. «Mir tun alle Leute so bitter leid, denen es schlecht geht – das Herz zieht sich mir zusammen, wenn ich nur an sie denke. Der Zar sollte von diesen Dingen wissen – ich bin sicher, daß sie gar nicht bis zu ihm dringen – der Zar ist so sehr weit weg und so hoch über alles erhoben, die Klagen erreichen ihn nicht. Man sollte ihn aufklären!»

Er stellte sich um noch einen Grad unwissender und naiver, als er wirklich war, aus einer frivolen Schlauheit: denn ihm lag daran, die heftige Reaktion des jungen Bob zu beobachten. Die erfolgte denn auch – Bob schnitt eine höhnische Grimasse, es war beinah respektlos. «Der Zar!» Er ließ seine lange Gerte durch die Luft sausen, so daß es einen scharfen, schneidenden Laut gab. «Der ist doch der Schlimmste!» – «Er ist vielleicht mißtrauisch», räumte Pierre ein. «Hat er dazu keinen Grund? Du mußt bedenken: die Nihilisten haben seinen Vorgänger umgebracht, das war ganz gewiß eine große Sünde, denn gerade an diesem Tage wollte Alexander II. unserem Lande eine Verfassung geben – und die Nihilisten versuchten es auch, das Winterpalais mit Dynamit in die Luft zu sprengen – denke doch an: das ganze, schöne Winterpalais!» – «Schade, daß es nicht wirklich in die Luft geflogen ist», meinte Wladimir trocken; dann zeigte er lächelnd seine schönen Zähne. «Die sogenannte Verfassung Alexanders II. – die wäre wohl auch etwas Feines geworden! Aber nicht einmal die hat Alexander III. uns gegönnt. Die Tyrannen geben nichts freiwillig her von ihrer schrecklichen Macht – freiwillig nichts! – Ach, ich wünschte, Alexander III. endete wie sein Vorgänger!» Der junge Wladimir rief es mit blitzenden Augen – er hatte jetzt wirklich einen grausamen Zug im Gesicht. «Es ist schon gar zuviel Blut vergossen worden durch seine Schuld, und gar zuviel Abscheuliches begangen in seinem Namen –: er muß es büßen, das verlangen Logik und Gerechtigkeit der Geschichte!»

Um den Knaben an seiner Seite noch mehr zu reizen und um das Schauspiel seiner äußersten Erregung genießen zu können, bemerkte Peter Iljitsch mit einem freundlich-saloppen Zynismus: «Von Musik verstehen Seine Majestät der Kaiser freilich nicht gerade viel, er bevorzugt die schlechtesten Franzosen. Aber immerhin tut er noch ab und zu etwas für ein paar arme russische Künstler, man soll nicht undankbar sein. Dem armen Tschaikowsky zum Beispiel zahlt er doch auch eine Rente –» Und er freute sich an Wladimirs zornigem Achselzucken, an den dunklen Flammen in seinen Augen.

Der junge Mensch sprach und gestikulierte, während sie zwischen den Wiesen oder durch das Wäldchen spazierten. Was er sagte, war nicht viel anders und gewiß nicht besser als der Leitartikel in einem illegalen revolutionären Blatt; doch er offenbarte mit jedem Wort eine vielleicht naive, aber sicherlich echte Empörung, einen vielleicht kindlichen, aber ganz spontanen und glühenden Abscheu, da er nun alle Schrecken Sibiriens beschwor; den frevlerischen Ehrgeiz einer imperialistischen Politik, die Korruption der Beamten, die Niedertracht der Geheimpolizei, die Heuchelei der Popen, den Übermut des Adels und der Reichen deklamatorisch anklagte. «Und das Jahrhundert, in dem dies alles möglich ist», schloß er mit einer emphatischen Bitterkeit, «das nennst du ein Jahrhundert des Fortschritts!»

Der Ältere lauschte ihm, halb amüsiert, halb erschüttert – amüsiert durch so viel rhetorischen Eifer; erschüttert durch die heftige Bewegtheit, die er hinter ihm spürte, und durch die grausigen Tatsachen, die solche Bewegtheit hervorriefen und legitimierten.

«Was für entsetzliche Dinge du weißt!» sagte schließlich Tschaikowsky. «An mich kommt all das gar nicht heran – ich lebe so sehr abseits, so ganz für mich. Das ist wohl auch besser so – nämlich für meine Arbeit, und die ist am Ende das einzige, was ich Armer dieser armen Welt zu geben habe. Denn ich bin ja doch schon ein Alter und gehöre nicht mehr zu denen, die etwas verändern können auf dieser geplagten Erde. Das ist wohl euch Jungen aufgetragen – ja, Bob: deiner Generation –, die Dinge zu verbessern und ins Rechte zu bringen, die wir Alten schlecht gemacht haben.»

Er hatte diesmal sehr ernst gesprochen. Und sehr ernst erwiderte der junge Bob, wobei er tief atmete: «Gebe Gott, daß es uns gelinge!»

«Siehst du!» rief Peter Iljitsch und lachte. «Jetzt hast du doch den lieben Gott angerufen!»

«Das war doch nur so eine Redensart!» machte Wladimir ärgerlich. «Wir müssen es aus eigenen Kräften schaffen – oder wir werden es gar nicht schaffen!»

Da lag das niedrige Landhaus vor ihnen mit seinem Gärtchen. Der große Spaziergang war zu Ende.

Alexei hatte den Teetisch auf der Terrasse gedeckt. Die Post war gekommen; zwischen den Teegläsern und der Blumenvase lagen die Zeitungen und die Briefe. Peter Iljitsch bat Wladimir, er sollte ihm vorlesen – «aber nur das Wichtigste!» verlangte er. «Alles andere ist vollkommen langweilig – schon das sogenannte Wichtigste ist nicht amüsant.» Er streckte sich behaglich im Liegestuhl aus und blinzelte gegen die Sonne; das Teeglas hielt er mit beiden Händen auf den hochgezogenen Knien. – «Bring mir die süßen kleinen Geschöpfe!» bat er den Diener mit der weichen, werbenden Stimme, die er manchmal für seine Freunde, immer für seine Untergebenen hatte. «Ich bin darauf versessen, die Krone der Schöpfung ans Herz zu drücken.» – Die Krone der Schöpfung waren fünf junge Hunde, die vor einigen Tagen in Frolowskoe das Licht der Welt erblickt – oder vielmehr noch nicht erblickt hatten, denn ihre Augen waren noch blind und benommen vor der erschreckenden Helligkeit. Alexei brachte sie in einem Körbchen, das weich gefüttert war mit grüner Wolle. Auf dem Tuche ruhten die Neugeborenen, wie auf einer Wiese; eines in das andere verkrochen, bildeten sie eine samtene, bräunliche Masse, aus der es blinzelte, schnupperte und schnaufte.

«Wie bezaubernd sie sind!» Peter Iljitsch war tief gerührt und hoch entzückt von ihrem Anblick. «Sie sind ja viel reizender als die Blumen! Wie sie da liegen, machen sie sich schöner als das schönste Blumenbeet!» Er neigte sich über sie; auch Wladimir bückte sich über das Körbchen.

«Ich will mindestens drei von ihnen auf den Schoß nehmen!» erklärte Pierre. «Denn ich bin betagt und habe deshalb das Vorrecht. Du bekommst höchstens zwei, minderjähriger Bob!» – Sie griffen beide ins weiche, bräunliche Beet. Die blinden, zappelnden Geschöpfe wurden hochgehoben; Peter Iljitsch legte sich drei von ihnen an die Wangen und um den Hals, Wladimir nahm sich die zwei anderen auf den Schoß. «Und wie weich ihre Pfoten sind!» konstatierte gerührt Peter Iljitsch. «Es ist so reizend, sie atmen zu hören!»

Bob sagte: «Jetzt müssen wir aber mal sehen, was in den Zeitungen und in den Briefen steht!» Er begann vorzulesen; während seine rechte Hand die Papiere hielt, spielte die linke im seidigen Fell der kleinen Hunde.

Es gab Briefe von Agenten aus Berlin und Paris; einer der Geschäftigen und Unternehmungslustigen schrieb sogar aus New York: er forderte Tschaikowsky zu einer großen Tournee durch die Vereinigten Staaten auf. – «Willst du wirklich nach Amerika fahren?» fragte Bob. Pierre reckte sich faul: «Aber ich weiß doch nicht… Wenn du mitkämest…» Bob lachte; dabei öffnete er schon die übrigen Briefe. Einer war vom Verleger Jurgenson, einer von der Intendanz der Kaiserlichen Theater, einer von der Operndirektion in Tiflis. «Es ist ja charmant von den Leuten, sich so eifrig um mich zu bekümmern», sagte Peter Iljitsch, geschmeichelt und träge. «Aber ich habe jetzt gar keine Lust, wie ein Akrobat durch die Welt zu ziehen. Ich bin gerne hier . . .» Er schaute genießend dem Rauch seiner Zigarette nach.

Einen Brief ließ Wladimir uneröffnet. «Von Frau von Meck», sagte er, während er ihn Peter Iljitsch reichte. Der öffnete ihn sofort, es war ein sehr langer Brief. Bob inzwischen entfaltete die Gazetten – man war auf ein Pariser und auf ein Petersburger Blatt abonniert. «Was geben sie in der Pariser Oper?» fragte Pierre, über Nataschas Brief hinweg. – «Ich studiere gerade eine Rede des deutschen Kaisers», sagte Wladimir. «Was dieser reizbare junge Herr nun für eine Politik machen wird, nachdem Bismarck ausgeschaltet ist?» – «Worum du dich alles bekümmerst, mein gescheiter Liebling!» lächelte Peter Iljitsch. – «Es sieht jedenfalls ganz so aus, als wolle sich Frankreich auf ein Bündnis mit uns orientieren, da unser Vertrag mit Deutschland ja nicht verlängert worden ist», meinte Wladimir, immer bei seiner Zeitung. – «Oh!» rief Peter Iljitsch plötzlich und ließ den Brief der Frau von Meck fallen. «Ich glaube, er sieht schon ein bißchen!» Er meinte aber weder den Kaiser Wilhelm, noch den Zaren, noch den Präsidenten der Dritten Französischen Republik, vielmehr einen der kleinen Hunde, der ihm über den Hals kroch.

Wladimir war sofort aufgesprungen: er mußte unbedingt feststellen, ob das Tierchen wirklich schon ein bißchen sehen konnte; er neigte sich über Peter Iljitsch, wobei er ihm den Arm über die Schulter legte. – «Er hat mich angeschaut!» behauptete Peter. «Es ist gar kein Zweifel möglich: er hat mich ausdrucksvoll angeschaut!» Wladimir lachte, und sein lachendes Gesicht war nahe dem Gesicht Peter Iljitschs. Der erschrak. ‹Was ist denn das?› empfand sein erschrockenes Herz. ‹Das kann doch beinah nicht sein. Ist dies wirklich – wirklich ein vollkommen glücklicher Augenblick?›

Bis zum Abendessen beschäftigte sich Wladimir mit den Journalen; Peter Iljitsch erledigte Korrespondenz. Die Mahlzeit mußte im Inneren des Hauses eingenommen werden; schon während des späten Nachmittags waren Nebel aus den sumpfigen Wiesen gestiegen, nun war die Luft feucht und kühl. Alexei trug wieder, das Gesicht in würdevolle Falten gelegt, Leibgerichte des jungen Herrn Wladimir auf.

Als man mit dem Essen fertig war, sagte Bob: «Jetzt wäre es nett, etwas Ball zu spielen.» – «Aber es ist schon zu dunkel!» meinte Peter Iljitsch. «Man wird den Ball nicht mehr sehen.» – Sie versuchten es trotzdem. Peter Iljitsch sah es gar zu gerne, wie Wladimir sich mit dem Ball bewegte; er liebte seine ungeschickt-graziösen Sprünge, seine lachenden Aufschreie, wenn der Ball an ihm vorüberflog – gellende Juchzer von einer wilden, fast bedrohlichen Lustigkeit. Der ernsthafte Jüngling wurde beim Spielen ganz zum ausgelassenen Kind.

Man konnte die fliegende Gummikugel in der weißlich brauenden Dämmerung bald nicht mehr erkennen. So beschloß man, doch wieder ins Haus zu gehen. «Wir wollen Musik machen», schlug Wladimir vor. «Zum Abschied darf ich noch einmal Mozart hören.» Es war zum erstenmal, daß er seine nahe Abreise erwähnte: dies geschah mit einer etwas künstlichen Flüchtigkeit. Peter Iljitsch war zusammengezuckt.

Alexei zündete die Kerzen am Flügel an. Man suchte im Notenschrank die Partitur der «Entführung aus dem Serail» – «das ist die einzige Oper, die wir noch nicht durchgenommen haben», stellte Peter Iljitsch fest. – Sie hatten an vielen Abenden Mozart gespielt – an vielen Abenden in diesen vier gesegneten Wochen.

Wladimir nahm den Platz ein, den er immer hatte, wenn Peter Iljitsch für ihn musizierte; der große Sessel, in den er sich ganz verkroch, war so gestellt, daß der Spielende, wenn er von den Noten aufsah, das Gesicht des Lauschenden erkennen konnte. Wie liebte es Peter Iljitsch, Musik tönen zu lassen eigens für diese kleinen, sehr wohlgeformten, empfindlichen und empfänglichen Ohren, die wie kostbare Muscheln aus der dunklen Fülle des Haares tauchten. ‹Du meines Liedes liebstes Ohr›, dachte der Spielende innig zu dem Lauschenden hinüber. Der hatte ein ernstes Lächeln als Antwort: an was erinnerte es Peter Iljitsch? An das Lächeln des schönen Fremden, Alexander Silotis. – Ja, Wladimir hatte manches mit denen gemeinsam, an denen das Gefühl sich geübt hatte – geübt und vorbereitet für ihn, der die Reize der Fremden vereinigte mit den rührenden Eigenschaften des nahe Verwandten und ganz Vertrauten. Was kam da nicht alles zusammen: das Lächeln Silotis und die Stimme der Mutter; die Schönheit der nur flüchtig gekannten, brennend, aber ungenügend geliebten Jünglinge, und der Blick der Schwester. So vielerlei verführende Kraft war in ihm gesammelt.

Peter Iljitsch spielte. Sein Herz entzückte sich an den Melodien der geliebten Oper – es entzückte sich so sehr, daß seine etwas schweren Hände große Leichtigkeit bekamen; daß sie beflügelt über die Tasten gingen und den süßesten Wohllaut, den leichtesten, prägnantesten Rhythmus zeugten. – Die Arien, Ensemblenummern und Chöre markierte der Spielende mit der weichen, gedämpften Stimme.

«Es ist so schön, daß es gar zu schön ist», sagte er, als der erste Akt zu Ende war – Wladimir hatte sich neben ihn gesetzt und liebkoste ihm zum Dank das federnhaft lockere, grau-weiße Haar. – «Es ist so vollkommen, daß es fast traurig macht.»

«Warum macht aber das Vollkommene traurig?» Der junge Wladimir fragte es leise; auf seinem Gesicht lag es wie eine Verklärung: so sehr hatte die Musik ihn beglückt.

«Das brauchst du nicht zu verstehen», sagte Peter Iljitsch, den Blick an ihm vorbei, merkwürdig starr, gradeaus gerichtet; und, plötzlich verdüstert, fügte er hinzu: «Aber mir muß es weh tun, während es mich bezaubert. Warum? Weil ich spüre, daß ich das nie, nie, nie erreichen werde – nie auf dieser Erde und in diesem Leben. Es steht vor mir als das durchaus Unerreichbare – oft kommt es mir vor, als wolle es mich verhöhnen mit all seiner makellosen Lieblichkeit.»

«Nicht – nicht! Bitte, rede nicht so!» Wladimir liebkoste ihn mit den langen und kühlen Fingern – den Fingern der Mutter, den Fingern der fremden Jünglinge. Aber auf Peter Iljitschs Antlitz blieb die Verstörung.

«Unerreichbar – unerreichbar!» redete er gramvoll und stützte das Gesicht in die Hände. «Denn es ist ein Stück Himmel. Was aber unsereiner zu singen hat, in seinen besten Augenblicken – das ist doch nur die *Sehnsucht* nach dem Himmel – nicht mehr, niemals mehr. – Vielleicht ist es ein Trost», fuhr er fort und hatte plötzlich ein böses Lächeln, «vielleicht ist es ein kleiner Trost, daß keiner von denen, die heute leben – keiner von allen Zeitgenossen mehr besitzt als nur diese Sehnsucht, und die nur in den besten Augenblicken. Denn wir sind alle spätgeboren und problematisch, und wir leiden alle an demselben moralischen Bruch. Es soll sich keiner von uns als ein ‹Meister› aufspielen, als ein ‹Klassiker› und Vollkommener – so wie manche dies fertigbringen, etwa dieser selbstgefällige Deutsche, dieser Johannes Brahms. Man kann leicht zum fatalen und sogar etwas komischen Typ werden, wenn man in unserer Epoche die Pose des Vollendeten riskiert. Wenn so ein Brahms ein Meister ist, dann bin auch ich noch einer!»

Er hatte sich in einen nervösen Zorn geredet; über seine Stirne lief die dunkle Röte. «Wenn dieser dünkelhafte Deutsche ein Meister ist, dann bin auch ich noch einer!» wiederholte er gereizt. Dann schlug er mit seiner schweren Hand gegen die Mozart-Partitur und rief aus: «Aber vor dem da – vor dem Genius, dem leibhaftigen, naiven, strahlenden Stück Himmel sind wir alle Geringe!»

Bob sagte: «Wie furchtbar böse du jetzt aussiehst! Wenn du dieses Gesicht und die dicke Ader auf der Stirne hast, dann könnte ich Angst vor dir bekommen!» Dabei streichelte er mit den Fingerspitzen die dicke Zornesader, die auf Tschaikowskys gewölbter Stirne hervortrat. «Aber ich will nicht, daß du ein solches Gesicht machst!» schmeichelte der Junge. «Warte – jetzt werde ich dir mal was vorspielen auf diesem Klavier, damit du wieder was zu lachen hast, denn das gibt immer etwas Komisches, wenn ich Musik mache.»

«Wie nett von dir!» freute sich Peter Iljitsch, dessen Stirne sich schnell glättete unter der Berührung von Bobs Fingerspitzen und Schmeichelworten. «Was soll ich denn vorgesetzt bekommen? Vielleicht einen Walzer? Ich möchte gern einen hübschen Johann Strauß von dir hören!» Er hatte den Platz am Klavier schon geräumt; Wladimir ließ sich auf dem Drehstuhl nieder, vor der zugeschlagenen Mozart-Partitur. Seine Hände gingen kraftvoll über die Tasten. «Nun, alter Pierre, tröstet dich das?» lachte er und wiegte den Oberkörper im Rhythmus der «Blauen Donau». «Ich finde, daß das sehr erfrischend und sehr tröstlich ist – wenn ich es nur etwas besser spielen könnte!» – Peter Iljitsch aber bat mit einer leisen, etwas belegten Stimme: «Spiel weiter, Bob!»

«Tut es dir nicht in den Ohren weh?» Wladimir schlug immer kräftiger in die Tasten. «Ich mißhandle doch dein armes Instrument!» – «Spiel weiter!» bat Peter Iljitsch noch einmal und legte ihm seinen Arm um die Schulter. Der junge Bob, dessen Wangen sich beim Spielen erhitzten, sagte, die Stirne etwas tiefer zur Tastatur geneigt:

«Weißt du, was ich jetzt möchte? Jetzt möchte ich, daß ein Mädchen hier wäre. Mit der würde ich Walzer tanzen, und du könntest spielen für uns.»

Peter Iljitsch antwortete nicht. Er nahm langsam seinen Arm von Wladimirs Schulter.

«Aber es gibt keine Mädchen in Frolowskoe», sagte der junge Bob, während der Walzer unter seinen Fingern leiser und langsamer wurde.

«Nein», sagte Peter Iljitsch mit einer rauhen Stimme.

«Die deutsche Köchin ist nämlich zu umfangreich für meinen Geschmack», lachte der junge Bob. –

Sie trennten sich eine Viertelstunde später; zwischen ihnen hatte das Gespräch nicht mehr lebhaft werden wollen. Zum Abschied küßte Peter Iljitsch den Knaben auf die blanke und reine Stirn. «Danke für alles», sagte er. – «Ich bin es doch, der danke sagen muß», erwiderte Wladimir und hatte sein ernstes Lächeln.

Peter Iljitsch fühlte sich sehr müde; trotzdem konnte er lange nicht einschlafen. Der Kopf tat ihm weh. ‹Ich muß mir etwas vorstellen, was mich beruhigt›, dachte sein armer Kopf. ‹Ich muß mir etwas vorstellen, was mir Frieden bringt.›

Er wußte aber schon, was er sich vorstellen würde; denn es gab ein Traum- und Wunschbild, das ihn schon so manchen Abend hinübergeleitet und hineingewiegt hatte in den ersehnten Schlaf.

Peter Iljitsch stellte sich vor, daß er sterben müßte. Ihm vergingen die Kräfte, die große Dunkelheit war ganz nah, er hatte schon ihr schönes Rauschen im Ohr und den Vorgeschmack ihrer Süßigkeit auf der Zunge. Die Kammer, in welcher er lag und starb, war enge; durch das halbgeöffnete Fenster fielen golden schräge Sonnenstrahlen. Wer ist das aber, der da neben dem Bett sitzt? Der Vergehende kann – oder mag – die Augen nicht öffnen. Das liebe Antlitz seines Wladimirs erkennt er doch mit geschlossenen Augen. ‹Setz dich noch näher zu mir, mein Kind!› bittet der Sterbende, dem die große Dunkelheit Augenlider und Lippen liebkost und lähmt. – ‹Ioh bin schon ganz nahe bei dir›, antwortet Wladimirs vertraute und fremde Stimme. ‹Hast du Schmerzen, mein lieber Pierre? Soll ich dir eine Kompresse auf die Stirne legen? Dann stirbst du noch schneller und angenehmer.›

Peter Iljitsch, der vergehende, schüttelt den Kopf. ‹Wir wollen uns Zeit lassen›, murmelt er. ‹Es ist doch so schön.› – ‹Im Vorzimmer sind Leute›, sagt Wladimir, mit der Stimme der Mutter und der Stimme der fremden Jünglinge. ‹Verschiedene alte Bekannte, zum Beispiel deine geschiedene Frau, Antonina, und Madame Désirée Artôt-Padilla, die du geliebt hättest, und Frau von Meck, deine zuverlässige Freundin, und ein gewisser Apuchtin; es sind auch Journalisten darunter; die alle wollen dich sehen, es sind viele Leute, und sie sehen neugierig aus; obwohl sie dich alle lieben, scheinen sie sich darüber zu amüsieren, daß du stirbst.› – ‹Ich empfange niemanden›, haucht der Benommene. ‹Ich sterbe. Das iost eine feierliche Sache.

Nur du darfst dabeisein.› – ‹Wie ehrenvoll und schön für mich›, entgegnet mit sanftem Ernst Wladimir, das liebe Angesicht, der gescheite Liebling. – ‹Wenn ich tot und erlöst bin›, hört Peter Iljitsch sich flüstern, ‹dann – erst dann magst du die Damen und die Freunde und die Journalisten hereinführen, um ihnen zu erklären: Nur Wladimir hat dem Tode des Peter Iljitsch Tschaikowsky beigewohnt – so sehr ist Wladimir geehrt worden. Sie alle sollen es wissen, die Journalisten und die Damen. Eine größere Ehrung hatte Peter Iljitsch nicht zu vergeben. Jetzt werde ich übrigens sehr bald tot sein. Denn nun spüre ich schon, daß ich falle. Wie ist das angenehm, was für ein großer Genuß!› – ‹Soll ich dir nicht doch noch geschwind eine der heilsamen Kompressen auf die Stirne legen?› fragt mit einer monotonen Zärtlichkeit Wladimir, der schlanke Wächter am Totenbett. Aber da ist Peter Iljitsch schon eingeschlafen.

Gleich nach Wladimirs Abreise begann Peter Iljitsch Frolowskoe – das Landhaus, den Blumengarten, die Holzbank und den Spaziergang durch die Wiesen – zu hassen und sich sehr dringlich zu wünschen, ganz woanders zu sein, nur nicht hier. Dieser Haß steigerte sich noch während der Wochen, die er sich zu bleiben zwang. Wie sehr und tief war dieser Aufenthalt ihm verleidet! Er bestand fast nur noch aus Leid. Bob fehlte ihm, wohin er auch immer schaute und trat; überall vermißte er sein Gelächter und sein Gespräch. Der Tag ohne ihn war die Sünde.

Allerlei Unannehmlichkeiten kamen hinzu. Die Arbeit am Sextett ging sehr langsam vorwärts; der Postbote brachte fatale Briefe. Die Störungen begannen mit Harmlosigkeiten – so mit der zudringlichen Bitte einer dummen Dame, Peter Iljitsch müsse bei der Taufe ihres Sohnes Pate stehen, wenn er sich aber weigerte, würde sie, die lästige Madame, vor Kummer erkranken, wahrscheinlich sterben –; sie steigerten sich über verwirrende Briefe von Agenten bis zu den lästigsten Mißverständnissen und Reibereien mit Kollegen und schließlich bis zu der allerfatalsten Nachricht, die wie ein Blitz einschlug in Frolowskoe.

Frau von Meck teilte ihrem Seelenfreunde in ziemlich knapper Form mit, daß sie leider geschäftlich total ruiniert und völlig verarmt sei und also die auf Lebenszeit garantierte Jahresrente von sechstausend Rubel zu ihrem Bedauern von jetzt ab nicht mehr auszahlen könnte.

Welch harter Schlag und grausige Bescherung! Peter Iljitsch war derart bestürzt, daß er sich zunächst gar nicht rühren konnte. Die große Gönnerin kündigte ihm den schönen Vertrag! Sein sicherstes und angenehmstes Einkommen fiel einfach aus! Vielleicht würde er nun sogar seinerseits Zahlungen zu leisten haben an die Seelenfreundin: denn wenn diese verarmt war, so wurde es seine Pflicht, ihr zu Hilfe zu kommen – das sagte ihm sein erster Instinkt. ‹Vor was für Problemen stehe ich da!› grübelte der Betroffene. ‹Das alles kann ich keinesfalls hier entscheiden. Denn nun graut mir vor Frolowskoe, wo es schon die ganze letzte Zeit so unschön war und wo mich nun die große Unglücksnachricht erreicht hat. Hier bleibe ich nicht mehr. Woanders sein, irgendwo, am besten nirgends, nur nicht mehr hier . . .›

Er reiste nach Tiflis. Dorthin hatten Freunde ihn herzlich eingeladen, im übrigen liebte er die Stadt am Fuße des Kaukasus, mit ihrem Ausblick auf die fruchtbar-melancholische gelbe Ebene – das alte orientalische Gassengewirr, das gekrümmt und eingeengt lag zwischen dem Laufe des Flusses Kura und dem Hang des Gebirges. Hier trafen und vermischten sich so viele Völker des Ostens. In den engen, von tausend Gerüchen und tausend Arten des Lärms erfüllten Gassen spazierten nebeneinander: die schönen, hochgewachsenen Georgier mit ihren stolzen Mandelaugen und der gelblich-hellbraunen Haut; die Juden, würdevoll und geschäftig mit Kaftan, Bart und Löckchen; die geschäftstüchtigen Armenier mit dicken Nasen in den schlauen Mienen; die Perser, Türken und Turkmenen. – Peter Iljitsch wohnte im russischen Regierungsviertel, das, mit seinen breiten Straßen von kalter, kolonialer Stattlichkeit, etwas erhöht und in reinerer Luft aufgebaut war. Aber er liebte es, sich zu bewegen im tatarisch-mongolischen Menschengetriebe der orientalischen Gassen, Basare und Höfe.

«Hier bin ich mindestens ebenso gerne wie auf den Pariser Boulevards», sagte er zum Komponisten Ippolitow-Iwanow, seinem Gastgeber, dem Kapellmeister der Oper von Tiflis. «In Hamburg hat mir einmal ein alter Herr gesagt, ich sei ein Asiat; der war gar nicht so dumm – oder doch nicht dümmer als Meister Brahms, der mir vorgeworfen hat, ich sei ein Franzose. Meine Liebe reicht von der Seine bis zum Flusse Kura, von der Grand Opéra bis zu dem undurchdringlichen, klingelnden und rasselnden Lärm dieser Gassen. Ich mag es gerne, wie das hier riecht – nach all diesen geheimnisvollen Gewürzen. Ich liebe die Nähe Persiens . . .»

Den katastrophalen Brief der Frau von Meck beantwortete Peter Iljitsch aus Tiflis. Es wurde eine umständliche Erwiderung, und sie begann mit den Sätzen:

«Liebe, teure Freundin! Die Nachricht, die Sie mir in Ihrem letzten Brief zukommen lassen, hat mir großen Kummer gemacht, jedoch nicht meinetwegen, sondern Ihretwegen. Das ist keine leere Phrase, glauben Sie mir! Freilich, ich würde lügen, wollte ich behaupten, daß eine so radikale Verkürzung meines Budgets auf meine materielle Lage ohne Einfluß wäre. Dieser Einfluß dürfte aber doch kein so bedeutender sein, wie Sie vielleicht annehmen. In den letzten Jahren hat sich mein Einkommen sehr stark vergrößert, und es ist Aussicht vorhanden, daß es sich auch fernerhin rapide vergrößern wird. Wenn also ein Teilchen aus der unendlichen Reihe der Sie bedrückenden Sorgen und Befürchtungen auch mir gilt, so bitte ich Sie, um Gottes willen, davon überzeugt zu sein, daß mir der Gedanke an diese überraschende Verkürzung meiner Einnahmen keineswegs bitter ist ... Schlimm ist aber, daß Sie, bei Ihren Gewohnheiten und dem großen Stil Ihres Lebens, Entbehrungen entgegensehen. Das zu denken, bereitet mir Schmerz ...»

In diesem teilnahmsvollen Ton ging es weiter. Peter Iljitsch, erfrischt und angeregt von den exotischen Reizen der Stadt Tiflis, fand warme Worte der Bestürztheit über die prekäre Lage der Freundin Natascha und schöne Wendungen des Dankes für alles, was sie des Guten an ihm getan in so vielen Jahren. Dabei aber entschlüpfte ihm keine Silbe, die etwa dahin hätte gedeutet werden können, daß er bereit sei, von dem vielen empfangenen Gelde etwas zurückzuzahlen. Ein solches Angebot – so redete er sich jetzt ein – müßte die Seelenfreundin als äußerst kränkend, taktlos und ganz unpassend empfinden; vielleicht aber würde sie es, um ihn nicht zu verletzen, trotz allem annehmen, und das müßte «die überraschende Verkürzung der Einnahmen» erst recht empfindlich, fast unerträglich machen. – Peter Iljitsch war, alles in allem, sehr zufrieden mit seinem großen, bewegten und geschickten Brief.

Wenige Tage nachdem er ihn abgeschickt hatte, trugen aufmerksame Freunde ihm zu, wie es in Wahrheit um Natascha stand. Sie war keineswegs verarmt, sie hatte keine Verluste erlitten, ihre finanziellen Verhältnisse waren nach wie vor glänzend. Die Seelenfreundin hatte also gelogen, da sie von ihrem Ruine sprach. Sie wollte nur die Rente nicht mehr zahlen, aus irgendwelchen Gründen hatte sie es satt. So griff sie zur erstbesten, plumpsten, durchsichtigsten Ausrede, zu einer höchst fadenscheinigen Begründung, deren Unwahrhaftigkeit sehr bald an den Tag kommen mußte. Darauf ließ sie es zynisch ankommen. Sie erlaubte es sich, Peter Iljitsch aufs roheste zu verletzen, aufs deutlichste zu beleidigen. Es war klar: Ihr lag nichts mehr am Seelenfreund.

Hatte Frau von Mecks kühler Absagebrief Peter Iljitsch erschreckt und gelähmt – die Nachricht, daß er frech betrogen worden war, versetzte ihn in einen Taumel von Betrübtheit und Zorn. So abscheulich war er noch niemals gekränkt worden, und er hatte doch schon vielerlei Kränkung erfahren in seinem langen und schweren Leben. Dies war entschieden das schlimmste. Ihm blieb nichts mehr zu tun übrig, als sich ins Bett zu legen und bitterlich zu weinen.

Die Zuverlässigste hatte sich von ihm gewandt. Der «beste Freund» beleidigte ihn und schlug ihm ins Gesicht. So war er nie der «beste Freund» gewesen. Dies zu denken, war grauenhaft. Die große Seelenfreundschaft – eine Illusion! Die schönste und reinste Wohltat, die ihm das Leben gerettet und die ihm so viele Jahre verschönt hatte, erwies sich als die flüchtige Marotte einer reichen Dame. Natascha hatte behauptet, Peter Iljitsch zu lieben und zu verehren – ach, und diese Behauptung hatte man ernst genommen! Welch ein trauriger und grotesker Irrtum! Niemals hatte Frau von Meck ihn geliebt, nun war es am Tage. Wahrscheinlich hatte sie die angenehme Rente während der letzten Jahre schon sehr ungern ausgezahlt. Sicherlich hatte sie sich lustig gemacht über ihn, weil er das viele Geld akzeptierte in seiner naiven Zutraulichkeit. Da saß sie in ihrem Landschloß, die herzensböse, neurasthenische Matrone, und kicherte über den tölpelhaften Peter Iljitsch, der annahm, was sie gleichsam nur noch aus Tücke spendete. Ach, könnte man ihr doch alles zurückgeben! Aber daran war natürlich nicht zu denken: man würde ja an den Bettelstab kommen, müßte sich Klavier und Teppich pfänden lassen, Pelz und Uhr aufs Leihamt tragen. Die schöne Uhr aber, den Talisman, das weitaus hübscheste Ding, wollte man sich bewahren, bei allem Ungemach, das nun hereingebrochen.

Wie lange hatte Peter Iljitsch sich imponieren lassen von dieser Natascha! Mit welch liebevoller Scheu hatte er an ihr vorbeigesehen, als man ihn in der Oper auf sie aufmerksam machte – sein ehrfurchtsvoller Blick hatte sie nur gestreift, als sei sie die zarte Fee, die sich auflösen könnte in Silbernebel. Dabei war sie eine robuste Hexe, ihr Körper war so hart wie ihr Herz, man hätte sie erst anstarren und dann tüchtig schütteln sollen, sie hätte schrill gekichert und sich derb gewehrt mit dem Krückstock – das Teufelsweib!

‹Ach Natascha, Natascha!› dachte der Weinende, für den die schöne Stadt Tiflis keine Reize mehr hatte. ‹Natascha, warum hast du mir das angetan?! Du warst mir mehr als nur die Seelenfreundin, der ich alles anvertraute, mit der ich mich brieflich besprach; du bist mir die eigentliche Gattin gewesen, ich habe mit dir gerechnet als mit meiner wahren Frau. Und nun hast du mich so betrogen und hereingelegt und dich auf so infame Weise über mich lustig gemacht! Ein höhnisches Gelächter, das ist alles, was bleibt von der Seelenfreundschaft. So ist es dir gelungen, jede Wohltat, die du mir erwiesen, zu verwandeln in eine Demütigung. Warum mußte das sein? Ach Natascha, ich grüble darüber nach, welche Gründe dich bewegt haben mögen, solcherart mit mir umzuspringen. Haben schlechte Menschen dir Lügen über mich zugetragen? Oder sogar etwas Wahres, was du abstoßend fandest? Aber da du behauptet hast, meine Musik zu lieben, hättest du auch Verständnis aufbringen sollen für mein Leben – kein leichtes Leben und kein lustiges, glaube mir, Natascha! Oder warst du verstimmt darüber, daß ich nicht schon längst freiwillig auf die angenehme Rente verzichtet habe, was meine Einnahmen mir ja wohl in letzter Zeit zur Not gestattet hätten? Aber ich kam doch ohnedies nie aus mit meinem Gelde, so vielen muß ich Geschenke machen. Wladimir und Bruder Modest rechnen auf meine Unterstützung, das Leben ist kostspielig, in Florenz neulich war ich doch schon wieder in fataler Verlegenheit: wie hätte ich da verzichten sollen auf die sechstausend Rubel? – Du unbegreifliche Frau von Meck! Quälst du uns beide? Hatten wir nicht vorher schon, nicht immer schon genug zu leiden?›

Nun flossen seine Tränen schon sanfter. Er begann, sich zu überlegen, wie er sich praktisch verhalten sollte. ‹Ich werde ihr schreiben, als ob nichts geschehen wäre›, beschloß er nach langem Grübeln. ‹Ich nehme es nicht zur Kenntnis, daß sie mich so frech und bös belogen hat. Ich schreibe ihr harmlos – das wird das Vornehmste und auch das Schlaueste sein. So mildere ich vielleicht die Häßlichkeit dieser quälenden Situation. Ich kann unseren Briefwechsel, der so viele Jahre gedauert hat, nicht abbrechen in dem Augenblick, in dem ich kein Geld mehr von ihr bekomme – das wäre gar zu vulgär, gar zu blamabel.›

Peter Iljitsch biß die Zähne zusammen und verfaßte an Frau von Meck einen neuen Brief, der harmlosen Ton und gleichgültigen Inhalt hatte. Frau von Meck antwortete nicht. Da tat er das Äußerste und schrieb ihr ein drittes Mal. Die ungetreue Seelenfreundin blieb stumm. Seinen diplomatischen Bemühungen, der großen Peinlichkeit den ärgsten Stachel zu nehmen, setzte sie ein dumpfes, unbegreifliches Schweigen entgegen.

Es war also aus. Sie zwang ihn dazu, sich als ihren Feind zu betrachten, eben jetzt, da sie ihm kein Geld mehr schenkte. Sie nötigte ihn, durch ihr boshaftes Schweigen, in eine triviale Undankbarkeit. Dieses Nachspiel gab sie ihrer Freundschaft, die dreizehn Jahre gedauert hatte. ‹Man kommt sich wie ein sitzengelassener Zuhälter vor!› dachte der angewiderte Peter Iljitsch. Oh, jammervolles Finale!

Wann wäre es anders gewesen? Der Ausklang jeder Beziehung war kummervoll und banal. Warum sollte die Erinnerung an Natascha süßer sein als die an Antonina oder an Désirée! Ein bitterer Geschmack bleibt von allem – ein Geschmack auf der Zunge wie von bitterem Kraut.

‹Diesmal aber hatte ich mehr Zuversicht und Vertrauen als jemals zuvor. Gerade deshalb wollte mir der gestrenge Weitentfernte beweisen, daß es nichts gibt, worauf ich mich verlassen dürfte. Wahrhaftig, es ist Ihm gelungen, mir dies höchst drastisch vor Augen zu führen: Er kann zufrieden sein, mein furchtbarer Herr. Er lächelt nicht über mich, und Er weint nicht über mich. Reglos betrachtet Er meine Betroffenheit, meine schmerzlichste Niederlage, meine peinlichste Schande. Er ist gerecht und wartet. Was will Er von mir erzwingen? Warum schlägt Er mich so? Was willst Du von mir erzwingen, mein unbegreiflicher Herr?

Die Schläge, die Er mir versetzt, tun sehr weh. Es ist eine tiefe Erniedrigung, in die Er mich gestoßen hat, da Er meiner Seelenfreundschaft einen so banalen und vergifteten Abschluß gab. Ich aber will mich nicht verwundern, noch empören. Es muß ein Sinn in allem diesem stecken – ein mir noch unverständlicher, wahrscheinlich aber bedeutender Sinn. Ich spüre es mit meinem verwundeten Herzen, das immer empfindlicher wird durch die harten Schläge, die es empfängt: Man will mich mürbe machen, man will mich reif machen – aber für was denn, für was? Für welch letzte Prüfung, Du Verborgener? Für welch letztes Abenteuer, Du Rätselhafter?›

Achtes Kapitel

Die schöne und geliebte Stadt Tiflis am Flusse Kura feierte ihren berühmten Gast, den Komponisten Tschaikowsky. Gegenstand so großer und spontaner Huldigungen war Peter Iljitsch erst einmal in seinem Leben gewesen: der Triumph von Tiflis hatte denselben Überschwang und denselben Glanz wie das Siegerfest des ersten Prager Aufenthalts. Damals hatte eine slawische Nation, die sich als eine unterdrückte empfand und aus diesem Bewußtsein ihr trotziges Pathos bezog, den russischen Komponisten als den Sendboten des großen, stammverwandten Reiches enthusiastisch begrüßt; heute bewies ihm die östliche Kapitale, die Hauptstadt Georgiens, deren orientalisch-zaubervolle Gassen Peter Iljitsch ebensosehr liebte wie die Pariser Boulevards, eine Dankbarkeit, die Moskau und St. Petersburg ihm vorenthielten.

Das große Tschaikowsky-Konzert am 20. Oktober 1890, veranstaltet von der Tifliser Abteilung der Russischen Musikalischen Gesellschaft, endete mit einer Ovation großen Stils für den Komponisten. – Nach dem Konzert gab der «Artistenverein» ein Bankett, es wurde ungeheuer viel gegessen, getrunken und geredet, die schönen Ansprachen und rührenden Toaste nahmen kein Ende, der eine Redner hatte sich kaum gesetzt, da erhob sich schon der nächste, schwankte ein wenig und rühmte, mit meist etwas schwerer Zunge, Genie, Güte und Herrlichkeit des Brüderchens Peter Iljitsch. Es war ein großartiges Fest, man tafelte bis in die frühen Morgen. Junge Leute schmückten Peter Iljitschs graues Haupt mit Blumen; über der erhitzten, dunkel geröteten Stirne des Gefeierten baumelte eine große Rose. Seine Frackkrawatte hatte sich gelöst, ein Knopf an seiner steifen Hemdbrust war aufgesprungen, von der langen Zigarette, die ihm zwischen den Lippen hing, fiel Asche auf die Seidenrevers seines Jacketts. So präsidierte er in seinem bekränzten Lehnstuhl der grölenden, singenden und lachenden Versammlung: etwas in Auflösung begriffen, etwas entwürdigt, etwas lächerlich gemacht inmitten des Triumphes.

Während ein orientalischer Herr in ziemlich konfuser Rede den großen Musiker pries, mühte sich Peter Iljitsch, seine verschwimmenden Gedanken zu sammeln. ‹Das ist hier wohl alles ungeheuer ehrenvoll›, überlegte er sich. ‹Leider aber macht es mir Kopfschmerzen. Was werde ich morgen für einen Katzenjammer haben – ich muß Natron nehmen, sowie ich nach Hause komme. Ein Wahnsinn, so viel zu trinken! Immerhin möchte ich wohl, daß die verhaßte, ungetreue, sehr infame Seelenfreundin Natascha mich so sähe. Gerade jetzt, da sie mich ganz erniedrigt hat, werde ich gefeiert, mit Blumen, Kränzen, Schmeichelreden und aller Pracht – wie verzaubert in ein Märchen aus Tausend-und-einer-Nacht. Was verschafft mir all diesen Glanz und soviel üppige Ehrung? Die kleine Tatsache, daß ich meine Schmerzen und Erniedrigungen in Töne verwandeln kann. Ja, Natascha, ich weiß das Geheimnis, ich verstehe mich darauf, ich kann alles verwandeln, es ist eine artige Alchimie, ein Zaubertrick, es ist gar nicht schwer und macht sehr viel Spaß. Auch aus der enormen Unannehmlichkeit, die du mir angerichtet hast, meine liebe infame Natascha, werde ich Melodien zaubern – paß nur auf, wie hübsch die klingen sollen! –, und sie werden mir wieder Ruhm bringen, man wird mich wieder bekränzen und als großen Künstler feiern. Mir kann nichts und niemand was anhaben, weil ich den Zaubertrick weiß . . . Im Augenblick aber ist mir recht übel. Ich muß idiotisch aussehen mit meinem Kranz, und mein Frack ist befleckt von Wein und von Asche, eine klebrige Mischung . . .› –

Wenige Tage später begleitete eine zahlreiche, sehr animierte, dabei von Abschiedssentimentalität bewegte Gesellschaft den Komponisten zum Bahnhof. Auf dem Perron standen versammelt: die Vertreter der musikalischen Vereinigungen, Dirigenten und Sänger, Musikschüler und Journalisten, Agenten, Verehrerinnen und Nichtstuer, die nur zufällig hinzugetreten waren, weil sie bei keinem Menschenauflauf fehlen mochten. Peter Iljitsch stand am offenen Coupéfenster und verabschiedete sich. «Lebt wohl, meine Freunde!» sagte er und hatte die weiche Stimme, mit der er um Menschen warb. «Ihr seid sehr gut zu mir gewesen, ich vergesse es nie.» Ihm antworteten Winken, Jubeln, Tränen und begeisterter Zuruf. «Reisen Sie glücklich, Peter Iljitsch, schaffen Sie noch viele schöne Werke! Denken Sie manchmal an uns, großes Brüderchen!» Es herrschte eine sehr ergriffene Stimmung.

Peter Iljitsch – eine graue Reisemütze in die hohe Stirn gezogen, die lange Zigarette zwischen den zu weichen, zu roten Lippen –

schaute sinnend auf die vielen fremden Menschengesichter. An dem trotzigen und verschlossenen, dunklen Antlitz eines Jünglings von exotischem Typ blieb sein tiefblauer, sanft grübelnder Blick hängen. ‹Wer mag dieser sein?› dachte er, während die Abschiedsrufe und Segenswünsche wie das Geräusch einer Brandung aus der Menge zu ihm hinaufstiegen. ‹Vielleicht ein sehr ehrgeiziger junger Komponist, für den ich so etwas wie ein Vorbild bedeute, der jede Note von mir kennt, jedes Werk von mir liebt . . .?› – Der trotzige, dunkle Jüngling aber gehörte zu jenen Bummlern, die nur hinzugetreten waren, weil sie bei keinem Menschenauflauf fehlen mochten; er wußte gar nicht, wer der graubärtige Herr dort am Coupéfenster war, von dem man sich mit soviel Lärm verabschiedete.

«Lebt wohl, meine Freunde!» sagte Peter Iljitsch noch einmal und sah den jungen Orientalen dabei an. Der Zug setzte sich in Bewegung. Peter Iljitsch breitete beide Arme zu einer weiten und pathetischen Abschiedsgeste. Der Damen auf dem Bahnsteig bemächtigte sich eine jähe Hysterie. Zwei Musikschülerinnen stießen schrille Schreie aus, eine von ihnen zerriß ein feines Taschentuch in mehrere Teile, die sie, mit verzerrtem Gesicht, in die Luft schleuderte. Mehrere Personen liefen neben dem abfahrenden Zuge her, als könnten sie sich von ihrem verehrten Liebling am Coupéfenster gar nicht trennen; etwa hundert Meter hielten sie den Wettlauf aus, dann mußten auch sie zurückbleiben. Die vielen fremden Menschengesichter waren entwichen, es gab sie schon nicht mehr, die rührende Abschiedsszene von Tiflis war in den Abgrund der Vergangenheit gefallen, aus dem sie gelegentlich wieder hervorsteigen mochte, verwandelt in die zarte und zähe Substanz der Erinnerung.

Peter Iljitsch zog sich, etwas erschöpft, in sein Abteil zurück.

Er reiste nach Kiew. In Kamenka wollte er einen Krankenbesuch bei Schwester Sascha machen: dies war die offizielle Erklärung seines Ausflugs. Was aber war sein eigentlicher Sinn? Die Monate ohne Wladimir waren schlimm gewesen. Peter Iljitsch war entschlossen, den jungen Bob, der nun Student wurde, mit sich nach Moskau und St. Petersburg zu nehmen.

Die Reise nach Kiew war lang. Peter Iljitsch hatte reichlich Zeit, große Mengen französischen Kognaks zu trinken, hundertundzwanzig Zigaretten mit langem Mundstück zu rauchen, die Novellen eines sehr begabten neuen russischen Autors namens Tschechow und zwei Detektivromane zu lesen; sich einige erste Notizen zu einer Hamlet-Musik zu machen, die er dem Schauspieler Lucien

Guitry zu dessen Benefiz versprochen und zu deren Ausarbeitung er nicht die mindeste Lust hatte; kummervoll darüber nachzudenken, daß das Sextett – die letzte Komposition – total mißglückt sei und ein betrübliches Symptom des Abstiegs, der beginnenden künstlerischen Impotenz bedeutete; daß Natascha von Meck sich wie eine Närrin und wie eine Schurkin benommen hätte; daß alle Agenten ihn hereinlegen wollten, daß der rechte Arm ihm weh täte und er wahrscheinlich nie wieder dirigieren könnte; daß er einige Konzerte in Mainz, Frankfurt a. M. und Budapest, welche die Berliner Konzertdirektion Wolff ihm arrangiert hatte, absagen, überhaupt nicht mehr reisen und nur noch auf dem Lande leben wollte, nur noch in Frolowskoe, mit Bob, dem braven Alexei und den jungen Hunden.

Wie glücklich war er, als endlich, nach so langer Fahrt – ach, man sitzt wie in einem Kerker in diesem gepolsterten kleinen Abteil, eingesperrt mit den Ängsten und Sorgen, mit den ewigen Zigaretten und der ewigen Kognakflasche! –, als endlich die Türme und die vergoldeten Kuppeln der frommen und ehrwürdigen Stadt Kiew auftauchten zwischen den Hügeln. Es läuten immer die Glocken, wenn man in Kiew ankommt, das stimmt feierlich und gerührt. Feierlich und gerührt stimmt das Bewußtsein, daß man Wladimir, das liebe Angesicht, den gescheiten Liebling, den nahe Verwandten nun bald wiedersehen wird.

Es gab gleich eine Enttäuschung. Nicht Bob war mit dem Wagen von Kamenka herübergekommen, um den berühmten Onkel in Kiew an der Bahn abzuholen, sondern sein älterer Bruder, der Erstgeborene des Ehepaars Dawidow – ein stämmiger junger Mann mit einem großen Schnurrbart.

«Wo ist Bob?» fragte Peter Iljitsch und schaute um sich mit einem hilflos suchenden Blick, der seine Bestürztheit nicht verbarg.

«Mama wollte Wladi heute nicht weglassen», erklärte der stämmige junge Mann – er trug Schaftstiefel, Breecheshosen und eine Lederjoppe; Peter Iljitsch fand, daß er wie ein Gutsverwalter aussähe. «Es geht Mama ziemlich schlecht – sie verlangt Wladis Pflege. Da müssen Sie eben mit mir vorliebnehmen, Onkel Peter.» Es schien Peter Iljitsch, als ob sein robuster Neffe ein etwas schadenfrohes und recht freches Grinsen hätte. –

Frau Alexandra empfing ihren Bruder in verdunkeltem Zimmer. Sie lag im Bett, regungslos auf dem Rücken, die mageren Hände über der mühsam atmenden Brust gefaltet. ‹Wie spitz ihr Gesicht

geworden ist!› dachte der Bruder, da er sich zum Kuß über sie neigte. ‹Ich erkenne es gar nicht mehr. Doch, die Augen erkenne ich
noch. Aber wie schmal und verkniffen sind ihre Lippen!›

Sascha hatte den bitteren und zerstreuten Gesichtsausdruck, mit
dem sie jeden Besucher empfing: jeder störte sie in ihrem intimen,
hadernden und zärtlichen, rechthaberischen und zähen Zwiegespräch mit Gott, das den einzigen Inhalt ihrer langen Tage ausmachte.

«Wie geht es dir, liebe Sascha!» fragte der Bruder und dachte:
‹Ach, wie anders hat sie mich früher empfangen! Was hat die entgleitende Zeit – was hat diese geheimnisvolle Krankheit aus ihr gemacht!›

«Es ist immer dasselbe», antwortete Frau Alexandra, ohne sich zu
bewegen. «Es will nicht zu Ende gehen.»

«Du wirst bald gesund sein», versuchte Peter Iljitsch schüchtern,
sie zu trösten.

Darauf antwortete sie nicht, oder nur mit einem verzerrten Lächeln.

«Hast du einen guten Arzt?» erkundigte sich der Bruder, der in
einer verlegenen Haltung an ihrem Lager stand.

Sie erwiderte: «Ich empfange keine Ärzte mehr.» Dann wurde sie
von einem trockenen Husten geschüttelt. Sie mußte sich aufrichten,
Peter Iljitsch stützte sie im Rücken. «Danke!» brachte sie hervor –
da hatte ihre Stimme einen weicheren Ton. Sie sah Peter Iljitsch an.
Ja, ihre klugen dunklen Augen waren schön geblieben, so tief sie
jetzt auch in den schattigen Höhlen lagen: es waren die Augen der
lieben Mutter, die Augen Wladimirs, ihres Kindes.

«Arme Sascha!» sagte Peter Iljitsch und vergaß für einen ergriffenen Augenblick jene heuchlerisch beschönigende Diplomatie, die
üblich ist in den Krankenzimmern.

Sascha schaute ihn an; ihr Blick war prüfend und von einer
freundlichen Strenge. Während ihre dunklen Augen, versonnen
und kritisch, auf seinem Gesicht ruhten, hob sie langsam die abge-
magerte Hand. «Mein Lieber», sagte sie und schüttelte den Kopf
wie zu einem sanften Tadel. «Du bist auch nicht gerade jünger geworden. Pierre, alter Pierre – wieviel Zeit ist vergangen ... Du siehst
aus wie ein alter Mann.»

Er versuchte zu lächeln; aber sein Antlitz ertrug nicht diese Ver-
stellung in diesem Augenblick, den er als einen großen, rührenden
und harten empfand. Denn ihm wollte es scheinen, als begegnete er

jetzt und hier seiner Schwester Alexandra-Sascha, der Tochter seiner lieben Mutter, der Mutter seines lieben Wladimirs, nach langer Zeit zum erstenmal wieder. War sie nicht die Vertraute gewesen seiner unruhigen, von Schmerzen, Nöten und Zweifeln bewegten Jugend? Bei ihr hatte er Zuflucht gesucht, wie lang war dies her, Pierre, alter Pierre – wieviel Zeit ist vergangen... Inzwischen war ihm die Schwester sehr abhanden und aus den Augen gekommen. Jetzt plötzlich aber waren sie sich wieder nahe, Sascha und Pierre, die so viel voneinander wußten, deren Herzen schwer waren von gemeinsamen Erinnerungen. Man mußte diese Begegnung kosten und nutzen: Sascha war krank, sie sparte mit ihren Kräften, wer wußte es, wieviel Anstrengung diese Minuten sie kosteten, sehr bald wahrscheinlich würde sie sich wieder zurückziehen in ihr stummes und zähes Zwiegespräch, in ihre geheimnisvolle und eigensinnige Auseinandersetzung mit dem gestrengen Weitentfernten.

«Denkst du noch manchmal an unsere Mutter?» fragte sie und behielt ihren prüfenden, freundlich-strengen Blick auf seinem Gesicht.

«Ich denke jeden Tag an sie», sagte der Bruder leise.

«Nun werde ich sie bald wiedersehen.» Sascha lag still; den Blick hatte sie vom Bruder abgewendet, sie schaute zur Decke, ihre Augen glänzten. «Ich könnte ihr etwas von dir ausrichten», sagte sie und lachte ein wenig, als hätte sie einen kleinen Scherz gemacht.

«Glaubst du daran, daß man sich wiedersehen wird?» Peter Iljitsch fragte es mit einer gedämpften Stimme.

Sie hatte ein schlaues, etwas hochmütiges Lächeln, so wie der es aufsetzt, der in einer wichtigen Angelegenheit sehr genauen Bescheid weiß, jedoch geheimnistuerisch nichts verraten möchte. «Oh», machte sie, und wiegte auf eine angeregte Art den Kopf ein wenig im Kissen, «das ist nicht so einfach ... Freilich, wiedersehen wird man sich wohl ... Aber anders – verstehst du? –: anders, als wir es uns vorstellen können ... Völlig anders ...» Sie verstummte; ihr Gesicht hatte einen behaglichen und beinah pfiffigen Ausdruck angenommen. Peter Iljitsch empfand Angst vor ihr.

Da er schwieg, sagte Frau Alexandra, mit einer plötzlich veränderten, merkwürdig trockenen und sachlichen Stimme: «Du bist gekommen, um mir Wladimir wegzunehmen.»

Peter Iljitsch konnte es nicht verhindern, daß er rot wurde. «Aber wie magst du so etwas denken!» brachte er heiser hervor. Sie winkte ihm ab. «Laß doch, laß doch!» riet sie ihm mit einer etwas unheimlichen Munterkeit.

«Wladimir ist ein erwachsener Junge.» Peter Iljitsch, in seiner Verlegenheit, war aufgestanden und machte ein paar Schritte durchs Zimmer. «Er kann nicht ewig in Kamenka sitzen.»

«Freilich, freilich!» erwiderte Sascha, die unbeweglich auf dem Rücken liegenblieb. «Er soll etwas von der Welt sehen – dafür wirst du schon sorgen. Ich gönne es ihm. Übrigens erscheinst du im rechten Augenblick. Alles hat seinen Sinn und Zusammenhang. Denn ich kann ihn ja nun entbehren.»

«Niemand hat die Absicht, ihn dir wegzunehmen», wiederholte Peter Iljitsch, der heftig schnaufte.

«Ich kann heute sogar ihn entbehren», sagte die Schwester noch einmal mit einer sanften Hartnäckigkeit. «So weit bin ich, so weit habe ich es gebracht.» Dann schwieg sie. Ihr mageres Gesicht, ihre verkniffenen Lippen bekamen wieder den Ausdruck furchtbarer Verschlossenheit.

Peter war stehengeblieben an ihrem Bett. «Ich will gut zu ihm sein!» versprach er ihr plötzlich und senkte die Stirn.

War da ihr Lächeln nicht spöttisch? «Hoffentlich ist *er* gut zu *dir*!» sagte sie mitleidsvoll, aber nicht ohne Bosheit. So hatte sie zu ihm gesprochen, wenn er – es ist lange her, Pierre! – sich über Apuchtin oder einen der anderen bei ihr beklagt hatte. «Vergiß doch nicht», sagte sie jetzt noch, «er ist jung. Wir aber sind alte Leute.» Dann verstummte sie wieder. Auch der alte Bruder hatte nichts mehr zu sagen.

«Geh jetzt, mein Lieber!» waren nach einer langen Pause ihre ersten Worte. «Du willst den Jungen begrüßen. Und ich bin müde.» Ihr im Kissen ruhendes Gesicht entfremdete sich ihm wieder.

Er beugte sich über ihre bleiche und magere Hand. «Entschuldige, daß ich dich angestrengt habe!» bat er leise. Sie senkte, zur Antwort, nur hochmütig die Augenlider. Er ging langsam zur Tür. –

Im kleinen Vorraum, der an das Krankenzimmer stieß, saß Wladimir, einsam und aufrecht, auf einem schmalen Stuhl. Er stand auf, während Peter Iljitsch die Tür zum Zimmer der Mutter vorsichtig hinter sich schloß. Pierre, Saschas Bruder, ging auf den jungen Bob zu und umarmte ihn.

«Wie hast du Mama gefunden?» fragte der junge Bob. «Wie geht es ihr heute?»

«Ich hab lang mit deiner Mutter gesprochen», sagte Peter Iljitsch, der seine schwere Hand auf Wladimirs dunkles, weiches und gelocktes Haar gelegt hatte. «Wir haben auch über dich gesprochen.»

«Soll ich zu ihr hinein?» fragte Wladimir schnell.

«Nein. Sie will jetzt alleine bleiben.»

«Hoffentlich schläft sie», sagte Wladimir, der Sohn.

«Sie hat nichts dagegen, daß du mit mir nach Petersburg kommst», sagte Peter Iljitsch.

Wladimir öffnete weit seine schönen, goldbraunen Augen. «Nach Petersburg…» wiederholte er und atmete tief. Was stieg da auf vor seinem jungen, weitgeöffneten Blick, der nun so glänzte in dem blassen Gesicht? Das Leben mit dem berühmten Onkel; Musik, schöne Frauen, politischer Kampf, Diskussion, Laster und Luxus; die Hauptstadt, deren Reiz und Abenteuer er kannte aus seinen Träumen und aus seinen Vorstellungen. «So werde ich also nun *wirklich* dabeisein …» sagte er und hatte ein benommenes, seliges Lächeln.

Der junge Wladimir verließ mit seinem berühmten Onkel das Landhaus in Kamenka bei Kiew, wo seine arme Mutter, unbeweglich liegend, hartnäckig leidend, ihren stummen Dialog mit dem gestrengen Weitentfernten zu Ende führte. Der junge Wladimir verbrachte den Winter in St. Petersburg, oder er begleitete den berühmten Onkel nach Moskau und Frolowskoe. Nun war er also wirklich dabei. Er fand das Leben in den großen Städten, das Leben nahe beim geliebten und bewunderten Peter Iljitsch, in seiner immer spannenden, immer überraschenden Realität nicht weniger köstlich und nicht minder erregend, als er es sich ausgemalt hatte in so vielen Nächten und so vielen verträumten Vormittagsstunden. Der ganze Winter war ein Fest und ein hinreißendes, übrigens anstrengendes Abenteuer. Heißhunger und Enthusiasmus seiner Jugend stürzten sich mit gleicher Gier in die Vergnügungen wie in die Probleme. Das elegante Nachtlokal, wo die betrunkenen Offiziere Champagnerflaschen gegen die Wand und die französischen Chansonetten ihre Beine in die Luft warfen, erregte ihn kaum weniger als die politische Geheimversammlung, an der er nicht ohne Gruseln und gleichsam zu seiner eigenen Verwunderung teilnahm.

Der Jüngling bewegte sich wie in einem Zustand beständiger Trunkenheit – ganz benommen von den leidenschaftlichen Diskussionen mit Kameraden über Gott und die Welt; von der Musik der großen Opernabende und Konzerte; vom innig angeregten Gespräch mit Peter Iijitsch; von den Blicken, Gesten und Parfüms der Frauen. Der Winter verging ihm wie ein gar zu schöner Traum: jeder Tag bis zum Rande gefüllt mit Eindrücken, Ereignissen, Überraschungen, heftigen oder zarten Beglückungen. Wie lang war ein Winter in Kamenka gewesen! Hier waren zwar die Tage ereignisreicher, aber die Wochen und Monate hatten ein beflügeltes Tempo. Jetzt schrieb man schon den März 1891.

Peter Iljitsch war in Frolowskoe gewesen, ausnahmsweise allein; denn er hatte intensiv zu arbeiten: es galt, die ersten Notizen zu einem Ballett und zu einer einaktigen Oper zu machen, die der Intendant der Kaiserlichen Oper bei ihm in Auftrag gegeben. Nun wollte er nur ein paar Tage in St. Petersburg bleiben; dann würde er, über Berlin, nach Paris fahren, um sich in Le Havre nach Amerika einzuschiffen: er hatte sich, nach langen Kämpfen und einer ausführlich-wechselvollen Korrespondenz, schließlich doch dazu entschlossen, die große amerikanische Tournee anzutreten. «Es wird schauerlich werden. Und die Amerikaner wollen sich nur über mich lustig machen. Es ist gewiß ein Mißverständnis von ihrer Seite, daß sie mich überhaupt aufgefordert und mir soviel Geld angeboten haben. Sie meinen, daß ich die neue russische Musik repräsentiere. Das kommt davon, wenn man die weisen Schriften des Herrn Caesar Cui nicht gelesen hat: Die Herren in New York wissen es eben einfach nicht, daß ich gar kein echter, urwüchsiger Slawe bin, sondern der unedle Bastard von einem Pariser Ballettfabrikanten, einem deutschen Pathetiker und einem asiatischen Wilden ... Ich brauche aber Geld», sagte er abschließend, mit einem rauhen Lachen.

Er hatte, in seinem Appartement im Hotel Rossija, eine kleine Feierlichkeit arrangiert, ein intimes Abschiedsfest für Bob und seine Freunde, vor der großen Trennung, der Amerikareise. Man kam aus der Oper, die jungen Leute – ein paar Studenten, ein paar Musiker, ein paar Militärschüler – waren im Abendanzug oder in Uniform. Der Diener Alexei und ein Kellner des Hotels reichten die Tabletts mit den Champagnergläsern und dem Kaviar herum. Peter Iljitsch dachte, während er Alexei eine neue Sektflasche öffnen sah, einen flüchtigen Augenblick lang: ‹Du lieber Himmel, wie wird die Rechnung aussehen, die man mir morgen früh präsentiert ... Dieser Winter mit Bob war der kostspieligste meines Lebens ... Vielleicht auch der schönste ... Die fetten Einnahmen aus der Pique-Dame: wohin sind sie? Alles weg, alles weg. Fünftausend Rubel Vorschuß hat Jurgenson mir gezahlt – wieviel Kopeken sind mir davon übriggeblieben? Wenn ich nicht einen hübschen Haufen Dollar aus Amerika mitbringe, dann bin ich wohl wieder mal ein ruinierter Mann und muß alles versetzen, Pelz und Uhr ...›

Einer der jungen Leute hatte das Fenster geöffnet. «Es ist so rauchig hier drinnen», sagte er, «und draußen spürt man schon etwas vom März. Der Frühling ist am schönsten, wenn er gerade erst anfängt ...» Es war ein junger Graf Lütke, der sprach – ein langer, eleganter Bursche mit dem Monokel im eiförmigen, hübschen, ziemlich leeren Gesicht. Er und sein Bruder, der sich auch in der kleinen Gesellschaft befand, waren die flottesten und lebenslustigsten von Wladimirs guten Freunden. Sie hielten sich Pferde und Wagen, hatten richtige Schulden und richtige Mätressen, wurden bei Hofe empfangen und gehörten zur Jeunesse dorée der Hauptstadt: Wladimir war im Grund seines Herzens recht stolz auf den Umgang mit ihnen, wenngleich er sie auch etwas verachtete wegen ihrer forschen Ungeistigkeit und ihrer frivolen Lebensführung.

Plötzlich sprachen sie alle vom Frühling in St. Petersburg, wie schön und rührend es sei, wenn er beginne. Sie liebten alle die Stadt, in der sie lebten und jung waren. «Ach», sagte einer von ihnen – träumerischer Jüngling in einem nicht erstklassig sitzenden, bei einem kleinen Schneider gearbeiteten Frack –, «ach, nun kommen ja auch bald die weißen Nächte, und man kann auf dem Newa-Prospekt spazieren um Mitternacht, Himmel und Wasser haben das gleiche Leuchten, es riecht nach herben und fremden Blüten ... Und wer kommt einem denn da entgegen? Ein so schmales Mädchen! Nastenka!»

Alle jungen Leute hatten ein gerührtes und entzücktes kleines Lachen. Denn jeder von ihnen hatte die wundervolle Geschichte gelesen, auf die der Träumer im billigen Jackett anspielte: Dostojewskys phantastischen Liebesroman von den ‹Weißen Nächten›. Es gehörte zu den Selbstverständlichkeiten dieser Jugend, dergleichen zu kennen, sogar die eleganten Brüder Lütke mußten tun, als wüßten sie genau Bescheid, sogar sie legten Wert darauf, ein gewisses Interesse zu bekunden für melancholische und gewagte Stimmungen, für das wunderlich ekstatische, zärtlichkeitstrunkene und hoffnungslose Lebensgefühl jener Abseitigen, die von sich selber sagen, daß sie «gar keine richtigen Menschen sind, sondern eher eine Art Zwischenwesen». Diese leben in den verwunschenen Winkeln von St. Petersburg. «Dort scheint eine andere, geheimnisvolle Sonne. In diesen Winkeln, liebe Nastenka, da ist's, als lebte man ein ganz,

ganz anderes Leben.» Aber auch in diesen Winkeln – oder gerade in
ihnen – kann man den süß-herben, den spröden, scheuen, an zarten
Verführungen reichen Beginn des russischen Frühlings erleben –
diesen Frühling, der die kühle und bleiche Stadt St. Petersburg verzaubert und höchst reizend verändert, so daß es ist, als blühe ein
unscheinbares, häßliches, graues Mädchen ganz plötzlich auf: sie
bekommt Farbe und Leben, sie wird schön über Nacht, Blut ist ihr
in die blassen, schlaff gewordenen Wangen gestiegen. Freilich, es ist
nur ein kurzes Glück, ach, es dauert nicht, da man es halten möchte,
entflieht es schon.

«Nirgends ist dieser schmerzliche Frühlingszauber so eingefan-
gen wie in den ‹Weißen Nächten›», sagte der Träumer, der nicht zur
Jeunesse dorée gehörte – gewiß empfand er sich selber als einen jener
tiefsinnigen, schwatzhaften, verzückten, närrisch-tragischen Do-
stojewsky-Käuze.

«Ich war ganz verliebt in Nastenka, als ich das kleine Buch zum
erstenmal gelesen hatte», gestand Wladimir, dessen schmales Gesicht mit dem beweglichen Mund und dem reichen Haar über dem
hohen Kragen seines Abendanzugs besonders weich und kindlich,
dabei aber etwas ermüdet schien. «Ja, ich wußte genau, wie alles
zugegangen und wie süß es gewesen war. Diese Stimmung, nachts,
am Kanalufer, wo man sonst um diese Zeit keine lebende Seele trifft
– mir aber erscheint Nastenka, ach, bald wird sie mir die Geschichte
ihrer unglücklichen Jugend erzählen: die Geschichte von der Großmutter, an die mit Stecknadeln geheftet sie ihre Tage verbringen
muß, und vom schönen jungen Mann, der sie in die Oper geführt
und ihr die Treue versprochen hat; der verschwunden ist und auf
den sie wartet . . .» Wladimir verstummte gerührt.

Einer seiner jungen Freunde sagte lachend: «Der kleine Bob ist
verliebt in alle Nastenkas von St. Petersburg. Er wird immer noch
rot, wenn eine Dame ihn anschaut, und wenn sie ihm gar zulächelt,
möchte er vor Verwirrtheit und Entzücken in die Erde versinken.»

«Und er wird auch jetzt wieder rot, weil wir davon sprechen»,
stellte amüsiert einer der Grafen Lütke fest.

«Gefallen dir die Frauen von St. Petersburg?» fragte Peter Iljitsch
mit einer weichen, gedämpften Stimme. «Gefallen sie dir besser als
die Frauen von Frolowskoe?»

Alle lachten, weil es drollig war, an die Damen von Frolowskoe
zu denken. Ein junger Mann in Kadettenuniform rief aus: «Und ob
die Weiber von St. Petersburg ihm gefallen! Es gibt doch eine Ge-

wisse, mit der er überall zu sehen ist, so ein Mädchen aus gutem Hause, eine ganz Feine und Kostbare!»

Wladimir, der noch tiefer errötete, winkte ihm heftig, zu schweigen. «Laß doch, laß doch!» Und er fügte, beinah zornig, hinzu: «Der Frühling macht euch geschwätzig!»

«Der Winter ist kaum zu Ende, und hier herrscht schon eine Stimmung wie im Mai.» Peter Iljitsch, der sprach, hatte ein wehmütiges Lächeln. «Ihr habt es so eilig, den Winter loszuwerden, ihr seid schon ganz fertig mit ihm – dabei war es doch ein recht guter Winter ...» Er sah, fast bittend, Wladimir an.

«Es ist ein wundervoller Winter gewesen», bestätigte Wladimir und erwiderte voll Peter Iljitschs Blick.

«Eine kolossale Saison», konstatierte einer der beiden Lütkes mit kennerhafter Befriedigung.

«Aber es hat auch Aufregungen gegeben!» Wladimir lachte, und Peter Iljitsch lachte leise mit ihm.

Sie fingen plötzlich alle an, im Durcheinander von den Ereignissen der Saison zu reden, die hinter ihnen lag. Einige ihrer Höhepunkte hatten sie alle mitgemacht, zum Beispiel die große «Pique-Dame»-Premiere, Anfang Dezember, die ein gesellschaftliches Ereignis ersten Ranges und ein rauschender Erfolg gewesen war; oder die «Hamlet»-Aufführung, Lucien Guitrys Benefiz im Michaels-Theater, mit Tschaikowskys Musik; oder das elegante Wohltätigkeitskonzert des Patriotischen Frauenvereins, wo freilich Peter Iljitsch Tschaikowsky – der vor einem ahnungslosen, versnobten Publikum die Dritte Suite dirigieren mußte – sehr im Schatten des berühmten Sängerpaares Gebrüder Reszke und der noch berühmteren Madame Melba stand.

Diesen musikalisch-mondänen Festlichkeiten hatten sie alle beigewohnt, von Peter Iljitsch mit Freibilletts versorgt, oder, wie die Brüder Lütke, in eigener Loge. Ein kleinerer, intimer Kreis aber, Wladimir und die nächsten Freunde, waren auch Zeugen gewesen gewisser inoffizieller Ereignisse, die sich hinter den Kulissen abgespielt hatten: zum Beispiel der Tobsuchtsanfälle Tschaikowskys, als man «Pique-Dame» – aus purer Infamie, wie er behauptete – nach der dreizehnten Vorstellung vom Spielplan absetzte, obwohl das Haus immer ausverkauft war, wenn diese Oper gegeben wurde. Damals hatte Peter Iljitsch in seinem grimmigen Verfolgungswahn behauptet, der Zar selber sei verantwortlich für diese schnöde Ungerechtigkeit, die man ihm, dem Komponisten Tschaikowsky, angetan. «Der Zar verachtet mich!» hatte Peter Iljitsch geschrien, das Antlitz dunkel verfärbt, mit beiden Füßen stampfend und die Augen voll Tränen. «Der Zar hat mich immer verachtet, auch über ‹Dornröschen› hat er sich sehr spöttisch geäußert. Er verachtet überhaupt die russische Musik, man sieht Seine Majestät nur dann im Theater, wenn es italienische oder französische Gastspiele gibt. Ja, wenn die Melba oder die Patti singen, dann ist die Kaiserliche Loge besetzt!»

Außer dem bestürzten Intendanten Wsewoloschsky hatten Wladimir und ein paar der nächsten Freunde diesen völlig unbeherrschten, beinah aufrührerischen Ausbruch Peter Iljitschs mit angehört und mit angeschaut. Es war eine fürchterliche Szene gewesen, die elegante und musikalische Welt von St. Petersburg und von Moskau hatte über sie gesprochen, man mußte sie entschieden zu den pikantesten Evenements der Saison zählen.

Nun machte es der junge Graf Lütke nach, wie der Intendant Wsewoloschsky in seiner Bestürztheit zum Grafen Woronzow gelaufen war und wie Graf Woronzow sich über den sehr heiklen Fall mit dem Grafen Obolensky beraten hatte. Dann war Graf Woronzow wieder beim Intendanten Wsewoloschsky erschienen und hatte bei diesem die beruhigende Versicherung abgegeben: Graf Obolensky hätte auf dem letzten Hofball an Allerhöchster Stelle die Konversation auf den Compositeur Tschaikowsky gebracht; der Compositeur Tschaikowsky könnte davon überzeugt sein, daß die Kaiserliche Loge an allem, was er schreibe, allergnädigst interessiert sei. Man setze dort große Hoffnungen auf sein Ballett «Le Casse Noisette» wie auf seine einaktige Oper «König Renés Tochter» und habe die Ansicht geäußert: «Ce sera le clou de l'hiver prochain.» Graf Woronzow hatte sodann, in seiner höchst feinen Art, dem Intendanten Wsewoloschsky aufgetragen: «Dites-lui qu'on l'apprécie énormement. Tous les dimanches on demande à l'orchestre des airs de son ballet et on a souvent parlé de la ‹Pique-dame› en en faisant un grand éloge.» Intendant Wsewoloschsky hatte, zum Abschluß der ganzen Affäre, väterlich besorgt von Peter Iljitschs «merkwürdigem und unglücklichem Charakter» gesprochen. «Warum quälen Sie sich mit Hirngespinsten, mon cher?» hatte der freundliche Gönner gefragt.

Der junge Graf Lütke konnte die Sprechweise aller dieser feinen Herren sehr komisch und sehr treffend kopieren, so daß Peter Iljitsch und der ganze Kreis von jungen Leuten sich herzlich amüsierten. Bei der Nennung seiner neuen Werke aber, des «Nußknackers» und der kleinen Oper, war Tschaikowsky ernst geworden.

«Mir ist gar nicht sehr wohl bei diesem Auftrag der Intendanz», sagte er. «Ich bin ein alter, verbrauchter Mann, und trotzdem bin ich fast der einzige russische Komponist, der in den Spielplan der Opernhäuser von Moskau und St. Petersburg kommt, in dem sonst nur Ausländer vertreten sind. Wie bitter müssen meine Kollegen sich beklagen, die gar nicht aufgeführt werden – während ich schon zornig bin, wenn man meine Oper nach dreizehn Vorstellungen vom Spielplan nimmt. Ich fürchte oft, daß sie mich hassen müssen. Ich werde ein Hindernis für sie alle und stehe ihnen allen im Wege.»

Die jungen Leute widersprachen ihm heftig, am inständigsten Wladimir. Ob es erstaunlich sei, daß er, der bedeutendste und populärste russische Musiker, die Programme der großen Opernhäuser beherrschte. Niemand könnte sich darüber aufhalten, und übrigens sei er beliebt bei allen Musikern als der hilfsbereiteste und gefälligste Kamerad.

Peter Iljitsch blieb nachdenklich und betrübt. «Es ist reizend von euch, so zu reden», sagte er, die hohe Stirne grüblerisch gesenkt. «Aber ich weiß es nur zu gut, daß sehr zahlreiche Personen mich verachten und hassen. Man findet, daß ich dem Geschmack des großen Publikums ordinär entgegenkomme und so die ernsteren, strengeren Komponisten verdränge.»

Nach einer langen Pause sagte er noch, ziemlich zusammenhanglos: «Aber nun fahre ich ja nach Amerika. – Warum eigentlich?» Während seine Finger mit der Zigarette spielten, dachte er: ‹Warum eigentlich? Wegen des Ruhmes? Oder wirklich nur wegen des Geldes? Oder um Bob allein zu lassen mit seinem kostbaren Mädchen aus guter Familie? Ihre Existenz war mir ganz unbekannt. Er wurde so rot, als der taktlose Kadett sie erwähnte. Vielleicht ist er heimlich verlobt. Wie wenig ich von ihm weiß, und wir leben zusammen. Ich schaue ihn an, als sei er mein Eigentum, und er ist mir fern. Mein Eigentum und mir unendlich fern ... Wie schmal er in seinem Frack aussieht. Seit einiger Zeit höre ich ihn zuweilen husten. Er muß sehr auf seine Gesundheit achtgeben ...›

Eine Traurigkeit, die mit plötzlicher Stärke von dem verstummten Peter Iljitsch ausging, machte die jungen Leute befangen. Das Gespräch wollte nicht mehr in Gang kommen. Der Träumer im billigen Frack setzte sich ans Klavier und begann zu spielen. Um eine süße kleine Melodie perlten große Läufe. Der junge Mann hatte eine gute Technik und einen recht hübschen Anschlag.

«Das ist wohl von Rubinstein?» sagte einer der beiden Lütke mit flacher, etwas blecherner Stimme.

«Aber nicht doch!» wehrte Wladimir ab. «Es ist Chopin.»

Peter Iljitsch stand an der Türe, die zu seinem Schlafzimmer führte. Er öffnete sie vorsichtig.

«Du willst gehen?» fragte Wladimir, der bei der Türe saß. Er sah jetzt wirklich ziemlich müde und angegriffen aus. Peter Iljitschs herabhängende Hand streichelte er mit den Fingerspitzen. Gleichzeitig mußte er husten. ‹Das Großstadtleben bekommt ihm nicht›, dachte Tschaikowsky. ‹Dieser Winter war zuviel für ihn, er übernimmt sich, mutet sich zuviel zu. Ich habe ihm vielleicht keine Wohltat erwiesen, als ich ihm dieses Leben ermöglicht habe.› Und er sagte:

«Laßt euch nicht stören. Ich bin müde. Und übrigens kann ich Chopin nicht ausstehen. Er macht mich krank. Unterhalte dich gut, mein Liebling, mit deinen Freunden. Es gibt noch Champagnerflaschen im Kübel.»

Nach Amerika ist es weit. Die große Reise beginnt mit der bis zum Überdruß gekannten Strecke: St. Petersburg–Berlin.

Da ist das Geräusch der Eisenbahnräder, es erzählt immer dieselbe Geschichte, eine vertraute Geschichte, man kennt sie seit so vielen Jahren, aber man hat sie niemals verstanden, sie bleibt geheimnisvoll, ein monotones Mysterium. Über die vorübergleitende, öde Landschaft sinkt Abend. Der Schaffner tritt in das Abteil, um das Bett zu machen. Man sollte schlafen, aber der Kopf tut weh.

‹Warum bin ich in diesen Zug gestiegen? Wohin bringt er mich? Doch nur weg von meinem Wladimir. Warum nenne ich ihn *meinen* Wladimir? Er hat doch sein Mädchen, es ist eine Kostbare und aus guter Familie. Mein Eigentum und mir unendlich fern. Ach, es stand anders zwischen mir und ihm, als er noch der große Junge in Kamenka war und der Gast in Frolowskoe und sich kindlich-vertrauensvoll um mich bewarb und sich Nachrichten über mein Leben verschaffte. Ich selber habe ihn in die großen Städte gebracht. Jetzt braucht er mich kaum noch. Jetzt sind die Mädchen da.

Ich werde einen Tag in Berlin bleiben. In jedem Hotelzimmer gibt es Briefpapier. Ich lege einen weißen Bogen vor mich hin und bedecke ihn mit schwarzen Zeichen, damit mein Bob sie liest und etwas von mir erfährt. Er muß es wissen und erfahren, wie fürchterlich er mir fehlt. Ich schreibe auf das Briefpapier des Berliner Hotels: Bob, ich vergöttere dich! Erinnerst du dich, wie ich dir einmal sagte, daß ich mich nicht so sehr an deiner Gegenwart erfreue, wie ich unter deiner Abwesenheit leide? So weit weg von dir, ach, angesichts der vielen Tage, vielen Wochen, vielen Monate, die ich ohne dich verbringen soll – weh mir, angesichts dieser öden Unendlichkeit empfinde ich erst so ganz die Größe meiner Liebe zu dir ... Das alles will ich ihm schreiben, er soll es erfahren und wissen. – Wladimir, mein fremdes Eigentum, hustet zuviel. Er sah schmal aus in seinem Frack, man muß auf seine Gesundheit achtgeben. Aus ihm soll etwas ganz Besonderes werden, ein Dichter oder ein Musiker. Aber vielleicht lebt er nicht lange. Auch seine Schwester Vera ist jung gestorben, Gott pflegt seine anmutigsten Kinder früh zu sich zu nehmen. Nein, das will ich nicht denken. Bob muß lange leben, Bob ist mein Erbe ... Für den «Nußknacker» fällt mir nichts ein, ich bin ausgesungen, ich bin fertig. Bob liebt alle Nastenkas von St. Petersburg, er wird rot, wenn man von ihnen spricht ...›

In Paris nahm Modest Tschaikowsky seinen Bruder auf der Gare du Nord in Empfang. Peter Iljitsch umarmte und küßte ihn mit einer gewissen Flüchtigkeit. Der gute Modest hatte sich von Herzen auf das Wiedersehen gefreut; nun mußte er gleich konstatieren, daß der große Bruder in keiner guten und in einer nicht sehr freundlichen Verfassung war. Wenn Peter Iljitsch das dunkel gerötete Gesicht und die dicke Ader auf der Stirn hatte, fürchtete sich Modest vor ihm.

«Hast du eine angenehme Reise gehabt?» fragte der jüngere Bruder mit einer schüchternen Stimme.

«Danke», sagte Peter Iljitsch. «Du siehst ja schon ganz parisisch aus.»

Der gute Modest hatte sich einen Spitzbart und einen dünnen, lang ausgezogenen Schnurrbart zugelegt. Er trug den Paletot offen, einen Spazierstock, einen sehr hohen Stehkragen und den Hut flott im Genick. Dieser weltstädtische Habitus, dem Stil der Boulevards sorgfältig angepaßt, kontrastierte drollig zu seinem gutmütigen, weichen Gesicht – dem sanften Tschaikowsky-Gesicht mit dem sinnlichen Mund, den verhangenen Augen und der gewölbten Stirn: es hätte einem unbedeutenden Sohne Peter Iljitschs gehören können.

«Man akklimatisiert sich, so gut man kann», sagte Modest mit der schläfrigen Koketterie, die charakteristisch für ihn war.

«Ich verstehe nicht, wie man sich freiwillig eine so lange Zeit im Ausland aufhalten kann», sagte Peter Iljitsch gereizt. «Mich würgt das Heimweh, wenn ich nur eine Woche lang fern von Rußland sein muß.»

«Aber es ist doch so schön in Paris», gab der arme Modest verwirrt zu bedenken. «Und du hast doch eigentlich auch immer im Ausland gelebt.»

«Das war etwas anderes», behauptete streitsüchtig Peter Iljitsch. «Man konnte es niemals freiwillig nennen. Entweder ich war krank, oder ich mußte beruflich reisen.»

Beide Brüder wußten, daß dies gelogen war; Modest aber fand es unpassend, darauf hinzuweisen.

«Euch Literaten geht wohl das patriotische Gefühl vollständig ab», bemerkte noch der strenge und nervöse Peter Iljitsch. Modest erwiderte kopfschüttelnd: «Gott, wie komisch du heute bist!»

Sie hatten sich eine Droschke genommen. Auch auf der Fahrt zum Hôtel Richepanse blieb Peter Iljitsch wortkarg und gereizt. «Woran arbeitest du?» fragte er, nach längerem Schweigen, den jüngeren Bruder beinahe drohend.

«Aber du weißt doch», sagte Modest. «Mein Theaterstück ... Es ist nun bald fertig ... Ich habe hier ein paar Freunden daraus vorgelesen. Sie meinten, daß es diesmal wirklich etwas Nettes wird.»

«Wir haben auch über unser neues Textbuch zu reden.» Peter Iljitsch starrte aus etwas glasigen Augen vor sich hin: er hatte wohl wieder unterwegs zu viel getrunken. «Übrigens werde ich hier wenig Zeit finden, mich mit dir zu unterhalten. Ich habe sehr viel zu tun.»

Er sah, wie der arme Modest zusammenzuckte. Gleichzeitig zuckte Peter Iljitschs Herz – vor Mitleid. ‹Warum tue ich ihm denn weh?› dachte er, plötzlich erschrocken. ‹Er kann doch nichts dafür, daß ich so leiden muß, daß diese Minute mich peinigt ...› Peter Iljitsch liebte seinen Bruder Modest, er sorgte für ihn wie ein Vater, er verfolgte mit Ehrgeiz und Zärtlichkeit seine Entwicklung, seine literarische Karriere, er rechnete ihn zu seinen nächsten, treuesten und zuverlässigsten Freunden. Wenn er ihn quälte, wie eben jetzt, so bereitete er vor allem damit sich selber Schmerzen. –

Unter den turbulenten Tagen von Paris, die folgten, litten sowohl Modest als Peter Iljitsch. Dieser war fast ohne Unterbrechung unterwegs. Er machte wieder Besuche bei den Herzoginnen und bei den Musikkritikern; denn am 24. März sollte sein großes Konzert stattfinden. Es gab Besprechungen mit dem Dirigenten Colonne und mit dem Verleger Maquart. Es gab Empfänge, Proben, Presse-Konferenzen. Peter Iljitsch, im schwarzen Jackett, mit einer weißen Orchidee im Knopfloch, immer angestrengt, immer mit einem Unterton von Gereiztheit in der Stimme, verbrachte seine Tage teils im Wagen, der ihn von den Champs Elysées zu den Grands Boulevards, vom Montmartre zum Faubourg St. Germain brachte, teils in Vorzimmern, Salons, Konzertsälen, Foyers, teuren Restaurants und Theaterlogen. Der gute Modest, der sich so sehr auf den Besuch des großen Bruders gefreut hatte, war es zufrieden, wenn er ihn abends ein paar Stunden im intimeren Kreise sehen durfte: Man traf sich im Hôtel Richepanse mit der Pianistin Sophie Menter, die in Paris konzertierte; mit dem ehrgeizigen jungen Sapelnikow und mit dem Violinisten Jules Conus, der am Moskauer Konservatorium gearbeitet hatte und jetzt im Orchester Colonne spielte. Das waren die besten, friedlichsten Momente in diesen unruhigen Tagen. Sapelnikow, der es nicht eine halbe Stunde ohne Musik aushalten zu können schien, improvisierte Parodien am Flügel. Madame Sophie lachte und schwatzte, daß es durch alle Empfangsräume des Hotels schallte. Sie streute ihre Taschentücher, Riechfläschchen, Puderquasten und Täschchen über Stühle und Teppiche; immer hatte sie etwas verloren oder vergessen, und dann rang sie die schönen Hände über die eigene Zerstreutheit. Unermüdlich konnte sie sich und die Gesellschaft damit unterhalten, den Dialekt der Bauern von Tirol – wo sie ihren Sommersitz hatte – nachzumachen und Anekdoten zu erzählen, die die Urwüchsigkeit und Drolligkeit dieses Menschenschlages beweisen sollten, deren Pointe ihr aber meistens, zu ihrem eigenen fassungslosen Entsetzen, plötzlich entfallen war. Als Ersatz für die verschwundene Pointe brachte sie dann, unter viel Gelächter, eine Einladung vor: Peter Iljitsch müsse unbedingt nächstens einmal auf ihr Schloß Itter zu Besuch kommen.

Sowie das Konzert stattgefunden hatte – es wurde übrigens ein viel stärkerer Erfolg als die beiden großen Tschaikowsky-Abende im «Châtelet», vor zwei Jahren –, verließ Peter Iljitsch Paris. Er hoffte, arbeiten und sich ein wenig erholen zu können, in einer möglichst fremden kleinen Stadt, wo er niemanden kannte. Diesmal hieß der Ort der Zuflucht nicht Magdeburg oder Hannover, sondern Rouen. Aber die Hotelzimmer waren sich überall ähnlich. Peter Iljitsch hatte vor sich liegen die Notizen zum «Nußknacker» auf

einem schmalen, wackligen Schreibtisch von schlechtem Biedermei-
erstil, der ebensogut in Odessa oder in Lübeck oder in San Remo
hätte stehen können.

Er bemühte sich zu komponieren, aber ihn ekelte vor dem Ballett.
‹Was soll ich alter Narr kleine Melodien erfinden, nach denen Mädchen in Flitterröcken über die Bühne springen können!› dachte er
angewidert. ‹Ist das meine Sache? Mein Talent – wenn ich denn jemals etwas hatte, was diesen Namen verdient – entartet und entwürdigt sich zur schnöden Routine. Übrigens werde ich mit diesem verfluchten Ballett und mit der Oper doch keinesfalls zum ausgemach-
ten Termin fertig. Ich will dem Intendanten schreiben, daß ich das
Zeug erst für die Saison 92/93 abliefere. Lohnt es sich überhaupt?
Wenn es mir bestimmt ist, noch einmal etwas zu machen, was die
Bezeichnung Musik verdient, dann müßte es etwas von einer ganz
anderen Art sein, von einem ganz anderen Ton … Ich habe vielleicht noch eine große Beichte abzulegen, ich habe der Welt vielleicht noch ein Geständnis zu machen …›

Statt zu arbeiten, trank er Kognak und schrieb Briefe an Wladimir. Nach zwei Tagen erschien Modest in Rouen. Pierre war etwas
erstaunt über diesen Besuch; er hatte den Eindruck, daß Modest
gekommen sei, um ihm etwas Bestimmtes mitzuteilen. Der jüngere
Bruder machte ein feierliches Gesicht, gab aber ausweichende Antworten, wenn Peter Iljitsch ihn fragte, was er denn auf dem Herzen
hätte. «Oh, es ist nichts Besonderes», behauptete der schüchterne
Modest. – «Brauchst du Geld?» erkundigte sich Peter Iljitsch.
«Nein, nein», sagte Modest. – «Kommst du mit deiner Arbeit nicht
weiter?» – «Es geht», sagte Modest. «Man muß zufrieden sein. Übrigens fahre ich dieser Tage nach Rußland.» – «So hast du doch endlich Heimweh bekommen?» Peter Iljitsch fragte es nicht ohne eine
gewisse Genugtuung. – «Ja», sagte Modest. «Ich habe Heimweh
bekommen.»

Dabei blieb es. Der schüchterne Bruder verließ Rouen wieder,
ohne das unangenehme Geheimnis verraten zu haben, dessen Schatten auf seinem gutmütigen, ehrlichen und übrigens gar nicht dummen Gesicht so deutlich sichtbar war. Ein paar Tage später folgte
ihm, in recht verzweifelter Stimmung, Peter Iljitsch nach Paris.

Er mußte im Hôtel Richepanse erfahren, daß Monsieur Modest
Tschaikowsky schon vorgestern nach Rußland abgereist war. ‹Wie
eilig er es plötzlich hatte!› dachte erstaunt Peter Iljitsch. Übrigens
fehlte ihm nun Modest, und er bereute es, ihm gegenüber in den

letzten Wochen so ungeduldig und gereizt gewesen zu sein. Ohne den guten Bruder kam er sich noch vereinsamter vor in der Stadt Paris. Mißmutig schlenderte er die Boulevards hinunter.

In der Nähe der Opéra gab es ein Lesekabinett, wo auch russische Zeitungen auslagen. Tschaikowsky pflegte dort gelegentlich eine Stunde zu verbringen. ‹Dieser Vormittag ist öde›, dachte er nun. ‹Was soll ich machen? Ich werde Zeitungen lesen. Vielleicht erfahre ich einen amüsanten Klatsch aus Petersburg, das könnte mich aufheitern.›

Das Lesekabinett war voll von Menschen. Die einzige russische Zeitung, die es hier gab, befand sich in den Händen einer dicken, asthmatischen Dame reiferen Alters. Peter Iljitsch mußte sich gedulden; er blätterte in ein paar Pariser Witzblättern und ärgerte sich über die törichten und primitiven Vorwände, welche die Hersteller dieser Art von Ware gebrauchen, um ihrem Publikum nackte Frauenbrüste und entblößte Schenkel in immer neuen Variationen vorzuführen. Endlich erhob sich schnaufend die asthmatische Dame. Peter Iljitsch langte sich mit einem geschickten Griff das Moskauer Journal, auf das schon ein unrasierter Student lauerte. Die Zeitung war mehrere Tage alt. ‹Ich werde nichts Neues erfahren, nichts Amüsantes›, dachte Peter Iljitsch verdrossen.

Da fiel sein Blick auf eine große, schwarz umrandete Todesanzeige. Gestorben war in Kamenka bei Kiew: Frau Alexandra Iljinischna Davidow.

Sascha war tot. Wladimirs Mutter war tot. Die Schwester war tot, mit der man Tausende von Erinnerungen gemeinsam hatte. Sie hatte alle Erinnerungen mit sich genommen. Sie war bei der Mutter, der gehorsame Kinder folgen sollen, stets folgen – das hatten Sascha und Pierre bei ihrer Fanny gelernt.

Peter Iljitsch saß unbeweglich im überfüllten Pariser Lesekabinett. Neben ihm debattierte ein Kreis von französischen Herren angeregt über eine politische Skandalaffäre. Durch die angelehnte Türe kam der Lärm vom Opernplatz. Mit Augen, die nichts mehr sahen, starrte Peter Iljitsch in die Moskauer Zeitung, auf die ein unrasierter Student lauerte.

‹Das also war Modests quälendes Geheimnis gewesen: um dies mitzuteilen, war er nach Rouen gereist. Er hat es nicht übers Herz gebracht, dies auszusprechen. Er meinte wohl, wenn ich es wüßte, würde ich die Amerika-Tournee aufgeben. Vielleicht gebe ich sie nun wirklich auf. Ich sollte nach Kamenka reisen, um Bob zu trösten. Bob wird weinen. Ich habe Bobs Gesicht noch nie naß von Tränen gesehen. Wenn ich jetzt nach Kamenka reiste, würde ich es gebadet in Tränen finden. Merkwürdig, daß ich nicht weinen kann.›

Peter Iljitsch stand langsam auf. Kopfschüttelnd ging er durch das Lesekabinett auf den Ausgang zu. Er bewegte die Lippen wie ein alter Mann, der etwas vor sich hinlallt. «Merkwürdig, merkwürdig», murmelte er. Die Leute schauten hinter ihm her und lächelten. Der unrasierte russische Student hatte sich auf das Moskauer Journal gestürzt.

Abtelegraphieren, verzichten auf die amerikanische Tournee: die Versuchung war heftig gewesen, aber Peter Iljitsch hatte ihr nicht nachgeben dürfen. Er brauchte die Dollar, zu fest schon hatte er mit dieser Einnahme gerechnet. Wie sollte er Modest und Wladimir weiterhin unterstützen, wenn er sich so große finanzielle Chancen leichtsinnig entgehen ließ? Übrigens war es – wie er sich ehrlicherweise zugeben mußte – nicht diese vernünftige Überlegung allein, die ihn dazu bewegte, sein Reiseprogramm genau einzuhalten: nach Le Havre zu fahren, sich am 8. April auf dem französischen Dampfer «La Bretagne» nach New York einzuschiffen. Der Ausflug in die «Neue Welt», die phantastisch gründliche Ortsveränderung reizte ihn, wenngleich er sich vor ihr fürchtete. Er ertappte sich bei dem Gedanken: ‹Vielleicht werde ich freier atmen auf der anderen Seite dieses großen Wassers. Vielleicht finde ich mich wieder als ein ganz anderer Mensch in dem Lande, von dem man sagt, seine Möglichkeiten seien unbegrenzt. Dieses Land muß großartig sein. Es soll strotzen von Jugend und Kraft: das könnte auch mich erfrischen. Ich bin neugierig, welchen Empfang man mir bereiten wird dort drüben. Wird man gleich bemerken, daß es ein Mißverständnis war, mich einzuladen? Sicher hat man inzwischen herausbekommen, was ich bin: nämlich weder ein großer Komponist noch auch nur ein echter Russe, vielmehr eine durchaus zweitklassige Kreatur, zusammengesetzt aus den verschiedensten trüben Elementen. Gewiß weiß man das alles dort drüben. Vielleicht wird man aber die Güte haben, es mich nicht sofort spüren zu lassen . . .›

Jene Erfrischung, die Peter Iljitsch sich vom Aufenthalt in Amerika erhoffte, gewährte ihm die Schiffsreise nicht. Die «Bretagne» war ein großer und schöner Dampfer, komfortabel wie ein feines Hotel. Peter Iljitsch aber fand den Aufenthalt in seiner Kabine, im Rauchsalon, im Speisesaal, auf den Decks durchaus unleidlich. Mit Entsetzen sah er die Küste zurückweichen, zum schmalen, grauen Streifen zusammenschrumpfen und verblassen, schließlich völlig verschwinden. Er fand, die öde Unendlichkeit der Wasserfläche, die Monotonie des Rundhorizonts hätte nichts von dem starken Reiz, der ihm den Blick aufs Meer von den Ufern aus, den Blick auf die Brandung beglückend machte.

Während der ersten Reisetage war das Meer still gewesen; nun aber gab es höheren Wellengang, das Schiff schwankte. Peter Iljitsch wurde, zu seinem eigenen Erstaunen, nicht seekrank; aber er fürchtete sich. Dieses Schiff «La Bretagne», elegant und komfortabel eingerichtet, war schließlich doch nur eine Nußschale, hilflos ausgesetzt in diese schauerlich bewegte Unendlichkeit. Konnten die Wellen nicht auf den entsetzlichen Einfall kommen, noch ein wenig höher zu steigen, noch um einen entscheidenden Grad ungebärdiger zu werden? Sie würden das feine Hotelschiff in die Tiefe reißen und zertrümmern – es lag durchaus in der Macht und im Ermessen des strengen Weitentfernten, dessen Absichten und Pläne man niemals voraussah oder begriff, dies geschehen zu lassen.

Das Schiff «La Bretagne» würde untergehen: Peter Iljitsch rechnete allen Ernstes mit dieser Möglichkeit, die Wellen sahen ihm ganz danach aus, als wollten sie schon sehr bald zerstörend in den Rauchsalon, den Speisesaal, in das teppichbelegte Treppenhaus dringen. Man würde also ertrinken. Gut, und was weiter? Hatte man den Tod, diesen dunklen Liebling, nicht innig gerufen und herbeigefleht in so vielen Stunden? Man hatte ihn angeredet als den süßesten Trost. Nun war er wahrscheinlich ganz nahe. Und jetzt fürchtete man sich. Die Inkonsequenz der Menschennatur ist eine Lächerlichkeit und eine Blamage.

Peter Iljitsch konnte es nicht aushalten im schwankenden Speisesaal: er fand es unpassend und absurd, ein Menü von acht Gängen zu verzehren, während draußen, in der bewegten, vom Sturm durchheulten Finsternis die Wellen sich anschickten, ihrerseits Koch, Küchenjungen, Stewards, alle Schüsseln und die Leute, die aus ihnen speisten, als einen leichten Nachtimbiß zu verschlingen. Übrigens erschienen ihm die Herrschaften, mit denen er am Tische saß, heute abend ganz besonders unerträglich. Es waren: ein kanadischer Bischof, der aus Rom kam, wo er sich den Segen des Papstes geholt hatte; sein Sekretär und ein deutsch-amerikanisches Ehepaar aus Chikago mit zwei halbwüchsigen Töchtern. Die Unterhaltung drehte sich um einen unglücklichen Mitreisenden, der am Tage vorher, vom Deck der zweiten Klasse, ins Meer gesprungen und ertrunken war. Die Aufregung an Bord war enorm gewesen, die Sirenen hatten geheult, das Schiff hatte gestoppt, das Rettungsboot war heruntergelassen worden – der Selbstmörder blieb verschwunden. In seiner Kabine fand man einen Zettel, bedeckt mit beinah unleserlichen Zeichen, aus denen man schließlich die deutschen Worte erriet: «Ich bin unschuldig... der Bursche weint...» Das ergab keinen Sinn. Wahrscheinlich war der Unglückliche ein Geisteskranker.

Über diesen melancholischen Fall, der vierundzwanzig Stunden lang alle Gemüter auf der «Bretagne» beschäftigt hatte, unterhielt sich nun der kanadische Bischof mit der deutsch-amerikanischen Familie. «Gott sei seiner armen Seele gnädig», sprach der geistliche Herr. «Dieser Unglückliche hat die schwerste, die eigentlich unverzeihliche Sünde auf sich geladen. Von allen Todsünden ist die des Selbstmordes Gott das bitterste Ärgernis.» Die Dame aus Chikago gab zu bedenken, ob man die Geistesgestörtheit nicht als einen Milderungsgrund könnte gelten lassen; aber davon wollte der Bischof nichts wissen, er meinte aussprechen zu müssen, daß eine leichtsinnig-moderne Auffassung gar zu gerne von Geisteskrankheit spreche, wo es sich um eine essentiell böse, sündhafte Veranlagung handelte. Hierzu nickte der Sekretär bestätigend; die Dame aus Chikago wagte es nicht mehr, zu widersprechen; der Familienvater – Besitzer mehrerer großer Schlachthäuser – räusperte sich mit Feierlichkeit, während eines der halbwüchsigen Mädchen sagte: «Wenn der Mann wirklich verrückt gewesen wäre, dann hätte man es ihm doch vorher schon angemerkt. Verrückte haben doch so einen ulkigen Gesichtsausdruck.»

Peter Iljitsch stand auf und bat um die Erlaubnis, sich zurückziehen zu dürfen: er fühlte sich schlecht – wofür man, angesichts des hohen Seegangs, allgemeines Verständnis hatte. Er stapfte durch den Speisesaal, dessen Boden sich hob und senkte, die Treppe hinauf, bis zum Deck. Welchen Haß er nun empfand, gegen den Bischof, seinen Sekretär und das Chikagoer Ehepaar mitsamt den Töchtern! Welches Mitleid hingegen mit dem Unglücklichen, der keinen Ausweg mehr gewußt hatte als den in den Fluten – wieviel brüderliche Sympathie für ihn! Die absurde Formel: «Ich bin unschuldig ...Der Bursche weint» schien ihm Umschreibung eines Geheimnisses zu bedeuten, vor dem der Bischof wie der Schlachthausbesitzer ahnungslos standen, in dessen schwierigen und schlimmen Sinn er aber, Peter Iljitsch, eingeweiht war.

Über dem Gedanken an diesen unglücklichen Menschenbruder aus der zweiten Klasse, für dessen Seele Gott – nach der Ansicht des kanadischen Bischofs – vielleicht keine Gnade finden würde, vergaß Peter Iljitsch sogar seine Angst vor Seenot und Schiffsuntergang. Er lief hin und her auf dem dunklen Promenadendeck, das um diese Zeit menschenleer war.

Welches Lied sangen da für ihn der Wind und die Wellen? Dasselbe vielleicht, dessen Sinn er aus dem Geräusch der Eisenbahnräder hatte erraten wollen. ‹Ich weiß jetzt, was es bedeutet›, denkt der Wandernde auf dem dunklen Deck. ‹Es ist das Lied von den verlorenen Gesichtern. Es ist das Lied von den Gesichtern, die untergetaucht sind oder weggeglitten, entglitten, entschwunden, so daß ich sie nicht mehr halten noch fassen kann. Wie viele haben sich von mir fort, dem Schatten zugewendet oder einem ganz fremden Leben zu, an dem ich keinen Anteil nehmen darf. Ist das Gesicht Désirées nicht ebenso verloren wie das Gesicht Saschas? Ist das Gesicht der armen Antonina, die noch irgendwo lebt, nicht in ebensolche Fernen entglitten, wie das Gesicht meiner armen Fanny, der längst Verstorbenen? Ist Apuchtin nicht ebenso für mich verschwunden wie Nikolai Rubinstein oder der liebe Kotek? Einmal wollte Apuchtin, der böse Engel, wieder auferstehen und aufs neue sein verführerisches Spiel mit mir treiben, in der Gestalt eines außerordentlich reizvollen Kindes, dem ich gegenüberstand im Foyer des Cirque Médrano und später an einer Theke. Aber auch dieses Gesicht, das eine besondere Anziehungskraft auf mich übte, ließ ich entgleiten. Entglitten sind so viele Gesichter, die mir etwas bedeutet haben – zum Beispiel das des lieben Edvard Grieg, der mich aufgerichtet und erfrischt hat mit seiner mutigen und trotzigen Musik; entglitten –: das Gesicht Silotis, des schönen Fremden, leuchtend von der kühlen Flamme des Ehrgeizes; das nervöse, von allen Qualen gezeichnete Antlitz meines Freundes Bülow, das Antlitz Nikischs, das Gesicht Busonis. Und warum habe ich den guten Brodsky nie wieder gesehen, er war doch mein Freund? Mein Leben zerfällt in Episoden und Fragmente, es ist zerfressen und zerstört von der Vergänglichkeit. Entglitten, gründlich verschwunden und in die Tiefe versunken: das Gesicht der unbekannten Seelenfreundin, der ungetreuen, grausamen Natascha. Ach, am nächsten – am nächsten in diesem Augenblick ist mir noch von allen das Gesicht der Mutter, das strenge und liebliche, das mahnende, lockende. Ich bewege mich wie zwischen lauter Schatten. Es gibt nur Tote um mich herum. Wie alt bin ich denn? Uralt muß ich sein, der älteste aller Menschen. Wer von den Lebendigen hat es noch ausgehalten in meiner Nähe? Wladimir, mein geliebtes Kind. Aber ist es nicht so, daß sogar sein Antlitz in den Zug der verlorenen Gesichter, in den Reigen der Schatten gehört? Weh mir, das vertrauteste Gesicht ist mir schon halb entfremdet. Mein kleiner Wladimir sucht sich schon andere Menschen, die er lieben will – anders lieben, als mich alten Mann. Diesen Gedanken aber darf ich nicht zu Ende denken, er ist bis zum Rande voll von Verzweiflung, er müßte mich umwerfen, er müßte machen, daß ich taumle und ins Meer falle – in dieses entsetzliche Meer, in das mein verwirrter Bruder, der «Unschuldige», gesprungen ist; in diesen Abgrund, aus dem das Lied von den verlorenen Gesichtern steigt.›

Peter Iljitsch beschloß, seine Freunde in der zweiten Klasse zu besuchen: das würde ihn auf andere Gedanken bringen. Zwischen Rouen und Le Havre, im Eisenbahnzug, hatte er einen Pariser Kommis kennengelernt, der nach Amerika auswanderte. Ein flotter, unternehmungslustiger Bursche, Peter Iljitsch unterhielt sich gern mit ihm. Übrigens gab es in der zweiten Klasse auch noch sechs junge Damen, von buntem Aussehen: das waren die «Sechs Schmetterlinge», die von ihrem Manager nach New York begleitet wurden, wo sie in einem großen Varietétheater singen, springen und ihre Beine zeigen sollten. Diese Gesellschaft war Peter Iljitsch viel sympathischer als die des kanadischen Bischofs und des Schlachthausbesitzers mit Familie.

Er fand die sechs lustigen Damen und den flotten Kommis versammelt in der engen, von Rauch erfüllten Kabine des Managers. Einer der «Schmetterlinge» sang gerade ein unanständiges Couplet zur Gitarre; der Kommis schnalzte mit der Zunge vor Vergnügen, während der Manager sachlich und gelassen blieb, ja, sogar etwas an der Sprachtechnik seiner niedlichen Schutzbefohlenen auszusetzen hatte.

Peter Iljitsch wurde mit großem Jubel begrüßt. Er mußte sofort etwas zu trinken bestellen. Da er gleich zwei Flaschen Kognak kommen ließ, küßten ihn mehrere Schmetterlinge auf Nase und Wangen, der Kommis aber behauptete aufgeräumt, unser alter Russenonkel sei ein famoses Haus. Die Niedliche, mit der mangelhaften Sprachtechnik, sang noch ein Lied, dessen obszöne Pointe durchaus verständlich war. Peter Iljitsch fragte, ob die Herrschaften sich nicht auch sehr vorm Schiffsuntergang fürchteten. Alle lachten; aus Höflichkeit gab der Kommis schließlich zu, daß das Meer heute abend «en effet un peu grosse» sei. Dann wurde Karten gespielt. Peter Iljitsch verlor mit überraschender Geschwindigkeit mehrere hundert Franc an den Kommis und an den Manager.

Da er ziemlich viel getrunken hatte, begann er damit, dem Kommis sein Herz auszuschütten. Er erklärte ihm, daß er sich einsam fühle, sehr starkes Heimweh habe und sich vor dem fremden Land Amerika gewaltig fürchte. Der Kommis sah ihn mitleidig an. «Eh bien, mon vieux», sagte er schließlich, «votre âge, c'est assez naturel!» Peter Iljitsch dachte daran, daß er nächstens Geburtstag hatte. Wie alt wurde er? Einundfünfzig Jahre. Der Kommis hielt ihn für einen Greis.

Der Manager sagte: «Kopf hoch, alter Knabe!» und goß ihm Kognak ein. Einer der Schmetterlinge liebkoste und küßte, neckisch tröstend, dem alten Russenonkel Gesicht und Schädel. Auf Tschaikowskys gewölbter Stirne blieb von ihrem Lippenrot ein Flecken zurück wie ein blutiges Mal.

Neuntes Kapitel

Reich an Eigenschaften und Ereignissen; gesegnet mit Erkenntnissen und mit Leistungen riesigen Formats; beladen mit Problematik, unerlöster Sehnsucht; düster und glanzvoll, erdenschwer bei aller kühnen Gespanntheit des Geistes; brutal bei aller sittlichen Empfindlichkeit; rührend, ungenügend bei allem technischen Können; fragmentarisch, genial vorwegnehmend, in die Zukunft weisend; reich an Widersprüchen, Niederlagen und Triumphen, reich an geistig-moralischen Aufschwüngen und abstoßend durch Habgier, Materialismus, pseudo-moralische, heuchlerische Dumpfheit; heroisch in der Selbstkritik; das Gesicht des Planeten und das Lebensgefühl der Menschheit phantastisch verändernd: so geht das große neunzehnte Jahrhundert in die Geschichte ein.

Es hatte ungeheuren Ruhm zu vergeben. Verschwenderisch verteilt es seinen enormen Glanz auf eine Schar seiner Söhne: die Menschheitschronik übernimmt ihre Namen, in denen der Triumph der Epoche sich vereinigt und sammelt. Durch ein Regiment von großen Individuen, durch eine Summe der genialen einzelnen feiert und erfüllt das Jahrhundert, in glanzvoller Selbstdarstellung, seine größten Eigenschaften, seinen äußersten Anspruch. Die großen Männer der Tat, des Gedankens und der künstlerischen Leistung repräsentieren die Problematik, die Fragwürdigkeit der Epoche, samt ihrer Herrlichkeit. Diese Träger einer unvergänglichen Glorie, die späten Klassiker Europas, stehen vor uns als problematische Riesen. Jeder von ihnen hat seinen Makel, seine wunde Stelle, bei all seiner Größe und Macht – so daß der Blick, mit dem wir auf diese fragwürdigen Gewaltigen schauen, nicht nur Ehrfurcht enthält, sondern auch Mitleid: dadurch wird er erst zum ganz ergriffenen Blick.

Unseren ehrfurchtsvollen, mitleidsvollen Blick haben wir auf einem von diesen ruhen lassen. Er ist nicht einer der größten aus dem großen Geschlecht – bei weitem nicht. Aber wir spüren und wissen doch, daß er ganz in die Gesellschaft der Erlauchten gehört. Wir fanden ihn gesegnet mit ihrer Schöpferkraft und beladen mit ihrer Melancholie.

Unser Blick voll Ehrfurcht und Mitleid kann sich nicht satt sehen an seiner Schwermut und an dem edlen Trotz, mit dem er sie überwindet und zur Gestalt erlöst. Wie lieben wir das Schauspiel seines rührenden Kampfes! Denn dieser schwierige Sohn des ausgehenden Jahrhunderts und seiner späten Kultur hat immer zu kämpfen: gegen den lähmenden Schmerz seiner Einsamkeit, zu der ihn sein persönlichstes, naturgegebenes Schicksal verdammt; gegen das quälende Mißtrauen, mit dem er das eigene Talent und die eigene Leistung, die sich aus vielen, einander widersprechenden Elementen zusammensetzt, anschaut, beurteilt und oft verwirft. Er kämpft, er zwingt sich zum Widerstand, will nicht nachgeben –: also ist er ein Held. Er empfindet sich verpflichtet einem höheren Auftrag –: also ist er demütig und fromm. Täglich kommt die Versuchung: nachzugeben, aufzuhören, das Handwerkszeug wegzuwerfen. Aber immer wieder nimmt der tief und bitter Angefochtene sich ungeheuer zusammen und rafft sich auf. Er setzt seinen Weg fort, wie einer, der eine geheimnisvolle und genau bestimmte Botschaft auszurichten hat und nicht müde werden darf, solange von dieser Botschaft auch nur ein Wort oder ein Ton noch unausgesprochen, stumm in seiner Brust geblieben ist. Er geht und geht. Die Botschaft ist die Verpflichtung, die treibt. Um den Wandernden wechseln die Landschaften und die Gesichter. Er aber bleibt alleine mit seiner Botschaft. Eine Station nach der anderen läßt er hinter sich. Auf welcher Station finden wir ihn nun?

Wir sahen ihn nachts auf einem Promenadendeck, dessen Boden sich hob und senkte, denn das Meer war bewegt, da hörte Peter Iljitsch Tschaikowsky aus dem Geräusch der Wellen und des Sturmes das Lied von den verlorenen Gesichtern tönen. Dieses Lied hatte solche Macht, es rührte den Alternden so gewaltig, es machte ihn so fassungslos, so bestürzt, daß er gar zu große Angst vor seiner Einsamkeit bekam. Er floh zu den Menschen. Wir sahen ihn eintreten in die raucherfüllte Kabine eines Managers oder Mädchenhändlers, der mit sechs bunten Schmetterlingen unterwegs ist nach Amerika. Der Alternde, in den Ohren noch das Lied von den verlorenen Gesichtern, spielte Karten mit dem Manager und mit einem Kommis, den er zwischen Rouen und Le Havre kennengelernt hatte in einem Eisenbahnzug. Er verlor mehrere hundert Franc, einer der Schmetterlinge gab ihm tröstliche kleine Küsse. In einer so lustigen und dabei verzweifelten Situation fand ihn unser ehrfurchtsvoller, mitleidsvoller Blick. Hier verließen wir ihn.

Seine Schiffsreise geht weiter. Das Meer beruhigt sich, die «Bretagne» ist nicht untergegangen. Ein paar Tage später läuft sie ein im Hafen von New York. An Bord des französischen Dampfers erscheinen verschiedene Damen und Herren, um den Komponisten Tschaikowsky – einen Ruhm des alten Kontinents und des ausgehenden Jahrhunderts – in Empfang zu nehmen. Der Präsident der Music-Hall-Company of New York, Herr Maurice Renault, heißt den Komponisten im Namen des musikalischen Amerikas willkommen auf dem Boden der Vereinigten Staaten; die hübsche, schlanke und adrette Mrs. Renault, als Vertreterin eines Damen-Klubs, überreichte ihm einen riesigen roten Rosenstrauß. Die Journalisten fragen, wie der erste Eindruck der Madame Tschaikowsky von Amerika sei; Peter Iljitsch versichert, daß er keine Madame Tschaikowsky mit sich führe, eine gewisse Enttäuschung machte sich auf den Mienen der Journalisten bemerkbar, Peter Iljitsch wird von Herrn und Frau Renault zu einer Droschke geschleppt, man setzt ihn im Hotel «Normandie» ab, er bewundert sein Appartement, das Badezimmer mit WC und großem Wandspiegel.

Mit einer enthusiastischen Neugierde empfängt der junge, kraftgeladene, gewaltig sich entwickelnde Erdteil die Träger des europäischen Ruhms, die späten Klassiker, die problematischen Riesen. Auf das Privatleben der illustren Gäste stürzt sich eine sensationshungrige, naive, indiskrete Presse. Wer ist dieser Peter Iljitsch Tschaikowsky, was gibt es über ihn zu erzählen? Sein Werk ist berühmt hierzulande, Peter Iljitsch darf feststellen, daß man seine Musik in New York besser kennt und aufrichtiger liebt als in Paris, Berlin oder Wien. Nun aber verlangt man Tatsachen, Anekdoten, Abenteuer; Pikantes, Rührendes und Drolliges aus seinem Leben. Das Bild Tschaikowskys, das Porträt des Alternden mit dem runden, grauweißen Bart, der hohen Stirne, dem zu weichen Mund, erscheint auf den Titelseiten der Tagespresse. Der Dargestellte aber soll nun selbst den Text zu seinen Photos liefern: die Journalisten belagern das Hotel «Normandie». Zugleich beeindruckt und enttäuscht, müssen sie abziehen. Sie finden keinen Zugang zu diesem verhüllten Leben, aus dem wohl auch noch die Ahnungslosesten unter ihnen ein Hauch der großen Schwermut berührt. Die enttäuschten Journalisten sagen sich: Dieser berühmte Gast hat leider keine dramatische Biographie, viel Sensationelles ist da nicht herauszuholen – und während sie, Richtung Broadway, davonschlendern, ahnen sie nichts von der permanenten Gespanntheit in der Monotonie dieses Lebenslaufes, nichts von seinem tragischen Gesetz, nichts von seiner rührenden Größe. Übrigens sind Unkenntnis und Mißverständnis gegenseitig: Peter Iljitsch, der eine schematische Ansicht von dem Lande, in dem er zu Gast ist, mit sich bringt, begreift das Pathos des jungen Erdteils, seinen Heroismus, seinen machtvollen Reiz und sein neues Lebensgefühl etwa ebensowenig, wie die Journalisten vom Broadway die geistig-menschliche Existenzform des russischen Komponisten verstehen.

New York reißt den berühmten Gast in seinen Betrieb, es überschüttet ihn mit seinen Ehrungen und Liebesbeweisen, es nimmt ihn in Anspruch mit seinem Lärm, seiner etwas rauhen Zärtlichkeit, seiner riesigen Gastlichkeit, die sich an Ausmaß – wenn auch nicht in Stimmung und Form – nur mit der russisch-asiatischen vergleichen läßt. Kaum eine Stunde darf der Gefeierte zur Ruhe kommen, und wenn er einmal ein paar Augenblicke für sich hat, in seinem Hotel «Normandie», dann benutzt er sie, um zu weinen: er vergießt Tränen der Erschöpftheit, des Heimwehs und der Ratlosigkeit; denn das Phänomen seines eigenen Ruhmes hört nicht auf, ihn zu verwirren und zu erschrecken – es widert ihn an, während es ihm doch auch schmeichelt und ihn, zu seinem eigenen Erstaunen, zuweilen beglückt.

Der amerikanische Aufenthalt bedeutet in seinem Leben, das einem letzten dunklen und geheimnisvoll lockenden Punkte mit schauerlich rapid sich steigerndem Tempo entgegentreibt, ein großartiges und zugleich burleskes Zwischenspiel. Nachts, wenn er nach Hause kommt von den festlichen und ehrenden Strapazen, sucht er sich zu sammeln und zu erinnern, damit er einen anschaulichen und übersichtlichen Brief zustande bekommt, an Modest oder an Wladimir. Die Eindrücke aber gehen wirr durcheinander in seinem müden Kopf. ... Mr. Renault hatte ein großes Diner gegeben, von halb acht bis elf Uhr war man bei Tisch gewesen, alle Herren hatten Maiglöckchen und alle Damen Rosen geschenkt bekommen – das war noch nicht erlebt worden in den feinsten Häusern von Moskau und von St. Petersburg! Mit jedem Gedeck gab es außerdem für die Gäste eine Photographie des Komponisten Tschaikowsky, dem zu Ehren die ganze Herrlichkeit veranstaltet war. Mit dem Gefrorenen wurden Zuckertäfelchen serviert, auf denen in schöner Schrift Motive aus den Werken des Gefeierten eingraviert waren: eine reizende

Aufmerksamkeit, sowohl für den Komponisten als für die Gäste ...
Der eisgraue kleine Herr, der sich besonders aufmerksam zu dem
russischen Gast benahm, war der alte Carnegie, er besaß nicht weniger als vierzig Millionen Dollar, war aber trotzdem sehr leutselig
und sogar drollig, übrigens schien er ein großer Liebhaber der Musik, und der russischen im besonderen, zu sein. Nach ihm war be-
nannt die große Carnegie-Hall, die gerade jetzt mit Nationalhymne
und feierlicher Predigt eingeweiht wurde; er war auch der Begrün-
der verschiedener Bibliotheken und anderer kultureller Institute.
Ein sehr mächtiger und wichtiger kleiner Herr, dabei gütig, man
sprach von ihm als einem Philanthropen und Mäzen. Es gehörte
wohl zum feinen Ton unter den ungeheuer reichen Herren des jungen Erdteils, etwas den Menschheitsfreund und den Kunstliebhaber
zu spielen: es war eine Art von «Ablaß», den sie an die Gesellschaft
zahlten, dafür, daß sie so enorm viel an ihr verdient hatten. Über
den charmanten, gutgelaunten und musikliebenden kleinen Carnegie hatte Peter Iljitsch die überraschendsten Dinge gehört; zum Beispiel, daß er die Arbeiter seiner Riesenbetriebe zum Besuch der Bibliotheken zwingen wollte, die er wohltätigerweise für sie gestiftet
hatte. Damit die Arbeiter kein Geld für den bösen Alkohol übrig
hatten, zahlte er ihnen ganz besonders schlechte Löhne: auf solche
Weise wollte er sie dazu erziehen, ihre freie Zeit mit Büchern, statt
mit Schnaps zu verbringen. Von dem Geld, das der kleine Carnegie
an den Löhnen sparte, konnte er dann wieder neue Bibliotheken
bauen und auch für sich noch eine Kleinigkeit zurücklegen. Eine
sehr originelle Type! Zu Peter Iljitsch sprach er nicht über seine
Geldangelegenheiten, sondern über russische Kirchenchöre, die er
nach Amerika kommen lassen wollte ... Verschiedene Personen
waren hier ganz besonders aufmerksam zu Tschaikowsky, zum Beispiel Herr Knabe, Mitbesitzer der Klavierfirma Knabe und Meyer,
der dem russischen Gast viele Sehenswürdigkeiten der Stadt New
York zeigte: die Paläste der Fünften Avenue und die neuen drei-
zehnstöckigen Häuser auf dem Broadway, die merkwürdig kahl
und erschreckend neben ein- und zweistöckigen, halb verfallenen
Häuschen in den Himmel ragten; die Brooklyn-Brücke, die Keller
der Staatsschatzkammer, die Dachgärten, von denen aus man einen
so schönen Blick hatte, und den Athleten-Klub, mit Schwimmbas-
sin und den modernsten Turngeräten. Er lud ihn auch in das berühmte Restaurant Delmonico zu einem kostspieligen Abendessen
mit Austern und Champagner ein. Peter Iljitsch mußte sich fragen,

warum Herr Knabe ihn solcherart mit Aufmerksamkeiten über-
schüttete. Ein paar Tage später stellte sich heraus, daß der gast-
freundliche Herr ein Gutachten des Komponisten Tschaikowsky
über die Klaviere der Firma Knabe und Meyer haben wollte: diese
sollten gepriesen werden als die besten der Welt – dafür die Rund-
fahrten und die teuren Mahlzeiten, es wird nichts umsonst geboten,
alles will bezahlt sein, alles hat seinen Preis ... Man müßte ge-
schäftstüchtig sein und sich entschließen, ein paar Jahre hierzublei-
ben; dann würde man bald sehr viel Geld verdienen und könnte
Wladimir und Modest endlich in großem Stil unterstützen, schließlich auch Frau von Meck alles zurückzahlen, was sie einem einstmals aufgedrängt. Die Pianistin Aus-der-Ohe zum Beispiel, die vor
vier Jahren gänzlich mittellos hier angekommen war, hatte sich
schon ein Vermögen von einer Viertelmillion Dollar zusammenge-
spielt auf ihren großen Provinz-Tourneen – die unermüdliche Dame. Ja, wer solche Kräfte zur Verfügung hätte wie diese Pianistin,
ein zartes und zähes Geschöpf! Peter Iljitsch, der große und schwere
Mann, fand, daß schon die Anforderungen, die diese wenigen Wochen mit sich brachten, kaum zu bewältigen wären; man mußte täglich mindestens einmal ausgiebig weinen, um all dies zu ertragen.

Er hatte in Baltimore, Washington und Philadelphia zu dirigieren; dazwischen besichtigte er die Niagara-Fälle. Dann kamen noch
einmal ein paar Tage New York. Das Heimweh wurde am schlimmsten, wenn er russisch sprechen hörte. Dann konnte die Sehnsucht
nach einer vertrauten Stimme – ach, nach Wladimirs Stimme! –
plötzlich wie eine Krankheit über ihn kommen. (Warum habe ich
mich so weit von dir fortbewegt? Der Tag ohne dich ist die Sünde.
Ich bin tief in Sünde gefallen.)

Um einige der Russen, die ihren großen Landsmann im Hotel
«Normandie» besuchten, schien es ein düsteres Geheimnis zu geben: das waren wohl Emigranten, aufsässige Elemente, die im Vaterland nicht leben konnten, Widersacher des Zaren – wer weiß:
vielleicht waren sie an der Vorbereitung oder gar an der Ausführung
von Attentaten beteiligt gewesen –, Nihilisten und Anarchisten. Peter Iljitsch fühlte sich nicht ganz behaglich in ihrer Gesellschaft, war
aber doch sehr freundlich zu ihnen und schenkte ihnen auch Geld,
wenn sie ihn darum baten: erstens, weil ihn ihr hartes und unge-
wöhnliches Schicksal fesselte und rührte; dann aber auch, weil er
wußte, daß diese Verbannten viele Ansichten und das ganze Pathos
gemeinsam hatten mit dem jungen Wladimir – nur daß sie für die

Überzeugungen kämpften und litten, die dieser schwärmerisch deklamierte.

An Wladimir und seine revolutionäre Deklamation mußte Tschaikowsky denken, als er auf dem Broadway einem Demonstrationszug von Arbeitern begegnete; es war ein sehr langer Zug – fünftausend Mann, wie man ihm später sagte –, sie trugen rote Fahnen und gewaltige Tafeln, auf denen zu lesen stand: «Genossen, wir sind Sklaven im freien Amerika! Wir wollen nicht mehr als acht Stunden arbeiten!» – ‹Ich sollte den kleinen Carnegie fragen, ob diese Klagen begründet sind›, dachte der beeindruckte Peter Iljitsch. ‹Sogar im freien Amerika scheint nicht alles so zu sein, wie es sollte. Wahrscheinlich hat mein gescheiter Liebling recht, und dieses Jahrhundert des Fortschritts hat noch arg barbarische Züge . . .›

Er vergaß es aber, mit dem kleinen Carnegie über die Gegenstände, in denen dieser doch sehr kompetent gewesen wäre, zu sprechen, obwohl er dazu Gelegenheit gehabt hätte auf einem großen Abschiedsbankett, das der Millionär zu Ehren des Komponisten veranstaltete, und in dessen Verlauf er ihn öffentlich als den «ungekrönten König der Musik» anredete. Diese Festlichkeit war eine der letzten, die das großartige und burleske Zwischenspiel – der amerikanische Aufenthalt – Peter Iljitsch bot. Nun hatte er noch ein Konzert im Composers-Club zu dirigieren und eine Reihe von Abschiedsvisiten zu machen. Wenn er von den anstrengenden Fahrten in sein Hotel zurückkehrte, erwarteten ihn die Interviewer und die Autogrammsammlerinnen in der Halle. Eine Verehrerin überreichte ihm, als Abschiedsgeschenk, eine ziemlich umfangreiche Freiheitsstatue aus Gips – «aber man wird das Ding nicht über die russische Grenze lassen», versuchte der erschöpfte Iljitsch zu scherzen. Eine andere schleuderte, mit mörderischer Geste, einen harten kleinen Rosenstrauß nach ihm, der ihn mitten ins Gesicht traf und ein Auge verletzte; dazu schrie die aggressive Dame mit einer zornig keifenden Stimme: «Es lebe der Meister!» – während sie doch alles, was in ihrer Macht stand, tat, um ihn umzubringen. Peter Iljitsch stand, mit seinem verschwollenen, tränenden Auge, inmitten der Hotelhalle, umgeben von Zeitungsleuten, Damen und Photographen. Er mußte plötzlich an Johannes Brahms und an seine amazonenhafte Anbeterin, Miß Smith, denken. ‹Ach, was für groteske Figuren sind die «Meister» in dieser Zeit!› empfand er, während er sich das Auge mit dem Taschentuch tupfte. ‹Der Ruhm ist wie eine Verhöhnung dessen, womit wir ihn bezahlen und büßen.›

Die Rückreise machte Tschaikowsky auf einem deutschen Dampfer, dem «Fürst Bismarck», der die Strecke New York–Hamburg zum erstenmal fuhr. Peter Iljitsch versuchte, unterwegs zu arbeiten, er machte sich Notizen zu einer neuen Symphonie, der Sechsten. Aber er fühlte sich ausgeleert, die Rhythmen und Harmonien, die ihm durch den überanstrengten Kopf gingen, waren nicht die, die er suchte und meinte. Nein, mit dergleichen durfte er sich nicht zufriedengeben, etwas anderes war zu leisten und zu vollbringen, der Auftrag lautete anders: eine ganze Beichte, ein umfassendes Geständnis war abzulegen, eine große Klage war anzustimmen, das Verborgenste war zu enthüllen. Bis zu diesem letzten und äußersten Punkte mußte man kommen, so weit war man noch nicht, war man immer noch nicht ...

Es wechseln die Orte und die Gesichter, sie gleiten vorüber, und sie entgleiten, Peter Iljitsch schaut sie an und schaut ihnen nach, mit dem sanft grübelnden Blick. Eine Station nach der anderen läßt er hinter sich. In seinem Leben soll keine Ruhe sein: so will es ein gnadenloses Gesetz. Sein unruhiges Leben treibt, immer geschwinder, einem dunklen Ziele, einer geheimnisvollen Erfüllung zu. Das dunkle Ziel wirft seinen Glanz und seinen Schatten voraus.

Es gibt einen ruhenden Punkt in der monotonen Friedlosigkeit, in der melancholischen Hast: er heißt Wladimir. Ob der gescheite Liebling, der liebenswürdige und geliebte junge Verwandte, den Tag mit seinem Onkel verbracht hat oder nicht: nachts, vorm Einschlafen, beschwört Peter Iljitsch das liebe Angesicht, die schmale Gestalt. Bobs zärtliche und vertraute Stimme redet und singt ihn in den ersehnten Schlaf. Der Schlaf aber wird herbeigewünscht und begehrt nicht nur als die Ruhe für eine Nacht, sondern als die Ruhe an sich, als der endgültige Friede, die definitive Rast – als der Tod. Es ist die täglich wiederkehrende Pagenpflicht des hoch aufgeschossenen, ungeschickt-anmutigen Jünglings, den Alternden hinüberzugeleiten, hineinzuwiegen in den Todesschlummer. Dabei mag es geschehen, daß das Antlitz des fremden und verwandten Knaben sich allmählich verwandelt und die Züge eines anderen Gesichtes annimmt – des vertrautesten, des geliebtesten. Die Gestalt am Bett, der Redende, Plaudernde mit der einschläfernden Stimme verschmilzt mit einer anderen Figur: der weiblichen, der mütterlichen. Sie hat die Anmut der Pagen, und sie hat die Sanftheit und Strenge der Mutter. Wladimir und die Mutter sind eines geworden. Die

Schönheit der Mutter und der Reiz des Knaben finden sich in der ephebischen, nicht-mehr-weiblichen, nicht-mehr-männlichen Figur. Ach, sie winkt, daß man ihr folgen solle. Sie mahnt, und sie lockt. Man soll der Mutter folgen, das haben die braven Kinder gelernt. Sich widerspenstig zu verhalten gegenüber ihrer Mahnung und Lockung wäre die ärgste Sünde. Der Tag ohne dich ist die Sünde. Wladimir und die Mutter vereinigen in mystischer Verdoppelung ihren zärtlich-strengen Liebesbefehl.

Der liebenswürdige Neffe ahnt freilichs nichts von den höchst wunderlichen Spielen, die der verehrte Gönner und geliebte Oheim, der große Freund, mit seinem Antlitz und mit seiner Stimme treibt. Kann er wissen, daß er nachts als mütterlicher Todesengel durch das Schlafgemach des Alternden schwebt? Er würde wohl recht erschrecken und sich vielleicht etwas fürchten, wenn er es je erführe. Aber der schlaue Peter Iljitsch verrät ihm nichts. Aufs sorgfältigste trennt er den jungen Bob, der ihm tagsüber so erfrischende Gesellschaft leistet, von dem geheimnisvoll doppelgesichtigen Epheben jener entrückten Viertelstunde vor dem Einschlafen. Für den Nacht-Wladimir, den Todespagen, empfindet er eine mit Ehrfurcht, ja, mit Angst gemischte, überschwengliche, verzückte Liebe; für den lebendigen, atmenden Bob aber die natürlichste und dankbarste Zärtlichkeit.

Er ist ihm dankbar zu jeder Stunde; denn Bob bringt den Elan und die Lebensfülle seiner Jugend in das trübe Dasein des Alternden. Er bringt seine leidenschaftlichen Interessen, seine Vergnügungssucht, seine Wißbegierde, seine temperamentvolle Kritik am Bestehenden, seine Lustigkeit, seinen schönen und jungen Ernst. Den Kopf voll leidenschaftlicher Gedanken, den Koffer voll neuer Bücher trifft der große Junge in Maidanowo ein, begleitet von einem seiner Freunde, dem Grafen Lütke oder dem jungen Naprawnik. Die jungen Leute erfüllen das stille Haus mit ihrem Gelächter, ihren Diskussionen. Es gibt wieder die Spiele und die großen Spaziergänge. Alexei muß wieder die Leibgerichte des jungen Herrn servieren. Wladimir findet, daß es in Maidanowo noch schöner ist, als es in Frolowskoe war. Denn Tschaikowsky, der es nirgends sehr lange aushält, hat das Anwesen in Frolowskoe verkauft, weil die grausame Abholzung des Waldes ihn störte und verbitterte, und vorläufig wieder sein Haus in Maidanowo bezogen, wo freilich auch längst schon mit dem Walde nicht mehr viel Staat zu machen war.

Konnte er, der Erinnerungen pedantisch sammelte – um sich

dann vor ihnen zu fürchten und von ihnen lähmen zu lassen –, glücklich sein an einem Orte, wo jeder Stein und Strauch ihn an vergangenes, entglittenes Leben mahnen mußte? Glücklich war er hier nur, wenn Bob und seine Freunde zu Besuch kamen. Reisten sie ab, stellten Betrübtheit und Langeweile sich ein. Wenn er die Einsamkeit durchaus nicht mehr ertragen konnte, traf er sich mit den jungen Leuten in Moskau oder St. Petersburg. Dann gab es amüsante und kostspielige Tage; in allen Theatern, in allen teuren Lokalen der beiden Hauptstädte konnte man die auffallende und etwas sonderbare Gesellschaft treffen: den Graubärtigen mit dem lärmenden Gefolge von Studenten, Musikschülern und Kadetten – zuweilen war auch noch der gute Modest dabei. Peter Iljitsch liebte es, sich ausnutzen zu lassen von jungen Leuten. Verleger Jurgenson zog oft ein ernstes Gesicht über die Geldforderungen seines Autors, die sich zu solchen Zeiten beängstigend steigerten. Es mußte zu einer finanziellen Katastrophe kommen, wenn das Ballett und die einaktige Oper – deren Titel sich aus «König Renés Tochter» in «Jolanthe» verwandelt hatte – nicht bald abgeliefert wurden. Peter Iljitsch mußte also widerwillig nach Maidanowo zurückkehren, um die beiden bestellten Kompositionen weiterzubringen.

Sein Widerstand gegen Ballett und Oper blieb heftig. Er arbeitete unter Qualen, die eines ernsteren und höheren Gegenstandes wert gewesen wären. Wenn er denn noch einmal alle seine Kräfte spannen mußte – und er war genötigt, sie ganz zu spannen, sollte überhaupt etwas zustande kommen –, so hätte er es nur für das eine, das einzige Werk tun mögen, das ihm noch am Herzen und im Sinne lag: für das abschließende und zusammenfassende Lied. Immer wieder suchte er die symphonischen Notizen hervor, die er sich in seiner engen und schwankenden Kabine im Rumpfe des Ozeandampfers, gemacht hatte. Immer wieder mußte er sie enttäuscht beiseite legen. Nein, das war nicht die Sechste Symphonie. Diese war noch nicht da in seinem Inneren; sie war noch nicht empfangen. Er wartete auf sie, wie auf das Wunder. Und er wandte sich wieder der Pflichtarbeit, dem leichten Stoffe zu, der mit so viel Schmerzen bezahlt sein wollte.

Freilich, es gelangen ihm zuweilen noch die reizendsten Dinge – zu seinem eigenen Erstaunen durfte er es feststellen. Zum Beispiel, diese «Valse de Fleurs» aus der «Nußknacker»-Suite, war das nicht ein zauberhafter Einfall, ein sehr süßes und liebenswertes Geschenk von einem kleinen Stück Musik?

Peter Iljitsch spielte die «Valse de Fleurs» dem dicken Laroche vor, der zu Besuch in Maidanowo war. «Das ist ja charmant», sagte der dicke Laroche, der sein Phlegma selten zu einem lebhaften Lob überwand. «Was dir immer noch für Lieblichkeiten durch den grauen Schädel gehen, alter Peter!»

Der alte Peter lachte still vor sich hin. «Ja, es ist wunderlich», sagte er schließlich. «Ich habe meine gefällige Seite. Nicht wahr, so eine Melodie schmeichelt sich gar angenehm ins Ohr? Ich weiß, ich weiß – das klingt hübsch, das vergißt man auch nicht so schnell, man summt es noch auf dem Nachhauseweg vom Theater. Gerade deshalb werden manche wieder ein hochmütiges Gesicht schneiden, wenn sie es zu hören bekommen, sowohl die strengen Russen als die strengen Deutschen.»

«Du kannst pfeifen auf die strengen Russen und auf die strengen Deutschen erst recht», sagte der dicke Laroche. «Du bist mehr wert als die ganze Gesellschaft, denn dir fällt doch was ein. Glaube mir: ich hatte schon einen ganz guten Instinkt, als ich so früh auf dich getippt habe, mein Alter.» – Es kam selten vor, daß Laroche so viele Sätze hintereinander redete.

«Caesar Cui wird die Achseln zucken, und Meister Brahms wird die Achseln zucken», stellte Tschaikowsky resigniert fest. «Beide werden urteilen, das sei parisisch und oberflächliches Zeug. Nun ja: vielleicht steckt ein Stück Pariser in mir. Ist das denn eine Schande? Ist es denn eine Schande, wenn man den Menschen zuweilen etwas Vergnügen macht mit so einem Stück Blumenwalzer, den sie noch vor sich hinpfeifen können, wenn sie aus dem Theater nach Hause gehen?»

«Es ist keine Schande, sondern sogar ein ausgesprochenes Verdienst», sprach würdevoll der dicke Laroche.

«Nicht umsonst hat der große Johann Strauß, der Walzerkönig, mich sozusagen entdeckt und zuerst vor die Öffentlichkeit gebracht», sagte Peter Iljitsch, dessen Gesicht sich bei der Erinnerung an den Wiener Meister freundlich verklärte. «Das hatte schon was zu bedeuten», fügte er nach einer nachdenklichen kleinen Pause schmunzelnd hinzu.

Die beiden alten Freunde saßen sich ein paar Minuten lang gegenüber, ohne zu sprechen. «Aber natürlich sind diese kleinen Scherze nicht das, was ich jetzt eigentlich machen sollte», sagte Peter Iljitsch endlich, wie als Abschluß einer langen Überlegung. «Du kannst mir glauben: mir ist nach ganz anderem zumute.»

Laroche nickte. Peter Iljitsch hatte ihm niemals von dem Plan erzählte, der ihn beschäftigte – von dem Plan zur großen, zusammenfassenden Symphonie –; aber die beiden kannten sich so lange und gut, daß der eine die Gedanken und die Absichten des anderen wohl erraten konnte.

«Ja ja», sagte Laroche, wieder nach einer Pause, und nickte wehmütig mit dem schweren Haupt. «Wenn man immer das ausführen dürfte, wonach einem zumute ist ... Ich, zum Beispiel, habe in meinem langen Leben nichts, absolut nichts von dem fertiggebracht, was ich mir vorgenommen hatte, damals im Konservatorium, als wir uns kennenlernten ... Dir ist immerhin ab und zu was geglückt – mir wirklich gar nichts. Was sind schon die paar Aufsätze über Musik? Nicht der Rede wert, nicht der Rede wert. – Ja, da sitzen wir nun, wir zwei alten Esel, und trinken Wodka ...» Der dicke Mensch verstummte; das große betrübte Gesicht hielt er nachdenklich zur Seite geneigt; seine Augen, eingeengt und schmal gemacht von den Fettpolstern, blinzelten müde gegen den Rauch der Zigarette. «Aber warum schwätze ich heute abend soviel», sagte er noch, ehe er wieder völlig in sich versank.

So war Laroche: Peter Iljitsch wußte sehr wohl, warum er diesen treuen und braven Freund nicht sehr oft in seiner Nähe haben wollte. Es ging eine lähmende Hoffnungslosigkeit von ihm aus. Ein Tag, den man gemeinsam mit ihm begonnen hatte, war schon halb verloren. Denn der fette Melancholiker sagte beim ersten Frühstück: «Warum sind wir eigentlich aufgestanden? Wir hätten genausogut im Bett bleiben können. Das wäre sogar viel vernünftiger gewesen.» Dann klagte er hypochondrisch über irgendwelche Schmerzen in irgendeiner Körpergegend; und er verbrachte den Tag apathisch in einem Lehnstuhl.

Unter diesem Schauspiel litt Peter Iljitsch. Es deprimierte ihn, zu beobachten, wie ein Mensch von hohem Werte sich aufgab und sich verkommen ließ. Die Ansichten und Angewohnheiten des Jugendfreundes waren ihm um so fataler, als sie ihm nicht unverständlich und keineswegs durchaus fremd waren: der dicke Laroche überließ sich Stimmungen, gegen die Peter Iljitsch täglich ankämpfte, und die er täglich besiegte.

Übrigens brachte der faule und betrübte Koloß Unglück. Eben in jene dunklen Herbstwochen, die er in Maidanowo verbrachte, fiel das arge Ereignis, von dem Peter Iljitsch tief erschreckt und sehr betroffen wurde.

Seine schöne Uhr, das kostbarste und weitaus hübscheste Ding, trug Peter Iljitsch nicht immer bei sich in der Tasche. Zuweilen ließ er sie, wenn er ausging, auf dem Nachttisch liegen, um sich dann, bei der Rückkehr, doppelt an ihrem zierlichen Anblick zu erfreuen. – Es kam selten vor, daß Laroche sich an den ausgedehnten Nachmittagsspaziergängen beteiligte; meistens war er zu faul für dergleichen Unternehmungen. Heute aber hatte Peter Iljitsch ihn zum Mitkommen überredet. Der schweigsame Spaziergang hatte sich in die Länge gezogen, es dunkelte schon, als man nach Hause kam. Peter Iljitsch trat in sein Schlafzimmer, um die Schuhe zu wechseln. Sein erster Blick suchte auf dem Nachttisch das weitaus hübescheste Ding. Er schrie leise auf, suchte mit zitternden Fingern zwischen Natron-Schachteln, Baldrian-Fläschchen, Photographien und französischen Büchern: die Uhr war verschwunden.

Der entsetzte Peter Iljitsch begriff, und mit einem Schlage, daß sie endgültig verschwunden war, für immer verloren. ‹Ich werde sie niemals wiedersehen›, flüsterte er. Dann aber rief er Alexei, die Köchin und Laroche herein. Der Fall wurde besprochen, man erging sich in erregten Mutmaßungen, man benachrichtigte die Polizei.

Da auf Alexei und die Köchin kein Schatten eines Verdachtes fallen konnte, gab es nur eine Erklärung: es mußte von außen jemand ins Haus gedrungen sein, der Dieb war von der Landstraße gekommen. Wirklich hatte Alexei vergessen, das Schlafzimmerfenster zu schließen. Einem geschickten Mann konnte es sehr wohl möglich sein, die Mauer hinaufzuklettern. Freilich fand man keine Spuren, weder an der Mauer noch am Fenstersims noch im Zimmer. Kein Gegenstand fehlte – außer eben dem schönsten –; nichts war berührt worden, nichts in Unordnung gebracht. Es war, als hätte es der Eindringling nur und ausschließlich auf die Uhr abgesehen gehabt; als hätte er ihren Platz gekannt und sich mit einem geschickten Griff das köstliche Ding geholt, welches das einzige Ziel seiner kühnen und niederträchtigen Expedition bedeutete.

«Ich werde meine Uhr nie wiedersehen», sagte Peter Iljitsch, die Augen voll Tränen, mit einer sehr mühsamen Gefaßtheit zu den Herren von der Polizei.

«Seien Euer Gnaden davon überzeugt: das Menschenmögliche wird geschehen, um Ihnen Ihr Eigentum wieder zu verschaffen», antwortete der Beamte.

«Danke», sagte Peter Iljitsch. Aber als der Kommissar gegangen war, erklärte er, bitterlich weinend, dem dicken Laroche: «Die Uhr ist weg, das fühle ich ganz genau. Nie wieder werde ich mich am Apollo und an der schönen Jungfrau von Orleans freuen dürfen. Ach, ist das traurig, ach, ist das jämmerlich traurig!»

«Wir schenken dir eine neue.» Der dicke Laroche tröstete ihn, wie ein Kind. «Ich mache eine Sammlung bei unseren Freunden, und wir kaufen dir eine neue, die noch schöner sein wird!»

«Aber diese war doch mein Talisman!» klagte der untröstliche Peter Iljitsch. «Es muß eine schreckliche Bedeutung haben, daß sie verschwunden ist. Jetzt geht es auch mit mir bald zu Ende.»

«Wie kann man nur so abergläubisch sein!» Der dicke Laroche sagte es mit etwas schwankender Stimme: er selber verbrachte sein halbes Leben mit Kartenlegen und in Angst vor allerlei düsteren Zeichen und Symbolen. «Du wirst noch dreißig Jahre leben, ohne Uhr.»

«Weißt du, was ich glaube und was ich befürchten muß?» Peter Iljitsch zog den Freund mit einer geheimnisvollen Geste näher an sich. «Dieser Dieb, dieser Eindringling –: er war ein Bote der Frau von Meck! Die Seelenfreundin wollte mir das schönste Andenken rauben, das ich an sie bewahrte. Sie weiß natürlich, daß die Uhr mein Talisman ist. Sie hat mir den diebischen Boten geschickt, als einen Mörder!»

«Aber das sind doch Phantasien», brachte Laroche hervor, dessen Gesicht von Angst ganz verstört war. «Die Polizei wird den richtigen Dieb bekommen.»

«Ach, die Polizei –» machte Peter Iljitsch verächtlich. –

Am nächsten Tag erschienen die Beamten in Tschaikoswkys Haus mit einem zerlumpten Burschen, den man auf der Landstraße gefangen hatte und, mangels eines anderen Verdächtigen, für den Uhrendieb hielt. Man hatte ihm Handschellen angelegt und ihn auch wohl schon geschlagen: der Bursche hatte eine blutig aufgerissene Lippe und ein verschwollenes Auge.

«Der Kerl will nicht gestehen», sagte der Polizeibeamte, der ihn ins Zimmer schob. «Aber wir haben allen Grund, ihn für den Täter zu halten.»

Peter Iljitsch spürte etwas Übelkeit und ein würgendes Mitleid beim Anblick des geschundenen und, wie ihm schien, halb blödsinnigen Menschen. «Lassen Sie ihn los!» verlangte er vom Beamten, und er winkte dem Burschen, näherzutreten.

«Hast du die Uhr gestohlen?» fragte er leise und betrachtete mit dem tiefblauen, sanft grübelnden Blick den Zerlumpten.

Da fiel der Bursche vor ihm auf die Knie. Kniend warf er, wie in einer plötzlichen Ekstase, den Oberkörper hin und her, und er reckte die gefesselten Hände. «Verzeiht mir, Herr!» schrie der Bursche, wobei die Wunde an seiner Lippe sich öffnete und ihm Blut über Mund und Kinn floß. «Verzeiht mir, allergnädigster Herr! Ja, ich habe es getan, wehe mir, ich bin ein Sünder, Gott hat mich verstoßen, ich bin verdammt und habe großes Unrecht getan!» Dabei ließ er nicht davon ab, den Oberkörper in einem Verzweiflungskrampf hin und her zu schleudern. Sein Geschrei vermischte sich mit dem Rasseln der Ketten an seinen Handgelenken.

Die Polizeibeamten machten triumphierende Gesichter. Peter Iljitsch fragte ganz leise: «Wo ist die Uhr?» Daraufhin hielt der Bursche sich plötzlich ganz still und schaute mit einem tieferstaunten, vorwurfsvollen Blick hinauf zu Tschaikowsky. «Aber ich habe sie doch nicht mehr», sagte er, und hatte ein blöde-verschlagenes Grinsen.

«Nun», rief einer der Polizeibeamten, «das werden wir schon aus ihm herausbekommen, wo er die Uhr versteckt hat!» Dabei riß er den Burschen hoch. «Steh auf!» schrie er ihn an. «Spiel jetzt nicht länger Komödie!» Der zweite Beamte verneigte sich vor Peter Iljitsch: «Morgen werden wir Euer Gnaden den geraubten Gegenstand zurückbringen können.» Inzwischen stieß sein Kollege den Burschen zur Tür. Der warf, aus seinem verschwollenen Auge, einen flehenden Blick über die Schulter zurück. «Schlagen Sie ihn nicht!» rief Peter Iljitsch den Beamten nach. «Ich verlange von Ihnen, daß Sie ihn nicht schlagen!»

Vierundzwanzig Stunden später erschienen die Beamten wieder, jedoch ohne den Burschen. «Es ist aus ihm nichts herauszubekommen», berichteten sie, und ihren rohen Gesichtern war eine gewisse Erschöpftheit anzumerken. «Es muß sich bei diesem Fall um einen Geisteskranken handeln oder um einen ganz raffinierten Halunken. Als wir ihn im Polizeibüro wieder vernehmen wollten, stellte er sich plötzlich, als wüßte er gar nicht, worum es sich handelt. Er leugnete alles, behauptete, niemals etwas von einer Uhr gehört zu haben. Dazwischen erzählte er uns, daß er ein Sünder vor Gott sei und in die Hölle kommen werde. Es ist wirklich nichts aus ihm herauszukriegen.»

Peter Iljitsch bat die Beamten, den Burschen freizulassen. «Ich wußte ja, daß meine Uhr für immer verloren ist», sagte er traurig. «Dieser arme Mensch hat sie wahrscheinlich wirklich nicht gestohlen.» – «Aber was sollen wir mit ihm anfangen?» fragten die erschöpften Beamten – die anstrengende Tätigkeit des Prügelns und der Anblick der religiösen Ekstasen, in die ihr Häftling verfallen war, hatten sie erheblich mitgenommen und sanft gemacht. – «Hier ist etwas Geld für ihn», sagte Tschaikowsky, den die Erinnerung an eine blutende Lippe und an eine niedrige Stirne, in die verfilztes Haar hing, zugleich peinigte und rührte. «Er soll sich Kleider und Essen kaufen. Vielleicht findet er Arbeit.» – Die Beamten zogen mit dem Gelde ab. Sie überlegten sich, ob sie einen Teil davon wirklich dem Burschen aushändigen sollten, damit der lästige Narr aus der Gegend verschwände.

Der Talisman kam nicht wieder; Apollo, die vielgeliebte Jungfrau von Orleans waren verschwunden aus dem Leben Tschaikowskys.

«Ich hätte Maidanowo nie mehr betreten sollen», sagte Peter Iljitsch zum dicken Laroche. «Ich hasse jetzt alles hier. Es ist ein verfluchtes Haus. Alexei soll es verkaufen oder vermieten, während ich auf Tournee bin. Später werde ich mich vielleicht in Klin niederlassen ...» – «Warum gerade in Klin?» erkundigte sich der dicke Laroche. «Das ist doch ein häßliches Nest!» – «Ich bin an die Gegend gewöhnt», sagte Peter Iljitsch. «Freilich ist es häßlich in Klin. Aber es liegt so angenehm zwischen Moskau und Petersburg. Wladimir kann mich besuchen. Und Alexei ist gerne dort. Er soll das Haus behalten, wenn ich gestorben bin.»

Er hatte in den letzten Tagen viel geweint, wenig geschlafen und gar nicht komponiert. Sein Gesicht sah angegriffen, ja, verwüstet aus; seine Lippen und seine Hände hatten eine Neigung, zu zittern.

«Was hattest du eigentlich die ganze Zeit zu schreiben, seit man den blutenden kleinen Dieb abgeführt hat?» wollte Laroche wissen.

«Ich habe mein Testament gemacht», antwortete Peter Iljitsch.

Der Jugendfreund betrachtete ihn nachdenklich aus Augen, die eingeengt zwischen Fettpolstern lagen. «So so», sagte er schließlich. «Wer ist denn der glückliche Universalerbe?»

«Du nicht», sagte Tschaikowsky.

Es war Ende Oktober, in den Hauptstädten begann die Saison. «Machen wir also mit!» entschied Peter Iljitsch. «Es ist jeden Herbst und jeden Winter die gleiche Komödie: man glaubt seinen Ruhm mächtig zu fördern, man plagt sich, erniedrigt sich, dann kommt der Frühling, und man hat nichts erreicht, als daß man wieder um ein Stück älter, müder und verbrauchter geworden ist. Machen wir also mit!»

Er dirigierte in Moskau und in St. Petersburg. Das Publikum klatschte, die Damen warfen Blumen, und die Kritiker schrieben herabsetzende Rezensionen: diese kalten Duschen blieben nie aus, sie erfolgten auch nach der «Pique-Dame»-Uraufführung in Moskau. Dafür wurde ein anderes Werk, das Peter Iljitsch für besonders mißraten hielt und das er um diese Zeit widerwillig einstudierte – die symphonische Phantasie «Der Woiwode» –, von allen Zeitungen einstimmig gelobt. «Man kann sich auf den falschen Instinkt dieser Leute verlassen», sagte Tschaikowsky erbittert. «‹Der Woiwode› ist der reinste Mist.» Nach der Uraufführung hatte er in seiner Verzweiflung die Partitur mittendurch gerissen, was eine achtenswerte physische Leistung, aber schließlich doch nur eine leere Geste bedeutete, denn es gab Abschriften.

Machen wir also mit! – Es gab Konzerte in Kiew, und es gab Konzerte in Warschau. Es gab die langen Diners und die ehrenden Ansprachen; dann: die Zusammenbrüche in öden Hotelzimmern; schließlich: den Schreibtisch, das weiße Papier und den Brief an Bob. «Ach, mein Lieber! Wieder zähle ich – wie im vorigen Jahr, wie immer – die Tage, Stunden und Minuten bis zum Ende meiner Fahrten. Dir, liebes Angesicht, gelten alle meine Gedanken. Denn bei jedem Anfall des Kummers, des wilden Heimwehs, bei jeder Verfinsterung meines Denkens, erscheint mir wie ein Sonnenstrahl die Gewißheit, daß du da bist und daß ich dich in nicht zu ferner Zeit wiedersehen darf. Bitte, glaube nicht, daß ich übertreibe! Immer wieder hole ich mir Trost aus der einfachen und großen Erkenntnis: Ja, alles ist bitter und oft schwer zu ertragen. Aber das schadet nichts. Denn Bob existiert. Irgendwo, weit weg, in Petersburg, sitzt Bob und büffelt. In einem Monat werde ich ihn wiedersehen.»

Welchen Poststempel trägt dieser Brief? Er trägt den Stempel der Stadt Warschau und das Datum: 29. Dezember 1891. Er könnte auch den Poststempel «Hamburg» tragen; denn dort ist unserem sehnsuchtsvollen Reisenden nicht anders zumute als in Warschau, Kiew oder an irgendeinem anderen Ort.

In Hamburg sollte Peter Iljitsch seinen «Onegin» dirigieren. In der deutschen Fassung des Textbuches aber fühlte er sich gar zu fremd; deshalb überließ er die Einstudierung dem jungen Kapellmeister des Opernhauses.

«Ich habe volles Vertrauen zu Ihnen», sagte Tschaikowsky. «Sie werden es viel besser machen, als ich es könnte. Ich spüre, daß Sie es viel besser machen werden.»

Der junge Kapellmeister verneigte sich schweigend. Sein Blick, der hinter dicken Brillengläsern leuchtete, schaute mit einer spähenden Schärfe dem berühmten Gast ins Gesicht. Peter Iljitsch fühlte sich unruhig werden vor diesen Augen: sie schienen eine strenge Forderung, einen unerbittlichen Anspruch zu enthalten. Um den wortkargen, beinah unhöflichen jungen Mann mit dem scharfen Profil und der schon von leidenschaftlicher Gedankenarbeit gezeichneten Stirne war etwas Einschüchterndes, beinah Atembeklemmendes. Nachts, in der Künstlerkneipe, konnte er aufgeräumt und von einer – vielleicht etwas herablassenden – Gemütlichkeit werden; tags, während der Proben, löste kein Lächeln die fast zornige Gespanntheit seines glühenden Ernstes. Dieser erstaunlich junge Kapellmeister – er hieß Gustav Mahler – übernahm die musikalische Leitung des «Eugen Onegin». Trotz der fanatischen Sorgfalt, die er an jede Einzelheit der Aufführung wandte, brachten es die «lyrischen Szenen» in Hamburg nur zu einem Achtungserfolg. Peter Iljitsch bedankte sich nach der Premiere in seinem mühsam, aber einschmeichelnd vorgebrachten, weichen und singenden Deutsch bei dem wortkargen jungen Kapellmeister, Herrn Gustav Mahler, für alle Mühe, die dieser sich mit dem «Eugen Onegin» gemacht hatte. Der junge Kapellmeister und der alternde Komponist schüttelten sich die Hände, während der Theaterleiter Pollini in der Haltung eines flotten Zirkusdirektors dabeistand. Dann reiste der alternde Komponist nach Paris ab.

Im Hotel Richepanse wollte er den Termin zum Beginn einer Tournee in Holland abwarten. Aber nach einigen Tagen steigerten sich die Unruhe und jene quälende Sehnsucht, die er «Heimweh» nannte, ins Unerträgliche. Übrigens deprimierte ihn auch eine Streitigkeit mit Monsieur Colonne: dieser hatte ihm versprochen, die «Pique-Dame» in der Grand Opéra herauszubringen; die Aufführung kam aber, trotz der Mahnungen Tschaikowskys, nicht zustande. Da fand Peter Iljitsch, daß es in Paris nicht länger auszuhalten sei. Erbittert äußerte er: Die Russenfreundlichkeit der Franzosen erschöpfte sich darin, daß sie dem Clown Durow mit seinen 230 dressierten Ratten in den «Folies Bergères» zujubelten. Er sagte die Konzerte in Amsterdam und im Haag ab und beschloß, doch noch einmal nach Maidanowo zurückzukehren, da in Klin noch kein passendes Haus für ihn gefunden worden war. Nun wollte er arbeiten.

Das Bedürfnis nach Arbeit – beinah gleichgültig, von welcher Art – war plötzlich sehr stark in ihm. «Nußknacker» und «Jolanthe» warteten darauf, instrumentiert zu werden.

War die Stunde noch nicht gekommen, um das größte und letzte Werk zu beginnen, das zusammenfassende und abschließende, die Klage und Beichte, das große Geständnis, die Sechste Symphonie? Die Zeit eilt, und es mehren sich die Zeichen, daß nicht mehr viele Jahre zu verlieren sind. Natascha, die Seelenfreundin und die eigentliche Gattin, hat sich zurückgezogen; die geliebte Uhr, der Talisman, das weitaus hübscheste Ding, ist abhanden gekommen. Aber noch hat sich die Zeit nicht erfüllt.

Das Jahr 1892, das mit den melancholischen Zerstreuungen von Warschau, Hamburg und Paris begonnen hat, vergeht in Einsamkeit oder in Gesellschaft gleichgültiger Menschen oder im Zusammensein mit dem liebenswürdigen Neffen, dem Vertrauten und Fremden, der all das Gefühl auf sich versammelt, das einstmals verschwendet ward nach so vielen Seiten. Es vergeht auf Reisen oder in Moskau oder in Petersburg oder im neuen Haus in Klin, das ganz am Ende der Stadt liegt, wo die Landstraße schon durch Felder führt – ein großes, geräumiges Haus, der brave Alexei hat es hübsch eingerichtet. Es vergeht mit Arbeiten an der definitiven Ausgabe der wichtigsten Werke: ihnen widmet Peter Iljitsch eine pedantische Sorgfalt; denn die Stunde der Erfüllung, der Tag der Erlösung soll einen sauber geordneten Schreibtisch finden, da muß alles an seinem Platze liegen, nichts darf da dem Zufall überlassen bleiben. Peter Iljitsch – der Alternde, der sich als den Uralten empfindet und stilisiert – stürzt sich in die Durchsicht der Korrekturen, in die endgültigen Arrangements der Opern, Symphonien und Orchester-Suiten, wie in die Vorbereitungen auf eine große Reise. Alles will er selbst erledigen, die zuverlässigsten Helfer – Klindworth oder Siloti – arbeiten ihm noch mit einer zu geringen Akkuratesse; kein kleinster Fehler geht durch; das Pensum, das erledigt worden ist – mag es ein großes oder ein geringes Pensum sein –, soll in einer tadellosen Form abgeliefert werden bei der höchsten Instanz, dem gestrengen Richter: dies verlangt von Peter Iljitsch ein letzter, melancholischer Ehrgeiz.

Inzwischen geht das Leben noch weiter, und seinen einzelnen Ereignissen scheint sogar eine gewisse Wichtigkeit zuzukommen. Das neue Werk, der «Nußknacker», hat seine Uraufführung, zunächst im Konzertsaal: er wird beifällig aufgenommen, von den sechs Nummern der Suite müssen fünf wiederholt werden. Das ist im Monat März des Jahres 1892. Als Ballett kommt der «Nußknakker» erst im Winter heraus, zusammen mit der Oper «Jolanthe» – nach der Generalprobe läßt Seine Majestät der Zar den Komponisten in seine Loge rufen und näselt einige anerkennende französische Phrasen. Das sind die Ereignisse – ein paar andere Konzerte und Opernpremieren kommen hinzu –, Peter Iljitsch schaut sie an und schaut ihnen nach mit dem sanft grübelnden Blick.

Obwohl er sich auf die Stunde der Erfüllung und Erlösung vorbereitet und nur auf sie hinlebt, sorgt er sich doch um seine Gesundheit, klagt über Herzleiden und Magenbeschwerden, schluckt viel Natron und viel Baldriantropfen, fährt nach Vichy zur Kur. Dorthin begleitet ihn Bob. Es ist schön, Bob das Ausland zu zeigen. In Berlin gehen der alternde Onkel und der hübsche Neffe in den «Lohengrin», in Paris ins Louvre und ins «Café Chantant». Der junge Bob genießt mit Enthusiasmus alles, was ihm geboten wird. Leider aber kann er sich nicht enthalten, aus Berlin, Paris und Vichy Ansichtskarten an eine gewisse Dame in St. Petersburg zu schreiben: Ob es immer noch die Zarte und Kostbare ist, mit der ihn damals die Freunde geneckt haben? Peter Iljitsch hütet sich zu fragen. Er sieht über eine Photographie hinweg, die Wladimir auf seinen Nachttisch gestellt hat. Er versucht es, die Existenz der Briefempfängerin an der Newa zu vergessen. Aber er vermeidet es tagelang, das Haar oder die Hand des Lieblings zu berühren. Er muß an die eigene erste Auslandsreise denken: an den älteren Ingenieur und an seine fatalen Forderungen. Der Gedanke tut weh.

Das Jahr des Wartens vergeht, es wird Sommer und Herbst, der Herbst ist vorbei, es wird Winter. Peter Iljitsch lauscht in sich hinein, ob er noch nicht den Ton höre, der das Zeichen der Erfüllung ist – das letzte Motiv, die Melodie, die alle Melodien seines Werkes in sich enthielte, so wie seine Liebe zu Wladimir alle Gefühle seines Lebens in sich einbezieht und enthält. Aber es ist noch stille dort, wohin er nun täglich horcht.

Da, das Jahr ist schon beinah vorüber, kommt ihm das letzte und entscheidende Zeichen. –

Peter Iljitsch war endlich der oft und herzlich vorgebrachten Einladung der Madame Sophie Menter nachgekommen: er verbrachte einige Tage auf Schloß Itter in Tirol. Hinter ihm lag ein recht mißglückter Aufenthalt in Wien; er hatte dort im Rahmen der «Musik-

und Theater-Ausstellung» konzertieren sollen. «Aber in Wien gibt es kein Glück für mich», erklärte Tschaikowsky. «Meine Liebe zu der schönen Stadt bleibt völlig unerwidert. Seitdem Hanslick mein Violin-Konzert abgeschlachtet hat, ist Wien verlorenes Terrain für mich.» Und er erzählte auf Schloß Itter den Freunden, wie lächerlich und abscheulich es ihm diesmal wieder ergangen war in der österreichischen Kapitale. «Kein Mensch an der Bahn – damit fing es an!» berichtete er, während Madame Sophie, Sapelnikow, eine deutsche Kammersängerin und ein Pariser Musikkritiker empörte Mienen machten. «Damit fing es an – aber wie ging es weiter? Der Raum, in dem mein Konzert stattfinden sollte, war eine große Bierstube – eine Bierstube, man denke! Es roch nach Schmalzgebackenem und nach gebratenen Hühnern! Da sollte ich dirigieren! Nur ein Glück, daß ich meine Koffer noch nicht ausgepackt hatte! Ich rannte in mein Hotel zurück. Dort gab es übrigens eine Menschenansammlung vor meinem Zimmer, auf dem Korridor. Die Leute waren aber keineswegs herbeigekommen, um mich zu begrüßen, vielmehr warteten sie auf den Maestro Pietro Mascagni, der sein Zimmer neben meinem hatte. Der Komponist der ‹Cavalleria› ist ja wohl im Augenblick einer der populärsten Männer Europas ...»

Sapelnikow sagte etwas Respektvolles über den Ruhm Mascagnis, während Sophie Menter über die Brathühner und den Biergeruch lachte, daß ihr die Tränen über die Backen liefen, und die deutsche Kammersängerin ausrief: «In einem Bierlokal musizieren! Das nenne ich eine Entweihung der Kunst!» Sie selber hatte ihre schöne Altstimme beinah ganz verloren und durfte nur noch zuweilen in Kirchenkonzerten mitwirken: gerade hatte sie in Innsbruck eines absolviert. Der Pariser Schriftsteller meinte spöttisch, das seien wohl germanische Sitten. Sapelnikow sagte: «Nun, wir wollen die Deutschen nicht schlechtmachen. Gerade jetzt hat man mich wieder reizend in München aufgenommen.» Er verbrachte die zwei freien Tage, die ihm zwischen einem Konzert in München und dem nächsten in Florenz blieben, bei seiner Freundin und Meisterin in Tirol. Madame Menter mußte sein neues Chopin-Programm kritisieren. Sapelnikow saß den halben Tag am Flügel und erschien mit einem gehetzten Gesichtsausdruck bei den Mahlzeiten, um auch noch während des Essens die langen Finger auf dem Tischtuch zu bewegen, als könnten sie es nicht erwarten, eine Tastatur zu berühren.

«Ich bin aber doch froh über Ihr Mißgeschick!» erklärte die Menter, nachdem sie lange genug gelacht hatte. «Ihm haben wir es zu verdanken, daß Sie jetzt endlich einmal bei uns hier oben sind. Gott, ich hatte Sie gewiß schon fünfzigmal eingeladen! Ich glaubte wirklich nicht mehr daran, daß ich Sie hier noch einmal würde sitzen sehen!»

«Aber ich habe ja gar nicht gewußt, wie herrlich es hier bei Ihnen ist!» Peter Iljitsch genoß, mit etwas schief gehaltenem Kopf, den Blick durch das große Fenster aufs verschneite Gebirge.

«Nur ist es leider so kalt», klagte die Kammersängerin, die zwei dicke Wollschals übereinander trug und an einem dritten strickte. «Ich finde es eigentlich nur zur Sommerszeit so richtig gemütlich auf Schloß Itter.» Sie hatte einen wehleidigen und bedeutungsvollen Gesichtsausdruck. Die Kammersängerin erschien zu jeder Jahreszeit, eingeladen oder nicht eingeladen, auf der Besitzung der Sophie Menter.

Die Herrin des Hauses lächelte freundlich erst die Kammersängerin an, dann Peter Iljitsch und schließlich hinüber zu der weißen Liszt-Büste aus Marmor. «Ach», sagte sie, «ich finde es gerade so schön hier, wenn alles eingeschneit ist ... Und während der Ferien kommt doch die ganze Bande ... Dann ist hier immerzu ein Betrieb wie im Wartesaal eines großen Bahnhofs, zwischen zwei Schnellzügen.» Sie dehnte sich gemütlich in ihrem Lehnstuhl und hüllte sich enger in ihre lange, seidene Robe de Chambre. «Nein, diese Gäste», schüttelte sie lachend den Kopf. «Es sind immer welche darunter, die ich gar nicht kenne!» Und sie erzählte, verwundert und amüsiert in der Erinnerung, von dem Betrieb, den die Sommergäste auf Schloß Itter machten: von den jungen Leuten, die plötzlich, schwitzend vor Aufregung, im Musikzimmer standen, um von der großen Pianistin ihr Talent prüfen zu lassen; von den kühnen Herrschaften, die darauf bestanden, gefährliche Hochtouren ins Gebirge zu unternehmen, und die man durch eingeborene Bergführer zurückholen lassen mußte. «Das ist ja phantastisch!» rief Frau Menter, die sich über ihre Gäste niemals beruhigen konnte. «Nein, was es für Leute gibt! – Kennen Sie den da?» fragte sie und reichte Peter Iljitsch eine gerahmte Photographie, die auf einem Tischchen, unter der weißen Liszt-Büste, ihren Platz hatte.

«Nein», antwortete Peter Iljitsch. «Aber der ist schön.» Er konnte seine Augen nicht mehr trennen von der Photographie. Der junge Mensch, den sie darstellte, war von einem beunruhigenden und ergreifenden Reiz. Als erstes fiel sein weit ausladender, herrlich geformter Hinterkopf auf, der von schwarzem, seidig glattem Haar glänzte; dann erst der trauervolle Blick unter langen, gesenkten Wimpern; dann die unendlich edle und empfindliche Zeichnung des Gesichts, das der Jüngling, gefallsüchtig und melancholisch, dem Beschauer im Halbprofil zeigte. – «Der ist aber wunderschön», wiederholte Tschaikowsky. «Was ist denn das für ein orientalischer Prinz?»

Madame Menter mußte sehr herzlich lachen. «Das ist gar kein orientalischer Prinz», brachte sie schließlich hervor. «Der kommt aus dem Norden. Es ist ein dänischer Schriftsteller, wir haben ihn manchmal im Sommer hier, ein bezaubernder Mensch, er heißt Hermann Bang.»

«Oh, das ist Hermann Bang», sagte Peter Iljitsch langsam, den Blick immer noch auf dem Bilde. «Ich habe von ihm gehört, er kommt auch manchmal nach St. Petersburg. Aber daß er so schön ist, habe ich nicht gewußt ...»

«Mon Dieu», lachte die Menter. «Er sieht jetzt nicht mehr so aus – das kann man nicht sagen. Le pauvre, er hat ein ganz gelbes, faltiges Gesicht bekommen. Aber er ist trotzdem unwiderstehlich. Gott, wie habe ich mich schon über ihn amüsiert – wissen Sie, er ist ein unmöglicher Mensch, immer behangen mit viel zuviel Armbändern und allerlei Schmuck, es gibt ein leises Klirren, wenn er durchs Zimmer geht – und wenn er im Abendanzug erscheint, dann trägt er eine glitzernde Brokatweste und lange weiße Glacéhandschuhe unter den Ärmeln seines Jacketts: lange Damenhandschuhe, verstehen Sie, es ist zum Totlachen! Aber seine herrlichen Augen hat er behalten, es geht mir oft durch und durch, wenn er mich anschaut, mit einem Blick, der alles – einfach alles zu wissen scheint, obwohl er unschuldsvoll ist. Ja, ich liebe ihn, er ist ergreifend und dabei amüsant und der beste Freund, den man sich vorstellen kann.»

«Er ist sehr feminin und etwas boshaft», sagte die Kammersängerin, die zuweilen noch in Kirchenkonzerten mitwirken durfte. «Ich habe immer das Gefühl, daß er sich über mich lustig macht.» Sie zeigte ihr würdevollstes Gesicht.

«Aber wie könnte er es wagen, sich über Sie zu mokieren, meine Beste!» rief Madame Sophie. «Nein: Bang ist ein guter Mensch!»

Der französische Musikkritiker hatte den dänischen Schriftsteller in Paris getroffen; Sapelnikow kannte ihn aus Prag. Jeder wußte eine Anekdote von ihm. «Boshafte Freunde behaupten, er sei der uneheliche Sohn von einem Großherzog und einem Oberkellner», lächelte der Franzose. Sophie Menter konnte nachmachen, was Bang auf einem Podium trieb, wenn er öffentlich vorlas. «Er wäre gar zu gern Schauspieler geworden, le pauvre!» rief sie aus. «Ja, am liebsten möchte er beim Varieté oder beim Zirkus sein: das sind die Milieus, die er anbetet. Dabei ist er ein *adliger* Mensch – Sie verstehen doch, was ich meine? – Und sein Gesicht kann einen so großen, rührenden, fast erschreckten Ernst haben, als ob er irgend etwas Furchtbares sähe, was uns anderen verborgen ist. Und sicher ist er ein großer Dichter – ich verstehe ja nichts von Literatur, aber ich finde seine Bücher ergreifend. Haben Sie nie etwas von ihm gelesen?»

«Nein», antwortete Peter Iljitsch. «Aber jetzt bin ich neugierig auf seine Sachen.» Er sah wieder auf die Photographie.

«Ich will Ihnen eines von den Büchern heraussuchen», schlug die Menter vor. «Sie werden gewiß sehr weinen müssen. Er weiß gar zu gut Bescheid in den traurigsten Dingen . . .»

Sapelnikow bat etwas abrupt um die Erlaubnis, sich zurückziehen zu dürfen. «Ich muß heute noch fünf Stunden üben», sagte er hastig.

Der Münchener Diener, über dessen rauhe Sprechweise die Hausherrin sich nicht genug amüsieren konnte, brachte die Post. «Es sind auch Briefe aus Rußland dabei», verneigte er sich vor Herrn Tschaikowsky.

«Endlich!» Peter Iljitsch öffnete hastig Wladimirs Brief. «Entschuldigen Sie, daß ich lese!» wandte er sich an die Damen. «Ich habe so lange nichts von zu Hause gehört.»

Ein zweiter Brief war von Jurgenson, ein dritter von Modest. Die Adresse des vierten aber hatte die sauberen, kindlich klaren Züge einer Handschrift, die Peter Iljitsch zugleich ganz fremd und doch merkwürdig vertraut erschien. Mit einer gewissen Beklommenheit öffnete er den Umschlag. Während er las, wurde sein Gesicht erst rot, dann sehr blaß. «Das ist unglaublich», sagte er leise und starrte auf das Papier.

«Eine unangenehme Nachricht?» fragte Frau Menter, während die Kammersängerin, angeregt und mitleidsvoll, den bestürzten Peter Iljitsch beobachtete: es war ihre einzige Lebensfreude geworden, von den Schicksalsschlägen, die ihre Mitmenschen betrafen, Kenntnis zu nehmen.

«Eine Nachricht aus dem Reiche des Todes», sagte Peter Iljitsch, der aufgestanden war.

Der Brief war von seiner alten Erzieherin Fanny Dürbach. Er hatte sie seit zwanzig Jahren zu den Toten gerechnet. Sie aber lebte.

Sie lebte in Montbéliard bei Belfort und hatte seit fünfundzwanzig Jahren nichts von sich hören lassen. Nun meldete sie sich zum Wort. Das längst Vergangene stand wieder auf. Aus dem Abgrund der entglittenen Zeit stieg die Kindheitswelt. Fanny, die alte Fanny, bei der es gut gewesen war, rief ihren Schüler. Sie bat um Peter Iljitschs Besuch. «Noch einmal möchte ich Sie sehen, ehe ich sterben muß», stand hier zu lesen in ihrer klaren, kindlichen Schrift. Das ist das Zeichen. Der Ring schließt sich, und die Zeit ist erfüllt.

«Es ist eine Nachricht aus dem Reiche des Todes», wiederholte Tschaikowsky.

Den Rest des Tages verbrachte er in seinem Zimmer. ‹Wann kann ich in Montbéliard sein?› war die Überlegung, die sein Herz beschäftigte. ‹Ich muß zunächst nach Prag zu der «Pique-Dame»-Premiere. Dann ist noch das Konzert in Basel zu erledigen. Von Basel ist es gewiß nicht mehr weit nach der Stadt, wo Fanny lebt, wo Fanny die ganze Zeit, geheimnisvoll und verborgen, gelebt hat ...›

Er legte sich auf das Bett – ein französisches Prachtbett, reich geschnitzt, mit blauseidenem Himmel, wahrscheinlich hatte es irgendein Verehrer der Herrin von Schloß Itter in Paris geschenkt. Über dem Bett hing ein ordinärer Öldruck, darstellend in grellen und süßen Farben den Golf von Neapel und den rauchenden Vesuv. Die Einrichtung in diesem schönen Hause war von merkwürdig gemischtem Stil.

Peter Iljitsch blätterte in dem Buch des dänischen Schriftstellers, das Madame Menter ihm durch den Diener hatte schicken lassen. Sein Blick fiel auf die Stelle:

«Es heißt, wer Jehova sieht, ist des Todes. Aber ich sage dir, sähe ein einziger Mensch einem anderen ganz auf den Grund der Seele, er würde sterben. Und wäre es denkbar, daß man sich selber auf den Grund der Seele sähe, man würde es als eine geringe, aber notwendige Strafe betrachten, selbst und ohne einen Laut sein Haupt auf einen Block zu legen.»

Peter Iljitsch schloß das Buch, stand auf und tat große Schritte durchs Zimmer. ‹Warum bin ich diesem heimatlosen Nordländer nie begegnet? Mit ihm hätte ich mich verstanden. Wer diesen furchtbaren Satz geschrieben hat, ist mein Bruder. Brüder sollten sich kennenlernen. Warum leben sie aneinander vorbei? Ich hätte ihm begegnen sollen, das wäre richtig und gut gewesen. Jetzt aber ist es zu spät.›

Er war am Fenster stehengeblieben. Was suchte sein Blick in der erhabenen Landschaft, die sich, kulissenhaft zum riesigen Effekt geordnet, darbot wie eine große Dekoration? – Unter den Strahlen einer sinkenden Sonne hatten die Gipfel, die weißen Hänge orangefarbenes oder blutigrotes Leuchten; aus Furchen und Schluchten aber stiegen tiefblaue und schwarze Schatten. An der gnadenlosen Schönheit des Gebirges prallt die Klage eines Blickes ab, der weite und öde Ebenen gewohnt ist, auf denen er lange wandern, schweifen, ruhen und am Ende etwas Erholung finden kann. Die weite und öde Ebene, die dieser Blick als seine Heimat liebt, ist milde. Die gnadenlose Schönheit aber tut weh. Der Einsame am Fenster muß vor ihrer gar zu großen und wilden Schönheit die Augen schließen.

Das Jahr geht zu Ende, fast schon ist es entglitten, in den Abgrund des Vergangenen gesunken. Sein letzter Tag aber bringt sein tiefstes Abenteuer: er bringt den Ausflug in das Reich des Todes.

Das Städtchen Montbéliard bei Belfort hat nicht viel mehr als fünftausend Einwohner, winklige Gassen und ein ehrwürdiges Schloß, wo einst die Grafen von Mömpelgard residierten, als sie noch die Herren der Grafschaft gleichen Namens waren: diese gehörte zum Lande Württemberg.

Die engen Straßen von Montbéliard sind öde, sie scheinen eingeschlafen mit ihren Türmchen, Erkern und den zugefrorenen Brunnen. Es ist kalt; die Einwohner des Städtchens wagen sich nicht vor die Haustür. Vielleicht beobachten einige alte Damen, die am Fenster verborgen hinter dem gerafften Plüschvorhang sitzen, den Fremden im langen Pelzmantel mit der runden Mütze, der, vom Bahnhof kommend, die schlecht gepflasterte Hauptstraße hinaufstapft.

Peter Iljitsch hat einen frierenden kleinen Jungen nach dem Hause gefragt, in dem Mademoiselle Dürbach wohnt. Nun trabt der eifrige Bub vor ihm her. Jedes Kind im Städtchen kennt das Haus des Fräuleins, das seit über siebzig Jahren hier im Orte lebt – nur einmal hat es, wie man weiß, eine Zeitlang im fernen Rußland gearbeitet, das aber ist unermeßlich lange her. Das Fräulein hat drei Generationen von Montbéliard ein wenig Klavierspiel, ein wenig Mathematik, Grammatik und die feineren Umgangsformen beigebracht. Um zu ihrem Hause zu gelangen, biegt man von der Hauptstraße linker Hand ein, dann findet man sich vor einem steilen Gäßchen; dieses steigt man hinauf, läßt die Apotheke und das Postbüro hinter sich;

nun ist man im ältesten Viertel des Ortes, mitten in einem Gewirr von Gassen, die so schmal sind, daß drei Personen nicht nebeneinander gehen könnten. Hier müßte sich der Fremde verirren. Der eifrige kleine Führer aber, mit dem blau gefrorenen Gesichtchen und dem geflickten Hosenboden, kennt den Weg. Noch eine Ecke, und hier ein Torgang, und hier ein Hof, und da ist das Haus. Der kleine Führer bekommt seine Belohnung von dem fremden Herrn im langen Pelzmantel. Peter Iljitsch zieht an der schweren, altmodisch geformten Klingel; sie gibt einen überraschend hellen, glockenreinen Ton. Das Silberläuten ist noch nicht verhallt, da hört man im Inneren des Hauses schon Schritte, die eine Treppe herunterkommen. Die Türe öffnet sich, inzwischen ist der kleine Führer verschwunden. Aber dies muß ein Traum sein.

Fanny, die nun im Türrahmen erscheint, ist unverändert. Das ist ihr Gesicht, so war es immer, das sind die vertrauten Augen, es ist auch dieselbe glatte Figur, der freundliche Scheitel, ihr Haar hat dieselbe aschblonde Farbe behalten – oder ist es jetzt grau? Das sieht Peter Iljitsch nicht, dem Tränen die Augen trüben. Er sieht nur seine Fanny, wie er sie gekannt hat seit eh und je. Die entglittene Zeit rechnet nicht mehr, an diesem stillen Antlitz ist sie spurlos vorbeigegangen, das längst Versunkene ist wieder Gegenwart.

«Da sind Sie ja, lieber Pierre», sagt Fanny Dürbach, und es ist, als habe sie ihren Schüler und Schützling vor wenigen Wochen auf eine kleine Reise entlassen: er ist zum erstenmal selbständig, ohne die Obhut der Gouvernante, unterwegs gewesen, nun hat er zu ihr zurückgefunden, sie sagt mit ihrer sanften, ruhigen Stimme: «Da sind Sie ja, lieber Pierre.»

Eine steile, enge und ziemlich dunkle Treppe hinauf folgt Pierre, der grau gewordene Zögling mit dem zerfurchten Gesicht, seiner Fanny. Er geht mit geneigtem Kopf, etwas tappend, weil die Augen ihm trübe sind; sie aber hält sich sehr aufrecht in ihrem einfachen grauen Kleid – ist es nicht noch dasselbe, das sie damals getragen hat, in Wotkinsk? –, und sie ist schlank geblieben, die Siebzigjährige, während der graue Zögling Fett angesetzt hat. – Da öffnet sie ihm die Türe zu ihrer Stube; da steht ihr Arbeitstischchen, wo sie häkelt und die Hefte ihrer Schüler korrigiert. In Fannys Stube herrscht noch derselbe Geruch, den Pierre aus ihrer Kammer in Wotkinsk so gut kennt: dieser Geruch nach peinlicher Sauberkeit, frischer Wäsche und ein wenig Lavendel.

Vor diesem Geruch muß Pierre die Augen schließen. Es ist sicher ein Traum. Sind fünfundvierzig Jahre ausgelöscht? Ihr bitterer Inhalt ungültig gemacht, verflogen?

«Hast du denn auch das schöne Glockenspiel noch?» will Pierre fragen. Aber da hört er schon die süße Melodie. Hat eine Zauberhand das Glockenspiel in Bewegung gesetzt?

Nein, das hat ein altes Fräulein getan, die nun Fanny und dem grauen Zögling mit sanftem Anstand entgegentritt: es ist Mademoiselle Dürbach die Ältere, Fannys Schwester. Die beiden sinnigen Damen haben sich den Glockenspiel-Empfang für ihren Gast ausgedacht miteinander; die ältere Schwester ist eigens oben im Zimmer geblieben, um das Spielwerk bei seinem Eintritt in Gang zu setzen.

Die geliebte Melodie aus dem «Don Juan» geht reizend zu Ende, während Pierre, Fanny und die alte Schwester schweigend stehen: es ist die schönste aller Melodien geblieben, ihre Vollkommenheit tut fast weh, sie ist das ewige Vorbild, das nie zu Erreichende, ein Stück Himmel.

«Dann hast du sicher auch noch die Bilder der Jungfrau von Orleans», sagt Pierre leise. Aber ehe er sie zu sehen bekommt, muß er Fannys Schwester begrüßen – was er mit Herzlichkeit tut –, ein Glas Heidelbeerwein trinken und mindestens zwei Biskuits essen. Die beiden alten Fräulein entschuldigen sich, daß sie ihm keine warme Mahlzeit würden anbieten können – «aber unser Haushalt ist gar zu klein», erklärt Fanny. Sie steht Hand in Hand mit ihrer Schwester. Mit ihr und in dieser Stube hat sie ihr Leben verbracht – wie stille sind die Jahre hier vorbeigegangen, und es sind Jahrzehnte aus ihnen geworden: was aber hat Pierre mit ihnen angefangen? Mit welchen Abenteuern hat er sie gefüllt? Und was blieb ihm von den Abenteuern?

Fräulein Fanny spricht aus, was der graue Zögling empfindet, denn sie sagt: «Ja, hier ist es ruhig gewesen, all die Zeit. Wo aber hast du dich denn herumgetrieben?» Es ist ein zärtlicher Tadel in ihrer Stimme. Pierre errötet und weiß keine Antwort. Da fügt Fanny hinzu: «Aber ich bin stolz auf Sie gewesen, mein Lieber. Man hat mir in den Zeitungen Ihr Bild gezeigt. Was für ein großer Mann Sie geworden sind!» Sie sagt es lächelnd, als meine sie es nicht so ganz ernst, sondern nur als pädagogischen Trost für einen niedergeschlagenen Schüler. Was bedeutet in diesem Zimmer der Ruhm, die melancholische Entschädigung, das Paria-Zeichen? Welche Gültigkeit hat er hier, welchen Wert? Ist er nicht ausgelöscht, samt der Zeit, in welcher er erkämpft und erlitten ward?

Wie im Traume antwortet Pierre auf die Fragen, die Fanny stellt.

Er berichtet, was aus seinen Brüdern Nikolai und Hyppolit geworden ist, wo sie leben, ob sie Kinder haben. Er berichtet von Sascha und ihrem langsamen Tod. Nach Anatol und Modest, den Zwillingsbuben, erkundigt sich Fanny nicht: die hat sie nicht mehr gekannt; aber sie spricht von der Mutter. Aus einem alten Kästchen holt sie Briefe von ihr hervor. Pierre sieht die Schrift der Mutter. Mit Augen, die einen entrückten Glanz haben, schaut er auf das vergilbte Papier, auf die vertrauten Schriftzeichen. «Diesen Brief hat Ihre liebe Mama von ihrem Totenbett geschrieben», sagt Fanny Dürbach. «Sehen Sie: da hat ihre Hand schon gezittert.»

Aus der Schatulle des alten Fräuleins steigen die Erinnerungen wie aus einem zaubrischen Behälter: Das sind Spielsachen, die dem kleinen Pierre gehört haben, eine Puppe, bunte Glaskugeln; das sind die französischen Gedichte, die er in schöner Schrift, mit viel Schnörkeln und Kringeln, auf steifes Papier gemalt hat. Da ist das Gedicht an das Heldenmädchen, da sind andere, die Pierre vergessen hat, aber nun, da er sie wieder liest, steigen mit den ungeschickten, fehlerhaften Zeilen versunkener Ort auf und versunkene Zeit – oh, magische Rückkehr des Vergangenen, oh, Wiedererkennen, oh, Nach-Hause-Finden! – Das Gedicht lautet:

Mort d'un oiseau

Elle dort dans une place, sans tombeau.
Elle n'est point comme un homme dans la terre
  endormie.
Cependant, elle n'est point rien du tout pour Dieu.
Elle Lui est quelque chose, sa vie n'est pas perdue.
Pauvre petit, n'aie pas peur!
Les enfants te mettront dans la terre froide.
Ils t'orneront de fleurs,
Ils te feront un tombeau.
Oh, le bon Dieu ne l'a point oublié!
Oh, toi, petit oiseau, tu ne peus pas te souvenir de lieu ...

Wo befindet sich Pierre? Ist dies eine enge Stube in einer kleinen Stadt namens Montbéliard, und er selber ist alt und grau, und man schreibt den letzten Tag des Jahres 1892? Eine andere Welt stieg aus dem Zauberkasten, sie breitete sich aus, sie gewann Realität mit den Beschwörungsformeln der kindlichen Totenklage um ein Vögelchen.

Diese Stadt hieß Wotkinsk. Der kleine Pierre liegt auf einem dikken Teppich vor dem Kanapee, von dem sich eben die schöne Mutter erhoben hat. Die Mutter ist schweigend aus dem Zimmer gegangen, aber Fanny ist hiergeblieben. Sie sitzt in ihrem Lehnstuhl am Fenster, mit der Handarbeit. Sie beobachtet den kleinen Pierre, der mit einem großen Bleistift Worte und Zeichen auf ein steifes Blatt Papier malt: «Mort d'un oiseau.» – «Hast du nicht gehört, kleiner Pierre?» sagt Fannys vertraute Stimme. «Deine Mama hat gesagt, du sollst aufhören zu schreiben, und du sollst in den Garten gehen, mit Hyppolit spielen. Wenn du nicht gehorsam bist, bekommst du das Glockenspiel nie wieder zu hören. Man soll der Mutter folgen.»

Zehntes Kapitel

In der Stadt Odessa sind die Sitten noch ein wenig rauh, jedoch herzlich. Man gerät dort ziemlich außer Rand und Band, wenn man eine beliebte Persönlichkeit feiern und ehren will.

Peter Iljitsch war ungemein beliebt in der Stadt Odessa. Er selber wußte nicht, warum man ihm gerade hier einen so vehementen Enthusiasmus entgegenbrachte; aber er bekam ihn zu spüren am eigenen Leib, im buchstäblichen und gefährlichen Sinn des Wortes.

Denn es gehört zu den rauhen, aber herzlichen Sitten der Stadt Odessa, die gefeierte Person zu «schaukeln» – was bedeutet, daß zwei Reihen starker Leute sich gegenüberstehen, einander die Hände reichen und den beliebten Gast dazu nötigen, sich auf diesem elastischen Lager von Männerhänden auszustrecken. Dann beginnt der ungeheure Spaß: der Verehrte wird hochgeschleudert, zum allgemeinen dröhnenden Jubel wirft man ihn in die Luft; läßt ihn auf dem elastischen Lager landen, um ihn dann wiederum emporzuwerfen. Dieser derbe und köstliche Ulk wiederholt sich mindestens siebenmal – so verlangt es ein ehrwürdiger Ritus – und bereitet allen Zuschauern und Mitwirkenden ein sehr großes Vergnügen – ausgenommen vielleicht den Gefeierten und Geworfenen.

Wir müssen verzeichnen, daß Peter Iljitsch ein vor Angst erstarrtes Gesicht bekam, während er sich der munter-volkstümlichen Prozedur unterzog. Als er zum erstenmal in die Lüfte geschnellt ward, ließ er einen leisen Klagelaut hören. Dann schwieg er mit zusammengebissenen Zähnen; seine Augen aber weiteten sich vor Entsetzen. Die Männer, die ihn schleuderten, sowie die Umstehenden brüllten: «Hurra!» – auch dies gehörte zum Ritus. Unter den Zuschauern befanden sich Frau Sophie Menter und Sapelnikow, die bei den Tschaikowsky-Konzerten in Odessa mitwirken sollten. Madame Sophie lachte Tränen über das, was ihrem alten Freunde da widerfuhr. «Gott, ist das köstlich!» jauchzte sie immer wieder und mußte Sapelnikow um sein Taschentuch bitten; denn sie hatte das ihre verloren und war genötigt, sich die Wangen zu tupfen, in deren

Puderschicht die Tränen Furchen zogen. «Was ist das für ein unbezahlbarer Anblick!» – Sapelnikow, der sich gleichfalls ungeheuer zu amüsieren schien, sehnte sich heimlich danach, seinerseits «geschaukelt» zu werden: es mochte weh tun und etwas beängstigend sein; aber da es hier zu den Zeremonien des Ruhms gehörte, war er sehr darauf versessen, es auch mit sich geschehen zu lassen – denn er liebte den Ruhm und alles, was dieser mit sich brachte.

Auch sonst hatte der Ehrgeizige, während der Tage von Odessa, mancherlei Anlaß, auf die riesige Popularität seines Protektors und großen Freundes eifersüchtig zu sein. Denn dieser war Gegenstand von Huldigungen, wie ein «Retter des Vaterlandes». Die Feste von Prag, von Tiflis und New York verblaßten und wurden gering neben dem überschwenglichen Triumph von Odessa. Tschaikowsky, der graubärtige und müde alte Mann, war, für einige Tage, der wirkliche Held der großen Hafenstadt: die Kinder auf der Straße jubelten ihm zu, die Zeitungen brachten täglich Seiten über ihn, das Orchester erhob sich zu seinen Ehren, als er zur ersten Probe das Pult betrat, und nach der «Pique-Dame»-Premiere – das war am 19. Januar 1893 – wollten die Ovationen kein Ende nehmen; von den Galerien klangen die Schreie der Begeisterung fast wie Wutgeheul, alte Herren schwenkten sinnlos große Taschentücher, Frauen stürzten auf den Meister zu, um ihm die Hände zu küssen. Die Begeisterung für den «russischen Beethoven», für den herrlichen, nicht genug zu liebenden und zu lobenden Gast ergriff wie eine Hysterie breite Bevölkerungsschichten: jeder Verein wollte ein Bankett zu seinen Ehren geben, jede reiche Familie mußte ihn bei sich zu Gast gehabt haben.

Auf diesen Ansturm heftiger Gefühle war Peter Iljitsch keineswegs gefaßt gewesen. Wieviel Freunde hatte ihm, zur eigenen Überraschung, in dieser großen Stadt der magische Trick verschafft, über den er verfügte: der Trick, Schmerzen in Musik zu verwandeln. Er wurde gerührt, bewegt und ein wenig erschreckt durch das leidenschaftliche Interesse für seine Person, das sich plötzlich um ihn herum manifestierte. Trotzdem blieb sein seinziger Gedanke: heimzukehren zu seiner Arbeit. Denn es war nur und ausschließlich diese Arbeit – die größte, die wahrscheinlich letzte und die in jedem Fall bei weitem wichtigste –, die sein Herz und seinen Kopf beschäftigte. Die Zeit hat sich erfüllt, die Zeichen haben gesprochen, gekommen ist die Stunde der großen Beichte.

Wenn unser ehrfurchtsvoller, mitleidsvoller Blick das Bild betrachtet, das der Maler Kusnezow während der Festestage in Odessa von Tschaikowsky gemacht hat, dann sieht er nicht den eitlen und befriedigten Helden der großen Triumphe; vielmehr den tragisch In-sich-Gekehrten, den vor soviel rauschendem Lärm wehmütig Verstummten. Ach, unser ehrfurchtsvoller, mitleidsvoller Blick sieht nicht den Peter Iljitsch, der in Odessa «geschaukelt» wird nach rauher, herzlicher Sitte; sondern jenen, in dessen Haupt die Sechste Symphonie schon fertig ist: er hat alle vier Sätze auf einmal empfangen, alle Motive wurden ihm auf einmal gegenwärtig – wann geschah dies? Wann vollzog sich das Wunder, auf das er so lange und vergeblich gewartet hatte? Vielleicht zu Montbéliard, in einer engen Stube, wo es nach sauberer Wäsche und nach Lavendel roch? War dort die Stätte der Konzeption? Und sind zwei alte Mädchen – die Schwestern Dürbach – Zeuginnen gewesen des größten Augenblicks im Leben des Peter Iljitsch Tschaikowsky? – Der letzte Tag des abgelaufenen Jahres war der Tag der Entscheidung und der Empfängnis.

Erschüttert und ermüdet von den Abenteuern in der Hafenstadt Odessa kehrt der Einsame, den Kusnezow gemalt hat, zurück nach Klin, in das öde Haus am Ende des öden Nestes. Jetzt gibt es nur noch die Arbeit und abends zuweilen einen Brief an Bob über den Fortgang der Symphonie – dieser «Programmsymphonie, deren Programm für alle ein Rätsel bleiben soll». Wird aber Wladimir – Student in Petersburg, Freund der Mädchen, der bewegten Diskussionen und der lustigen Nächte – den Sinn des Verhüllten erraten? Ihm soll die Sechste Symphonie gewidmet sein, sein Name wird über dem großen Geständnis stehen, das Peter Iljitsch der Welt – und einer Instanz, die sich außerhalb und oberhalb ihrer befindet – zu machen hat. Was wird der Knabe anzufangen wissen mit der tönenden Beichte? Ist er stark genug, so ungeheure Huldigung zu ertragen? Erschrickt er nicht vor der verzweiflungsvollen Hast der Mittelsätze, vor dem Schmerzenston des langsamen Finales? Was wird Bob, der Knabe, anzufangen wissen mit dieser letzten und gewichtigsten Gabe des berühmten Onkels, des großen Freundes?

Und gilt sie denn wirklich dem jungen Bob? Ist sie nicht viel eher dem *anderen* Wladimir zugedacht, dem nächtlichen, der das große Wiegenlied weiß? Dem Epheben mit den Zügen der Mutter?

Ihn – den übergeschlechtlichen Todespagen – empfängt Tschaikowsky allabendlich in seinem geräumigen, etwas leeren Schlafgemach zu Klin. Seinem Geplauder lauscht er; seinem Wink folgt er;

von ihm läßt er sich hinübersingen und -locken in den wohltätigen Schlummer – aus dem er am nächsten Morgen gegen acht Uhr erwacht, um sich mit einer gewissen melancholischen Frische ans Tageswerk zu machen.

Über dem Flügel hängt das Bild des liebenswürdigen Neffen. So verbringt Peter Iljitsch den einsamen Arbeitstag doch nicht allein: er hat vor sich das ganz vertraute und sehr geliebte, das junge, wache und gescheite, schon etwas angegriffene, schon zu schmale Angesicht mit dem reichen, gewellten Haar, dem dunklen Blick unter der blanken Stirn, dem gesprächigen, zärtlichen Mund. Ohne diese Gegenwart würde der arbeitsame Tag die Sünde sein. Denn Peter Iljitsch – der von Melodien wie von Giften Berauschte – liebt den Entfernten, den Nahen – den Sohn der Schwester, den Enkel der Mutter; den Erben, den Todesengel und den Lebensspender –, liebt ihn mit einer heftigen Innigkeit, die wehe tut in der Brust und die er niemals gekannt hat, sein Leben lang. – Nun ist er nicht mehr dazu imstande, seine Liebe zum Werk und seine Liebe zu Wladimir voneinander zu trennen: beide strömen machtvoll ineinander, gemeinsam schaffen sie die Ekstase dieser einsamen, doch-nicht-einsamen Tage, dieser begeisterten Wochen.

Jede Ablenkung von außen bedeutet Störung und kränkendes Ärgernis. Die Welt aber kommt mit ihren Forderungen und Angeboten, sie läßt sich nicht abhalten, immer bemüht sie sich mit besonderem Eifer um jenen, der nicht auf sie angewiesen ist und für den Augenblick nichts von ihr wissen möchte. Gegenüber den Forderungen und den Angeboten der Welt war Peter Iljitsch immer schwach gewesen, und übrigens glaubte er, es seinem Ruhme schuldig zu sein, ihnen nachzugeben.

Er unterbrach also noch einmal die große Arbeit und reiste nach Moskau, um dort die «Hamlet»-Phantasie und die «Nußknacker»-Suite zu dirigieren. Er reiste nach Charkow, wo er sehr gefeiert wurde. Zur Osterzeit traf er in St. Petersburg ein.

Dort besuchte er im Krankenhaus seinen alten Freund Apuchtin, den er seit sehr vielen Jahren nicht gesehen hatte. Er fand den einst so Bewunderten und Begehrten gräßlich entstellt durch die Wassersucht. Sein Gesicht erschien gelblich verfallen, die Gliedmaßen aber waren aufgedunsen.

«Ich merke, daß du mich mit Entsetzen betrachtest», brachte der Kranke mit heiserer Stimme hervor, wobei er den Besucher böse und mißtrauisch musterte, «Ja, ich muß einen ekelhaften Eindruck

machen. Sieh nur erst meine Füße!» Mit einem schrecklichen Exhibitionismus – in dem sehr typische Züge seines Wesens, Sadismus
und eine närrische Eitelkeit, sich vermischten – schlug er die Bettdecke zurück, um seine bläulich-weißen, geschwollenen Beine zu
zeigen. «Sieht niedlich aus – wie?» Er hatte die schwärzlichen Lippen zu einem Grinsen verzogen. «Es ist alles vergiftet», redete er
und betastete seine entstellten Glieder. «Alles vergiftet – verstehst
du? –: mein ganzes Blut. – Ich muß sterben!» schrie er plötzlich.
«Mein Blut zersetzt sich – ich gehe kaputt!»

«Ganz recht», antwortete mit einer sonderbaren Härte Tschaikowsky. «Unsere Zeit ist gekommen.»

«Das sagst *du*», keifte der Kranke, «weil du noch herumlaufen
kannst, und dich vergnügen, und noch gesund bist! Das zersetzte
Blut habe ich und nicht du!» Er schrie es, das Gesicht verzerrt, als
wollte er das Schicksal anklagen wegen seiner niederträchtigen Ungerechtigkeit.

«Tröste dich!» sagte Peter Iljitsch. «Auch mein Tag ist nahe.»

«Aber ich hätte doch so gerne noch eine Zeitlang gelebt», flüsterte
Apuchtin, während seine Hände sich auf dem Bettuch entspannten.
«Das Leben ist schön, es ist reizend – ich merke es jetzt erst. Und
vielleicht hat man die schönsten Dinge versäumt. Es gäbe sicher
noch Überraschungen, wenn man nur leben bliebe ...»

Daraufhin schwieg Peter Iljitsch. Mit einem ungerührten, bei-
nah bösen Blick betrachtete er diesen häßlichen, lebenshungrigen
Sterbenden. Dieser war der arge und verführerische Engel seiner
Jugend gewesen; dieser hatte ihn eingeführt in die Mysterien der
Lust; um diesen hatte er gelitten, für diesen war er erglüht. Oh,
Vergänglichkeit, oh, schales und makabres Ende aller irdischen
Dinge! ‹Warum sitze ich hier?› dachte Tschaikowsky, während
der Kranke vor sich hin, auf die weiße Wand, starrte, als erschie-
ne ihm dort das gefürchtete Antlitz des Todes. ‹Wenn ich meinen
reizenden, gefährlichen Apuchtin wiedersehen will, den Geliebten mit dem gedämpften zärtlich-höhnischen Lachen, dann suche
ich mir den verderbten Jungen vom Cirque Médrano. Dieses
Stück aus Jammer und verfaultem Fleisch hier vor mir auf dem
Lager ist es nicht mehr ... Besteht mein Leben denn nur noch aus
schauerlichen oder rührenden Wiederbegegnungen und Abschiedsvisiten? Erst die verfettete Désirée; dann die sterbende Sascha, die verklärte Fanny und nun dieser hier ... Aber ich will
nicht mehr in diesem Krankenzimmer sitzen – hier riecht es ja

sehr unangenehm süßlich nach Karbol oder etwas von dieser Art. Ich möchte hinaus, in die Sonne ...›

Ein paar Stunden nach dem Besuch bei dem entstellten Liebling längst entglittener Jahre präsidierte Peter Iljitsch der lustigsten Tafelrunde in einem eleganten Petersburger Lokal. Seine Gäste waren: Wladimir, Modest und mehrere junge Leute, die sich Tschaikowskys «Vierte Suite» zu nennen pflegten, weil sie dem Meister überallhin folgten und sich von ihm aushalten ließen; zum Beispiel einer der Grafen Lütke, ein junger Baron Buxhövden – blond, breitschultrig und schmalhüftig, von der Anmut und Kraft eines antiken Athleten – und der kleine Konradin, auch sehr hübsch anzusehen, Schüler und Schutzbefohlener Modests. Denn dieser betätigte sich nicht nur literarisch, sondern auch pädagogisch. Sein kleines Lustspiel «Vorurteile» war abgeschlossen und sollte nächstens im Moskauer Kleinen Theater uraufgeführt werden. Inzwischen überwachte der Dramatiker die Studien des charmanten Jungen aus gutem Hause – was eine angenehme Nebeneinnahme und auch sonst Vergnügen brachte.

Heute feierte man irgendein Examen, das Bob soeben bestanden hatte; außerdem wieder einmal eine bevorstehende Abreise Peter Iljitschs, dem – gelegentlich des fünfzigjährigen Bestehens der Cambridge University Musical Society – ein Ehrendoktorat von der großen englischen Universität angetragen worden war. Dieses mußte er persönlich entgegennehmen: das gehörte zu den Opfern, die der Ruhm verlangte.

Gegen Ende des Beisammenseins im eleganten Lokal wurde man ungemein ausgelassen. Es kam so weit, daß Graf Lütke auf den Tisch sprang, um mit schwerer Zunge ein Couplet vorzutragen, während der kleine Konradin so betrunken war, daß er bestimmt vom Stuhl gefallen wäre, wenn sein Mentor Modest ihn nicht gehalten hätte.

Auf der Nachhausefahrt im offenen Wagen versicherte Peter Iljitsch dem jungen Baron Buxhövden ein über das andere Mal, er wäre gar zu prachtvoll für diese schlechte Zeit und für dieses graue, bürgerliche Jahrhundert. Der also schmeichelhaft Angeredete hielt sein schönes Athletenhaupt mit dem dichten Haar von verschiedenfarbigem Blond, der geraden Nase, den starken Lippen und den ganz hellen Augen sehr aufrecht. Er blieb stumm, die breiten Hände auf die Knie gelegt; nur ein stolzes Lächeln verriet, daß er die gewaltigen Komplimente des berühmten Mannes verstand und zu würdigen wußte. Plötzlich aber unterbrach Peter Iljitsch seinen galanten Redeschwall und rief, beinah zornig, aus: «Aber was rede ich da! Was geht der mich an? Hier sitzt Wladimir!» Dabei wandte er sich, mit einer großen und wilden Bewegung den Oberkörper drehend, dem liebenswürdigen Neffen zu. Dieser scherzte gerade mit einer kleinen Hure, die ein paar Schritte neben der langsam fahrenden Droschke herlief. «Auf morgen abend also – vor der Oper!» sagte Wladimir zu dem Mädchen, mit einer Stimme, deren gieriger und weicher Ton für Peter Iljitsch neu und erschreckend war. ‹Das liebe Angesicht ist ganz versessen auf alle Nastenkas von St. Petersburg ...› Tschaikowsky ließ den Kopf sinken und saß, plötzlich bewegungslos, zwischen den jungen Leuten. –

Und nun sollte man wieder – sollte man noch einmal auf Reisen gehen.

Die Hauptstädte strahlten, denn es war Mai. Berlin, wo der verzweifelte Peter Iljitsch – der nichts im Kopf hatte als Wladimir und die Symphonie – einen Tag Aufenthalt machte, präsentierte sich mit einer eklatanten Schönheit, als wollte es schallend ausrufen: Seht her, ihr Fremden, und freut euch! Ich, die kaiserliche Hauptstadt des mächtigen, gewaltig sich entwickelnden, siegreichen und allgemein geachteten Landes – Ich, Residenz des herrlichen jungen Kaisers, Friedensfürsten und genialen Freundes aller Wissenschaften, Künste, Waffengattungen und Industrien – Ich, majestätische Hauptstadt, kann auch lieblich sein! – Unter den Linden war alles grün, die Damen promenierten in hellen Roben und mit Sonnenschirmen; im Tiergarten strahlten die großen, genau abgezirkelten Blumenbeete. Hier erging sich Peter Iljitsch zwei Stunden lang, bis er, zum etwas angewiderten Erstaunen der frühlingshaft geputzten Passanten, fassungslos zu weinen begann – vielleicht in der Erinnerung an andere Tränen, die er – wie lange war es her? – hier vergossen hatte. Diesmal aber konnte er gar nicht aufhören zu schluchzen; endlich heimgekehrt in sein Hotelzimmer, schrieb er an Bob: «So viel gelitten und geweint habe ich niemals vorher. Es ist die reinste Psychopathie ...»

So jammervoll war es schon in Berlin. Wie würde es da erst in England werden, wo Konzerte, Diners und die Zeremonien der Doktor-Verleihung zu überstehen waren?

Die Londoner «Season» übertraf an Eleganz, Glanz und Reichtum alles, was Peter Iljitsch bis jetzt gesehen hatte in den Zentren zweier Kontinente. Die Pracht der Equipagen und Gespanne zur Stunde der Promenade auf Regent-Street und im Hyde-Park stellten alles, was die Champs Elysées, Nizza oder Florenz zu bieten hatten, in den Schatten. – Noch einmal zwang die große Gesellschaft des Adels und der Finanz den Alternden, dem die Melodien zum eigenen Requiem das Herz bewegten, in den Turnus ihrer kostspieligen und exklusiven Riten. Während des Londoner Aufenthalts war Peter Iljitsch – der nachts den mütterlich-ephebischen Todesengel beschwor – für jeden Lunch und für jedes Dinner vergeben; die Herzoginnen und die Bankiers rissen sich um ihn; abends mußte er musikalische Galaveranstaltungen besuchen oder bei ihnen mitwirken. Die Ehrendoktoren der Universität Cambridge gehörten zu den Löwen, zu den kostbarsten Attraktionen der Season. Da Edvard Grieg, der auch nach Cambridge eingeladen war, seiner Krankheit wegen nicht hatte erscheinen können, bedeuteten Saint-Saëns und Tschaikowsky die größten Namen unter den ausländischen Doktoranden; denn der Deutsche, Herr Bruch, machte keine gute Figur in der mondänen Gesellschaft.

Als Peter Iljitsch am Tag der großen Zeremonie – am 13. Juni 1893 – in seiner langen, halb weißen, halb roten Seidenrobe mit breiten Ärmeln und goldgesäumtem Samtbarett vorm Spiegel stand, mußte er lachen. Lachend sagte er zu seinem prachtvollen Spiegelbild: ‹So weit hast du es also gebracht, alter Pierre! So komisch und wunderbar durftest du dich maskieren! Dafür all die Schmerzen, dreißig Jahre lang: dieser drollige Hut mit dem Goldrand ist der Dank der Welt. Man sage nicht länger, daß sie undankbar ist ...›

Die Zeremonie selbst, die von allen Beteiligten äußerst ernst genommen wurde, die lange Prozession durch die Stadt, den umständlichen Verleihungsakt im «Senate's House» erlebte er mit einer gespannten Neugierde, in die sich Grauen mischte – nicht anders als den feierlichen und grotesken Zug von Gespenstern. Die reich geschmückten Talare und ernsthaften Mienen, Bärte und Bäuche, lateinische Ansprachen und Glockengeläut verwandelten sich ihm ins Phantastische. Er stand in würdiger Haltung zwischen den anderen Doktoranden – es war sogar ein Maharadscha unter ihnen – und mußte denken: ‹Ein repräsentativer Moment – ohne Frage. (Die Glocken läuten; das Volk drängt sich vor den Türen; der Herr Vizekanzler rühmt in schöngebauten lateinischen Phrasen die Verdienste des Komponisten Tschaikowsky.) Leider muß ich all dies etwas schauerlich und lächerlich finden. Die Parade des Ruhms – da haben wir sie noch einmal, und diesmal mit dem allergrößten Aufwand. Es wird mir alles noch einmal vorgeführt, alles soll ich noch einmal mitmachen: in Odessa die volkstümlichen Freundlichkeiten, die so derb waren, daß mir nachher alle Glieder weh taten; hier – das schöne Zeremoniell des Ruhms, das mir einen recht gespenstischen Eindruck macht ... Sehr peinlich wäre, wenn ich nun plötzlich lachen müßte – der Herr Vizekanzler würde ein entsetztes Gesicht machen; man würde mich für verrückt halten ... Ich habe ungeheure Lust, sehr zu lachen ...›

Anschließend an die stimmungsvoll verlaufene Zeremonie fand ein Frühstück beim Vizekanzler statt, zu dem die Doktoranden wie die Würdenträger der Universität in ihren ehrwürdig-theatralischen Kostümen verblieben. Dem Frühstück folgte eine GardenParty, zu der sich zahlreiche feine Leute aus London einfanden. – Peter Iljitsch erging sich zwischen den Hecken, Beeten und Baumgruppen, Arm in Arm mit Saint-Saëns, der für ihn ein alter Bekannter war: die beiden Komponisten hatten vor langer Zeit am Moskauer Konservatorium zusammen gearbeitet.

«Da promenieren wir nun in unseren komischen Schlafröcken», stellte Peter Iljitsch erheitert fest und schaute über den prachtvollen Rasen. «Ich wünschte, Grieg wäre bei uns: gar zu gerne möchte ich den lieben Kleinen in dieser feierlichen Aufmachung sehen.»

«Grieg würde sicher stolpern über seinen Talar», lachte der Komponist von «Samson und Delila», und der Komponist des «Eugen Onegin» lachte mit ihm. Die beiden gerieten nach und nach in eine ausgelassene, fast alberne Stimmung.

«Wissen Sie noch», rief Tschaikowsky aus, «wie wir Ballett miteinander getanzt haben? Niemand durfte uns zusehen, außer Nikolai Rubinstein, der auf dem Flügel unsere Anmut begleitete. Nein, wie kokett Sie als Galatea hüpften! Aber ich, als Pygmalion, war auch nicht übel – wir gaben ein reizendes Paar!» – Sie lachten laut in der Erinnerung, die beiden Doctores honoris causa, die beiden würdigen Herren, angetan mit langen, weiß-roten Talaren, lustwandelnd in den schönen Gärten der hochberühmten Universität Cambridge. «Sie konnten ziemlich hoch springen», lachte Saint-Saëns, Autor der Schriften «Matérialisme et Musique» und «Harmonie et Mélodie». – «Aber ich hatte bei weitem mehr Charme.» – Saint-Saëns war ergraut wie Peter Iljitsch; sein schütteres Haar wich weit von der hohen, fliehenden Stirne zurück. Über dem langen, hängenden Schnurrbart und dem kurzen, rund geschnittenen Vollbart legte sich beim Lachen die lange, gebogene Nase in Falten. – «Sie haben gewiß keinen Anlaß, so übermütig zu sein», meinte Peter

Iljitsch nicht ohne Strenge. «Schließlich waren Sie es, der die Schlußposition verdorben hat, indem Sie tölpelhaft stolperten.» – «Ich stolperte nur, weil Sie mir einen Fuß gestellt hatten», versuchte Saint-Saëns sich zu rechtfertigen. – Solcherart im Streite darüber, wer vor zwanzig Jahren an der verdorbenen Schlußposition Schuld gehabt hatte, näherten sie sich wieder der übrigen Gesellschaft.

Tschaikowsky, Favorit der Londoner Season und Ehrendoktor der Universität Cambridge, kehrte so schnell wie nur irgend möglich nach Rußland zurück. In St. Petersburg empfingen ihn am Bahnhof Wladimir und der gute Modest mit sehr ernsten Mienen. «Es ist viel Trauriges geschehen, während du weg warst, mon pauvre Pierre», sagte der gute Modest. – Karl Albrecht, der Jugendfreund – rechte Hand Nikolai Rubinsteins, Bastler und Philosoph –, war gestorben. Gestorben war Schilowsky – Konstantin Schilowsky, mit dem Peter Iljitsch in Zeiten, die längst versunken und entglitten waren, Reisen durch Europa zu machen pflegte und mit dem er manche Stunde verlebt hatte, die beinahe glücklich war.

Peter Iljitsch, der so viele Tränen vergossen hatte in so vielen Städten der Welt, weinte nicht, da er dieses erfuhr. Er blieb völlig ruhig, erkundigte sich nicht einmal nach den Umständen, unter denen seine alten Freunde verschieden waren. Seine weit geöffneten, tiefblauen Augen hatten einen merkwürdig harten, beinah triumphierenden Glanz. «Ist auch Apuchtin tot?» fragte er nur. – «Noch nicht», antwortete der gute Modest. «Aber es geht zu Ende.» – Peter Iljitsch schwieg. Mit einer plötzlichen und starken Bewegung griff er nach dem Arm des jungen Wladimir. «Und wie geht es dir, mein Liebling?» fragte er heiser, sein altes, großes Gesicht nahe bei dem schmalen, jungen Gesicht des liebenswürdigen Neffen. Da fürchtete sich Wladimir vor der rauhen Stimme des berühmten Onkels. «Danke», sagte er schnell und redete mit einer künstlichen Unbefangenheit weiter: «Ich habe gerade gestern wieder so ein idiotisches Examen gemacht ... Es ist lächerlich, ich mache dauernd Examen ... Aber vielleicht könnte man es zum Anlaß nehmen, heute abend ein bißchen auszugehen – Lütke und Buxhövden wollten auch mitkommen ...» – «Ich reise sofort nach Klin weiter», entschied Peter Iljitsch und starrte mit dem hart leuchtenden Blick auf das liebe Angesicht. «Jetzt muß ich arbeiten.» –

Alexei hatte das bescheidene Haus in Klin zur Ankunft des Herrn sehr hübsch hergerichtet: der Gartenzaun war leuchtend frisch gestrichen, über der Eingangstüre prangte um das Schild «Willkommen dem Doktor!» eine breite und bunte Blumengirlande. – «Aber das hast du reizend gemacht, alter Alexei!» lobte ihn Tschaikowsky, dessen weit aufgerissene Augen nichts zu sehen schienen.

Später, beim Abendessen, fragte Peter Iljitsch plötzlich den Diener, der seit so vielen Jahren sein Kamerad war: «Wie mag es deiner Frau gehen, dort drüben?» – Der brave Knecht wurde bleich und rot. «Aber, Herr!» brachte er schließlich hervor. «Aber, Peter Iljitsch! Wie mögen Sie nur so reden! Wir wollen uns nicht versündigen. Was wissen wir von dem Ort, wo meine selige Natalie sich aufhält? Ich glaube sicher, daß sie im Himmel ist, denn sie war eine gute Frau und hatte viel auszustehen mit ihrem Husten. Aber was wissen wir davon ...» – Peter Iljitsch, die Serviette über den Knien, das gefüllte Weinglas vor sich auf dem Tisch, sagte mit einer grimmigen Aufgeräumtheit: «Kommt dir der Ort, wo deine Natalie nun ist, fremd vor, mein Alexei? Mir nicht. So viele meiner Freunde haben sich dort versammelt. Sie machen mir die fremde Gegend vertraut. Ich fühle mich schon ganz dort zu Hause. Wo die Freunde sich aufhalten, da sind wir doch comme tout à fait chez nous ...» Er hatte eine ziemlich unheimliche Art, in sich hineinzulachen. Der Diener zog sich mit betretener Miene zurück.

Abends, vor dem Schlafengehen, sagte der Herr noch zu ihm: «Jetzt verlasse ich dies schöne Haus nicht mehr, bis die Symphonie fertig ist. Bis die letzte Symphonie fertig ist – hörst du, Alexei?!» – «Gewiß, Peter Iljitsch, ich höre», sagte der brave Diener.

Und Peter Iljitsch arbeitete. Vor sich das Porträt Wladimirs, des lieben Angesichts, verbrachte er die Tage am Flügel und die Abende – einsam wie die Tage –, durchs Zimmer stapfend, ein Buch aufschlagend, eine Zeile schreibend, sinnend, vor sich hinpfeifend oder deklamierend.

Der späte Frühling ging in einen glühenden Sommer über. Es wurde sehr heiß in Klin. Peter Iljitsch verließ niemals die Gegend und nur selten das Haus. Die Symphonie wuchs. – «Der Herr müßten sich ein wenig Zerstreuung gönnen», sagte der brave Alexei. «Vielleicht sollten der junge Herr Wladimir einmal auf Besuch zu uns kommen.» Der Herr aber wollte keine Zerstreuung und keinen Besuch, auch nicht den Wladimirs, vor dessen Bildnis die Arbeit getan ward und dessen ephebisch-mütterliche Vision die Viertelstunde vor dem Einschlafen verklärte. Winkend und lockend schwebte der Geliebte mit den Zügen der Mutter an dem schmalen

Eisengestell des Bettes vorbei. «Folge mir!» rief immer dringlicher die vertraute Stimme. Dann antwortete Peter Iljitsch: «Bald! Es ist bald vollbracht. Noch einige Wochen, und das Werk ist getan, die Wahrheit meines armen Lebens erzwungen. Warte noch ein Weniges, liebes Angesicht! Habe noch eine kleine Weile Geduld, liebliche Mutter!»

In St. Petersburg starb Apuchtin, dem die Kraft der großen Verführung eigen gewesen war. Peter Iljitsch reiste nicht zu seiner Beerdigung. Er blieb im glühenden Klin und arbeitete. Wir sind bald am Ende. Das Werk wächst. Möge die Welt nicht erschrecken vor seiner furchtbaren Aufrichtigkeit – ein Glück nur, daß sie nicht imstande sein wird, sie zu verstehen. Sie wird fassungslos bleiben vor dem Gebild aus Tönen, in dem alles zusammengeströmt ist, was diesen armen Erdensohn, Peter Iljitsch Tschaikowsky, jemals bewegt, gepeinigt und beseligt hat. Der andere aber, der Weitentfernte, wird es ganz begreifen, und Er wird befriedigt nicken. Im langsamen letzten Satz singt der Sterbensmüde sich selber das Requiem. Denn sein Herz lechzt nach der dunklen Gegend, wo so viele seiner Lieben sich versammelt haben. Dort wird er die verlorenen Gesichter wiederfinden. Werden ihn dort empfangen seine Erinnerungen, die sorgsam gesammelten und gehüteten? Gibt es ein Weiterleben, dort drüben, in der ersehnten Gegend? – Wenn Peter Iljitsch diese Frage denkt, muß er etwas hochmütig lächeln, so wie seine Schwester Sascha, Wladimirs Mutter, gelächelt hat auf ihrem Schmerzenslager. Was geht diese Frage ihn an, und welchen Wert hätte ihre Beantwortung? Hier ist einer damit beschäftigt, den Sinn seines Lebens in Töne zu formen – dies, und nichts anderes war seit eh und je seine Pflicht und der ihm vorbestimmte Auftrag. Wenn der Auftrag erledigt ist, kommt die Erlösung. Vielleicht wird sie wieder nur Verwandlung sein – frage nicht, armes Herz! Suche nicht nach Worten und nach Erklärungen! Was bedeuten die Worte? Handle folgsam, wie dir aufgetragen von der höchsten Instanz! Eile dich, daß du fertig wirst! Was geht es dich an: Auflösung oder Verwandlung? Sei sicher: dein verbrauchtes Herz wird zerfallen. Zweifle nicht: du wirst ausruhen dürfen. Wo ist der Unterschied zwischen der Verwandlung und der Erlösung? Wie wäre er faßlich für dein irdisches Begreifen und Denken? – Spute dich! Der heiße Sommer ist schon weit fortgeschritten, und der vierte Satz ist noch nicht instrumentiert.

Da liegt ein heißer Augusttag auf den Feldern. Da ist die Erde grau und rissig geworden, und kein Windhauch bringt Kühlung, und die Einwohner des Städtchens Klin, das zwischen Moskau und St. Petersburg gelegen ist, gehen träge und verdrossen ihren Beschäftigungen nach. Das ist der 12. August des Jahres 1893. An diesem Tage schließt Peter Iljitsch Tschaikowsky seine Partitur ab. Das Werk ist getan. Er darf die Widmung schreiben: «Symphonie Nr. 6 – Für Wladimir Liwowitsch Dawidow.»

Das Leben war keineswegs stehengeblieben, während der Einsame in Klin die große Beichte vollendete; vielmehr ging es weiter, mit seinen kleinen und mit seinen etwas größeren Ereignissen.

Der junge Bob hatte sein juristisches Studium abgeschlossen. Gleichzeitig hatte der gute Modest, Pädagog und Dramatiker, die Erziehung seines Schutzbefohlenen bis zu einem Punkte gebracht, an dem die Eltern Konradi ihren Sohn reif für ein selbständiges Studentenleben fanden. Der gute Modest war nach Moskau gereist, wo sein Stück «Vorurteile» aufgeführt wurde. Die dramatische Studie fand eine nicht unfreundliche Aufnahme bei Presse und Publikum. Der gute Modest reiste nach St. Petersburg zurück; dort nahm er sich eine Wohnung, zusammen mit seinem Neffen Wladimir Dawidow. Peter Iljitsch mußte die Einrichtung finanzieren, es kostete ziemlich viel. «Aber ihr sollt es hübsch haben!» erklärte er und besorgte schöne Perserteppiche, Lampenschirme, Steppdecken und Blumenvasen. An der Einrichtung dieser Wohnung schien er äußerst interessiert zu sein. Überhaupt nahm er Anteil an allen Ereignissen – freilich auf merkwürdige Art: eine gewisse Starrheit wich nicht von seinen Zügen und aus seinem Blick, während er Einkäufe machte oder Unterhandlungen führte.

Er besprach sich – das Gesicht sonderbar starr und den Blick etwas geistesabwesend geradeaus gerichtet – mit Modest über ein neues Opernlibretto. Erwogen wurde ein Stoff aus den «Scenes of clerical life» von George Eliot – «aber es ist wohl doch nicht das Richtige», sagte Peter Iljitsch und hatte ein totes Lächeln. – Er besprach sich mit Seiner Hoheit, dem Großfürsten Konstantin Konstantinowitsch, über eine Komposition, die Seine Hoheit die Güte gehabt hatten, ihm vorzuschlagen: es handelte sich um ein nachgelassenes Werk des Dichters Apuchtin, um ein «Requiem».

«Alles wohl bedacht, Euer Hoheit», sagte Tschaikowsky abschließend. «Ich mache es lieber nicht. Der Text ist gut. Aber ich kann nicht zwei Requiems schreiben.»

«Wieso – zwei Requiems?» erkundigte sich der musisch veranlagte Verwandte des Zaren.

«Euer Hoheit kennen meine letzte Symphonie noch nicht», sagte der Komponist. «Wenn ich nun auch noch die Dichtung meines Freundes Apuchtin in Musik setzen wollte – ich müßte mich wiederholen.»

«Ist Ihre neueste Symphonie denn ein Requiem?» wollte der Großfürst wissen.

«Ja», sagte der Komponist Tschaikowsky. –

Es gab noch ein paar Wochen Zeit zu verbringen bis zum Beginn der Proben für die Symphonie. Peter Iljitsch reiste. Er besuchte seinen Bruder Anatol, den er seit langem nicht gesehen hatte. «Ich komme, um Abschied zu nehmen», sagte Peter Iljitsch. – «Wohin reist du?» fragte Anatol. – «Wahrscheinlich wieder einmal nach Amerika», antwortete Peter Iljitsch etwas zerstreut und lachte ein wenig. «Ja, man hat mir ein sehr glänzendes neues Angebot gemacht.»

Er fuhr weiter, nach Klin, wo er seine Papiere sortierte und, mit Alexeis Hilfe, das Haus in eine peinliche Ordnung brachte. «Wollen der Herr denn verreisen?» fragte der brave Alexei. – «Vielleicht wieder einmal nach Amerika», sagte der Herr.

In Moskau wohnte er im Hotel. Ein paar Tage verbrachte er eingeschlossen in seinem Zimmer. Dann begann er, lange, einsame Spaziergänge durch die Stadt zu machen. Es konnte geschehen, daß er viele Minuten lang stehenblieb, mitten auf dem weiten Platz vor dem Kreml. «Ist es nicht ein unvergleichlicher Platz?» redete er einen Vorübergehenden an. Der nickte verwundert. Der sonderbare Alte fuhr fort: «Vor dreißig Jahren habe ich ganz verzaubert gestanden vor dieser Kreml-Mauer und vor den Kuppeln unserer heiligsten Kirche. Wissen Sie, daß ich damals vor Entzücken geweint habe? Ach, ich könnte auch nun wieder weinen! Was für eine herrliche Stadt!» – Der Angeredete, halb indigniert, halb gerührt, ließ ihn stehen. Der sonderbare Alte trat in die allerheiligste Kirche ein. Ihn empfingen Weihrauchduft und goldbraune Dämmerung.

Vor einer Ikon verharrt er unbeweglich. Diese Gottesmutter hatte er als junger Mensch oft aufgesucht und besonders geliebt. War ihr schief gehaltenes, leidendes Antlitz mit den riesigen Augen seitdem noch dunkler geworden? In der Tat, es erschien beinah schwarz, nur auf Wangen und Stirne schimmerten noch rötliche und goldene Flecken. Die mageren Hände sind zu einer gezierten

Pose gefaltet. Unter den schweren Augenlidern geht der sanfte Blick der Madonna am Betenden vorbei und verliert sich in der weiten Dämmerung des byzantinischen Kuppelbaus. Vor diesem Heiligenbilde verweilt Peter Iljitsch lange.

Ebenso regungslos steht er, eine Stunde später, auf der Brücke über den Moskwa-Fluß. Ist nicht dort unten die Stelle, wo er einmal – es muß Jahrhunderte her sein – stark geschnattert und sich einen Schnupfen geholt hat, da er den gestrengen Weitentfernten hereinlegen und provozieren wollte? Wie kalt ist das Wasser damals gewesen, aber nicht kalt genug. Wahrscheinlich umgaben ihn zu jener Stunde, höhnisch kichernd und flatternd, sehr böse Geister. Zu Hause aber saß Antonina, das Unglücksding, und hielt einen warmen Wickel bereit für ihren ungenügenden Gatten. – Wieviel Zeit ist seither entglitten! Peter Iljitsch starrt zur Kreml-Mauer hinüber, die vergoldet wird vom Abendlicht.

Einige Tage später – am 10. Oktober – holten der junge Wladimir und der gute Modest ihren großen Verwandten in St. Petersburg an der Bahn ab.

«Wir sollten gleich zu unserer neuen Wohnung fahren!» schlug Bob vor. «Sie ist prächtig geworden.»

«Ja?» sagte Peter Iljitsch und berührte flüchtig mit den Fingerspitzen die blanke Stirne des Lieblings. «Habt ihr es nun gemütlich?»

«Urgemütlich!» redete eifrig der gute Modest. «Du mußt unbedingt sehen, wie hübsch die Perserteppiche sich ausnehmen!»

«Und ich habe einen so schönen Schreibtisch gefunden!» rief Wladimir. «Ganz schwer, weißt du, aus Mahagoni, und gar nicht teuer!»

«Hast du einen so schönen Schreibtisch gefunden», sagte Peter Iljitsch.

Er bewunderte in der neuen Wohnung den Schreibtisch, die Gemälde, die Teppiche und jedes einzelne Möbelstück, das auf seine Kosten angeschafft worden war. «Ich freue mich wirklich darüber, daß ihr jetzt so gut aufgehoben seid», sagte er und stand lächelnd zwischen dem Bruder und dem liebenswürdigen Neffen. – «Wir sind dir ja so ungeheuer dankbar», sagte der gute Modest. – «Dankbar hat immer nur der zu sein, der geben darf», antwortete Peter Iljitsch sehr ernst, dabei immer noch lächelnd, und berührte wieder, auf eine merkwürdig segnende Art, mit den Fingerspitzen Wladimirs helle und junge Stirn. –

Am nächsten Vormittag begannen die Proben zur Sechsten Symphonie. «Das Orchester ist sehr befremdet von meiner neuen Arbeit», erklärte Tschaikowsky, als er nachher mit ein paar Bekannten im Restaurant frühstückte. «Alle Musiker haben erstaunte, sogar etwas beleidigte Gesichter gemacht, besonders beim langsamen letzten Satz. Deshalb habe ich die Probe möglichst abgekürzt: es war mir unangenehm, die Herren zu langweilen.» Nach einer Pause fügte er hinzu, den starren Blick geradeaus gerichtet: «Übrigens wird das Publikum mit dieser Symphonie ebensowenig anzufangen wissen ...Ich spüre genau, es wird verwundert und ein wenig abgestoßen sein ...» –

Als Peter Iljitsch am Abend der Uraufführung – das war am 16. Oktober 1893 – das Dirigentenpult betrat, war sein Gesicht sehr weiß, und seine weitgeöffneten tiefblauen Augen hatten einen harten Glanz. Das Auditorium klatschte respektvoll: Tschaikowskys Name war, dank den starken Erfolgen im Ausland und in der Provinz, auch in St. Petersburg erheblich im Kurse gestiegen. Peter Iljitsch hatte als Dank für den Begrüßungsapplaus eine kurze, ruckhafte Verbeugung.

Beim Dirigieren bewegte er sich ungeschickter, als man es in der letzten Zeit an ihm gewohnt war: seine Gesten waren die eines gereizten Hampelmanns, schwerfällig und dabei zappelnd. Seine Befangenheit, deren er in den Jahren des häufigen öffentlichen Auftretens ziemlich Herr geworden war, schien nun wieder ebenso unüberwindlich zu sein wie damals, als er zum erstenmal ein eigenes Werk – den «Frauenschuh» – dirigiert hatte.

Der erste, getragene Satz schien das Publikum fast zu langweilen; desgleichen das Allegro con grazia, dessen langsamer Rhythmus enttäuschte. Das gar zu gehetzte, wild vorwärtsgetriebene Tempo des dritten Satzes rief im Saale eine gewisse Beunruhigung hervor: man rückte auf den Stühlen, tauschte verwunderte Blicke. Der letzte Satz, das Adagio lamentoso, übte auf das Auditorium dieselbe befremdende Wirkung, die es bei der ersten Orchesterprobe auf die Musiker gehabt hatte. Es wehte ein Hauch aus diesem schmerzensvollen Finale, der keine Dankbarkeit, keinen Enthusiasmus aufkommen ließ: bei solchem Abschieds- und Klageton, der schon fast aus einer anderen Welt zu kommen schien, fröstelte es das kunstverständige Publikum von St. Petersburg, und manch einem lief es eisig über den Rücken.

Peter Iljitsch hatte das Podium nach dem letzten Ton stapfenden

Schritts verlassen. Er zeigte sich nicht mehr, um den spärlichen Applaus entgegenzunehmen.

Viel freundlicher als die neue, sonderbare Symphonie mit dem unbefriedigenden und fast erschreckenden Schluß wurde das altbewährte Klavierkonzert in b-moll aufgenommen, welches die Pianistin Fräulein Adele Aus-der-Ohe – dieselbe leistungsfähige Dame, die sich in Amerika eine Viertelmillion Dollar erspielt hatte – mit Bravour exekutierte. Die Künstlerin begeisterte den Saal noch mit der «Spanischen Rhapsodie» von Liszt und entzückte ihn mit diversen Kostbarkeiten von Mozart. Der Jubel wollte kein Ende nehmen. Die Aus-der-Ohe mußte sich immer wieder zeigen, Blumen im Arm, erfolgreich, anmutig und lebenstüchtig. Inzwischen saß Peter Iljitsch im Künstlerzimmer, allein, aufrecht, den Kopf in eine lauschende Stellung gerückt. Welcher Stimme hielt sein Ohr sich hin, mit so gespannter Aufmerksamkeit und mit solcher Gier? Welch ein Ruf war unterwegs zu ihm?

Wladimir kam leise herein; er machte ein paar vorsichtige Schritte auf Peter Iljitsch zu. Dieser schien ihn nicht zu bemerken. Er starrte blicklos an ihm vorbei.

«Es ist wunderschön gewesen», sagte schüchtern der Knabe. «Aber warum hat es einen so traurigen Schluß?» Er schmiegte sich ein wenig an den alten Mann, dessen graues Haar er mit den Fingern berührte.

«Weil es dir gewidmet ist», sagte Peter Iljitsch.

«Wieso?» sagte der junge Bob und zeigte, etwas ängstlich lächelnd, seine schönen Zähne. «Wie meinst du das, Pierre? Warum muß die Musik so traurig sein, die du mir widmest?»

«Ich meine gar nichts», erklärte der alte Mann. «Ich bin müde. Wir wollen nach Hause gehen.» –

Zwölf Stunden später, beim ersten Frühstück, in der hübschen neuen Wohnung, sagte der gute Modest, wobei er Tee eingoß: «Diese neue Symphonie ist etwas Großes und Besonderes. Das Publikum hat sie nicht verstanden. Aber sie wird dein berühmtestes Werk sein, Peter. Man müßte einen ganz bestimmten Titel für sie finden. Einfach ‹Sechste Symphonie›, das genügt nicht.»

Peter Iljitsch, in seinem langen Kamelhaarschlafrock, am freundlich gedeckten Tisch, schien sich sehr gemütlich zu fühlen und glänzender Laune zu sein. Auch er war der Ansicht, daß man einen besonderen Titel finden müßte. Während sie geröstetes Brot und eingemachte Kirschen aßen, suchten Peter Iljitsch, Modest und

Wladimir nach einer passenden und wirkungsvollen Bezeichnung für die Symphonie Nr. 6.

«‹Programm-Symphonie›», schlug kauend Modest vor. «‹Programm-Symphonie› wäre vielleicht ein ganz guter Name.»

«Kein besonders guter», sagte der junge Bob.

«Er ist vor allem deshalb nicht verwendbar», erklärte Peter und lachte leise in sich hinein, «weil die Symphonie zwar ein Programm hat, aber ein geheimnisvolles, dessen Sinn und Inhalt niemals jemand erfahren wird.» Er schaute, immer noch lachend, Wladimir an.

Die verschiedensten Titel wurden in Betracht gezogen. Bob meinte: «‹Tragische Symphonie›», und wurde gleich ziemlich rot, weil er diesen Namen selbst recht anspruchsvoll fand.

Plötzlich schlug der gute Modest auf den Tisch, daß die Teegläser klirrten. *Symphonie Pathétique!»* rief er aus. Alle drei wußten sofort, daß dies der richtige Titel war. «Du bist doch noch der Begabteste von uns!» lobte Peter Iljitsch ihn lachend. «Immer wenn die Pathetische Symphonie aufgeführt wird zu meinem Gedächtnis, sollte auf dem Programm stehen: ‹Titel vom guten Modest!›» –

Tagsüber ging Peter Iljitsch seinen Geschäften nach: er hatte eine Besprechung auf der Intendanz der Kaiserlichen Theater und empfing einen deutschen Musikkritiker. Abends wohnte er, von Modest begleitet, einer sehr mäßigen Liebhaber-Vorstellung von Anton Rubinsteins «Makkabäern» bei. Auf dem Nachhauseweg entschuldigte er sich des langen und breiten bei seinem Bruder dafür, daß er ihn mitgeschleppt hatte. «Aber ich war es dem alten Rubinstein schuldig», sagte er. «Das sind so die Pflichten des Lebens.»

Für den nächsten Abend hatte er Modest und Wladimir, die beiden Lütke und den schönen Buxhövden ins Alexander-Theater eingeladen; man gab «Ein heißes Herz» von Ostrowsky. Die Gesellschaft in der Loge Tschaikowskys benahm sich während der ganzen Vorstellung recht laut und auffallend, vor allem die beiden Lütke lachten bei den sentimentalsten Stellen; auch der junge Bob war in besonders lustiger Stimmung und flirtete mit allen schönen Damen im Parkett, was wiederum seinen Freunden viel Anlaß zu Gelächter und zu flotten Redensarten gab. In der Pause besuchte Peter Iljitsch den Hauptdarsteller, Herrn Warlamow, in der Garderobe, um ihm die lebhaftesten Komplimente über sein Spiel zu machen. «Sie sind ausgezeichnet, mein Freund!» redete Peter Iljitsch. «Das macht Ihnen keiner nach!» Als Antwort hatte Herr Warlamow ein düsteres Lächeln. «Dabei habe ich es heute besonders eilig damit, fertig zu werden», erklärte er, und arbeitete mit dem Kohlenstift an seinen Augenbrauen. «Ich will noch an einer spiritistischen Sitzung teilnehmen.»

Peter Iljitsch amüsierte sich ausführlich darüber, daß der Schauspieler Warlamow sich mit Spiritismus beschäftigte. Die beiden Herren unterhielten sich während des ganzen Zwischenaktes aufs angeregteste über Geistererscheinungen, das Leben nach dem Tode und über den Tod im allgemeinen. «Nun», meinte abschließend Tschaikowsky, der sehr viel und laut lachte, «wollen wir hoffen, daß wir beide – Sie, bester Warlamow und meine Wenigkeit – der fatalen Stumpfnase – so pflege ich nämlich den Gevatter Tod zu bezeichnen, ha ha – noch recht lange nicht begegnen!» –

Nach der Vorstellung ging Peter Iljitsch, mit seiner animierten Suite, zum Restaurant Leiner hinüber, das nur wenige Schritte vom Theater entfernt lag. Es war ziemlich voll im Lokal; ein Orchester spielte, von den Tischen klangen Gelächter und das Durcheinander vieler Gespräche. Die Herren, in ihren Uniformen oder Abendanzügen, neigten sich plaudernd und lachend zu den Damen, deren Dekolletés im grellen Lampenlicht schimmerten. Tschaikowsky wurde von verschiedenen Bekannten begrüßt; inzwischen ging Modest mit den jungen Leuten voraus, um einen freien Tisch zu suchen.

Eine verblühte, stark hergerichtete Dame – Gattin eines hohen Beamten –, die vor ihrem großen, bunten Gesicht einen Fächer aus schwarzen Straußenfedern bewegte, flötete Peter Iljitsch zu: «Sieh da, der Meister! Man darf zum Erfolg gratulieren!»

«Zu welchem Erfolg?» fragte, ziemlich gereizt, Peter Iljitsch, der noch im Pelz stand und dem es plötzlich heiß wurde.

«Nun, nun!» machte die Dame und drohte neckisch mit dem Zeigefinger, als spielte sie auf etwas Anstößiges an. «Sie wissen doch – die neue Symphonie! Sehr effektvoll, cher maître, – etwas traurig und etwas laut, aber äußerst effektvoll!»

Peter Iljitsch versuchte zu lächeln, aber was zustande kam, war nur eine Grimasse. ‹Wie werde ich diese Person los?› war sein Gedanke. ‹Eine ausgesprochene Kuh – und warum lacht sie denn jetzt so laut? Dabei hat sie vielleicht durch Zufall etwas beinah Richtiges gesagt. Vielleicht ist die große Beichte wirklich wieder zu effektvoll geraten – das dumme Publikum hat es nur noch nicht gemerkt, und die dumme Dame spricht es gleichsam aus Versehen aus. Vielleicht ist sie verfehlt, nicht hart genug, nicht genau genug, zu berechnend, zu sentimental – lauter Eitelkeit, unaufrichtig, leeres Geräusch. Dann gnade der gestrenge Herr meiner armen Seele. Näher komme ich der Wahrheit nicht, genauer konnte ich sie nicht ausdrükken ...›

Während er so in seinem Pelzmantel stand und leidvoll grübelte, erkannte ihn der Dirigent des kleinen Orchesters. Peter Iljitsch verabschiedete sich gerade von der verhaßten Fächerdame. Da begann die aufmerksame Kapelle eine Tschaikowsky-Melodie zu spielen – es war die «Valse de Fleurs» aus dem «Nußknacker».

Peter Iljitsch zuckte zusammen; sein Gesicht wurde dunkelrot. In einem plötzlichen Wutanfall brüllte er: «Aufhören!» und machte eine große, heftige Bewegung mit dem Arm, der im dicken Ärmel des Pelzmantels bärenhaft ungeschickt wirkte – es war, als ob er zuschlagen wollte mit einer Tatze. «Aufhören!!» schrie der zornige Peter Iljitsch noch einmal.

Die Musik verstummte; der Chef de réception eilte herzu. «Ich bitte sehr um Entschuldigung», sagte er langsam, feierlich und näselnd, wobei er sich den Bart strich, der als ein dünnes rötliches Gewebe unvermittelt am Rande des rasierten Kinns begann. «Die Musiker haben es gut gemeint. Der Meister sind etwas nervös – das ist sehr verständlich. Darf ich um Ihren Pelz bitten? Der Herr Bruder hat schon einen Tisch gefunden.»

Peter Iljitsch zog den Pelz aus und reichte ihn stumm dem Empfangschef, der ihn mit einer zugleich ergebenen und würdevoll trägen Haltung in Empfang nahm, um ihn sofort an den Garderobeboy weiterzugeben. «Wir sind sehr, sehr froh, Sie wieder einmal hier begrüßen zu dürfen», sagte der aufdringliche Chef und betrachtete seinen illustren Gast aus hellen, wimpernlosen Augen, vor denen es wie ein leichter Schleier oder wie eine dünne Haut zu liegen schien. Der merkwürdige und etwas abstoßende Mensch hatte ein langes, rosiges Gesicht mit stolz gebuckelter, schnuppernder Nase; in seinem langen, gravitätisch geschnittenen Gehrock zeigte er breite, fettgepolsterte Schultern und schmale Hüften. «Der Meister sind längere Zeit verreist gewesen?» fragte er mit einer ganz unpassenden Neugierde, die schnuppernde Nase sehr kraus gezogen. Ja, es gab keinen Zweifel: seine Ähnlichkeit mit einer gewissen schrecklichen Persönlichkeit, die Peter Iljitsch einmal – vor sehr langer Zeit – gekannt hatte, war unheimlich und verblüffend. Er hatte die unangreifbare Zerstreutheit, die unbarmherzige Aufdringlichkeit des Agenten Siegfried Neugebauer.

Peter Iljitsch sagte: «Ich möchte ein Glas frisches Wasser.»

«Der Meister meinen wohl: ein Glas Mineralwasser.» Der Empfangschef entblößte mit einem zähen Lächeln seine mißfarbenen Hasenzähne. «Der Meister wissen, daß wir eine leichte Cholera-Epidemie in St. Petersburg haben.» Er sprach langsam, mit einer raunenden Feierlichkeit jedes Wort betonend. «Es wäre sehr, sehr unrecht, frisches Wasser zu trinken.»

«Ich habe gesagt: ein Glas frisches Wasser!» herrschte Tschaikowsky ihn an. Der Chef de réception betrachtete ihn einige Sekunden lang, devot und geheimnisvoll lächelnd, aus seinen verschleierten Augen; dann zog er sich mit einer Verbeugung zurück.

Peter Iljitsch – etwas eingezwängt in seinem Frack, ein befangener Weltmann – stapfte erhobenen Hauptes, mit sehr starrem und sehr rotem Gesicht durch das volle Lokal, bis zu dem Tisch, wo Modest mit den jungen Leuten Platz gefunden hatte. Hinter Wladimirs Stuhl blieb er stehen. Graf Lütke erzählte gerade eine französische Anekdote pikanten Inhalts; als er bei der Pointe angekommen war, die lebhaft belacht wurde, erschien der Empfangschef mit dem Glas Wasser. Den Kopf ein wenig geduckt, das Gesicht zu einem süßlich-spöttischen Lächeln verzogen, präsentierte er es Peter Iljitsch auf einem silbernen Tablett.

Wladimir sagte, immer noch über Lütkes brillanten Witz lachend – wobei er sich halb nach Peter Iljitsch umwandte –: «Was stehst du da, Pierre? Setz dich doch!»

«Gleich», antwortete Peter Iljitsch. «Ich will nur erst ein Glas Mineralwasser trinken. Ich bin durstig.» Mit der einen Hand berührte er Wladimirs Schulter, mit der anderen führte er das Glas an die Lippen. Der Chef de réception beobachtete ihn mit einem ungemein neugierigen, fast lauernden Gesichtsausdruck, die Nase sehr kraus gezogen, die Hände in einer frömmelnden Haltung über dem Magen gefaltet.

Peter Iljitsch trank einen großen Schluck. Das Wasser war lauwarm, es hatte einen schmalen, stumpfen Geschmack und erregte Brechreiz.

‹Diesen Geschmack also hat die liebe Mutter im Munde gehabt. So widerlich schmeckt der Trank, der die Erlösung bringt. Ich habe denselben unangenehmen Geschmack auf meiner Zunge, auf meinem Gaumen und in meinem Rachen, vor dem du dich ekeln mußtest, meine liebe Mutter. Auch du warst tapfer und hast brav geschluckt. Widerspenstigen Kindern, die ihre Medizin nicht nehmen wollen, sagt man: Sei artig und denke an deine Mutter! Ihr sollst du immer folgen! – Gleich führe ich das Glas noch einmal an die Lippen.›

Peter Iljitsch schaute auf Wladimirs dunkles, weiches und gelocktes Haar. «Heute abend habe ich dich wieder ein paarmal husten hören», sagte er, immer noch die eine Hand auf Bobs Schulter, in der anderen das halb geleerte Glas. «Du mußt sehr auf deine Gesundheit achtgeben, mein Liebling! Ich will, daß du ein starker Mann wirst und sehr glücklich und fünfundneunzig Jahre alt!»

«Ach, ich bin schon vorsichtig!» sagte der junge Bob. «Und ich fühle mich ausgezeichnet. Bist du jetzt endlich fertig mit deinem Mineralwasser?»

«Ja», antwortete Peter Iljitsch. «Jetzt bin ich fertig.»

Er hatte das Glas geleert.

Eine Blumenverkäuferin ging vorüber. Peter Iljitsch ließ sich von ihr einen Strauß Veilchen geben. Die Frau hatte in einem breiten Gesicht stumpfe und traurige Augen. Peter Iljitsch sah, daß sie hochschwanger war. Ihm graute vor ihrem aufgetriebenen Leib. Das Gesicht weggewendet, reichte er ihr ein hohes Trinkgeld. Die Frau bewegte die Lippen zu Segenswünschen, die wie Flüche klangen.

Peter Iljitsch legte den Veilchenstrauß neben das Gedeck Wladimirs. Gleichzeitig stellte er das leergetrunkene Wasserglas auf das Tischtuch, neben den Champagnerkelch des jungen Bob.

Die letzte Entscheidung blieb der höchsten Instanz vorbehalten. Sie hätte verfügen können wie damals, nach einem gewissen eisigen Bad im Moskwa-Fluß, als sie die frevelhafte Provokation mit einem Schnupfen beantwortete. Diesmal reagierte sie anders. Die Krankheit begann schon am nächsten Morgen.

Da Peter Iljitsch über ein heftiges Übelbefinden klagte, empfahl ihm der gute Modest, Rizinusöl zu nehmen. Wladimir fragte, ob er den Doktor Bertenson holen solle, was sich Peter Iljitsch energisch verbat. «Ich will weder Rizinus noch den Doktor Bertenson.» Seine Stimme klang rauh. Er schaute, an Wladimir und Modest vorbei, durchs Fenster. Der Herbsttag war klar und milde.

«Ich werde ein bißchen gehen», erklärte Pierre. «Übrigens habe ich eine Verabredung mit Naprawnik im Opern-Café.» – Wladimir betrachtete ihn zärtlich und prüfend. «Du siehst aber wirklich etwas angegriffen aus», sagte er und legte seine schöne, kühle Hand auf die Hand Peter Iljitschs. «Du solltest dich schonen. Mach keinen zu langen Spaziergang.» – Peter Iljitsch drückte eine Zigarette, die er sich gerade angezündet hatte, im Aschenbecher aus. Während er langsam aufstand, sagte er: «Mir fehlt nichts.»

Er ließ sich von Nasar den Mantel bringen. Der bäuerische junge Mensch, dem Modest eine sehr feine Livree mit Escarpins, weißen Strümpfen und Schnallenschuhen hatte anfertigen lassen, war ihm beim Anziehen behilflich. «Gib mir auch noch den Schal», bat Peter Iljitsch. «Es ist heute ziemlich kalt draußen – kommt mir vor.» Während der Diener ihm das wollene Tuch reichte, sagte der Herr noch und hatte plötzlich ein sehr sanftes Lächeln: «In Florenz war es wärmer. Kannst du dich noch erinnern, mein Sohn?» – «Gewiß, Peter Iljitsch», sagte der junge Nasar Litrow und nahm eine militärisch stramme Haltung ein. Der Herr betrachtete sich mit einem zerstreuten, wohlgefälligen Blick den stämmigen Burschen vom pomadisierten Scheitel bis zu den breiten Schnallenschuhen. Dann suchte er ein paar Silberstücke aus seiner Tasche hervor. «Hier, mein Sohn» – dabei gab er dem Burschen das Geld. «Kauf dir ein schönes Mädchen!» Der Bursche verneigte sich grinsend; inzwischen war der Herr langsam zur Ausgangstüre gegangen. Auf der Schwelle wandte er sich noch einmal um. «Ich will nur noch einmal die Newa sehen», sagte Peter Iljitsch – worauf Nasars Grinsen völlig verständnislos wurde.

Der Kranke kam schon nach einer halben Stunde von seinem Spaziergang zurück, ohne übrigens Herrn Naprawnik aufgesucht zu haben. Dem besorgten Modest erklärte er, Kopfschmerzen und Übelkeit seien ein wenig stärker geworden. Von einem Arzt wollte er auch jetzt noch nichts hören. «Es ist nichts!» wiederholte er hartnäckig und gereizt. Immerhin ließ er sich nun von Nasar eine warme Flanellbinde um den Leib machen. Auf dem Sofa liegend, erledigte er ein wenig Korrespondenz: zwei kurze Briefe und eine Karte. Als er einen dritten Brief beginnen wollte, mußte er aufstehen. Er ging eilig, etwas schwankenden Schritts, ins Badezimmer. Die Diarrhöe setzte sehr heftig ein; gleichzeitig ein starkes Erbrechen. Als Peter Iljitsch sich wieder im Wohnzimmer zeigte, war sein Gesicht weiß, und seine Hände zitterten. «Jetzt hole ich Bertenson!» sagte Bob, während Modest wieder etwas von Rizinusöl murmelte – «Ich verbiete es dir», sagte Peter Iljitsch mit einer Stimme, die keinen Widerspruch aufkommen ließ. «Ich fühle mich jetzt viel besser. Vielleicht kann ich schlafen.»

Man bettete ihn wieder aufs Sofa. Der gute Modest meinte: «Die Magenverstimmungen können sehr lästig sein. Schlafe dich gesund, alter Peter!» Wladimir rückte dem Liegenden Kissen und Decke zurecht. «Danke», sagte Peter Iljitsch und starrte zur Decke. – «Wir lassen dich jetzt ein paar Stunden allein, damit du dich ausschlafen kannst.» Wladimir sprach, während seine Finger in Peters leichtem, weiß-grauem Haar spielten. «Modest und ich müssen ein paar Besorgungen machen. Es fehlt immer noch dies und das in der Wohnung.» – «Ja, mein Liebling», antwortete Peter Iljitsch. «Es fehlt immer noch dies und das.»

Als Modest und Wladimir gegen acht Uhr abends zurückkamen, empfing Nasar sie mit einem verstörten Gesicht. «Es geht dem Herrn schlechter», berichtete er, und seine schwere Zunge wurde von der Angst beweglich gemacht. «Er sieht sehr blaß aus, und ich glaube auch, er hat Fieber. Immer wieder hat er sich übergeben, und ich mußte ihn stützen, wenn er auf einen gewissen Ort gehen wollte ... Er ist sehr oft auf einen gewissen Ort gegangen ...» –

Wladimir griff nach dem Arm Modests, den er heftig preßte. Nebeneinander liefen die beiden, ohne ein Wort zu sprechen, den Korridor hinunter. Wladimir riß die Tür zum Wohnzimmer auf; das Sofa war leer. Nasar, der an der Eingangstür stehengeblieben war, rief: «Ich habe den Herrn zu Bett gebracht.» Daraufhin trabten Wladimir und Modest, wieder nebeneinander, durch den Korridor zurück. Vor der Türe zu dem Schlafzimmer, in dem Peter Iljitsch einquartiert worden war, blieben sie keuchend stehen. Sie traten ein und erschraken.

Das Gesicht des Kranken hatte sich schrecklich verändert. Es war verfallen, während der gute Bruder und der geliebte Neffe Einkäufe für ihren gemütlichen Junggesellenhaushalt gemacht hatten. Die Augen schienen tiefer in die Höhlen gesunken zu sein; die halb geöffneten, gedunsenen Lippen hatten fast die gleiche grau-weiße Farbe, wie der etwas verwilderte Bart. Dieses Gesicht war gezeichnet. Die höchste Instanz hatte es geschlagen, verwüstet und ganz entstellt: dies war ihre Antwort auf die kühne und verzweifelte Herausforderung, die ein Erdensohn, Peter Iljitsch Tschaikowsky, sich ihr gegenüber geleistet und herausgenommen hatte.

Eine halbe Stunde später erschien der Hausarzt, Dr. Bertenson. Er hatte den Patienten noch nicht untersucht, sondern nur ange-

schaut, als die verängstigten Verwandten – Wladimir und Modest –
schon den traurigen Befund von seiner Miene lesen konnten. Der
Doktor erklärte, in diesem sehr ernsten Fall die Verantwortung allein nicht tragen zu wollen, und bat darum, seinen geschätzten Bruder, den Professor Leo Bertenson, hinzuziehen zu dürfen. Dieser
fuhr schon nach einer Viertelstunde in seiner Kalesche vor. Er war
der Familie Tschaikowsky unbekannt, sein Eintritt hatte einen feierlich düsteren und bedeutungsvollen Charakter. Die beiden gelehrten Brüder, der Hausarzt und der Professor, besprachen sich
einige Sekunden lang flüsternd; übrigens sahen sie einander sehr
ähnlich: beide kahlköpfig, mit goldgerandeten, funkelnden Brillen,
eckig geschnittenen schwarzen Vollbärten und auffallend großen
Ohrmuscheln, aus denen schwarzes Haar wucherte.

Die Ärzte fanden den Patienten besudelt in seinem Lager. Die
Ausscheidungen traten nun gar zu häufig ein; Nasar wagte es nicht
mehr, den Leidenden ein jedesmal aus dem Bett zu heben.

Die Untersuchung dauerte nicht sehr lange. Wladimir und Modest hatten vor der Tür gewartet. Nun traten die gelehrten Brüder
gravitätischen Schritts aus dem Krankenzimmer.

«Ist es sehr schlimm?» fragte ganz leise der junge Bob, dem die
schönen Augen voll Tränen standen.

Die Brüder Bertenson nickten gleichzeitig.

Da wagte es Modest, die Frage auszusprechen: «Ist es die Cholera?»

Wieder bewegten sich die beiden schwarzen Bärte im Nicken.

Dieses war abends gegen neun Uhr, am 21. Oktober 1893.

Der mächtige Körper des Kranken wehrte sich noch länger als
dreimal vierundzwanzig Stunden gegen die Umklammerung durch
die dunkle Macht, auf deren Kommen Peter Iljitsch sich so eifrig-
innig vorbereitet und die er schließlich selbst herbeigerufen hatte.
Nun, da sie wirklich erschienen war und ihn schüttelte und nicht
mehr losließ, hatte sie nicht mehr das sanfte und verführerische Antlitz, das sie ehemals gezeigt hatte: in den vielen Nächten, während
der süßen Viertelstunden vor dem Einschlafen, da sie in ephebisch-
mütterlicher Maskierung durchs Zimmer schwebte. Jetzt hatte sie es
nicht mehr nötig, sich verführerisch zu verkleiden; jetzt kam sie
unbarmherzig, häßlich und grausam daher. Kein Ungemach, das
der lieben Mutter beschieden gewesen war, blieb dem Sohn erspart,
der endlich ihren lockenden Befehlen folgte, indem er leidend ihr
leidvolles Schicksal kopierte, all ihre Schmerzen noch einmal durch-

lebte, ihre Schreie noch einmal schrie, ihre Tränen noch einmal vergoß.

Mit wieviel Pein und mit wieviel Erbarmen sieht nun unser ehrfurchtsvoller, mitleidsvoller Blick auf diesen rührenden Menschensohn, diesen sehr Standhaften, der es endlich, endlich genug sein lassen wollte – auf unseren Freund und Helden Peter Iljitsch Tschaikowsky. Nun sehen wir ihn geschlagen mit jedem Schmerz, beschmutzt von Kot und Erbrochenem; er liegt darnieder und wird geschüttelt von Krämpfen. Auf seinem Antlitz, das der strenge Herr gezeichnet hat und schon ganz verwüstet, erscheinen schwärzliche Flecken; auch seine Arme und Beine haben sich schwärzlich gefärbt, Nasar und eine kräftige Krankenpflegerin plagen sich damit, sie zu massieren. Der leidende Peter Iljitsch, die blauen Augen im verfallenen Gesicht klagend aufgerissen, läßt es sich schweigend gefallen. Nur wenn Wladimir zu solchen Pflegediensten sich nahen will, wehrt er ihn ab. «Nicht, nicht!» ruft dann der Kranke. «Ich will nicht, daß du mich anfaßt! Ich verbiete es dir! Du könntest dich anstecken! Und ich rieche schlecht . . .» Da zieht sich der junge Bob vom Krankenlager zurück, und es fließen Tränen über seine Wangen, die noch schmaler werden in diesen furchtbaren Tagen. – «Geh aus dem Zimmer!» schreit der Gemarterte von seinem Lager. «Ich sehe abscheulich aus. Ich will nicht, daß du mich so siehst. Geh fort!» Der weinende Bob muß das Zimmer verlassen.

Peter Iljitsch, allein mit der Pflegerin und mit Nasar, erkundigt sich, hin und her geworfen von Krämpfen, mit einer schrecklichen Neugier: «Ist das immer so, am Ende der Cholera? Daß die Arme und Beine so bläulich werden?» Der Diener und die Krankenschwester wissen nicht, was sie antworten sollen. «Aber Sie haben doch gar nicht die Cholera», versuchte Nasar schließlich hervorzubringen. Daraufhin lacht Peter Iljitsch leise in sich hinein. «Warum tragt ihr denn dann alle so komische weiße Mäntel! Und warum riecht es hier so nach Desinfektionsmitteln? Das ist wohl, weil ich eine so arge Magenverstimmung habe? He?» Er kichert immer noch, so daß den Bediensteten angst und bange wird. «Gebt mir einmal einen Spiegel!» verlangt Tschaikowsky, der nach einem besonders furchtbaren Anfall ein paar Minuten der Ruhe und der Erleichterung hat. «Gewiß habe ich die dunklen Flecken auch im Gesicht, wie meine Mutter sie hatte.» Und da man ihm, widerwillig und zögernd, das Glas gereicht hat, studiert er mit Interesse die blau-schwarzen Male auf seiner Stirne und auf seinen Wangen.

Während der dreimal vierundzwanzig Stunden, die der bittere Kampf dauert, verändert sich mehrfach der Zustand. Es treten trügerische, kurze Verbesserungen ein und schwere Krisen, jähe Herzattacken und Beängstigungen, die den Kranken emporreißen und ihn schreien machen: «Das ist der Tod! Lebe wohl, Modi. Gott segne dich, Bob!» Es ist aber immer noch nicht der Tod. Doktor Bertenson kommt mit einer Moschus-Injektion.

Unser ehrfurchtsvoller, mitleidsvoller Blick muß es anschauen, wie um das besudelte Lager, in dem unser Held und Freund vergeht und sich aufbäumt und wieder hinsinkt, zahlreiche Personen in weißen Mänteln tätig sind, mit gedämpften Stimmen zueinander reden, auf Zehenspitzen sich durchs Zimmer bewegen; die ganze feierliche und etwas groteske Pantomime vollführen, die in der Nähe eines Sterblichen üblich ist. Da lösen sich die Ärzte einander ab, halten zu dritt oder zu viert lange Beratungen in der Wohnstube – wobei Nasar sie mit Kaffee und Kognak bedient; machen sich wichtig mit Klistieren und Injektionen. Die Gebrüder Bertenson haben am zweiten Tage der Krankheit, als sich die dunklen Flecken zum erstenmal auf Peter Iljitschs Gesicht zeigten, den Doktor Mamonow zugezogen. Dieser wiederum läßt sich während der Nachtstunden von einem deutschen Herrn, dem Doktor Sanders, vertreten: zu den zwei prächtigen schwarzen Vollbärten sind noch ein grauer und ein sehr gepflegter blonder Bart gekommen.

Peter Iljitsch, um den diese gespenstische Komparserie der weißen Mäntel und der verschiedenartig gefärbten Bärte sich bewegte und mühte, hatte Stunden der Verwirrtheit, des Deliriums, in denen er niemanden erkannte, um sich schlug und wild phantasierte. In solchen Zuständen nannte er etwa die kräftige Krankenschwester «Désirée» oder «Antonina»; da sie ihm mit dem Klistiere nahte, schrie er ihr zu: «O toi, que j'eusse aimé...» – eine Äußerung, über die sich die redliche Person sehr entsetzte – oder: «Warum habe ich dich geheiratet, Unglücksding? Was für eine Narretei! Welch eine Schande! Du hättest diesen Bariton nehmen sollen, wie heißt er doch noch...?» Der armen Pflegerin zitterte das Klistier in der Hand.

Von Nasar verlangte der Fiebernde plötzlich, er sollte ihm seine schöne Uhr zurückgeben: «Du hast sie!» behauptete er hartnäckig. «Ich weiß es doch: du hast sie mir gestohlen, den Talisman, das weitaus hübscheste Ding! Damals, in Paris, hast du es mir aus der Tasche geholt, in dieser verfluchten Kneipe, am Boulevard Clichy. Du hast im Auftrag Nataschas gehandelt, ich weiß es, ich weiß es doch ganz genau ...Ach, das hättest du nicht tun sollen! Natascha und Apuchtin haben sich gegen mich verschworen – sie haben ein fürchterliches Bündnis gegen mich geschlossen! Gib mir die Uhr! Ich muß wissen, wie spät es ist! Die Zeit läuft ab, ich versäume den Zug, ich komme zu spät, man erwartet mich, ich muß dirigieren, Atlanti hat abgesagt, ich soll den Ehrendoktor bekommen und geschaukelt werden – gib mir die Uhr! Alles hängt davon ab, daß ich die Uhr wiederbekomme!» Der arme Nasar, in seiner Angst und Hilflosigkeit, reichte dem Fiebernden eine große, häßliche Weckeruhr, die auf dem Nachttisch stand. «Hier ist Ihr schönstes Ding, Peter Iljitsch!» sagte der Bauernjunge, schlau geworden aus Mitleid und aus Verzweiflung.

Peter Iljitsch drückte den ordinären Wecker an sich. «Ich habe sie wieder!» Große Tränen liefen ihm über die Backen. «Ach, Natascha, Natascha, du Freundin meiner Seele, ich wußte, daß du mir verzeihen würdest! Was für ein arges Spiel hast du so lange mit mir gespielt! Wie weh hast du uns beiden getan, ma femme! Nun ist die Stunde der Versöhnung gekommen! Der Talisman ist wieder da! Wir gehören wieder zusammen – der Talisman, du und ich. Und wenn ich erlöst werde, wirst auch du nicht mehr lange leben, meine geliebte Natascha!»

Mit vielerlei Namen redete der Delirierende den jungen Wladimir an. Er nannte ihn «Lieber Kotek» oder «Mein schöner Siloti» oder auch «Arme Sascha». Er behauptete: «Ich habe dich gezeugt. Du bist mein Sohn und mein Erbe. Du wirst alles gut machen, was ich falsch gemacht habe. Du wirst ein großer Mann werden, ich schenke dir meinen ganzen Ruhm, nur für dich habe ich ihn gesammelt, mon prince! – Komm zu mir!» rief der leidende Verzückte, aufgerichtet in seinem Bett, die Arme nach dem Jüngling gereckt. «Komm zu mir, daß ich dich segne!» Die Krankenschwester mußte ihn niederzwingen, wobei Professor Bertenson ihr behilflich war. Wladimir aber konnte sich nicht aufrecht halten, so sehr erschütterte und erschreckte ihn das Schauspiel dieser Verwirrtheit. Von einem Weinkrampf geschüttelt, brach der junge Bob in einem Sessel zusammen. Übrigens hatte er seit achtundvierzig Stunden nicht geschlafen und fast nichts gegessen. Nun aber schrie der Sterbende aus dem Bett ihm zu: «Zeige mir dein Gesicht, mein Todesengel! Verstecke dich nicht länger vor mir, denn die Stunde ist da! Bringe dein tränenvolles Gesicht in meine Nähe, damit ich es anfassen kann! Komme zu mir, meine geliebte Mutter! Du hast lange genug auf mich gewartet, hast mich lange genug gelockt! Dies ist endlich die Stunde der Vereinigung!»

Bob konnte es nicht mehr aushalten: es war gar zu schaurig. Gebückt vom Schluchzen, das blasse Gesicht verzerrt, sprang der große Junge mit langen Sätzen aus der furchtbaren Krankenstube. Peter Iljitsch aber, tobend in seinem Bett, schien, mit weit ausholenden Armbewegungen, den Tod an sich reißen zu wollen, wie zur Begattung. In einer ekstatischen Konfusion, die allen Umstehenden das Blut gefrieren ließ, nannte er den Tod seine Mutter, seine Mutter den Sohn, seinen Sohn den Geliebten, seinen Geliebten den schwarzen Engel – und diesen zur inzestuösen, tödlichen Vereinigung auf sein Lager zu zwingen, schien der Rasende wild entschlossen.

Nach einigen Minuten wurde er ruhiger; man hörte ihn leise zur heiligen Fanny aus Montbéliard beten – was seine Umgebung zwar befremdete, im Vergleich aber zu den Exzessen, die vorausgegangen waren, fast tröstlich wirkte.

Nach dem letzten und grausigsten Anfall blieb der Sterbende in einem Zustand der Erschöpftheit, aus dem er sich nicht wieder erholte. Er schlummerte etwas; als er erwachte, war er wieder ganz klar im Kopfe, aber sehr müde.

Er erkannte den braven Alexei, der aus Klin gekommen war, und Bruder Nikolai, einen nervösen und etwas streitsüchtigen alten Herrn, der auf Modests alarmierendes Telegramm hin die Reise nach St. Petersburg getan hatte. Peter Iljitsch begrüßte beide mit einem erschöpften Lächeln.

Es war gegen Mittag, am 24. Oktober, als Doktor Bertenson es für notwendig hielt, dem Kranken ein warmes Bad zu verordnen, «um die Tätigkeit der Nieren anzuregen», wie er sagte. Peter Iljitsch ließ sich ohne Widerstand entkleiden und zur Wanne tragen. Als er im warmen Wasser saß, lächelte er, die Augen geschlossen. «Ganz angenehm ...» flüsterte er lächelnd. «Angenehm warm ... Meine Mutter ist auch gestorben, nachdem man sie ins warme Wasser gesetzt hatte ... Das gehört sich wohl so ...»

Über seinem faltigen, behaarten, weißen und deformierten Körper hatte das ruhende Antlitz mit den geschlossenen Augen eine rührende Würde, eine große Schönheit bekommen. Es kam wie ein Leuchten von seiner Stirn. Alles in diesem Gesicht war entspannt, Krampf und Qual schienen von ihm genommen.

Die Herztätigkeit war sehr schwach. Man mußte den fast Bewußtlosen schon nach wenigen Minuten wieder aus dem Wasser heben. Der Ausdruck einer vollkommenen Zufriedenheit und Besänftigung blieb auf seinen Zügen. Das klare Bewußtsein kehrte nicht mehr zurück.

Inzwischen hatte sich das Gemach des Sterbenden, Scheidenden, Hinübergleitenden mit Menschen gefüllt, wie zu einem festlichen Empfang. Die Brüder Lütke hatten sich, in einer neugierig-feierlichen Stimmung, eingefunden, elegant und dunkel gekleidet; mit ihnen der schöne Buxhövden und ein junger Cellist vom Konservatorium, den Peter Iljitsch protegiert hatte, und der jetzt still vor sich hinweinte, weil er diesen einflußreichen Gönner verlieren sollte. Die jungen Leute saßen steif nebeneinander auf schmalen Stühlen, die man aus dem Eßzimmer herübergeholt hatte. Hinter ihnen standen der jüngere und der ältere Diener – Alexei und Nasar –, beide still vor sich hinschluchzend. Neben dem Bett hatten Wladimir und der ganz in sich zusammengesunkene Modest ihren Platz, während Bruder Nikolai mit den drei anwesenden Ärzten und der Krankenschwester eifrig über irgend etwas beriet.

Gegen Abend, als die Brüder Lütke, der schöne Buxhövden und der junge Cellist schon anfingen, sich ziemlich zu langweilen, brachte ein Priester von der Isaaks-Kathedrale eine gewisse Abwechslung in das Krankenzimmer, wo durch mehrere Stunden als einziges Geräusch das gleichmäßige Stöhnen des Sterbenden und, ab und zu, ein Flüstern der Ärzte und Bedienten hörbar gewesen waren. Der Geistliche trat mit schönem Vollbart, Prachtgewand und leise klappernden heiligen Geräten in diese melancholisch verstummte Gesellschaft. Freilich zog er sich, nachdem er einige kurze Gebete gemurmelt hatte, schon sehr bald wieder zurück, da es unpassend erschien, dem fast ganz Bewußtlosen das Heilige Abendmahl zu verabreichen. So war auch diese fromme Zerstreuung und kleine Ablenkung schnell vorüber.

Die Brüder Lütke begannen unruhig auf ihren unbequemen Stühlen zu werden. Der schöne Buxhövden reckte seinen langen Athletenkörper, schaute mehrfach auf die Uhr und gähnte. Peter Iljitsch rührte sich nicht. Er lag stille, die Augen geschlossen. Sein gleichmäßiges Röcheln hatte einen einschläfernden Rhythmus. Wirklich waren, wiederum einige Stunden später, mehrere Anwesende eingeschlafen.

Nach Mitternacht – der Zustand des Kranken schien unverändert – hatte Nasar einen kleinen Imbiß angerichtet: Bruder Nikolai bat mit weiten, vorsichtigen und etwas flatternden Armbewegungen alle Anwesenden ins Eßzimmer hinüber. Lütke und Buxhövden, die beide ein wenig geschnarcht hatten, fuhren aus ihrer zusammengesunkenen Haltung: sie machten erschrockene Mienen, weil sie glaubten, es sei zu Ende mit Peter Iljitsch Tschaikowsky; als sie hörten, daß es sich um einen Imbiß handelte, erhoben sie sich erleichtert.

Nikolai Iljitsch präsidierte, nervös und würdevoll, der improvisierten kleinen Mahlzeit. Es gab Tee, Wodka, etwas Schinken, gekochte Eier und Eingemachtes. Die meisten Gäste zeigten recht erfreulichen Appetit. Einige freilich konnten nichts herunter bekommen, so der immer wieder von Schluchzen geschüttelte Modest, während der verdüsterte, verstummte Nasar die Essenden mit einer fast wilden Mißbilligung betrachtete.

Buxhövden hatte für seinen Freund Wladimir ein Schinkenbrot zubereitet und redete ihm mit gedämpfter Stimme zu, es doch zu verspeisen. «Du mußt an deine Gesundheit denken, Wladi!» sagte er. «Iß wenigstens die Hälfte von diesem Brot – ich bitte dich drum! Das bist du deinem großen Onkel schuldig. Du siehst ja schon erbarmungswürdig aus!» – Wirklich war das schöne und empfindliche Oval von Bobs Gesicht erschreckend abgemagert in diesen Tagen; die dunklen Augen lagen tief in den Höhlen, auf der fahlen Haut standen Schweißperlen; den Bart hatte der junge Bob sich stehen lassen, was seinem Gesicht ein leidendes und verwildertes Aussehen gab.

«Dir zu Gefallen», sagte Wladimir, und nahm das Schinkenbrot.

Im selben Augenblick flog die Türe auf; es erschien die Krankenschwester, die von Peter Iljitsch als «Désirée» und «Antonina» angeredet worden war. Sie winkte Wladimir Dawidow zu, dabei rief sie aus: «Kommen Sie! Es geht zu Ende! Er hat nach Ihnen verlangt!»

Eine Sekunde lang stand Wladimir wie versteinert; dann stürzte er aus dem Zimmer. Das Schinkenbrot ließ er erst im Korridor fallen.

Als er im Krankenzimmer ankam, fand er die Schwester schon wieder über das Bett gebeugt – sie war noch geschwinder gewesen als er. Während der junge Mensch mitten im Raume stehenblieb, richtete die Pflegerin sich vom Bett auf. «Es ist zu spät», sagte sie.

Wladimir tat zwei Schritte aufs Bett zu, wagte es aber nicht, Peter Iljitsch ins Gesicht zu schauen; wandte sich ab und taumelte zur Wand.

Inzwischen war Modest vor dem Bett zusammengebrochen und erfüllte die Luft mit seinen hohen Schreien. «Pierre! So antworte doch, Pierre! So antworte doch!»

In der offenen Türe standen Nikolai und die Ärzte; hinter ihnen drängten sich die Diener und die jungen Leute, einige von ihnen noch kauend: Buxhövdens schöner Kopf mit den hellen Augen und dem leuchtenden Haar überragte die anderen.

Der junge Bob hatte das Gesicht gegen die Wand gelegt. Es gab in diesem Zimmer noch keine Tapete, die kalkgestrichene Wand war recht rauh und kalt. Bob empfand plötzlich, daß er fror. Er mußte husten. Sein Körper wurde vom Husten und vom Schluchzen gleichzeitig geschüttelt.

Wann wird er wagen, sich umzudrehen, um in das strenge, verklärte, wächsern gefärbte Antlitz seines großen Freundes, des großen Liebenden zu schauen? Wann löst der junge Wladimir, mit den zuckenden Schultern, sich von dieser Mauer, an der er seine Schmerzenspose stellt – ach, an der er selbst versteinern möchte zur Figur des Klagenden Jünglings? Wie wird Wladimir weiterleben? Kann sich dieser schmale Schluchzende der großen Zuversicht und all der Hoffnungen würdig erweisen, die man auf ihn gesetzt hat? Wird er nicht schwanken, wenn er dieses Zimmer verläßt? Wird er nicht hilflos sein ohne den Zuspruch der Liebe, den er gewohnt ist? Wird er nicht stürzen?

Er stürzt schon fast. Um sich zu halten, preßt er seinen geschüttelten Körper gegen den Stein und legt seinen Mund gegen die rauhe Wand, als wolle er eine Zärtlichkeit nachholen, die zu gewähren er so lang verabsäumt hat.

Nachwort

Was kann Klaus Mann im zweiten, im dritten Jahr seines Exils bewogen haben, einen Tschaikowsky-Roman zu schreiben? Warum nicht den Roman eines Märtyrers, eines politischen Kämpfers? Die Frage ist so unbegründet nicht, denn immerhin lag der Gedanke auch für ihn nahe. Ein Versuch, das eigene Schicksal, das Los eines jungen Flüchtlings, unmittelbar zu reflektieren, war 1934 mit dem Roman «Flucht in den Norden» entschlossen, aber wohl zu früh unternommen worden. Es fehlte noch an der inneren Distanz. Der Roman einer Karriere im Dritten Reich, «Mephisto», folgte erst 1936, der Roman unter Emigranten, «Der Vulkan», 1939. Warum also ausgerechnet Tschaikowsky?

Klaus Mann gibt eine der möglichen Antworten im «Wendepunkt»: «Er war ein Emigrant, ein Exilierter, nicht aus politischen Gründen, sondern weil er sich nirgends zu Hause fühlte, nirgends zu Hause war. Er litt überall.» Es war das Thema der Fremdheit, der Heimatlosigkeit, das Klaus Mann zunächst anzog. Tschaikowskys Musik – im Roman wird es geschildert – galt in Rußland als «westlich», unecht, nicht urwüchsig genug; in Deutschland warf man ihm «asiatische Wildheit» vor und zuviel Tropfen französischen Parfüms; in Frankreich dagegen hielt man ihn für zu «germanisch», für einen Nachahmer Beethovens. Er war kosmopolitisch, vaterlandslos, ein Außenseiter.

Aber noch aus anderen Gründen war er ein Fremdling. «Wie hätte ich nicht von ihm wissen sollen?» heißt es im «Wendepunkt». «Die besondere Form der Liebe, die sein Schicksal war, ich kannte sie doch, war nur zu bewandert in den Inspirationen und Erniedrigungen, den langen Qualen und flüchtig kurzen Seligkeiten, welche dieser Eros mit sich bringt. Man huldigt nicht diesem Eros, ohne zum Fremden zu werden in unserer Gesellschaft, wie sie nun einmal ist; man verschreibt sich nicht dieser Liebe, ohne eine tödliche Wunde davonzutragen.» Wie immer die Biographen über Tschaikowskys Neigung zur Homosexualität entscheiden mögen, und wer überliefert schon Genaues: die psychische Gebrochenheit, charakterliche Kompliziertheit Tschaikowskys, die Klaus Mann erahnte, geht tiefer und faszinierte ihn mehr als das bloße Künstlerschicksal: «Seine neurotische Unrast, seine Komplexe und seine Ekstasen, seine Ängste und seine Aufschwünge, die fast unerträgliche Einsamkeit, in der er leben mußte, der Schmerz, der immer wieder in Melodie, in Schönheit verwandelt sein wollte, ich konnte das alles beschreiben; nichts war mir fremd.» Er war betroffen und angerührt von Tschaikowskys Lebenstragik. Er mußte nicht viel hineininterpretieren, um die Konfession dieses sich selbst fragwürdigen Genies in Worte zu fassen. Und so verfolgte er denn vor allem Tschaikowskys Kampf gegen den Schmerz der Einsamkeit und der Resignation, der nie von ihm wich, bis hin zum Ruhm, der nur eine «melancholische Entschädigung für soviel schlecht gelebtes oder nichtgelebtes Leben» ist, wie es im Roman heißt; er beschrieb ihn mit «Ehrfurcht und Mitleid», einer persönlichen Anteilnahme, die über das Interesse des Biographen weit hinausreicht.

Und noch einen anderen Grund gab es, seinen Mitlebenden, seinen Deutschen, gerade diesen Künstlertyp vorzuhalten. In einer Selbstanzeige aus dem Jahr 1935, die nur im Manuskript vorliegt und vermutlich vom Querido-Verlag Amsterdam zu Werbezwecken angefordert worden war, heißt es: «Ich liebte ihn mit allen seinen Fehlern, Schwächen und Irrtümern. Mein Ehrgeiz war, ihn *ganz* hinzustellen», und damit nähern wir uns wohl der entscheidenden Antwort, warum für Klaus Mann gerade zu diesem Zeitpunkt, mit knapp dreißig Jahren und am Beginn eines neuen Lebensabschnittes, ein Buch wie der Tschaikowsky-Roman unausweichlich wurde.

Die Deutschen lieben den Titan oder den Götterjüngling – Beethoven oder Mozart. Was aber ist mit denen, die nur ihr schweres Gesetz erfüllen? Den Umstrittenen lieben sie nicht. Sie lieben, in der Literatur, den alles überschattenden Olympier oder den genialisch-jung Dahingerafften. Haben sie für den Stern zweiter Größe, der auch einmal einen weniger bedeutenden Roman schrieb, einen Schmachtfetzen komponierte, nicht von jeher Verachtung gezeigt? Wem der Erdenrest zu deutlich anhaftete, wer unter den Mitlebenden womöglich seinen Tribut an den Durchschnitt, an den Kampf mit dem Metier hat zollen müssen, ist auf eine Weise in den lähmenden Selbstzweifel verwickelt, die ihn fast zu Großem unfähig macht. Und gerade dieses quälende Mißtrauen gegenüber der eigenen Leistung und dem eigenen Talent ist es, das Achtung verdient – und das Klaus Mann an Tschaikowsky bewundert und versteht, weil er es mitfühlen kann. Es gibt lange Partien in diesem Tschaikowsky-Roman, tief melancholische Stellen, gewissen melancholischen Einfällen Tschaikowskys sehr ähnlich, die von diesem Selbstzweifel und dieser Bitterkeit handeln. Es ist keine Distanzierung, keine ins Monologische versetzte Kritik, wenn es da (Seite 64) im Roman heißt «ach, und ganz war die Verwandlung vielleicht nicht immer geglückt, es hatte sich Unreines eingemischt im Laufe des heilig heiklen Prozesses, man hatte Zugeständnisse gemacht, man hatte Effekte gesucht, zur Strafe blieb ein Rest von Bitterkeit zurück, ein Rest von unerlöstem, unverwandeltem Leben – der schmeckte bitter auf der Zunge, wie ein bitteres Kraut».

Klaus Mann meint aber nicht nur den Tschaikowsky des Capriccio italien oder der Nußknacker-Suite. Er denkt auch an den Tschaikowsky der süßen, melancholischen Traurigkeit, der selbstergriffenen Adagios, der Streicher-Kantilenen und der vor Rührung fast in Tränen ausbrechenden «Stellen» – im kurzen Mittelsatz des G-dur Klavierkonzerts, oder im Klavier-Trio a-moll –, die man nicht nur als Vorwegnahme der Salonmusik, nicht nur als Apotheose des Kitsches deuten kann, sondern auch als auskomponiertes Schluchzen, Momente der Rührung, die nacherlebbar bleiben, weil sie nicht auf Effekt berechnet sind, sondern weil ihre erhabene Banalität einer Art ewiger Romantik angehört, man mag sie musikkritisch beurteilen wie man will. Es gibt genug Entsprechungen im Roman: «Tränen der Rührung, des Stolzes, des Heimwehs und der Müdigkeit», heißt es, und: «Ich möchte allein sein und weinen, empfand er.» Es ist billig, dies für Larmoyanz zu halten – was es *auch* ist. Darüber hinaus ist es Abschied von einem Jahrhundert, fin de siècle, Nachtrauer, Melancholie. Bei Tschaikowsky wie bei Klaus Mann. Die Selbstanzeige Klaus Manns spricht das ganz offen aus, sie spricht von Heimweh nach einer kulturellen Epoche, wie nach einem verlorenen Land: «Gewiß, wir kennen die Gebrechen und die Häßlichkeiten dieser so nahen und schon so versunkenen Vergangenheit. Aber haben wir das Recht oder auch nur die Lust, sie gar zu sehr hervorzuheben, angesichts einer Gegenwart, die um so vieles ärmer an Reizen, um so vieles reicher an Jammer ist? Ja, ich gebe es zu: dieser Künstler-Roman wurde mir zum Ausflug in das an zauberhaften Überraschungen reiche Land des Neunzehnten Jahrhunderts.»

Der Roman sollte gezielt sein gegen den deutschen Purismus, der sich den Künstler nur als Heiligen, von Edelmut transparent, übermenschlich, beim Titanenkampf reines Gold ausschwitzend, vorstellen kann. Und er verschwieg nicht den Exhibitionismus der Gefühle, zu dem die Musik nun einmal fähig ist so gut wie zum strengen Satz.

Der Titel «Symphonie Pathétique» war nicht zufällig gewählt. Um Tschaikowskys Sechste rankte sich die Legende. War sie sein Requiem? In einem Brief an Bobyk, Bob, den Neffen Wladimir, hatte er von einem Programm gesprochen, das «allen ein Rätsel bleiben wird». Das blieb es noch lange nach seinem Tode. Erst der in jüngster Zeit entdeckte Brief seines Bruders Modest an den Preßburger Stadtarchivar Johann Batka hat das Dunkel ein wenig gelichtet. Modest entwickelte darin eine Interpretation, die er sich nach Äußerungen des Komponisten zurechtgelegt hatte: «Der erste Teil stellt sein Leben dar, jene Mischung aus Schmerzen, Leiden und der unwiderstehlichen Sehnsucht nach dem Großen und Edlen, einerseits von Kämpfen und Todesängsten, andererseits von göttlichen Freuden und himmlischer Liebe zum Schönen, Wahren und Guten in allem, was uns die Ewigkeit an Himmelsgnaden verspricht.» Der zweite Satz spiegle die flüchtigen Freuden seines Lebens, unvergleichbar mit den gewöhnlichen Vergnügungen anderer, daher im Fünfvierteltakt. Der dritte Satz schildere die «Geschichte seiner musikalischen Entwicklung. Sie war nichts als Tändelei, eine Art Zeitvertreib und ein Spiel am Beginn seines Lebens – bis zu zwanzig Jahren –, dann aber wird er immer ernster und endet schließlich ruhmbedeckt». Der vierte Satz stelle Tschaikowskys Seelenzustand während seiner letzten Lebensjahre dar – «die bittere Enttäuschung und den tiefen Schmerz darüber, daß er erkennen mußte, wie selbst ein Künstlertum vergänglich und nicht imstande ist, sein Grauen vor dem ewigen Nichts zu lindern, jenem Nichts, das alles, was er liebte und was er zeit seines Lebens für ewig und andauernd hielt, unerbittlich und für immer zu verschlingen droht».

Man mag Abstriche machen, da jedes außermusikalische Programm seine lächerlichen Seiten hat. Aber der autobiographische Gehalt, der Versuch einer Lebensdeutung in Tönen, ist doch nicht wegzuleugnen, und seinem Instinkt für solche Gehalte und Hintergründe mag Klaus Mann gefolgt sein, als er den Titel wählte – und das Programm der Symphonie damit unbewußt auch seinem Roman unterlegte. Um es noch zu verdeutlichen, hat Klaus Mann die 1948 im Verlag Allan, Towne & Heath, Inc., New York, erschienene amerikanische Ausgabe, die Christoph Isherwood gewidmet war, überarbeitet, umgestellt und in vier «Movements» zusammengefaßt. Der erste Satz, «Allegro non troppo», enthält eine Überarbeitung des vierten Kapitels mit der weiter ausgeführten Heiratsaffäre Tschaikowskys. Der zweite Satz, «Allegro con grazia», umfaßt das erste, zweite, dritte und fünfte Kapitel. Der dritte Satz, «Allegro molto vivace», gibt das sechste, siebte und achte Kapitel unsrer Ausgabe wieder. Der vierte Satz, «Adagio lamentoso», entspricht wörtlich den Kapiteln neun und zehn.

Wie man weiß, wirken solche Versuche, musikalische Sätze und Bezeichnungen – auch wenn sie, wie hier, einem literarischen Programm entsprechen sollten – zumeist angestrengt und künstlich. Deshalb hält sich der Neudruck an die 1935 im holländischen Querido-Verlag erschienene und 1952 nachgedruckte Urfassung; auch deshalb, weil die deutschen Skizzen und Entwürfe für die neu- und umgeschriebenen Kapitel der amerikanischen Ausgabe, sollte es sie gegeben haben, nicht mehr aufzufinden sind.

Wenn Tschaikowskys Bemerkung gegenüber seinem Bruder Modest zutreffen sollte, er habe mit seiner Symphonie eine «Art Selbstbiographie» geschrieben, so hat sich jedenfalls Klaus Mann streng daran gehalten; an das, was Tschaikowsky im Alter erinnert haben mag. Das gilt sowohl für seine Beziehungen zu Verwandten wie für die Begegnungen mit den großen und interessanten Persönlichkeiten seiner Zeit. «Welches schriftstellerische Vergnügen bedeutet es», schreibt Klaus Mann in seiner Selbstanzeige des Romans, «etwa die Begegnungen zwischen ihm und Johannes Brahms oder Grieg oder Nikisch oder Gustav Mahler neu lebendig zu machen.» Auch die Rolle Wladimirs und der Brüder – etwa Modests Benennung der Symphonie Nr. 6 als «Pathétique» – ist im wesentlichen richtig dargestellt; und schließlich auch der Tod. Wobei man bis heute nicht weiß, ob Tschaikowsky das verseuchte Wasser aus Leichtsinn oder aus Lebensüberdruß trank.

Wladimir Dawidow beging übrigens, von den Schmerzen einer unheilbaren Krankheit gepeinigt, mit fünfunddreißig Jahren Selbstmord.

Im Roman vereinigt sich Wladimirs Bild mit den Zügen der Mutter zum Todesboten, zum schwarzen Engel: ein Motiv, das bei Klaus Mann ähnlich immer wiederkehrt, vom «Alexander» (1929) bis zum «Vulkan». «Die Schönheit der Mutter und der Reiz des

Knaben» erscheinen dem Sterbenden als letzte Vision, die den endgültigen Schlaf, die definitive Rast, das letzte Ausruhen vom Kampf
seines Lebens verkündet. Der Tod wird herbeigewünscht, er erscheint vertraut, der «andere Ort» hat seine Schrecken längst verloren. Und hier, gegen Ende, wird noch einmal der Schleier gelüftet
über den rätselvollen Verkettungen und Zwängen, denen Klaus
Mann nachgab, als er sich seiner Figur, gerade dieser, zuwandte. So
heißt es auf Seite 367 von dem Ort, dem Tod: «So viele meiner
Freunde haben sich dort versammelt. Sie machen mir die fremde
Gegend vertraut.» und: «Wo die Freunde sich aufhalten, da sind wir
doch comme tout à fait chez nous ...» Das sind fast Selbstzitate,
Tschaikowskys in den Mund gelegt. Schrieb doch Klaus Mann in
seinem Nachruf auf einen Freund, Ricki Hallgarten, der durch
Selbstmord endete, schon 1932: «Der Tod ist mir eine vertrautere
Gegend geworden, seit ein so inniger Vertrauter meines irdischen
Lebens sich ihm (...) anvertraut hat. *Wo ein Freund wohnt, kennt
man sich doch schon etwas aus ...*» Auch Tschaikowsky war einer
von denen, die ihm das unbegangene Gelände, das er einmal freiwillig betreten sollte, vertrauter machten. Er kam ihm im Leben so nah,
weil er ihm im Tode verwandt war.

Martin Gregor-Dellin

Klaus Mann-Werkausgabe

in Einzelbänden · Herausgegeben von Martin Gregor-Dellin

Woher wir kommen und wohin wir müssen ◀ neu

Frühe und nachgelassene Schriften. Mit einem Nachwort »Zeitgenosse zwischen den Fronten«
von M. Gregor-Dellin. 288 Seiten. DM 36,–
Aus dem Inhalt: Vor dem Leben / Der Kampf um den jungen Menschen / Begegnung mit Hugo von
Hofmannsthal / Bildnis des Vaters / Das Ende Österreichs / Lebenslauf 1938 / Das Bild der Mutter /
Besprechungen von Werken von René Crevel, Ernest Hemingway, Hugo von Hofmannsthal,
Ödön von Horvath, Oscar Wilde.   ISBN 3-7707-0202-6

Abenteuer des Brautpaars

Die Erzählungen. Mit einem Nachwort von Martin Gregor-Dellin. 280 Seiten. DM 28,–   ISBN 3-7707-0199-2

André Gide und die Krise des modernen Denkens

396 Seiten. Namensregister. DM 28,–   ISBN 3-7707-0188-7

Briefe und Antworten

2 Bände. Band I (1922–1937). Band II (1937–1949). Insgesamt 890 Seiten. 362 Briefe und 99 Antwortbriefe
u. a. von Bruno Frank, Hermann Hesse, Hermann Kesten, Heinrich Mann, Thomas Mann,
Ludwig Marcuse, Alfred Neumann, Bruno Walter und Stefan Zweig. Enthält von Golo Mann ein Vorwort
und einen Aufsatz „Erinnerungen an meinen Bruder Klaus". Editorische Nachberichte, biographische
Hinweise, Anmerkungen, Briefverzeichnisse und Gesamtnamensregister. DM 100,–.   ISBN 3-7707-0198-4

Flucht in den Norden

Roman. Mit einem Nachwort von Martin Gregor-Dellin. 292 Seiten. DM 28,–   ISBN 3-7707-0201-8

Heute und Morgen

Schriften zur Zeit. Mit Anmerkungen, Bibliographie und einem Nachwort von Martin Gregor-Dellin.
364 Seiten. DM 28,–   ISBN 3-7707-0189-5

Kind dieser Zeit

Eine Autobiographie. Mit einem Nachwort von William L. Shirer. 264 Seiten. DM 19,80   ISBN 3-7707-0190-9

Kindernovelle

Mit einem Nachwort von Hermann Kesten. 127 Seiten. DM 16,80   ISBN 3-7707-0191-7

Prüfungen

Schriften zur Literatur. Mit Anmerkungen, Bibliographie und einem Nachwort von Martin Gregor-Dellin.
382 Seiten. DM 28,–   ISBN 3-7707-0193-3

Symphonie Pathétique

Ein Tschaikowsky-Roman. Herausgegeben und mit einem Nachwort von Martin Gregor-Dellin.
408 Seiten. Leinen DM 28,–   ISBN 3-7707-2527-1

Der Vulkan

Roman unter Emigranten. Mit einem Nachwort von Martin Gregor-Dellin, Klaus Manns Exilromane.
576 Seiten. DM 32,–   ISBN 3-7707-0194-1

Der Wendepunkt

Ein Lebensbericht. 598 Seiten. Namensregister. DM 32,–   ISBN 3-7707-0195-X

edition spangenberg   edition spangenberg   eller mann verlag   **im Ellermann Verlag**

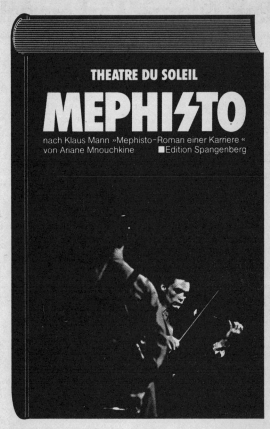

Klaus Mann

Mephisto
Roman einer Karriere

rororo 4821

«Wir haben hier auf einen außergewöhnlichen Fall aufmerksam zu machen: Ein deutscher Roman, dessen Verbreitung in der Bundesrepublik Deutschland gerichtlich untersagt ist. Mehr noch: Wir befürworten diese zweifellos ungesetzliche Tat voll und ganz.» Marcel Reich-Ranicki in der FAZ vom 18. 12. 80.

Der Vulkan
Roman unter Emigranten

rororo 4842

«Ein Bild deutscher Entwurzelung und Wanderung . . . ein Kunstwerk . . . ein außerordentliches Stück Erzählung. Ich bin überzeugt, daß jeder, der sich, selbst skeptischen Sinnes, damit einläßt, es gefesselt, unterhalten, gerührt und ergriffen zu Ende lesen wird.» Thomas Mann (1939)

Symphonie Pathétique
Ein Tschaikowsky-Roman

rororo 4844

«Dein Tschaikowsky ist ein wahrhaft erstaunliches Buch. Aller Glanz, der aus dem Jahrhundert zusammenströmt, der besondere Glanz des Lebens der Musiker, der Ruhm . . . Ich beglückwünsche Dich.» Heinrich Mann (1935)

ro ro ro

HEINRICH MANN